Professionelle Softwareentwicklung

Objektorientierte Softwaremigration

Harry M. Sneed

Objektorientierte Softwaremigration

ADDISON-WESLEY

An imprint of Addison Wesley Longman, Inc.

Bonn • Reading, Massachusetts • Menlo Park, California • New York • Harlow, England
Don Mills, Ontario • Sydney • Mexico City • Madrid • Amsterdam

Die Deutsche Bibliothek – CIP-Einheitsaufnahme

Sneed, Harry M.:
Objektorientierte Softwaremigration / Harry M. Sneed. –
Bonn ; Reading, Mass. [u.a.] : Addison-Wesley-Longman, 1999
  (Professionelle Softwareentwicklung)
  ISBN 3-8273-1478-X

  Buch. – 1999
  GB

© 1999 Addison Wesley Longman Verlag GmbH
1. Auflage 1999

Lektorat: Susanne Spitzer und Annette Baumhof, München
Satz: Reemers EDV-Satz, Krefeld.
Belichtung, Druck und Bindung: Bercker, Kevelaer
Produktion: TYPisch Müller, München
Umschlaggestaltung: vierviertel gestaltung, Köln, unter Verwendung einer Architekturzeichnung von
Anna und Angela Kong, Bonn

Das verwendete Papier ist aus chlorfrei gebleichten Rohstoffen hergestellt und alterungsbeständig. Die Produktion erfolgt mit Hilfe umweltschonender Technologien und unter strengsten Auflagen in einem geschlossenen Wasserkreislauf unter Wiederverwertung unbedruckter, zurückgeführter Papiere.

Dieses Buch ist auf 100% chlorfrei gebleichtem Papier gedruckt

Inhaltsverzeichnis

1 Gründe für eine objektorientierte Migration

1.1 Der Weg ins Kommunikationszeitalter – eine historische Perspektive

In den letzten 30 Jahren der Datenverarbeitung sind mindestens vier große softwaretechnologische Innovationswellen über die bundesdeutsche Wirtschaft hereingebrochen. Ausgelöst wurden sie alle durch radikale Veränderungen in der darunterliegenden Hardware, sowohl was Preis als auch was Performanz anbetrifft. Jeder größerer Innovationsschub im Bereich der Rechnerarchitektur hat früher oder später zu einer grundlegenden Änderung der bisherigen Software-Architektur geführt. Zunächst war es in den 60er Jahren die Verbreitung digitaler Rechenmaschinen überhaupt. Danach folgten in den 70er Jahren die ersten größeren Mainframe-Rechner mit virtuellem Hauptspeicher und austauschbaren Plattenspeichern.

Die 80er Jahre sahen die Vervollständigung der Mainframe-Rechner mit immer mehr Hauptspeichern, immer schnelleren Durchsatzraten und Multikanalzugriffen, die es erlaubten, auf sehr große Datenbestände schnell und zuverlässig zuzugreifen. Inzwischen war es auch möglich, tausende von Bildschirmarbeitsplätzen an einen Host-Rechner anzuschließen und alle gleichzeitig bedienen zu können. Parallel dazu blühte die mittlere Datentechnik in Form von Unix-Rechnern auf und wurde zum Großrechner, eine wahrhaft echte Alternative, vor allem im Rechnerverbund. Zur gleichen Zeit keimte eine neue Hardware-Technologie auf, eine Technologie, die die 90er Jahre prägen würde, und zwar der PC- oder Arbeitsplatzrechner. Allein für sich war der PC keine besondere Bedrohung für den übermächtigen Host, doch im Zusammenhang mit den Unix-Servern und leistungsfähigen Kommunikationsnetzen eröffnete die neue Rechner-Architektur eine Büchse der Pandora, gefüllt mit potentiellen Möglichkeiten, von denen etliche noch lange nicht ausgeschöpft sind.

Auf den Fersen dieser Hardware-Innovationen folgten die wohlbekannten Software-Techniken:

- in den 60er Jahren die *normierte Programmierung*,

- in den 70er Jahren die *strukturierte Programmierung*,

- in den 80er Jahren die *Datenbank-Programmierung* und

- jetzt in den 90er Jahren die *objektorientierte Programmierung*.

Jeder dieser neuen Programmiertechniken ist eine natürliche Folge der vorangegangenen Veränderung in der Rechner-Architektur [1].

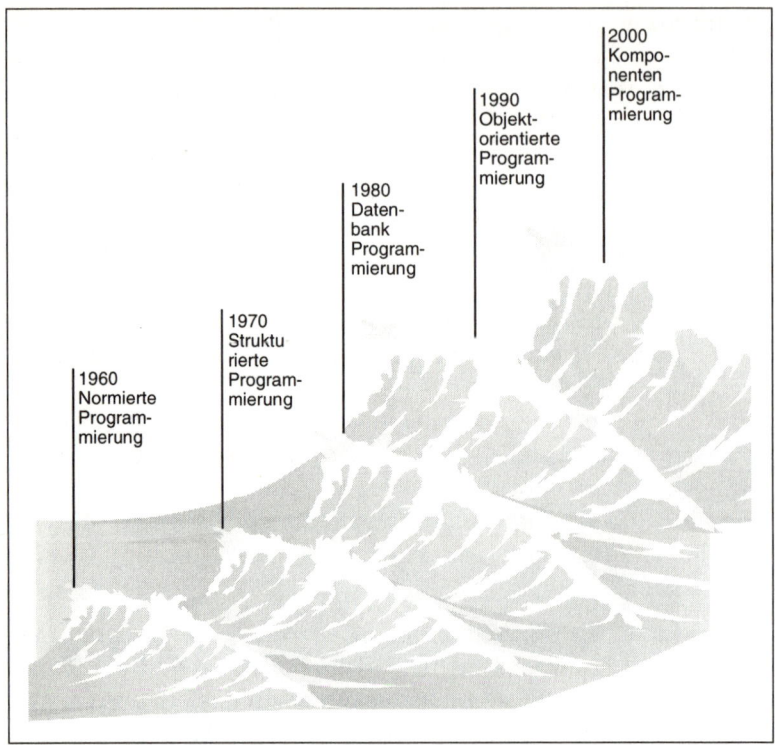

Abbildung 1-1 The Waves of Change

1.1.1 Die erste Welle: Normierte Programmierung

Die normierte Programmierung, bei der es darum ging, Programme aus der Retorte nach Schema F zu produzieren, war eine pragmatische Antwort der Industrie auf den Mangel an ausgebildeten Programmierern im Verhältnis zum Bedarf an DV-Anwendungen. Es ging in erster Linie darum, bewährte Programmschablonen, von einigen wenigen Experten entworfen, auf die Masse der technologisch weniger versierten Organisationsfachleute zu übertragen, damit sie sich auf die Lösung der fachlichen Probleme konzentrieren konnten, statt sich mit Sortierfolgen, Satzauswahl und Gruppenwechsel herumzuschlagen. In gewissem Sinne war dies ein erster Versuch, Software wiederzuverwenden. In vielen deutschen Unternehmen wurde die normierte Programmierung zum Standard für die Dateiverarbeitung schlechthin. Noch heute befindet sich jede Menge alter Batch-Anwendungen in Betrieb, die mit dieser Technik realisiert wurden [2].

1.1.2 Die zweite Welle: Strukturierte Programmierung

Die strukturierte Programmierung war die Antwort der Wissenschaftler auf die zunehmende Komplexität der Anwendungen als Folge steigender Rechnerkapazität mit virtuellem Speicher. Die Programme, auch die normierten, waren immer größer und komplexer geraten, so daß kaum einer in der Lage war, sie vollständig zu verstehen. Durch die Beschränkung der Ablaufstrukturen auf die drei Grundkonstrukte – Sequenz, Auswahl und Wiederholung – sollte der Aufwand zum Verständnis eines Programms additiv statt exponentiell im Verhältnis zur Programmlänge wachsen – so Professor Edsger Dijkstra, einer der Väter dieser Technik [3].

In der Tat führte die strukturierte Programmierung zu kleineren, überschaubaren Programmbausteinen mit wenigen Querverbindungen. Ob die Programme dadurch tatsächlich leichter zu verstehen sind, ist immer noch umstritten. Natürlich haben die alten Programmierer des normierten Zeitalters versucht, diese neue Technik abzuwehren, und in einigen Fällen ist es ihnen auch gelungen. Ihre Hinterlassenschaft sind die heutigen Sanierungsfälle. Dennoch ist es dank der strukturierten Programmierung gelungen, die meisten Programmabläufe so zu gestalten, wie sie gelesen werden, nämlich linear. Diese Technik hat die Entwicklung der komplexen Online-Applikationen der 70er Jahre überhaupt erst möglich gemacht.

1.1.3 Die dritte Welle: Datenbank-Programmierung

Die Datenbank-Programmierung der 80er Jahre, so genannt nach einem Buch von Professor Wedekind, ergab sich aus der zunehmenden Bedeutung der zentralen Datenbank [4]. Alles, was damit zusammenhing, das Data Management, die Data Dictionaries und die Datenbanksysteme selbst, gerieten in den Mittelpunkt der Betrachtung. Nach dem Motto »alle Macht der Datenadministration« wurde die zentrale Datenverwaltung zum Herrn über alle betrieblichen Informationssysteme. Damit wurde das Problem der mehrfachen, gleichzeitigen Nutzung gemeinsamer Datenbestände gelöst. Die meisten 4GL-Sprachen und CASE-Werkzeuge sind Kinder dieser Epoche. Sie sollten es technisch unbedarften Organisationsfachleuten ermöglichen, Datenbankanwendungen schnell und zuverlässig zu entwickeln. »Information Engineering« und »Rapid Application Development« waren die Methoden, mit deren Hilfe die Anwendungen konzipiert und implementiert wurden. Es blühten neben den vielen proprietären 4GL-Sprachen wie NATURAL, IDEAL, Focus und ADS-ONLINE auch jede Menge CASE-Ansätze wie ADW, IEF und EXCELERATOR auf. Dennoch stand das globale Datenmodell im Mittelpunkt aller dieser Ansätze. Alles drehte sich um die zentralen Datenbanken wie die Planeten um die Sonne. Natürlich waren die professionellen Software-Entwickler mit ihren normierten und strukturierten Programmiertechniken und strukturierten Sprachen PL/I, C und Cobol85 nicht gerade begeistert von diesem *Programming without Programmers*, wie James Martin, der Guru dieser Epoche, es treffend schilderte [5]. Aber ihr Widerstand erlosch unter der Allmacht der Datenadministration und der Anziehungskraft der CASE-Werkzeuge. Das zentrale Datenmanagement stellte das Nonplusultra der Zentralisierung dar.

1.1.4 Die vierte Welle: Objektorientierte Programmierung

Die objektorientierte Programmierung ist eine logische, zwangsläufige Antwort auf die Herausforderung der 90er Jahre. Die 90er Jahre sind durch zwei sich ergänzende Bewegungen gekennzeichnet – die eine technischer Natur, die andere betriebswirtschaftlicher und soziologischer Natur. Auf der soziologischen und betriebswirtschaftlichen Seite zerfällt die zentralisierte, straff organisierte Welt in kleine, autonome Einheiten, die nach einem Maximum an Selbständigkeit und eigener Verantwortung streben. In der Betriebswirtschaft werden diese Einheiten als Business Units bezeichnet. Auf der technischen Seite haben sich weitmaschige Kommunikationsnetze durchgesetzt, mit denen jeder mit jedem kommunizieren kann. Der Rechner folgt auf den Spuren des Telefons. So wird die latente soziologische Tendenz zur Dezentralisierung durch die im Aufbruch begriffene Kommunikationstechnologie nur noch verstärkt.

Natürlich haben so tiefgreifende technologische, soziologische und wirtschaftliche Veränderungen Folgen für die Datenverarbeitung. Die Daten und mit ihnen die ganze Funktionalität werden auf die Knoten des Netzes verteilt. Jede Fachabteilung bzw. jede Business Unit wird Herr über ihre eigenen Daten und ihre eigenen Funktionen. Zur Kommunikation bzw. zum Informationsaustausch mit anderen Business Units sowie mit Kunden, Lieferanten und externen Stellen braucht man vor allem normierte Kommunikationsschnittstellen sowie die, die von der Object-Management-Group erarbeitet werden. Nur so lassen sich Firmeneinheiten wirklich unabhängig und doch im Einklang miteinander entwickeln.

Diese neue andere Situation schreit nach einer neuen anderen Software-Technologie. Objektorientierte Programmierung kennt man schon länger in den Forschungslaboratorien und an den Hochschulen, aber einen echten Bedarf seitens der Industrie hat es vor den 90er Jahren noch nicht gegeben. Die soziologischen und technologischen Voraussetzungen haben gefehlt. Jetzt ist aber der Bedarf da. Es muß möglich sein, Daten zu verteilen, ohne daß alle auf sie direkt zugreifen müssen. Es muß auch möglich sein, daß jeder seine eigenen Funktionen implementiert, ohne sie mit anderen abstimmen zu müssen. Schließlich muß es möglich sein, mit jedem anderen Knoten im Netz direkt Nachrichten auszutauschen, ohne über überflüssige Hierarchiewege gehen zu müssen. Auch die viel zitierte Client/Server-Lösung ist letzten Endes nur eine Zwischenlösung auf dem Wege zur uneingeschränkten Peer-to-Peer-Kommunikation [6].

Mit der Verteilung der Software auf Objekte werden gleichzeitig mehrere Ziele verfolgt. Erstens ist die objektorientierte Programmierung der Schlüssel zur Verteilung der Daten, zweitens der Schlüssel zur Verteilung der Funktionen und drittens der Schlüssel zur Verteilung der Verantwortung und Kompetenzen. Zum Schluß ist die objektorientierte Programmierung der Schlüssel zur Normierung der Nachrichtenvermittlung. Wer vernetzte Systeme zu entwickeln hat, sei es

Client/Server- oder Peer-to-Peer-Systeme, dem bleibt nichts anderes übrig, als objektorientiert vorzugehen. Jeder andere Entwicklungsansatz – einschließlich die Punkt zu Punkt Verbindung in einer DCE-Umgebung – wäre fehl am Platz [7].

Natürlich muß auch hier mit Widerstand gerechnet werden. Von den Veteranen der normierten Programmierung ist kaum mit Widerstand zu rechnen: Sie stehen inzwischen kurz vor dem Pensionsalter. Die Fahnenträger der strukturierten Programmierung werden nur leichten Widerstand leisten. Wenn sie klug sind, werden sie bald erkennen, daß die objektorientierte Programmierung ihnen ein neues, interessantes Tätigkeitsfeld anzubieten hat. Der stärkste technische Widerstand ist von den Protagonisten der zentralen Datenbanktechnologie samt der damit zusammenhängenden CASE-Werkzeuge und 4GL-Sprachen zu erwarten. Sie werden sich mit Händen und Füßen wehren, da sie am meisten zu verlieren haben. So lange konnten sie ihre Vormachtstellung noch gar nicht behaupten. Der größte Widerstand überhaupt ist aber vom Mittelmanagement zu erwarten, denn jeder Mittelmanager mit etwas Gespür für technologische Entwicklungen muß erkennen, daß das neue Zeitalter seinen Untergang einläutet. Für Mittelmanager, gibt es in einem vernetzten Unternehmen mit autarken Klassenmanagern, die ihre Schnittstellen nach dem von Bertrand Meyer geprägten Konzept des Design by Contract abstimmen, keinen Platz mehr [8]. Sie werden so überflüssig wie die Mainframe-Jobvorbereiter und die zentrale Datenadministration. Demnach werden auch sie früher oder später dem unaufhaltsamen Zeitgeist des Kommunikationszeitalters weichen müssen.

1.1.5 Quo vadis mit der betrieblichen Datenverarbeitung

Das Fazit aus der historischen Betrachtung der Datenverarbeitung läßt keinen anderen Schluß zu, als daß die Objekttechnologie sich durchsetzen muß. Es steht gar nicht zur Debatte, ob sie wirklich wartungsfreundlicher oder zuverlässiger ist. Das sind nur sekundäre Ziele. Es geht hier um viel mehr, nämlich um neue flexible Formen der Arbeitsteilung und die Interaktion verteilter Arbeitseinheiten. Die Kommunikationstechnologie ist der Geist unserer Zeit, die Schlüsseltechnologie der 90er Jahre, und diese ist unweigerlich mit der Objekttechnologie verbunden. Was hier zur Debatte steht, ist die Frage, ob ein Unternehmen bereit ist, die Herausforderung der 90er Jahre anzunehmen oder ob es sich vom Verlauf der technologischen und wirtschaftlichen Entwicklung abkoppeln will. Selbstverständlich hat jeder die freie Wahl. Genauso wie keiner strukturiert entwickeln mußte und keiner eine zentrale Datenbank mit Online-Transaktionsverarbeitung einführen mußte, wird keiner gezwungen, in das Kommunikationszeitalter einzutreten. Wer möchte kann im zentralen Datenbankzeitalter oder gar im Zeitalter der zentralen Batch-Verarbeitung ausharren. Es fragt sich nur, wie lange diese Unternehmen auf dem Weltmarkt bleiben werden, vor allem in Anbetracht der zunehmenden internationalen Konkurrenz.

Die Entscheidung für oder gegen die objektorientierte Programmierung, sei es mit Smalltalk, Java, C++ oder Object-Cobol, ist daher keine Frage der Entwicklungsmethodik. Sie ist nicht einmal eine Frage der Datenverarbeitung. Sie ist vielmehr eine Entscheidung für die Unternehmensführung. Die Frage lautet: Soll das Unternehmen mit der Zeit gehen oder nicht. Sollte es dezentralisiert werden mit allem, was dazugehört, einschließlich kleinerer autonomer Business-Einheiten mit eigener Verantwortung und eigenem Budget. Wenn ja, müssen diese Einheiten mit einem flexiblen, leistungsfähigen Informationsnetz versorgt werden.

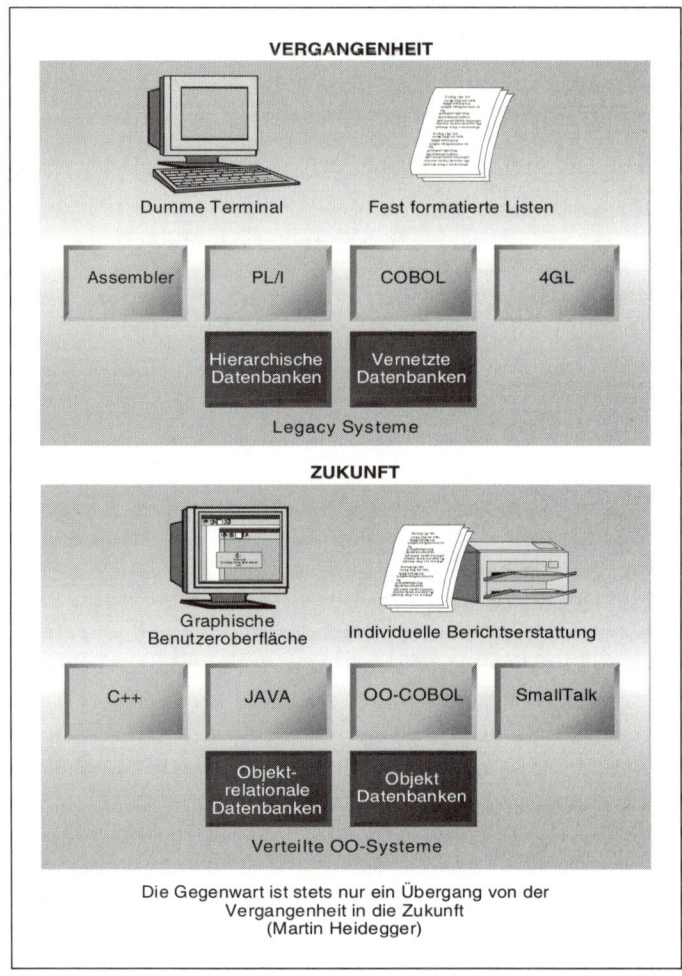

Abbildung 1-2 Die Gegenwart zwischen Vergangenheit und Zukunft

1.2   Die Bürde der Vergangenheit

1.2.1   Altlasten bremsen den technischen Fortschritt

Um die heute fast unerträgliche Lage vieler Anwenderbetriebe zu begreifen, ist es notwendig, sich mit dem Ist-Zustand von deren Datenverarbeitung auseinanderzusetzen. Im Mittelpunkt der Datenverarbeitung steht ein Host-Rechner – der zwar immer größer und immer schneller wird – aber dessen Grundarchitektur konstant bleibt. Er verfügt über eine fast uneingeschränkte Plattenspeicherkapazität, die mittlerweile in Gigabytes gemessen wird. Der Hauptspeicher ist aufteilbar in mehrere abgegrenzte Regionen mit jeweils 4 bis 16 MB pro Anwenderaufgabe. Es gibt auch mehrere Zentraleinheiten, die parallel zueinander Befehle millionenweise pro Sekunde ausführen können. Insofern sind bei der Host-Hardware kaum Grenzen gesetzt. Es ist außerdem möglich, die Rechner so aufzustocken, daß sie jede Menge Altanwendungen in jeder Größenordnung vertragen können. Hinzu kommt, daß die Host-Rechner im Preis-Leistungs-Verhältnis sogar billiger werden.

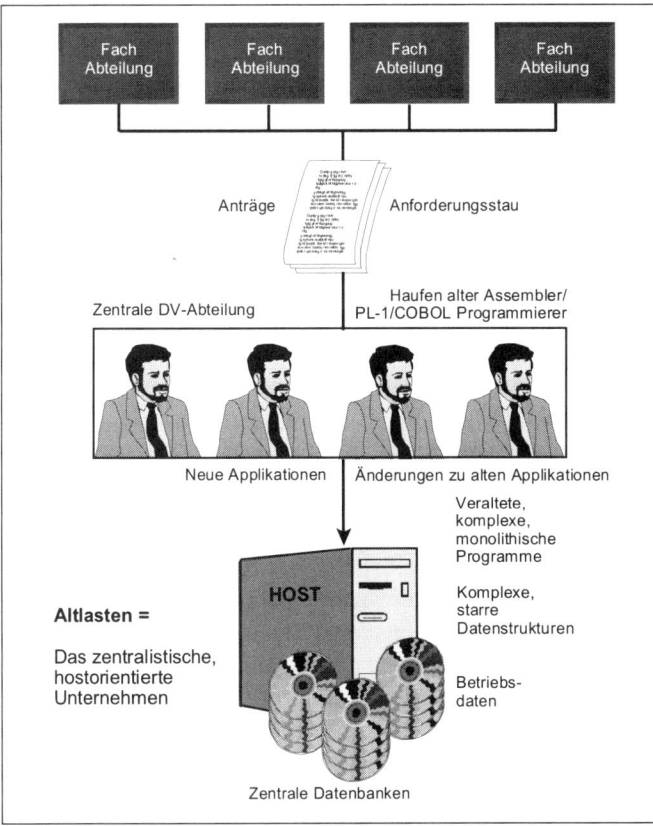

Abbildung 1-3 Die Ausgangslage

Das Problem liegt woanders, nämlich in der Software. Die exponentiell wachsende Kapazität der Host-Rechner führt dazu, daß Software-Systeme immer komplexer werden. Statt neue Systeme zu entwickeln, wird immer mehr Funktionalität in die alten Systeme hineingezwängt, so daß sie inzwischen total überladen sind. Da die Datenbanksysteme, Programmiersprachen und Teleprocessing-Monitore aus den 70er Jahren stammen, können die Anwender-Systeme die neuen Hardware-Eigenschaften kaum ausnutzen. Sie sind eingebettet in einer vergangenen Software-Welt. Somit müssen die bestehenden Systeme in der Technologie gepflegt und weiterentwickelt werden, in der sie entstanden sind – z.B. in Assembler/IMS, Cobol/IDMS oder Natural/ADABAS – obwohl diese Welten, technologisch gesehen, schon längst der Vergangenheit angehören [9]. Hinzu kommt, daß die Menschen, die solche Systeme beherrschen, nach und nach verschwinden. Deshalb wird es zunehmend schwieriger, die notwendigen Anpassungen rechtzeitig abzuarbeiten. Im Rahmen der alten Umgebung ist keine Besserung zu erwarten. Der Anwendungsstau wird von Jahr zu Jahr wachsen.

1.2.2 Gründe für eine Erneuerung

Insofern, als die betrieblichen Anwendungssysteme von überholten Systemsoftware abhängig sind, gelten sie selbst als überholt, auch wenn sie funktional noch aktuell sind. Die alte Systemsoftware muß weiter aufrecht erhalten und der neuen Hardware bzw. dem neuen Betriebssystem angepaßt werden. Dieser Dienst wird in der Regel von dem Lieferanten geleistet, vorausgesetzt er ist noch im Geschäft. Wenn nicht, hat der Anwender einen zusätzlichen Grund zu migrieren. Der Hauptgrund sind die versäumten Gelegenheiten (»missed opportunites«), welche die Datenverarbeitung zu verantworten hat. Der Betrieb ist nicht in der Lage, neue notwendige Geschäftsprozesse einzuführen, weil die alten Anwendungssysteme sie nicht unterstützen. Business-Reengineering ist nutzlos ohne die Anpassung der Datenverarbeitung. Sie ist aber nicht anpaßbar, weil die Systeme in einer veralteten Technologie eingefroren sind. Dezentralisierung, benutzergesteuerter Arbeitsfluß, Datenlagerung, Internetanschluß und verteilte Applikationen – alles bleibt nur Vision für den Anwender, dessen Informationssysteme an einer veralteten Technologie gefesselt sind.

Ein weiterer Grund, die Fesseln der alten Welt abzustreifen, sind die hohen Kosten für die Wartung und Weiterentwicklung der Altsysteme. Lehman und Belady haben bereits in den 70er Jahren das Gesetz der zunehmenden Komplexität dokumentiert [10]. Je mehr Software geändert wird, um so mehr entfernt sie sich von ihrem ursprünglichen Konzept. Jede zusätzliche Bedingung, jedes zusätzliche Datenattribut und jeder zusätzlicher Programmpfad steigert die Komplexität der Software. Wenn sie auch noch unter Zeitdruck und ohne Kenntnisse der Folgewirkungen durchgeführt werden, verschlechtern sie die Qualität. Demzufolge sinkt die Qualität, während die Komplexität steigt – eine Schere, die die Wartung immer schwerer macht. Dies geschieht natürlich unabhängig von der Technologie als natürliche Folge der Software-Evolution. Verbunden mit einer veralteten Technologie wird ihre negative Wirkung nur noch verstärkt. Die Gründe für steigende Wartungskosten bei älteren Softwaresystemen sind in der einschlägigen Fachliteratur zu Genüge dokumentiert worden. Nicht umsonst beansprucht die Wartung fast zwei Drittel des Software-Budgets [11].

Ein ebenso gewichtiger Grund für die Erneuerung der Altsoftware ist der Mangel an qualifiziertem Personal, um die Altsoftware zu betreuen. Auch wenn die alten Sprachen, Datenbanksysteme und TP-Monitore noch voll funktionsfähig sind, nützen sie wenig ohne Wartungspersonal, das in der Lage ist, mit ihnen umzugehen. Der Anwenderbetrieb muß ein Reservoir an Spezialisten halten, die mit den alten Technologien vertraut sind, z. B. Assembler, DELTA, NATURAL oder PL/I, sowie Spezialisten mit Kenntnissen von VSAM, IMS, IDMS oder ADABAS Datenbanken. Es versteht sich, daß solche Leute immer rarer werden. Junge Leute, die jetzt von der Hochschule kommen, haben mit den alten Technologien wenig im Sinne. Nicht nur, daß sie sie nicht kennen, sie wollen sie auch nicht kennenlernen. Wozu denn, wenn diese Technologien nach wenigen Jahren aussterben werden. Der Personalmangel wird zwangsläugfig im Laufe der Jahre immer gravierender.

Zwei weitere wichtige Gründe für die Ablösung der Altsoftware sind

- das Jahr 2000 und

- die Euro-Einführung [12].

Beide Ereignisse haben fatale Folgen für die bestehenden Anwendungssysteme. Beide verursachen tiefe Eingriffe, sowohl in den Code als auch in die Datenstrukturen. Auch wenn die Systeme rechtzeitig angepaßt werden, werden diese Eingriffe zahlreiche Narben hinterlassen, die jederzeit wieder platzen können. Bei der Datumsänderung werden Felder hin- und herverschoben und Konversionsalgorithmen eingefädelt. Die von vielen Betrieben benutzte Fenstertechnik ist eine Zeitbombe. Die Brückentechnik ist nicht viel besser. Mit ihr gewinnt der Benutzer Zeit auf Kosten der Performanz und der Wartbarkeit. Bei der Euro-Einführung werden Schnittstellen erweitert, Daten hinzugefügt und Konversionsregeln eingebaut. Die notwendigen Eingriffe sind sogar tiefer als die der Datumsänderung. Sie werden die Programmstrukturen völlig entstellen. Eines ist sicher: nach diesen bevorstehenden Änderungen werden die Altsysteme brüchiger als je zuvor. Die Wartungskosten werden sich mit aller Wahrscheinlichkeit deutlich erhöhen.

Ein letzter zwingender Grund für Software-Erneuerung ist der Nutzen seitens der Endbenutzer. Endbenutzer sind heute durch Fernsehen, Internet, PC-Spiele und andere High-Tech-Medien geprägt. Sie erwarten am Arbeitsplatz ähnlich bequeme, farbige, leicht bedienbare und selbsterklärbare Arbeitsmittel, wie sie anderswo überall zu finden sind. Menschen heute mit einer zeichenbasierten Bildschirmmaske und einer starren, deterministischen Dialogfolge zu konfrontieren grenzt an eine Zumutung. Endbenutzer erwarten jetzt zumindest eine mit Icons bestückte Benutzeroberfläche und eine frei gestaltbare Dialogfolge, die sie selber bestimmen können. Außerdem erwarten sie, daß sie eigene Applikationsversionen, eigene Daten und eigene Berichte produzieren können. Die Altsoftware ist in der Regel viel zu starr, um derartigen Anforderungen gerecht zu werden. Daher wird die Kluft zwischen den Benutzeranforderungen und der Leistung der bestehenden Software immer breiter. In dem Maße, wie diese Kluft wächst, verliert die betriebliche Datenverarbeitung an Glaubwürdigkeit.

1.2.3 Von zentralen zu dezentralen Systemen

Zentrale Informationssysteme haben eine starre, textorientierte Benutzeroberfläche, die in der Regel mit fest formatierten Masken realisiert ist. Der Anwender bekommt ein Formular mit Übertitel und muß den Inhalt vollständig und korrekt eintragen. Der Inhalt wird gleich auf das dafür angefertigte Programm übertragen und dort auf Plausibilität geprüft. Ist der Inhalt fehlerhaft, wird dem Endanwender eine Fehlermeldung mitgeteilt, und er muß die Eingabe wiederholen. Wenn der Inhalt richtig ist, wird er verarbeitet und dem Anwender eine Antwort mitgeteilt. All dies spielt sich in einem Adreßraum ab. Jeder Anwender hat seine eigene Kopie eines zentral gelagerten Programmes.

Das zentral gelagerte Transaktionsprogramm umfaßt ein menügesteuertes Hauptprogramm und mehrere Unterprogramme, eins für jede Transaktionsart. In den Unterprogrammen wird auf die zentralen Datenbanken zugegriffen. Hier sind Steuerungslogik, Verarbeitungslogik und Zugriffslogik miteinander fest verdrahtet. Das Programm verbindet also Datenkommunikation, Datenhaltung und Datenverarbeitung in einer einzigen allumfassenden Codemasse, die nur zu diesem Zweck geschrieben wird.

Bei den Batchprogrammen sieht es ähnlich aus, nur hier sind Bewegungsdateien an der Stelle der Eingabemasken und Listen an der Stelle der Ausgabemasken. Die Batchprogramme werden über die Bewegungsdateien gesteuert, greifen aber auf die zentralen Stammdaten zu, um ihre Ausgabedateien zu erstellen.

Dezentrale Informationssysteme versuchen, die Präsentationslogik und die lokale Verarbeitungslogik zusammen mit den lokalen Daten vorzuverlagern, an den Ort, wo die Daten erfaßt werden. Damit werden die großen monolithischen Programme in eine anwendernahe und eine systemnahe Schicht aufgeteilt. Durch diese Entflechtung der Software wird das System flexibler und besser handhabbar [13].

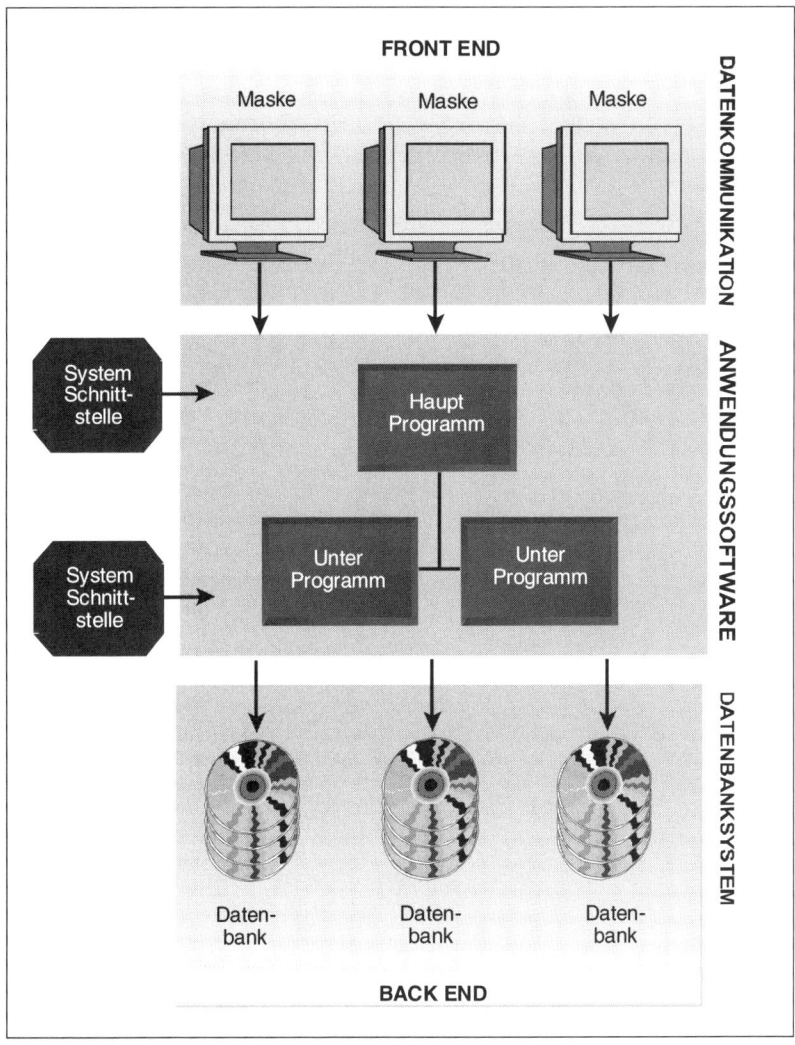

Abbildung 1-4 Zentrale Datenverarbeitung

Um ein bestehendes zentrales System zu dezentralisieren, mußten die Programme in Client- und Server-Programme aufgeteilt werden. Die Präsentationslogik wird mit einem Teil der Verarbeitungslogik in das Client-Programm verlegt. Die Zugriffslogik und der Rest der Verarbeitungslogik bleibt in dem Server-Programm. Die Benutzeroberfläche wird vollständig dem Client-Programm zugeordnet. Die Daten werden aufgeteilt. Ein Teil – die lokalen Daten – werden vorgelagert, der Rest – die globalen Daten – bleiben zurück auf dem Server. Dadurch entsteht eine zweischichten Softwarearchitektur [14].

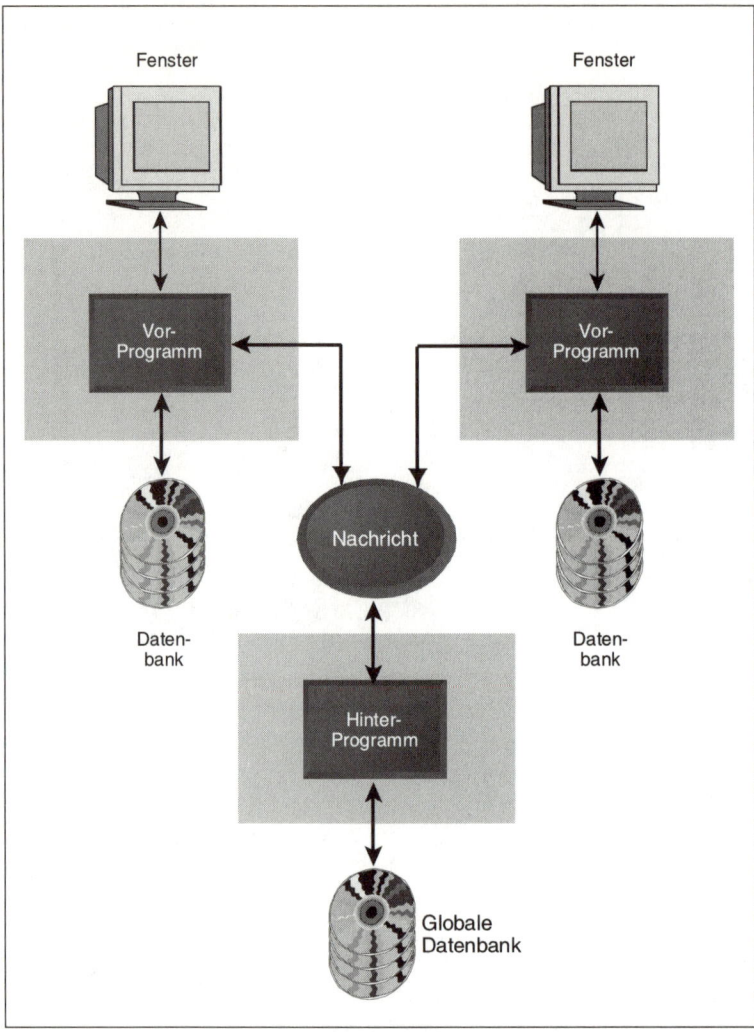

Abbildung 1-5 Dezentrale Datenverarbeitung

Die Zielarchitektur ist eine Aufteilung der Systeme in drei Schichten, entsprechend der Organisationsstruktur. Ganz vorne sind die Arbeitsplätze der Sachbearbeiter, die mit einer modernen, individual gestaltbaren Oberfläche ausgestattet sind. Auf der Abteilungsebene sind die Serverrechner mit den lokalen Daten und Programmen. Diese Programme erledigen die abteilungsspezifischen Aufgaben, geben aber die übergeordneten Aufgaben zurück an das zentrale System. Das zentrale System entspricht dem Zentralbereich des Unternehmens. Es pflegt die unternehmensweiten Daten und erledigt die zentralen Funktionen. Damit findet sich die Organisationsstruktur in der Systemstruktur wieder, was wiederum das Zusammenwachsen von Technik und Betriebswirtschaft fördert [15].

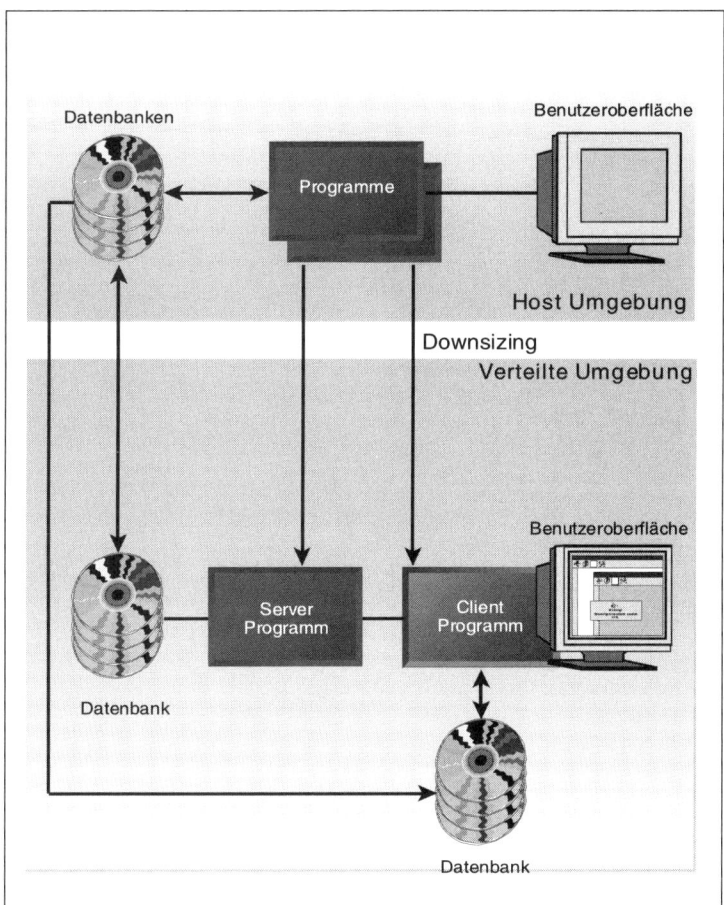

Abbildung 1-6 Systemverteilung

1.2.4 Die Bedeutung der bestehenden Software

Heute sind immer noch 70% aller kritischen Geschäftsapplikationen auf einem Mainframe Rechner gespeichert. Außerdem ist der überwiegende Anteil der mittelständischen Anwendungen auf einem AS/400-Rechner abgelegt [16]. Das sind zwei Tatsachen an denen bei aller Liebe für Windows und UNIX keiner vorbeikommt. Dies ist der Ist-Zustand. Zu meinen, alle diese Systeme könnten über Nacht in Smalltalk oder Java umgeschrieben werden, ist unsinnig. Zu hoch sind die organisatorischen und technischen Hindernisse auf dem Wege in eine neue Technologie. Hinzu kommt, daß Großunternehmen viel zu schwerfällig sind, um kurzfristig einen solchen Kurswechsel zu meistern. Sie ähneln großen Tankern in ihrer Manövrierfähigkeit. Wer also daran glaubt, die Legacy-Systeme ließen sich auf Anhieb neuentwickeln, der täuscht sich. Software-Entwicklung bleibt ein schwieriges Unterfangen mit vielen Risiken, auch mit Objekttechnologie.

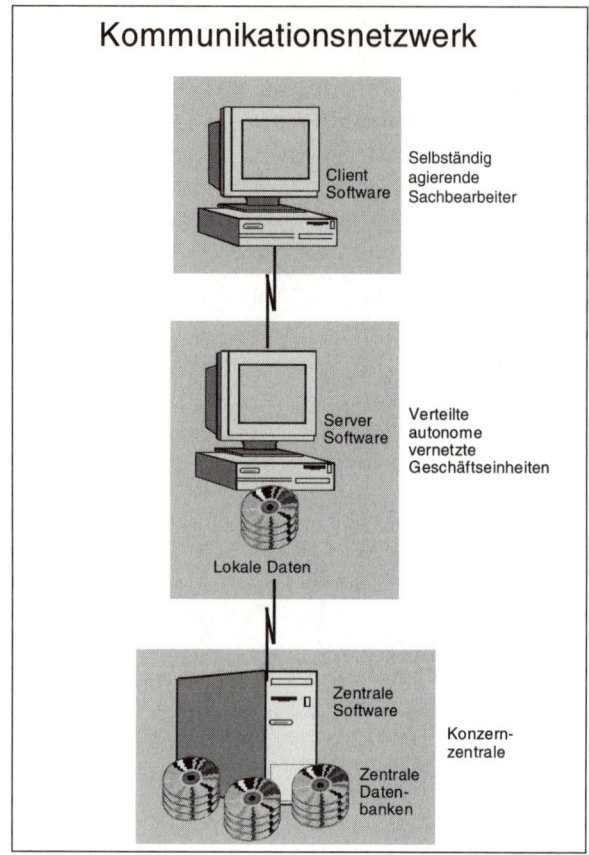

Abbildung 1-7 Dreischichten Architektur

Es handelt sich nämlich um Investitionen in Milliardenhöhe. Diese Investitionen sind verkörpert in

- den bestehenden Geschäftsprozessen

- den bestehenden Programmodellen

- den bestehenden Datenbeständen

- den Köpfen der Mitarbeiter.

Es ist töricht, zu glauben, diese Investitionsgüter der letzten 20 Jahre, könnten in nur zwei Jahren ersetzt werden. Es ist aber ebenso töricht zu glauben, sie könnten ewig so bleiben, wie sie sind. Denn die Außenwelt, die hier mit den Applikationssystemen abgebildet ist, bleibt auch nicht stehen. Sie schreitet kontinuierlich fort, und zwar in einem beschleunigten Tempo. Die DV-Anwender sind daher aufgefordert, ihre Anwendungen ständig zu erneuern, sowohl in fachlicher als auch in technischer Hinsicht.

Durch Business-Reengineering-Maßnahmen werden die Geschäftsprozesse den veränderten Marktbedürfnissen angepaßt und mit neuen Modellierungssprachen wie UML beschrieben. In dem Moment sind aber die anderen Investitionsgüter – Programmcode, Daten und Mitarbeiterwissen – abgehängt. Sie passen nicht mehr zu den modernisierten Geschäftsprozessen. Um sie wieder in Einklang zu bringen, müssen sie ebenfalls erneuert werden, d.h., zur Zeit in eine mehr oder weniger objektorientierte Form gebracht werden [17].

Eine Datenverarbeitung ohne Batchprozesse und ohne Massentransaktionen ist jedoch kaum vorstellbar. Diese Funktionen werden weiterhin eine wichtige Rolle in jedem betrieblichen Informationssystem spielen. Der Schlüssel zum Erfolg beim Übergang zur Objekttechnologie liegt daher in der Wiederverwendung der bestehenden Software und Daten. Man sollte das Kind nicht mit dem Bade ausschütten. Die bestehende Funktionalität muß in die neue Objektarchitektur eingebunden werden. Zwar können die Client-Anwendungen bzw. die Frontoffice-Operationen in Java, C++, Smalltalk, Powerbuilder oder Visual Basic realisiert werden, aber die Backoffice-Applikationen werden in C, Cobol oder PL/I bleiben. Allenfalls werden sie in eine OO-Variante der alten Sprache transformiert [18].

Die Welt der Datenverarbeitung ist viel zu bunt, um sie mit einem einzigen technologischen Ansatz zu beherrschen. Ein heterogenes Problem verlangt nach einer ebenso heterogenen Lösung. Es ist deshalb ziemlich gewiß, künftige Informationssysteme werden eine Mischung aus neuen Client-Applikationen und alten Server-Applikationen, die über eine Kommunikationsinfrastruktur bzw. Middleware à la Corba, miteinander verbunden sind.

1.3   Die Schlüsselrolle des Mainframe-Rechners

Für viele ist Objekttechnologie nur im Zusammenhang mit UNIX und PC-Arbeitsplätzen vorstellbar. Ein Host-Rechner hätte in einer verteilten Welt keinen Platz. Daß dies nicht so ist, belegt der IBM-Bericht über Objekttechnologie unter MVS/ESA.[19] Mit diesem Betriebssystem will IBM die Vorteile eines performanten und zuverlässigen Host-Rechners mit den Vorteilen der neuesten softwaretechnologischen Errungenschaften kombinieren. Es soll die Einschränkungen, die von den Arbeitsplatzrechnern herstammen, vor allem was Hauptspeicherplatz und Geschwindigkeit anbetrifft, für den Einsatz der Objekte beheben. Es soll auch möglich werden, mehrere tausend Objekte gleichzeitig im Speicher zu halten und mehrere hundert Transaktionen pro Minute damit abzuwickeln. Es dürfte praktisch keine Grenzen mehr geben für die Entwicklung komplexer objektorientierter Anwendungssysteme.

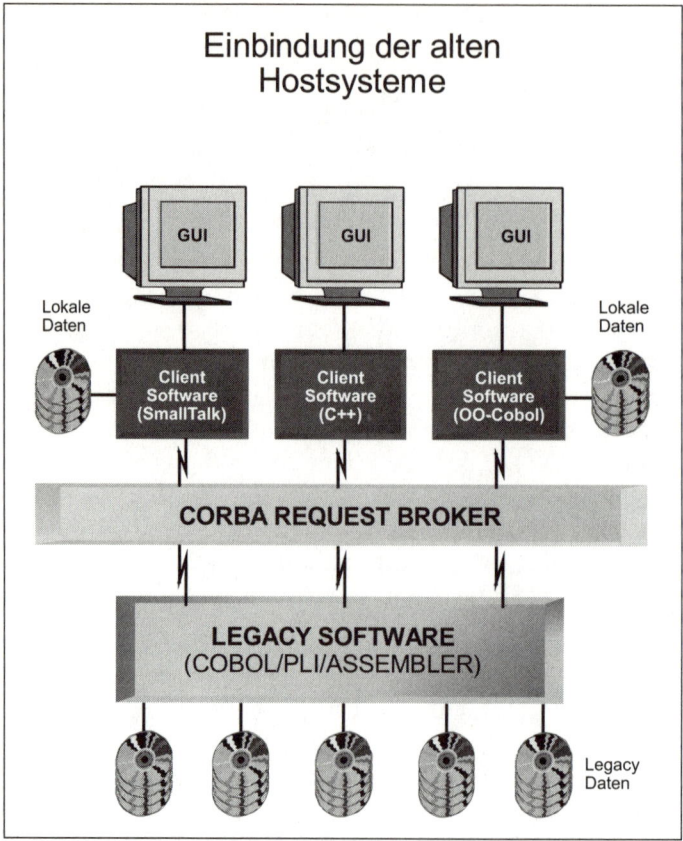

Abbildung 1-8 Einbindung der Altsysteme

Nach der Strategie von IBM soll der Host-Rechner seine Funktion als zentraler Server in einem verteilten Client/Server-Netz erfüllen. Globale unternehmensweite Objekte werden dort gehalten und zentrale prozeßübergreifende Vorgänge dort ausgeführt. Damit wird der Host zum Gehirn eines weitverstreuten Kommunikations- und Informationssystems, in dem auch lokale Server ihren Platz als Schalterstellen haben [20].

Zu diesem Zweck hat IBM eine ganze Reihe Software-Produkte vorgesehen. Dazu zählt

- ein System für die Verwaltung und Verbindung verteilter Objekte – DSOM

- mehrere OO-Programmiersprachen, darunter C++, OO-Cobol, Smalltalk und Java für MVS

- umfangreiche Klassenbibliotheken

- ein Component Broker für die Verbindung der Objekte über Rechnergrenzen hinaus

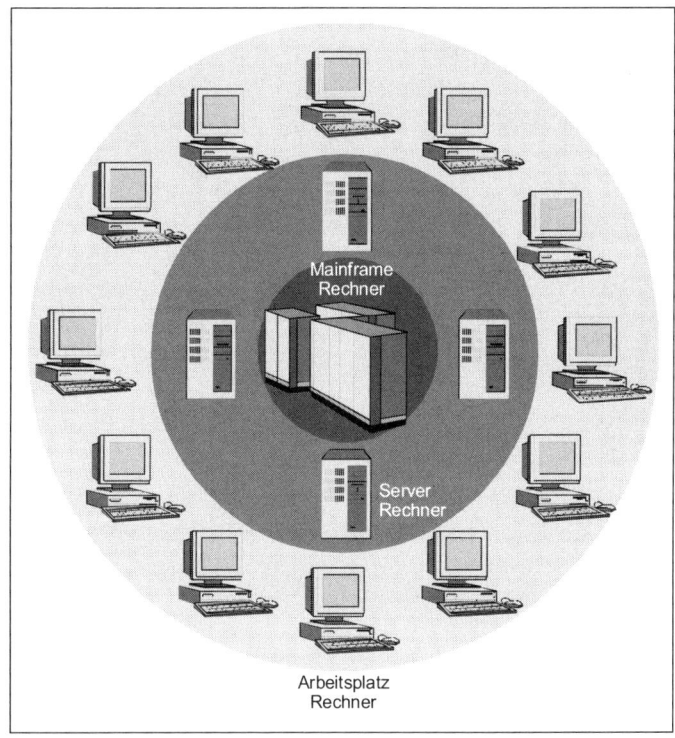

Abbildung 1-9 Zentrale Rolle des Mainframes

IBM legt besonderen Wert auf die Einbindung der bestehenden Legacy-Systeme. Es ist ihr sehr wohl bewußt, welchen Wert diese Systeme für ein Unternehmen darstellen und wie wichtig es ist, diese Investition der letzten 30 Jahre zu schützen. Da diese Systeme sich zum größten Teil auf dem Host befinden, ist es umso wichtiger, den Host mit den Eigenschaften der Objekttechnologie auszustatten, damit die Anwender ihre Altsysteme ohne Plattformwechsel erneuern können. Es sollte möglich sein, die alten Programme Stück für Stück in eine objektorientierte Form umzusetzen bzw. in eine Client/Server-Architektur einzubinden. Dabei sollte die Kontinuität der Produktion stets bewahrt bleiben. Laut dem IBM White-Paper bietet die MVS-Objekttechnologie die günstigste Möglichkeit, bestehende Host-Systeme im Sinne der Objektorientierung zu erneuern. Sie werden zwar migriert, jedoch nicht portiert. Dadurch sinkt das Risiko der Migration um mindestens die Hälfte.

In der MVS-Objekttechnologie spielen sowohl Corba als auch Cobol und Java eine führende Rolle [21]. Cobol ist die Sprache für die Implementierung neuer Objekte aus alten Programmen. Java ist die Sprache für die Implementierung der Client-Komponente. Corba liefert den Rahmen für die Integration der alten und neuen Objekte und für die Verbindung der Client- und Server-Objekte. Alle drei Hilfsmittel dienen als Brücke zwischen der alten Ist- und der neuen Soll-Welt: Co-

bol dadurch, daß sie eine logische Weiterentwicklung der bestehenden prozeduralen Cobol-Programme ist, Java dadurch, daß sie die Verteilung der Geschäftsprozesse unterstützt und Corba dadurch, daß sie eine Verbindung zu bestehenden
Software-Bausteinen ermöglicht. Cobol für MVS ist deshalb so strategisch, weil
die Mehrzahl der Host-Programmierer mit dieser Sprache vertraut sind, d.h. sie
müssen bei der Umstellung auf Objekttechnologie nicht auch noch auf eine völlig
neue Sprache umstellen. Dies soll aber nicht heißen, daß Cobol als einzige Sprache übrig bleibt. Die neuen Komponenten können ohne weiteres in C++ oder
Java programmiert werden. Es heißt nur, die alten können in Cobol bleiben und
trotzdem objektorientiert sein. Via Corba können Objekte in diversen Sprachen
miteinander kommunizieren. Auf diese Weise werden Software-Entwickler aus
unterschiedlichen Generationen zusammengeführt. Object-Cobol, Java und
Corba in Form des Component Brokers sind die drei Stützen für den Sprung über
die Generationsspalte, zumindest in der IBM Host-Welt.

1.4   Strategien für eine objektorientierte Migration

1.4.1 Möglichkeiten der Migration

Es besteht natürlich keine absolute Notwendigkeit, in eine objektorientierte Welt
zu migrieren. Dafür gibt es andere Alternativen, z.B. eine datenbankbasierte
Client/Server-Architektur oder verteilte prozedurale Systeme. Es gibt auch die
Möglichkeit Internet-Schnittstellen in den monolithischen Host-Programmen
einzubauen, um zumindest HTML-Seiten zu bedienen. In Anbetracht der voran-
schreitenden weltweiten Entwicklung der verteilten Objekttechnologie, wäre es
dennoch im höchsten Maße eigensinnig und im Hinblick auf die Zukunft ziemlich riskant, einen anderen Weg als diesen einzuschlagen.

Die Spezifikation einer verteilten Objektarchitektur durch die OMG (Object Management Group), die Entwicklung von Object-Request-Broker-Systemen, um
just diese Architektur zu unterstützen, die Verbreitung der Java-Sprache als objektorientierter Intranetanschluß und, nicht zuletzt, die erhebliche Investition
von Microsoft in ihre eigene DCOM-Architektur, geben Anlaß zur Überzeugung,
daß verteilte Objekte die nächste Zukunft bestimmen werden [22].

Eine Vision zu haben ist kostengünstig. Eine Vision zu realisieren ist teuer. Die
Realisierung einer Vision in der Praxis kann zu einem langen und aufwendigen
Abenteuer werden. Wenn man bedenkt, wie lange es gedauert hat, die jetzige monolithische Mainframe-Software zu entwickeln und stabil zu bekommen, wird es
einem bange, wenn man daran denkt, alles in einer neuen, noch komplexeren
verteilten Welt zu wiederholen.

Die Früchte mehrerer hundert Personenjahre liegen in den Altsystemen, in Form
von Code, Daten, Dokumenten und als unsichtbare fachliche Lösungsansätze.
Soll das alles wieder von neuem erarbeitet werden? Muß man wirklich von vorne

anfangen, oder ist es doch möglich, diese verborgenen Schätze in die neue Welt hinüberzuretten? Die Frage ist berechtigt, dennoch nicht leicht zu beantworten.

Man muß hier differenzieren. Alte Dokumente sind allemal hilfreich als Basis für die Implementierung neuer Systeme, vorausgesetzt, sie sind einigermaßen aktuell. Alte Daten sind auf jeden Fall übertragbar, wenn sie nicht in einer allzu ungewöhnlichen Form gespeichert sind. Datenmigrationstechnologien sind heute sehr weit fortgeschritten. Mit altem Code wird es kritischer. Hier hängt vieles von der Form des Codes ab, von der Programmiersprache, von der Art der Modulbildung und von der Strukturierung. Unter idealen Bedingungen wäre sehr viel vom alten Code zu retten, unter schlechten Bedingungen fast gar nichts. Es fragt sich, ob es sich lohnt, solche Bedingungen zu schaffen – etwa durch eine Sanierung. Von den fachlichen Lösungsansätzen könnte das meiste wiederverwendet werden, vorausgesetzt sie sind zugänglich. Lösungsansätze existieren in den Köpfen langjähriger Mitarbeiter, in den vorhandenen Dokumenten sowie in den Programmen und Datenstrukturen. Wenn die ehemaligen Mitarbeiter noch verfügbar sind, können sie als Ratgeber für die neuen Entwickler fungieren. Wenn die alten Dokumente existieren, können sie in die neuen Entwurfsdokumentationen einfließen. Wenn weder das eine noch das andere verfügbar ist, bleibt nur noch das Reverse Engineering übrig, d.h. die Ableitung der Lösungsansätze aus dem Code und den Datenstrukturen durch Nachdokumentation.

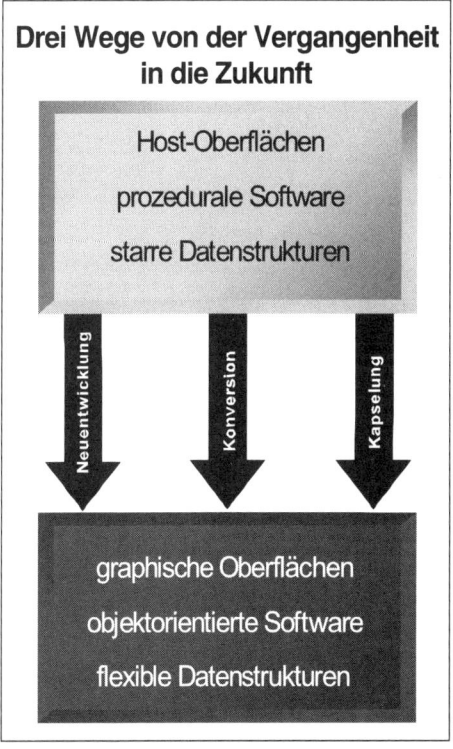

Abbildung 1-10 Migrationsstrategien

1.4.2 Drei Alternativen der Migration

Grundsätzlich gibt es drei Wege für die Migration bestehender Daten und Programme in eine neue technische Umgebung:

- Neuentwicklung

- Konversion und

- Kapselung

Bei einer Neuentwicklung werden die Daten über Brückenprogramme völlig neuen Strukturen zugeordnet. Möglicherweise werden sie auch umverschlüsselt und umformatiert. Was früher '01' war wird 'A', und was früher zweistellig war, wie das Jahr 99, wird jetzt vierstellig 1999. Schlüssel werden neu bestimmt, die Ordnungsfolge der Datenattribute geändert und die Beziehungen zwischen Datenobjekten neu geregelt. Prinzipiell läßt sich alles ändern, nur die semantische Bedeutung der Daten nicht. Die Grunddatenelemente, die Werte, bleiben erhalten.

Nicht so bei den Programmen. Im Falle einer Neuentwicklung werden in der Regel alle Befehle neu geschrieben, da die Funktionen neu definiert und die Datenzugriffe neu implementiert sind. Meistens wird auch die Programmiersprache gewechselt und das Kommunikationssystem ausgetauscht. Somit bleibt von der alten Software kaum was übrig. Im Gegensatz zu den Daten wird der alte Code zurückgelassen. Das Wissen aus dem bestehenden System wird ausschließlich über die Köpfe der beteiligten Mitarbeiter transferiert. Wenn die Köpfe fehlen, wird es notwendig sein, das alte System nachzudokumentieren mit der Hoffnung, das verlorene Wissen auf diese Weise wiederzugewinnen. Somit kann hier das Reverse Engineering eine wichtige Rolle spielen. Es dient dazu, Information über die Funktionalität und die Architektur der Altsoftware als Ausgangsbasis für die Entwicklung der neuen Software bereitzustellen.

Es versteht sich, daß dieser Weg den größten Freiraum zur Gestaltung des Ersatzsystems einräumt. Die Entwickler werden lediglich durch die Semantik der alten Daten gehemmt. Auf der funktionalen Seite steht ihnen alles offen. Es ist daher sehr unwahrscheinlich, daß irgendwelche bestehenden Codebausteine wiederverwendet werden. Das einzige, was von den alten Programmen wiederverwendet wird, ist das Wissen, wie sie funktioniert haben.

Bei einer Konversion kommt es im Gegensatz zur Neuentwicklung darauf an, möglichst viel von dem bestehenden System in die neue Lösung einzubringen. Einerseits werden die Daten, andererseits die Programme in eine andere Form transformiert. Dabei müssen die Kontrollprozeduren in der Regel neu implementiert werden.

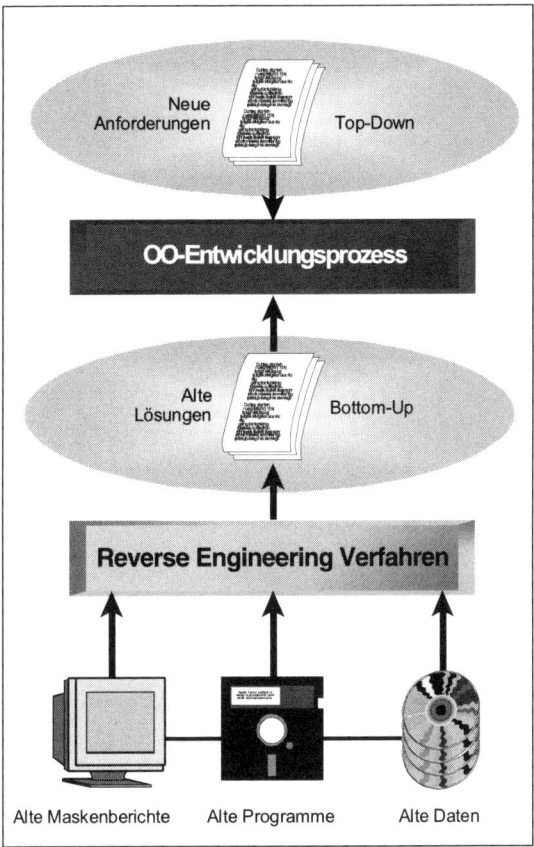

Abbildung 1-11 Neuentwicklungsstrategie

Datenkonversion in eine verteilte objektorientierte Architektur bedeutet fast immer, daß die Daten zunächst von einer hierarchischen Struktur, wie die in IMS, oder von einer netzartigen Struktur, wie die in IDMS oder UDS, in eine relationale Struktur, wie die in DB-2 oder Oracle, versetzt werden. Aus den Sätzen oder Segmenten werden relationale Tabellen. Das heißt, die wiederholten Datengruppen, die Datenredefinitionen und die sekundären Sachbegriffe müssen entfernt und die Verkettungen zwischen Sätzen und Segmenten in Tabellenvereinigungen umgewandelt werden. Von den relationalen Tabellen aus ist es anschließend viel einfacher, Objekte zu bilden. Zum Teil wird diese Funktion von den Datenbanksystemen selbst geleistet, z.B. von Oracle-8.

Programmkonversion in eine verteilte objektorientierte Architektur bedeutet, aus Programmen, Klassen und aus Prozeduren, Methoden zu bilden. Dies ist mit Sprachen, die eine hybride OO-Variante haben, wesentlich einfacher, als mit Sprachen ohne OO-Erweiterung. So lassen sich C-Prozeduren in C++-Methoden und Cobol-Abschnitte in OO-Cobol Methoden überführen. Natürlich sind auch hier zahlreiche maschinelle Transformationen und manuelle Eingriffe erforderlich, insbesondere was die Objektdefinition und Klassenbildung anbetrifft, aber die Einzelanweisungen bleiben unverändert. Mit Assemblerr, PL/I oder 4GL-Sprachen ist es grundsätzlich viel schwieriger, weil auch die Einzelanweisungen transformiert werden müssen. Deshalb ist für Anwender dieser Sprachen die Alternative »Konversion« zwar theoretisch möglich, aber nur über aufwendige Umwege, z.B. von PL/I in C++.

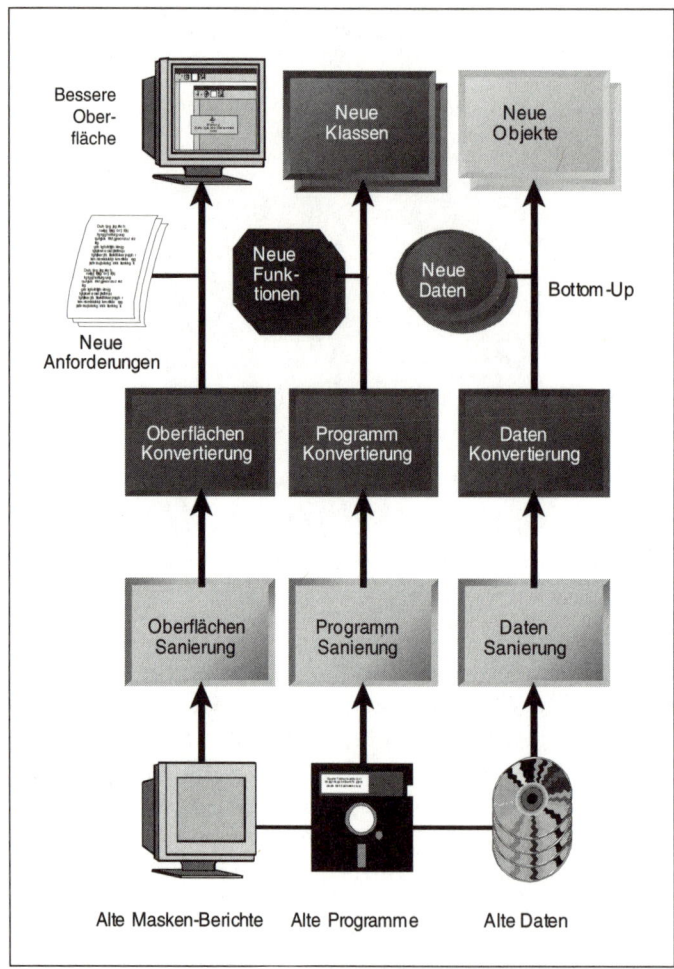

Abbildung 1-12 Konversionsstrategie

Bei einer Kapselung bleiben Daten, Programme und Prozesse in ihrer Umgebung. Dort werden sie von einer Umsetzungssoftware – einem sogenannter Wrapper – umhüllt, die sie mit der Außenwelt verbindet. Damit stehen sie als Objekte und Dienste den neuen verteilten Applikationen zu Verfügung.

Diese Alternative stellt eine Kompromißlösung zwischen Neuentwicklung und Konversion dar. Die Benutzeroberfläche und die lokale Verarbeitungslogik sowie auch die Arbeitsflußsteuerung, wird mit Java- oder C++-Klassen neu implementiert. Die globale Verarbeitungslogik, die Zugriffslogik und auch die Daten selbst bleiben in ihrer ursprünglichen Form in der herkömmlichen Umgebung. Das heißt, die Frontend-Software, in diesem Falle die Java- oder C++-Programme, fordern die Backend-Software, z.B. Assembler-, PL/I- oder Cobol-Programme auf, einen Dienst zu leisten. Dieser Dienst könnte eine Online-Transaktion, ein Batch-Jobstep, ein Datenzugriff oder sogar eine einzelne Geschäftsregel sein. Auf jeden Fall fließt das Ergebnis davon zurück in die Frontend-Software, die es weiterverarbeitet.

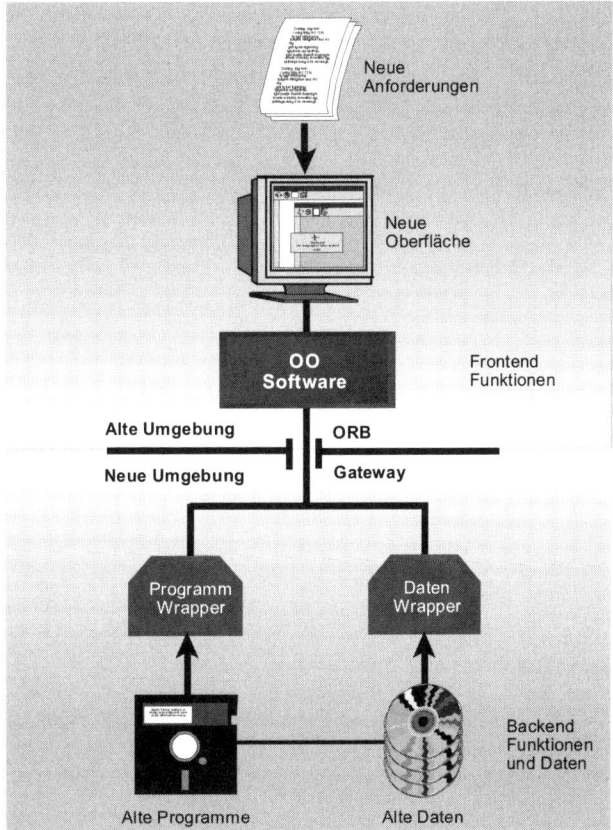

Abbildung 1-13 Kapselungsstrategie

Es bestehen also etliche Möglichkeiten, Programme zusammen mit ihren Datenbeständen einzuwickeln, Prozeduren ohne Datenbestände einzuwickeln und Datenbestände nur mit ihren Zugriffsroutinen zu kapseln. In allen Fällen ist es nicht nur notwendig, die Schalensoftware für die Verbindung zwischen Auftraggeber und Dienstleister herzustellen, sondern auch den Dienstleister selbst, d.h. die bestehenden Anwenderprogramme abzuändern. Dazu müßten sie entweder kopiert oder parametrisiert werden.

Im ersten Fall sollte die Kopie möglichst per Werkzeug automatisch aus dem Original-Quellcode generiert werden. Im zweiten Fall werden Abfragen der Paramterangabe ins Zielprogramm überall dort eingebaut, wo eine Interaktion mit der Wrapperschale erforderlich ist. So gesehen, kann auch die Kapselung teuer werden, wenn die Altsoftware nicht dafür geeignet ist.

Allen Problemen der Migration zum Trotz, bleibt jedoch eines sicher. Die Notwendigkeit einer Migration aus der alten monolithischen Anwendungsarchitektur wird immer größer. Wer diese Notwendigkeit verdrängt, verdrängt die eigene Zukunft. Die DV-Abteilungen der Industrie müssen allmählich erkennen, daß ihre Anwendungssysteme der 70er und 80er Jahre endlich ausgedient haben. Früher oder später müssen sie abgelöst werden. Um von der Geschichte nicht bestraft zu werden, sollte man lieber früher handeln.

Wenn verteilte objektorientierte Anwendungen das Ziel sind, dann führen drei Wege aus der heutigen monolithischen Mainframe-Welt dahin. Entweder werden die vorhandenen prozeduralen Systeme in objektorientierte konvertiert, oder sie werden in Bausteine zerlegt und die Bausteine gekapselt, oder sie werden ausgeschlachtet und neu entwickelt. Welchen Weg man einschlägt, hängt davon ab,

- wieviel Kapital man zu investieren hat,

- wieviel Zeit man bis zur Ablösung hat,

- welche Mitarbeiter man zur Verfügung hat und

- welchen Zustand die Altsoftware hat.

Keine Alternative ist zum Nulltarif zu haben. Jede verlangt ihren Preis. Ausharren bzw. Nichtstun ist jedoch keine Lösung. Sie ist allenfalls ein Zeitgewinn für Führungskräfte, die bald in Pension gehen. Für die Unternehmen ist dies ein unwiederbringlicher Zeitverlust. Leider stehen hier persönliches Interesse und Unternehmensinteresse im krassen Widerspruch [23].

1.4.3 Entscheidungskriterien

Die Wahl einer geeigneten Migrationsstrategie darf daher nicht leichtgenommen werden. Es steht hier zu viel auf dem Spiel. Zwar drängt es, etwas bald zu unternehmen, um aus den Fesseln der Altlasten auszubrechen, andererseits darf man nicht überstürzt handeln. Die Migration muß sorgfältig geplant und die Migrationsstrategie sorgfältig gewählt werden.

Die Antwort auf die Frage, ob Neuentwicklung, Konversion oder Kapselung, hängt vielfach vom Zustand der vorhandenen Systeme ab. Hier müssen wir unterscheiden zwischen Daten und Programmen. Daten lassen sich einfacher konvertieren als Programme. Sie sind auch leichter zu kapseln. Problematisch wird es nur, wenn sich die Daten in einer veralteten Form in einem veralteten Datenbanksystem befinden. Eindeutig veraltet sind ISAM- und VSAM-Dateien sowie hierarchische und netzartige Datenbanksysteme wie IMS und IDMS. Deshalb sollten diese Datenbestände zunächst in eine relationale Datenbank überführt werden. Mit den relationalen Datenbanken ist es wesentlich leichter, Objekte zu bilden. Außerdem gibt es hierfür die beste Tool-Unterstützung.

Mit den Programmen sieht es anders aus. Programme lassen sich nicht so leicht manipulieren wie Daten. Sie sind größer, komplexer und undurchdringlicher. Konvertierbar sind sie nur unter einer bestimmten Größe und Komplexität. Wenn die Größen- und Komplexitätsgrenzen überschritten sind, kommt eine Konvertierung nur in Frage, wenn die Programme erst restrukturiert und modularisiert werden. Dies kann wiederum sehr teuer werden. Es ist also nur möglich, eine Entscheidung über die Konvertierung zu fällen, wenn die Programmetriken vorliegen.

Das gleiche trifft in geringerem Maße für die Kapselung zu. Manche Programme sind aufgrund ihrer schlechten Struktur und ihrer Nutzung nicht standardisierter Operationen, wie z.B. Supervisoraufrufe oder Makrobefehle, kaum kapselbar. Dies weiß man aber erst, nachdem die Programme untersucht wurden. Es kann sich außerdem herausstellen, daß die Qualität der Programme so niedrig ist, daß es sich nicht lohnt, die Programme weiter am Leben zu erhalten. Ergo ist auch eine Kapselung nicht immer möglich ohne vorhergehende Sanierung.

Auf jeden Fall müssen die Legacy-Systeme vor der Entscheidung über die Migrationsstrategie bewertet werden, denn erst an Hand der daraus folgenden Metriken wird erkennbar, ob die Programme konvertierbar oder kapselbar sind, und wenn nicht, welcher Aufwand erforderlich wäre, sie in den Zustand zu versetzen. Falls dieser Sanierungsaufwand mehr als ein Drittel des Entwicklungsaufwandes beträgt, ist eine Neuentwicklung unvermeidlich. Natürlich braucht der Entscheidungsträger hier eine solide Schätzung der Kosten einer objektorientierten Neuentwicklung. Dazu bietet sich die Data-Point- oder Object-Point-Schätzmethode an. Die Data-Point-Methode geht vom Datenmodell aus, die Object-Point-Methode basiert auf dem Objektmodell [24].

Maßgeblich für die Wahl einer geeigneten Migrationsstrategie ist auf jeden Fall der Zustand der Altsoftware und zwar sowohl ihre Quantität und Qualität als auch ihre Komplexität.

1.5 Organisation der Software-Migration

Falls ein Betrieb auf die Idee kommt, eine bestehende Anwendung mit der Objekttechnologie vom Grund auf neu zu entwickeln, wird es erforderlich sein, die dafür
zuständige Mannschaft erst umzuschulen. Diese Umschulung auf objektorientierte Methoden, Sprachen und Werkzeuge darf keinesfalls unterschätzt werden.
Sie ist ein umfangreiches Unterfangen, das bis zu zwei Jahren dauern kann, vor allem dann, wenn die Mitarbeiter das alte System nebenbei warten müssen [25]. Bis
das alte System endgültig abgelöst ist, wird die Mannschaft geistig zweigleisig fah-
ren und ständig zwischen den beiden Welten hin- und herpendeln, nach dem
Motto: vormittags konventionell, nachmittags objektorientiert. Dieser geistige
Spagat wird sich als ziemliche Anstrengung für die Betroffenen erweisen.

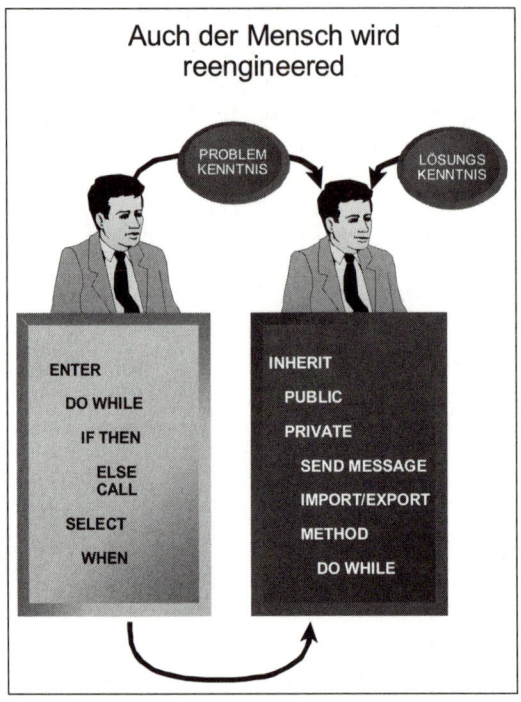

Abbildung 1-14 Reengineering der Mitarbeiter

Leichter wird es, wenn der Betrieb die Mitarbeiterrollen verteilt und einen
dreigleisigen Ansatz verfolgt. Auf dem einen Gleis wird die neue Welt Schritt für
Schritt aufgebaut, auf dem zweiten die alte Welt aufrechterhalten und auf dem
dritten die alte Welt schrittweise mit der neuen integriert. Da es in der Regel ausgeschlossen ist, alle bestehenden Anwendungssysteme auf Anhieb zu ersetzen,
werden lange Zeit alte Host- und neue verteilte Anwendungen miteinander koexi-
stieren müssen. Vorübergehend werden sogar beide Versionen der gleichen Systeme im Betrieb sein bis sicher ist, daß die neue Version ausgereift ist.

Damit ist auch einiges über die Projektorganisation gesagt. Ein Teilprojekt hat den Auftrag vorzustoßen, um die verteilte OO-Technologie mit allem was dazu gehört – OO-Modellierung, OO-Programmierung, Corba und verteilte Architekturen – zu erproben. Das andere Teilprojekt befaßt sich mit der Altsoftware, führt eine Bestandsaufnahme durch und prüft die Wiederverwendbarkeit. Weitere Teilprojekte sorgen für die Kontinuität der Dienstleistungen bzw. die Wartung der bestehenden Host-Systeme. Es wäre denkbar, daß einzelne Personen auf allen drei Gebieten tätig sind, aber vieles spricht dagegen, insbesondere was die Qualifikation anbetrifft: zu unterschiedlich sind die Bedingungen. Außerdem verlangt jedes Projektgebiet den vollen Einsatz, abgesehen von der Uneffektivität des ständigen Umgebungswechsels.

Mitarbeiter, die zur Wartung der Altsysteme zugeteilt sind, müssen die klassischen Programmiersprachen, Datenbanksysteme, TP-Monitore und die Host-Umgebung beherrschen, um die anstehenden Wartungsaufgaben effizient erledigen zu können. Es darf keinen Abbruch in dem bestehenden Dienstleistungsangebot geben. Alles muß so glatt laufen wie eh und je. Fehler werden korrigiert, Änderungen durchgeführt und neue Releases freigegeben. Allenfalls wird mit Erweiterungen sparsam umgegangen. Ansonsten herrscht der normale Wartungsbetrieb.

Mitarbeiter der OO-Stoßtruppe müssen sich mit den neuen OO-Sprachen, -Werkzeugen und -Methoden auskennen. Sie dürfen nicht mit dem Erbe vergangener Software-Technologien belastet sein. Deshalb ist es besser, wenn sie gleich in der OO-Welt aufgewachsen sind. Ihre Aufgabe verlangt von Ihnen Kreativität, Kompetenz und den Mut der Jugend, neue unerforschte Wege einzuschlagen, ohne Furcht vor Mißerfolg und ohne Rücksicht auf bestehende verkrustete Strukturen [26].

Zwischen diesen beiden Welten gibt es ein drittes Teilprojekt, dessen Auftrag es ist, Brücken zu bauen. Es soll verhindern, daß die OO-Stoßtruppe soweit nach vorne prescht, daß sie die Verbindung zur alten Welt total verliert. Andererseits soll es die bestehenden Systeme in einen Zustand bringen, in dem sie in der neuen Welt aufnehmbar sind. Ihr Ziel ist es, soviel wie möglich der vorhandenen Daten und Code-Masse in den von der OO-Vortruppe geschaffenen Brückenkopf hinüberzuretten. Dazu brauchen Mitarbeiter dieser Gruppe Kenntnisse beider Welten. Sie müssen verstehen, was die OO-Avantgarde von den bestehenden Systemen benötigt. Sie müssen wissen, was die Altsysteme leisten, und sie müssen über genügend Programmierfertigkeiten in beiden Welten verfügen, um sie miteinander zu koppeln.

Dieses Teilprojekt ist das eigentliche Migrationsteam. Sie nutzen das Objektmodell und die Objektarchitektur der OO-Entwicklungstruppe als Rahmen für die Wiederaufbereitung der Altsysteme von der Wartungstruppe. Bei der Wahrnehmung dieser anspruchsvollen Aufgabe müssen die Mitarbeiter des Migrationsteams als wahre Vermittler fungieren.

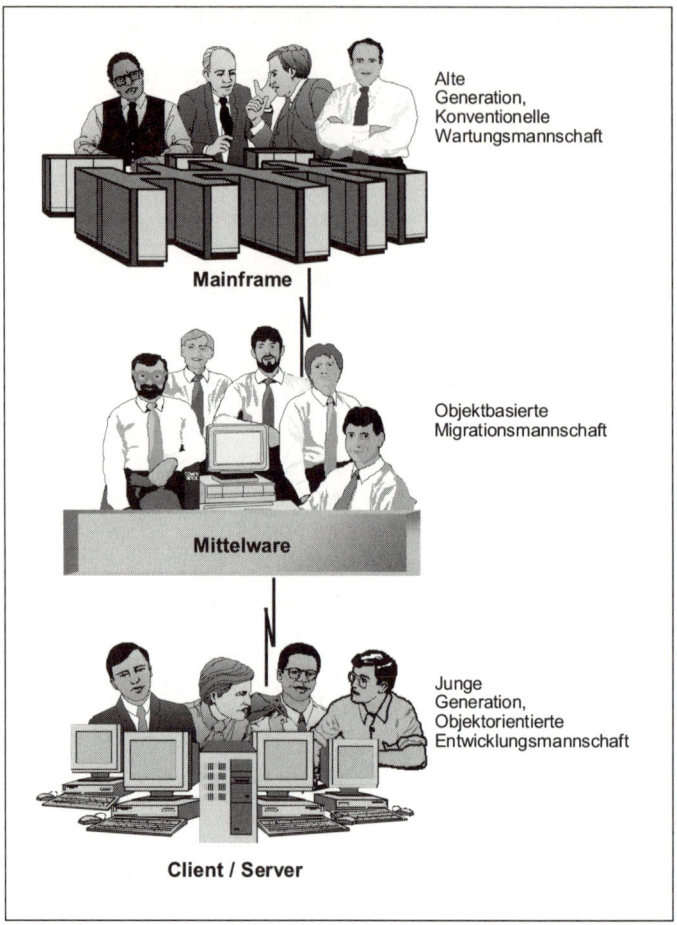

Abbildung 1-15 Verteilung der Mitarbeiterrollen

Heute steht fest, daß der Übergang von einer bewährten, aber veralteten DV-Technologie in eine moderne, aber unbewährte, wie die der verteilten Objekte, nur gelingen kann, wenn die organisatorischen Bedingungen stimmen, d.h. wenn die Dreiteilung in

- Wartungsmannschaft,

- Entwicklungsmannschaft und

- Migrationsmannschaft

vorgenommen wird [27].

1.6 Ein allgemeines Vorgehensmodell für die Migration

Viele Wege führen von einer überholten prozeduralen hin zu einer modernen objektorientierten Datenverarbeitung. Der Weg über eine Neuentwicklung wird in diesem Buch nicht weiterverfolgt. Darüber existiert schon genügend Literatur [28]. In diesem Buch liegt der Schwerpunkt auf der Migration der vorhandenen Anwendungssysteme. Demzufolge werden nur die beiden Wege

* Konvertierung und

* Kapselung

weiterverfolgt.

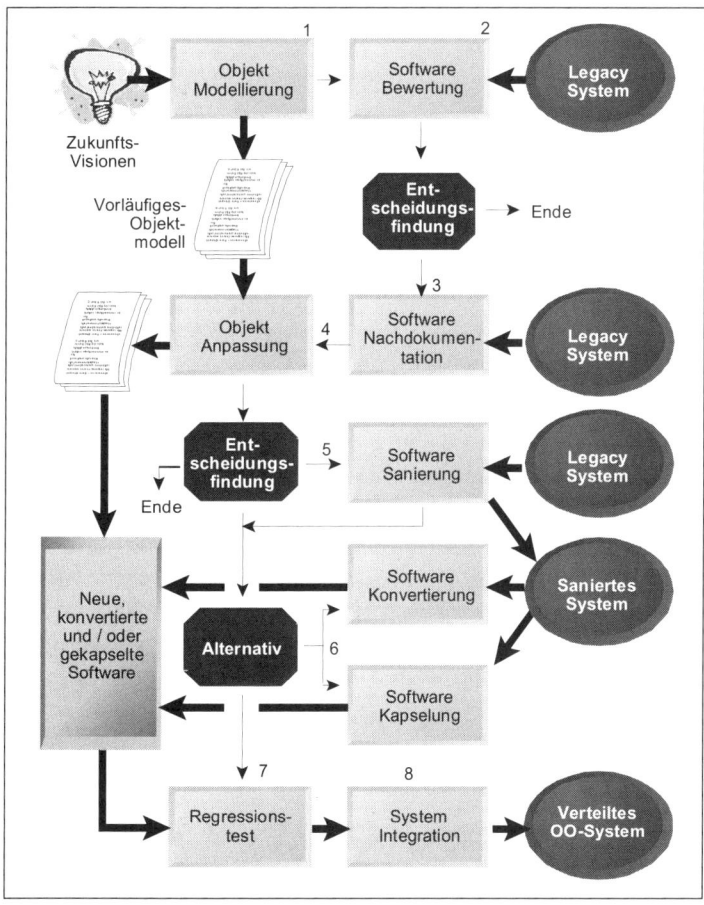

Abbildung 1-16 Objektorientierter Migrationsprozeß

Für diese beiden Wege werden in den folgenden Kapiteln ein gemeinsames Vorgehensmodell mit acht Phasen beschrieben. Begonnen wird mit der Soll-Analyse und dem Entwurf der künftigen Objektarchitektur, d.h. am Anfang steht eine Vision, allerdings eine gut dokumentierte und operationalisierbare Vision.

In dieser *ersten Phase* werden die Geschäftsobjekte und deren Dienstleistungen an Hand einer Analyse der neuen Geschäftsprozesse ermittelt. Es wird angestrebt, die objektorientierte Sicht der Informatik mit der prozeßorientierten Sicht der Betriebswirtschaft zu versöhnen. Das Ergebnis der Phase ist ein grobes Objektmodell mit Bezug auf das Daten- und Funktionsmodell der Legacy-Systeme. Die erste Phase dürfte pro Anwendung maximal drei Monate dauern.

In der *zweiten Phase* wird die Legacy-Software im Hinblick auf ihre Wiederverwendung bewertet. Hier wird nämlich geprüft, ob es sich überhaupt lohnt, die alten Programme und Daten in die neue Objektarchitektur einzubinden. Dazu gibt es ein normiertes Auditverfahren auf der Basis der ISO-9126-Norm. Am Ende dieser Phase wird entschieden, ob eine Konvertierung oder Kapselung in Frage kommt und wenn, für welche Komponenten. Das Ergebnis ist eine Systembewertung. Die Phase darf nicht länger als einen Monat in Anspruch nehmen.

Möglicherweise wird das Vorhaben bereits an dieser Stelle aufgrund mangelhafter Wiederverwendbarkeit abgebrochen. Ist dies der Fall, bleibt dem Anwender nur übrig, zu dem ersten Schritt zurückzukehren und von dort aus eine rundum neue Entwicklung einzuleiten. Wenn aber die Chance besteht, mindestens Teile der Altsoftware wiederzuverwenden, läuft der Prozeß weiter.

In der *dritten Phase* wird das vorhandene Anwendungssystem nachdokumentiert. Das Ziel dieser Aktivität besteht darin, einen besseren Überblick über die Funktionalität und Zusammensetzung der Altsoftware zu gewinnen und zu erkennen, welche Programme, Prozeduren und Datenobjekte wie zu übernehmen sind. Es geht also um eine Analyse der Funktionen, Datenstrukturen und Schnittstellen der Legacy-Systemen, um zu sehen, ob und aus welchem Grad die neuen Anforderungen dadurch abdeckbar sind. Voraussetzung hierfür ist eine aktuelle technische und fachliche Systemdokumentation. Genau diese ist das Ergebnis der dritten Phase. Die dritte Phase könnte bis zu zwei Monaten dauern.

In der *vierten Phase* kommt es zu einer Überarbeitung und Verfeinerung des Objektmodells im Hinblick auf den Ist-Zustand der Altanwendungen. Hier wird der Versuch gemacht, die neugeplanten Geschäftsobjekte mit Datenobjekten aus den Legacy-Systemen abzudecken und neugeplante Dienstleistungen mit Funktionen aus den alten Programmen zu erfüllen. Das Ziel ist, soviel des neuen Modells wie möglich durch alte Daten und alten Code auszufüllen. Dies kann aber nur gelingen, wenn das Objektmodell auf der operativen Ebene dem Ist-Zustand angepaßt wird. Das Ergebnis der vierten Phase ist ein verfeinertes Objektmodell nach UML mit Schnittstellen zur alten Software nach IDL. Die maximal zulässige Dauer der Phase wäre zwei Monate.

Nach dieser vierten Phase könnte es immer noch zu einem Projektabbruch kommen, nämlich dann, wenn die alten Bausteine überhaupt nicht zu dem neuen Modell passen. Es würde sich spätestens hier zeigen, daß sie weder konvertierbar noch kapselbar sind. Wenn sich herausstellt, daß die Programme zwar funktional das anbieten, was zu dem neuen System paßt, daß sie jedoch technisch nicht ausreichend wiederverwendbar sind, bietet sich immer noch eine Sanierung an.

Die Sanierung wäre die *fünfte Phase* in dem Migrationsprozeß, falls sie erforderlich ist. Hier ginge es vor allem darum, die Programme zu restrukturieren, bereinigen und modularisieren und die Datenstrukturen zu normieren, damit sie in das neue Bild besser hineinpassen. Die Sanierung sollte die Weichen stellen für die darauffolgende Konvertierung oder Kapselung. Es macht keinen Sinn, qualitativ minderwertige Software zu migrieren. Das Ergebnis dieser Phase sollten deshalb migrierbare und migrierwürdige Datenstrukturen und Programme sein. Der Zeitrahmen für eine Sanierung könnte bis zu vier Monate betragen.

Wenn es feststeht, daß einer Wiederverwendung nichts mehr im Wege steht, wird in der *sechsten Phase* mit der Implementierung begonnen. Die Implementierung wird eine von zwei möglichen Formen annehmen. Entweder wird ein Software-Baustein bzw. ein Datenbestand konvertiert, oder er wird gekapselt. Somit stehen zwei verschiedene Verfahren zur Auswahl. Beide Verfahren werden hier behandelt, sowohl die objektorientierte Programmtransformation als auch die objektorientierte Programm- und Datenkapselung. Der Anwender kann sie beliebig miteinander koppeln. Das Phasenergebnis sind konvertierte und/oder gekapselte Daten und Programme. Mehr als vier Monate dürfte man mit dieser Phase nicht verbringen.

In der *siebten Phase* werden die konvertierten bzw. gekapselten Programme einem Regressionstest unterzogen, um nachzuweisen, daß ihre Funktionalität durch die Transformation bzw durch die Kapselung nicht gelitten hat. Der Regressionstest sollte sichern, daß das Verhalten gleich geblieben ist. Das Ziel ist also ein Nachweis der funktionalen Äquivalenz. In Anbetracht der Testproblematik in einer verteilten Umgebung könnte diese Phase bis zu sechs Monaten dauern.

In der *achten Phase* werden die alten konvertierten und/oder gekapselten Komponenten – Programmbausteine und Datenobjekte – mit den neuen Systemkomponenten integriert. Hier spielt das Object Request Broker mit seiner IDL – Interface-Definitionssprache – eine zentrale Rolle. Natürlich wird hier nochmals das neue System in seiner Gesamtheit getestet und nach der Behebung der verbleibenden Probleme freigegeben. Das Ergebnis ist ein lauffähiges System. Zwei Monate sind für diese Schlußphase genug.

Das ganze Migrationsprojekt dürfte vom Anfang bis Ende pro Anwendungssystem niemals länger als 24 Monate, also zwei Jahre dauern. Kleinere Anwendungen könnten sogar innerhalb von sechs Monaten fertig sein. Wichtig ist, daß die Zeitfenster – Time Boxes – eingehalten werden. Keine Phase darf über die dafür festgesetzte Zeit hinausgehen. Sonst wäre das Projekt abzubrechen.

Das Buch ist nach diesem Vorgehensmodell gegliedert. Kapitel 2 behandelt die Objektmodellierung, Kapitel 3 die Softwarebewertung, Kapitel 4 die Software-Nachdokumentation, Kapitel 5 die Objektmodellanpassung, Kapitel 6 die Software-Sanierung, Kapitel 7 die Konvertierung, Kapitel 8 die Kapselung, Kapitel 9 den Regressionstest und Kapitel 10 die Integration der alten und neuen Komponenten.

1.7 Literaturhinweise

[1] Sneed, H.: »Der Weg ins Kommunikationszeitalter führt nur über die Objekt-orientierte Programmierung«, in Proc. of OOP-96, SIGs Conference, München, Feb. 1996

[2] Haug, R.: »Normierte Programmierung oder das Baukastenprinzip für Software« in ONLINE, ZfD, Heft 2, Köln, 1972

[3] Dijkstra, E.: »Structured Programming« in Software Engineering Techniques, Editors: Buxton & Randell, NATO Science Affairs Division, Brüssel, 1979, S. 84

[4] Wedekind, H.: Structured Database Programming, Bericht zur praktischen Informatik Nr. 6, Hanser Verlag, München, 1977

[5] Martin, J.: Application Development without Programmers, Prentice Hall, Englewood Cliffs, N.J., 1982

[6] Stroustrup, B.: »What is Object-oriented Programming« in IEEE Software Magazine, Mai 1988, S. 10

[7] Rine, D./Bhargava, B.: »Object-oriented Computing Special«, Issue in IEEE Computer, Okt. 1992, S. 5

[8] Meyer, B.: »Applying Design by Contract«, IEEE Computer Magazine, Okt. 1992 S. 4p

[9] Guengerich, S.: Downsizing Information Systems, Sams Publishing, Carmel, Indiana, 1992, S. 14

[10] Lehman M./Belady, L.: Program Evolution-Process of Software Change, Academic Press, London, 1985

[11] Lehner, F.: Software Wartung, Hanser Verlag, München, 1991, S. 37

[12] Sneed, H.: »Dealing wich the Dual Crisis – Year 2000 and EURO« in Proc. of 4th Working Conference on Reverse Engineering, IEEE Press, Amsterdam, Okt. 1997

[13] Dewire, D.: Client/Server Computing, McGraw-Hill, New York, N.Y., 1993, S. 5

[14] Vauglin, L.T.: Client/Server System Design & Implementation, McGraw-Hill, New York, N.Y., 1994, S. 117

[15] Schulte, R.: »Three-Tier Computing Architectures and Begond«, Gartner Group, SMS-Report 401-134, Aug. 1995

[16] DARPA Working Group on Reengineering: »Big Iron-Keeping the Legacy Alive«, U.S. Gov. Report WG 91 of Okt. 1996, Washington, 1996

[17] Allen, P./Frost, S.: Component-based Development for Enterprise Systems, SIG Books, Cambridge, 1998, S. 37

[18] Walden, K./Nerson, J.: Seamless Object-oriented Software Architecture, Prentice Hall, Englewood Cliffs, 1995, S. 21

[19] IBM: A Survey of Object-oriented Technology on MVS/ESA, IBM Red Book Doc. Nr. GG24-2505-00, Povglikeepsie, Feb., 1995

[20] Grochow, J.: SAA-A Guide to Implementing IBM's System Application Architecture, Yourdan Press, Englewood Cliffs, 1991, S. 147

[21] Lau, C.: Object-oriented Programming using SOM and DSOM, John Wiley & Sons, New York, N.Y., 1995, S. 2

[22] Harmon, P.: »Distributed Systems, Corba and Compoind Documents«, Object-oriented Strategies, Cutter Information Corp., Arlington, MA., 1996, S. 5-8

[23] Brodie, M./Stonebraker, M.: Migrating Legacy Systems, Morgan Kaufmann Pub., San Francisco, 1995, S. 6

[24] Graham, I.: Migrating to Object Technology, Addison-Wesley; Wokingham, G.B. 1994, S. 399

[25] Fayad, M./Tsai, W./Fulghim: »Transition to Object-oriented Software Development«, Comm. of ACM, Band 39, Nr. 2, Feb. 1996, S. 108

[26] Ahrens, J./Prywes, N.: »Transition to a Legacy- and Reuse-based Software Life Cycle«, IEEE Computer Magazine Okt. 1995, S. 27

[27] Miller, H.W.: Reengineering Legacy Software Systems, Digital Press, Boston, 1998, S. 85

[28] Hubert, R.: »Von der traditionellen Applikationshandschaft zum evolutionaren Gesamtsystem« in Objektspektrum, 1/97, Jan. 1997, S. 86

2 Objektmodellierung für eine Softwaremigration

2.1 Die Business-Reengineering-Revolution

Am Anfang steht die Vision. Der Ist-Zustand ihrer Informatik ist für viele DV-Anwender zu einer unerträglichen Last geworden. Sie wollen sich davon befreien, aber sie sind an der bestehenden Produktionsumgebung angekettet. In der Ferne winkt ein neuer vielversprechender Gipfel – der Gipfel der Objekttechnologie – aber zwischen ihnen und diesem neuen Zauberberg klafft eine riesige Gletscherspalte. Wie sollen sie den Sprung in die Zukunft wagen, wenn sie an der Vergangenheit so verkettet sind. Sie zögern, und mit jedem Jahr wird die Spalte immer breiter und ihre Altlast immer schwerer. Es fehlt einfach der Mut zum Handeln, um aus der Vision eine neue Wirklichkeit zu schaffen.

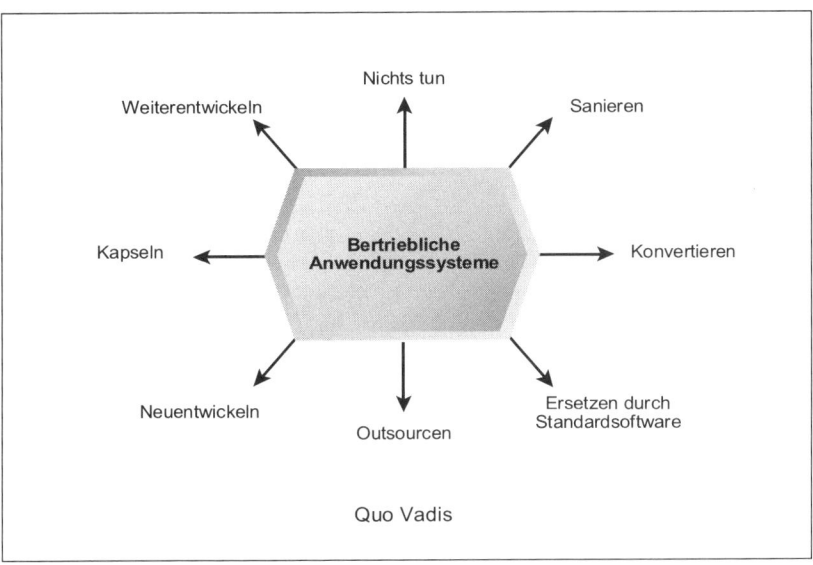

Abbildung 2-1 Betriebliche Alternative

Es ist immer wieder erstaunlich festzustellen, mit welcher Beharrlichkeit sich Betriebe (vor allem deutsche Betriebe) an ihren Ist-Zustand klammern, als ob sie Angst hätten, etwas Kostbares zu verlieren. Dieses Verhalten steht im krassen Widerspruch zu der Lehre des *Business Reengineering*, die Anfang der 90er Jahre von Hammer und Champy propagiert wurde [1]. Diese beiden jungen Amerikaner haben die Zeichen der Zeit erkannt. Mit dem Zerfall des Sozialismus, der Öffnung aller Grenzen, der Verbreitung der Telekommunikation und dem Durchbruch der Mikroprozessortechnologie ist unsere Welt in eine neue Epoche eingetreten. Archäologen sprechen von *Punctuated Equilibria* [2]. Danach gibt es nach Perioden relativer Stabilität immer wieder große Umbrüche. Das Jahr 1989 war der Anfang eines solchen Umbruchs. In seiner geschichtlichen Bedeutung ist es durchaus mit dem Jahr 1789 vergleichbar. Bei einer so weltumwälzenden Änderung werden auch die Betriebsstrukturen in den Strudel eingezogen.

Es lag also nahe, eine grundlegende Veränderung der betrieblichen Organisationsformen vorzuschlagen, als Anpassung an die veränderten Wirtschaftsbedingungen. Im Sinne von Marx und Engels mit dem Aufruf der Arbeiterrevolution, riefen Hammer und Champy zur organisatorischen Revolution auf. Alle bestehenden Organisationen sollten sich der neuen Wettbewerbssituation anpassen, indem sie ihre bisherigen überholten Organisationsformen aufgeben und neue zeitgemäße einführen.

Business Reengineering soll die Geschäftswelt in das 21. Jahrhundert hineinkatapultieren. Es umfaßt das grundsätzliche Überdenken des Geschäftszwecks sowie den radikalen Neuentwurf der Geschäftsfunktionen mit dem Ziel, substanzielle Verbesserungen zu erreichen, die sich in den kritischen Leistungsgrößen wie Kosten, Qualität, Dienstleistung und Reaktionszeit niederschlagen [3]. Es soll letzten Endes zu einer völligen Umgestaltung des Unternehmens führen. Champy und Hammer fordern einen radikalen Bruch mit den bestehenden Denkweisen und Abläufen, denn nur so können sich die Betriebe wirklich erneuern. Die verkrusteten, erstarrten Hierarchien, deren Kultur von innerbetrieblichen Machtkämpfen geprägt sind, können nur durch eine radikale Änderung abgeschafft werden. An ihrer Stelle sollen neue auftragsbezogene, schlanke Geschäftseinheiten entstehen, die in eigener Verantwortung mit eigenem Risiko handeln. Alles aus der Vergangenheit soll in Frage gestellt werden, nichts soll verschont bleiben. Auch das Wertesystem der Unternehmen soll auf den Kopf gestellt werden. Somit erzwingt Business Reengineering eine Neustrukturierung und grundlegende Umgestaltung der bestehenden informations- und kommunikationstechnischen Infrastruktur eines Unternehmens.

Statt die Geschäftsprozesse an die Struktur des Unternehmens anzupassen, sind umgekehrt die Struktur des Unternehmens den Geschäftsprozessen anzupassen. Das Unternehmen ist in autonome, selbständige Geschäftseinheiten – Business-Units – aufzuteilen, die eigenverantwortlich ihre Geschäftsprozesse betreiben. Sie verfügen über ein eigenes Budget und müssen sich durch die Erlöse aus ihren Geschäften selber tragen. Natürlich haben sie unter diesen Umständen die Pflicht und auch das Recht, über die eigene Datenverarbeitung zu entscheiden. Da die neuen Geschäftsprozesse weitgehend von der Kommunikations- und Informationstechnologie bestimmt werden, müssen die zuständigen Geschäftseinheiten bzw. die Fachabteilungen über die Gestaltung dieser Technologien mitbestimmen. Die betriebliche Datenverarbeitung wird den einzelnen Geschäftseinheiten untergeordnet und somit aufgeteilt. Sie ist nicht mehr Herr der Organisation, sondern deren Diener, etwas, was für manche ORG/DV-Leiter der ersten Generation schwer einzusehen ist.

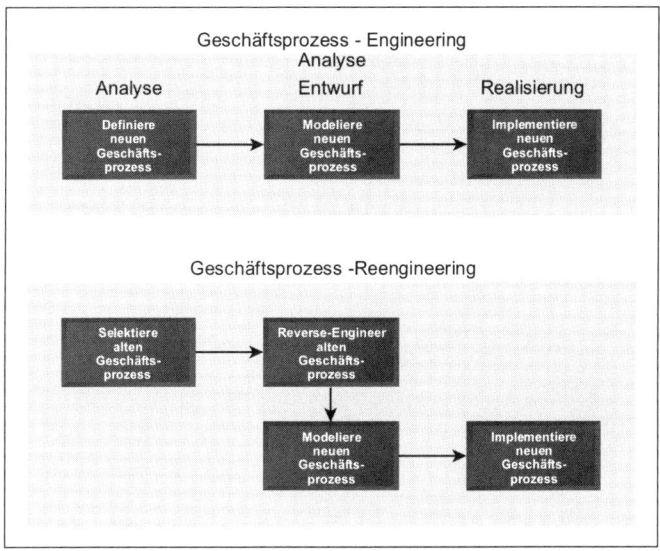

Abbildung 2-2 Business Engineering vs. Business Reengineering

2.2 Business-Process-Reengineering

Wie alle großen Revolutionen steckt auch das Business Reengineering sehr hohe Ziele. Ziele, die zum Teil gar nicht erreichbar sind. Dennoch bleibt es nicht ohne Wirkung. Um auf einem in Bewegung geratenen, globalisierten Markt wettbewerbsfähig zu bleiben, müssen sich die Unternehmen anpassen und zwar immer schneller. Sie haben keine andere Wahl. Am stärksten betroffen sind die kundenorientierten Geschäftsprozesse bzw. die Frontoffice-Operationen, und die dafür verantwortlichen Geschäftseinheiten. Sie müssen gestrafft und mit moderner Technik ausgestattet werden.

Business Process Reengineering zielt auf die Umgestaltung der Geschäftsprozesse mit dem Ziel, substanzielle Verbesserungen in der Aufbau- und Ablauforganisation eines Unternehmens zu erreichen [4]. Dabei bedient es sich insbesondere folgender Ansatzpunkte:

•   Informations- und Kommunikationstechnologie als Gestaltungsmittel

•   Wertorientierte Straffung der betrieblichen Abläufe

- Prozeßintegration über festvereinbarte Schnittstellen

- Prozeßanpassung durch Eigenentwicklung

- Kundenorientierung als Folge der Selbstfinanzierung der zuständigen Geschäftseinheit [5].

Es gilt, die Geschäftsprozesse im Hinblick auf die herrschenden Marktbedürfnisse zu optimieren. Hier sind zwei Faktoren ausschlaggebend

- zum einen, der Selbsterhaltungstrieb – die starken Geschäftseinheiten werden überleben, die schwachen werden sterben, d.h. eine natürliche Auslese nach der Darwinischen Lehre

- zum anderen, die verteilte Verantwortung. Es obliegt jeder Geschäftseinheit ihr eigenes Schicksal in die Hand zu nehmen, d.h. die eigene Datenverarbeitung zu übernehmen und zu gestalten.

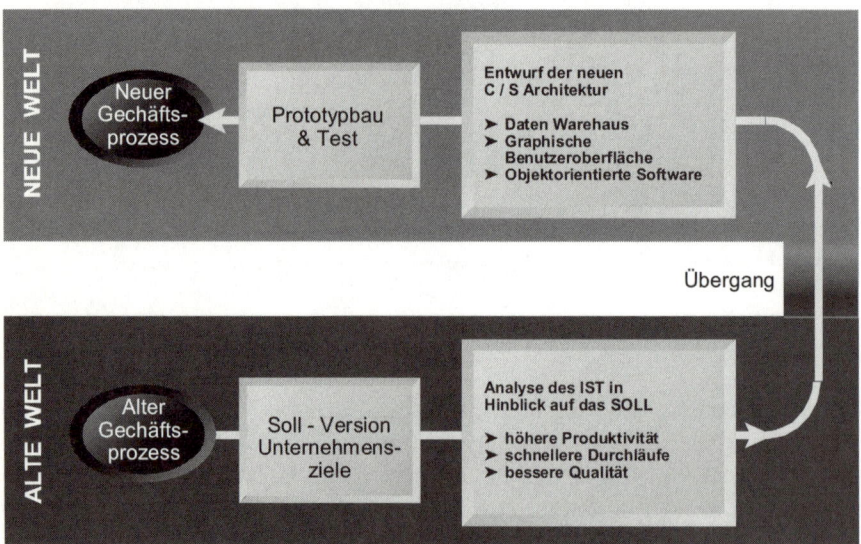

Abbildung 2-3 Geschäftsprozeßmigration

Früher gab es nur wenige Berührungspunkte zwischen den Geschäftsprozessen in den Fachabteilungen und den Datenverarbeitungsprozessen auf dem zentralen Rechner. Die Sachbearbeiter bekamen ihre wöchentlichen Berichte. Sie erfaßten Daten am Bildschirm und bekamen Fehlermeldungen zurück, aber die Schnittstellen bzw. die Fenster zur Informatik blieben schmal und beschränkt. Im Grunde genommen liefen die beiden Prozeßarten nebeneinander her mit einem Minimum an Interaktion. Es waren asynchrone, schwach verknüpfte Prozesse.

Mit dem Aufbruch der modernen Kommunikations- und Informationstechnologie hat sich das prinzipiell geändert. Es wächst zusammen, was zusammen gehört. Die beiden Prozesse sind nicht länger auseinanderzuhalten. Der bisher getrennte Datenverarbeitungsprozeß ist jetzt aufgrund moderner Kommunikationsformen voll in dem Geschäftsprozeß eingebettet. Es ist gar nicht mehr möglich, sie voneinander zu trennen. Der Sachbearbeiter bzw. der Entscheidungsträger arbeitet synchron mit den Programmen, die seine Arbeit bzw. seine Entscheidung unterstützen. Mensch und Computer bilden sozusagen ein Tandem, die abwechselnd und in Abhängigkeit voneinander agieren, um eine Aufgabe gemeinsam zu lösen. Der Anteil des Computers an der Abwicklung der Geschäftsprozesse ist also gegenüber früher enorm gestiegen. Er ist vielleicht nicht bestimmend – noch nicht –, aber auf jeden Fall unentbehrlich. Ein Geschäftsprozeß ohne Hard- und Software ist wie eine Radfahrt ohne Rad. Allerdings ist der Radler bzw. der Mensch ebenso unentbehrlich.

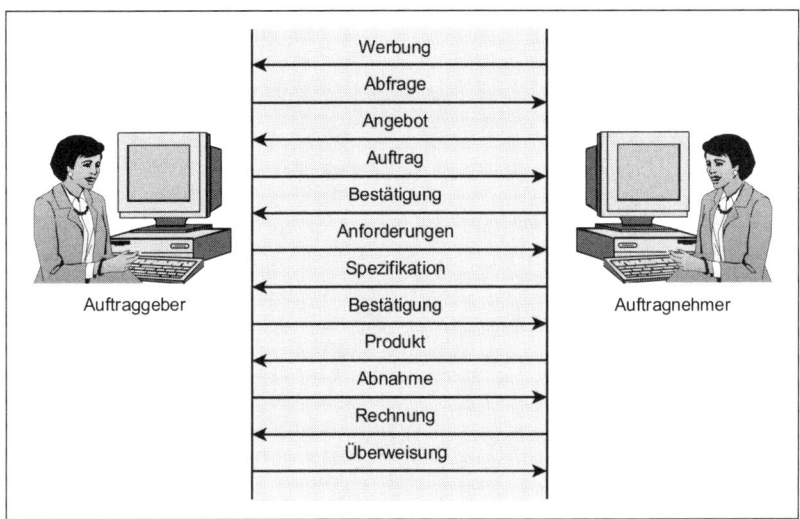

Abbildung 2-4 Elektronische Auftragsabwicklung

Angesichts der Bedeutung der Software für die Abwicklung moderner Geschäftsprozesse darf es nicht wundern, wenn der Anwender höhere Ansprüche an die Bedienbarkeit, Funktionalität und Zuverlässigkeit seiner Programme stellt, denn ohne sein Programm ist er wie der Radfahrer ohne Rad. Der heutige Benutzer möchte die Programmoberfläche nach seinem Geschmack einstellen, die Programmabläufe per Mausklick steuern und die Ergebnisse nach Belieben formatieren, d.h., er möchte selbst die Kontrolle über seine Software haben und nicht auf Programmierer in einer entfernten Zentralabteilung angewiesen sein. Wenn etwas passiert, was er selbst nicht erklären oder umgehen kann, möchte er sofortige, unbürokratische Hilfe von einem kompetenten Fachmann haben, im Sinne des Autopannendienstes [6].

2.3   Verteilte Datenverarbeitung

All dies deutet auf die Notwendigkeit hin, die Datenverarbeitung zu dezentralisieren und zu verteilen. Wer so sehr auf ein Instrument angewiesen ist, wie der Radfahrer auf sein Rad, möchte auch die unmittelbare Kontrolle über das Instrument haben. Es muß ihm gehören.

Wenn eine Geschäftseinheit wirklich autonom und selbständig sein sollte, muß sie auch die Freiheit haben zu bestimmen, von welchem Instrumentarium sie abhängen soll. Die eine Geschäftseinheit möchte ihre Prozesse mit einer Standard-Software abwickeln, die andere möchte eine individuelle Lösung haben. Die eine will alles auf einem PC-Arbeitsplatz ausführen, die andere will auf dem Host arbeiten. So lange, wie eine selbständige Geschäftseinheit ihr eigenes Einkommen erarbeitet, hat keine übergeordnete Einheit das Recht, ihr irgendetwas vorzuschreiben. Sie hat das Recht, über ihr technisches Instrumentarium selbst zu bestimmen. Eine zentrale Informatikabteilung kann zwar beraten, aber nicht bestimmen.

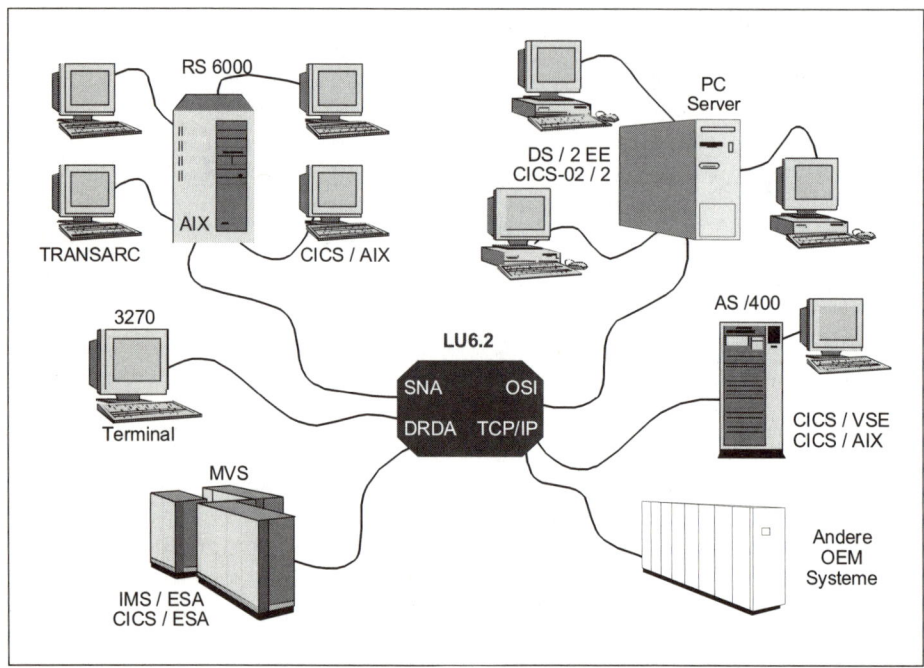

Abbildung 2-5 Verteilte Datenverarbeitung

Wer A sagt, muß auch B sagen. Wenn also die Betriebe dezentralisiert und die Kompetenzen verteilt werden, muß die Datenverarbeitung nachziehen, d.h. auch die Anwendungssysteme müssen dezentralisiert und verteilt werden. Ein Teil bleibt noch auf dem Zentralrechner, aber ein Großteil wird auf die Serverrechner und die Client-Arbeitsplätze vorgelagert. Der Teil, der auf dem Host bleibt, bleibt unter der Kontrolle der zentralen Informatik. Dies ist der geschäftsprozeßübergreifende Teil. Der Teil, der aber geschäftsprozeßspezifisch ist, geht in die Kontrolle der Geschäftsprozeßverantwortlichen über. Auch wenn die Software auf einem zentralen Server aufgeführt wird, unterliegt sie der Kontrolle ihrer Anwender, die für ihre Entwicklung und Wartung verantwortlich sind.

Eine Dezentralisierung des Unternehmens ist demzufolge unweigerlich verbunden mit einer Verteilung der Datenverarbeitung, sowohl was die Hardware als auch die Software betrifft. Selbständige, eigenverantwortliche Geschäftseinheiten bestimmen über ihre Geschäftsprozesse und damit über die Anwendungssysteme, die in diesen Prozessen eingebettet sind. Verteilte Datenverarbeitung ist somit eine logische Folge der verteilten Geschäftsprozesse und dies eine Folge der verteilten Wirtschaft [7].

2.4   Objektorientierte Software

Die Anwendungssoftware ist ein Spiegelbild der betrieblichen Realität, die sie abbildet [8]. Ändert sich diese betriebliche Realität, muß die Software sich ebenfalls ändern. Dies ist ein Grundsatz der Software-Evolutionslehre, so wie sie von Belady und Lehman definiert wurde. Eine Umgestaltung der Geschäftsprozesse gekoppelt mit einer Verteilung der betrieblichen Datenverarbeitung führt zwangsläufig zu einem Bruch mit den existierenden Anwendungssystemen, die den neuen Anforderungen nicht länger gerecht sind. Wie können sie auch. Sie wurden konzipiert als allgemeingültige, monolithische, vollintegrierte Moloche mit einer allumfassenden, integrierten Datenbasis. Als solche waren sie auf die Bedürfnisse der zentralistischen, hierarchischen Unternehmensstrukturen der Vergangenheit zugeschnitten, also just jene Strukturen, die Hammer und Champy zerschlagen sehen möchten.

Hinzu kommt, daß sie auf einer zu diesen Unternehmensstrukturen passende Rechnerarchitektur implementiert wurden, nämlich einen zentralen Host. Im Laufe der Jahre wurden sie auch im Hinblick auf die Ausnutzung der Eigenschaften jener Rechnerarchitektur optimiert. Dies ist der Hauptgrund, warum die existierende Software für die neu verteilte Welt in ihrer jetzigen Form oft so ungeeignet ist. Sie muß eine andere Form annehmen, um in der neuen Umgebung überhaupt brauchbar zu sein. Man spricht hier von einem Strukturbruch bzw. einem Architectural Mismatch.

Objekttechnologie ist nicht neu. Sie ist bereits Ende der 60er Jahre in Skandinavien in Erscheinung getreten. Simula-67 gilt als erste OO-Sprache. Ende der 70er Jahre wurde die Technologie von den Schweden nach Kalifornien mitgenommen. Dort hat sie Rank Zerox in Parc Place aufgegriffen und verfeinert. Daraus ging Anfang der 80er Jahre die Sprache Smalltalk hervor, aber die Zeit war noch nicht reif.

Das herrschende Modell der 80er Jahre blieb die zentrale Datenverarbeitung auf der Basis vom Großrechner und komplexen integrierten Datenbanksystemen mit starren, festformatierten Benutzeroberflächen. Die OO-Revolution ließ noch 10 Jahre auf sich warten, d. h. bis zur Einführung der verteilten Datenverarbeitung.

Die Stunde der Objekttechnologie schlug erst mit dem Aufstieg des Business Reengineering Anfang der 90er Jahre. Es wurde notwendig, Datenverarbeitungsprozesse zu verteilen und gleichzeitig zu verbinden. Sie sollten auf unterschiedlichen Rechnern in unterschiedlichen Umgebungen lauffähig sein, aber trotzdem miteinander Daten austauschen. Gleichzeitig kam der Bedarf an graphischen, anpassungsfähigen Benutzeroberflächen auf. Oberflächen, die es dem jeweiligen Benutzer erlauben, sie zu konfigurieren.

Diese Anforderungen sind mit konventionellen Programmtechniken nur schwer zu realisieren. Natürlich ist mit Software prinzipiell alles möglich, nur fragt es sich, zu welchem Preis. Objektorientierte Systeme bestehen aus autonomen gekapselten Software-Objekten mit eigenen Daten und eigenen Funktionen, die von der Außenwelt nur über fest vereinbarte Schnittstellen zugänglich sind. Um als eine Einheit zu wirken, tauschen die Objekte Daten aus und fordern sich gegenseitig auf, Dienstleistungen zu erbringen, ebenso wie die autonomen Geschäftseinheiten in einem verteilten Betrieb. Software-Objekte sind wie Legosteine, die vom Anwender je nach Situation anders zusammengesetzt werden können. Dadurch kommen sie der Anforderung nach Konfigurierbarkeit entgegen. Andererseits kommt ihre Fähigkeit, miteinander über Nachrichten zu kommunizieren, dem Bedarf an Verbindung entfernter parallel laufenden Prozesse nach [9].

Objektorientierte Software hat auch andere Eigenschaften, wie Vererbung und Polymorphismus. Aber diese Eigenschaften sind rein technischer Natur und haben mit der Anpassung an den veränderten betrieblichen Strukturen weniger zu tun. Ausschlaggebend ist die Verteilung, Kapselung und Kommunikationsfähigkeit über Prozeßgrenzen hinaus, denn dies entspricht der Verteilung, Kapselung und Kommunikationsbedürfnis der reengineered Geschäftsprozesse. Objektorientierung ist für verteilte Software dasselbe wie Eigenverantwortung für verteilte Geschäftseinheiten. Sie ergänzen sich gegenseitig.

Nicht umsonst spricht David Taylor vom Convergent Engineering. Das Geschäftsmodell muß mit dem DV-Systemmodell eine Einheit bilden. Sie müssen zusammenwachsen und in gegenseitiger Abhängigkeit weiter entwickelt werden [10]. Nur so kann der Bedarf an leichte Anpassungsfähigkeit in einer schnellebigen Wirtschaftswelt mit immer kürzeren Entwicklungszyklen gedeckt werden. Die objektorientierte Software-Konstruktion ist eine notwendige Voraussetzung für die Entwicklung, Wartung und Weiterentwicklung verteilter Datenverarbeitungsprozesse, und diese sind wiederum eine unentbehrliche Voraussetzung für verteilte, flexible und optimierte Geschäftsprozesse. Betriebswirtschaftliche und technische Prozesse müssen sich gegenseitig ergänzen.

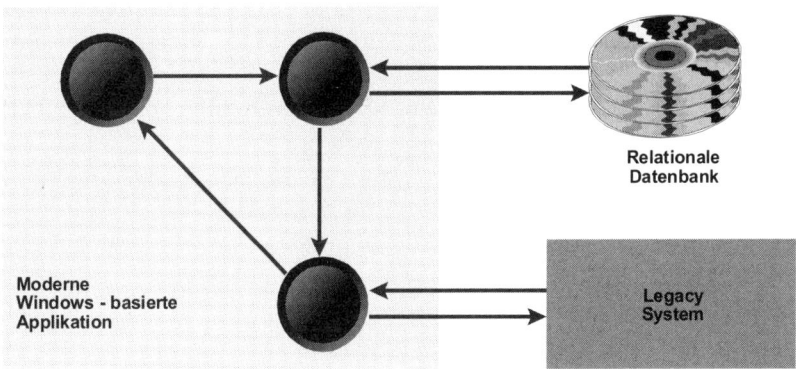

Abbildung 2-6 Verbindung der Umgebungen

2.5   Ziel der Objektmodellierung

Das Ziel der Convergent Engineering ist es, die betriebliche Datenverarbeitung mit den neuen reengineered Geschäftsprozessen in Einklang zu bringen. Sie wird objektifiziert. Objektifizierung ist laut Robert Mattison die geplante und gesteuerte Einführung der Objekttechnologie mit der Absicht, verteilte Anwendungssysteme und verstreute Informationsbestände miteinander über normierte Schnittstellen zu verbinden, so daß die einzelnen Anwendungen möglichst unabhängig voneinander bleiben. Die Datenverarbeitung soll zwar aus autarken Insellösungen mit eigener Datenhaltung bestehen, diese sollten aber über das betriebliche Netz integriert sein, genauso wie die organisatorischen Einheiten. Es kommt darauf an, möglichst viel Eigenständigkeit und Flexibilität zu erreichen, ohne den Zusammenhalt zu verlieren [11].

Dabei soll die Objekttechnologie auf eine möglichst effiziente und kosteneffektive Weise eingeführt werden, ohne die Kontinuität der DV-Leistung zu beeinträchtigen und mit der Beibehaltung möglichst vieler vorhandener Daten und Software. Zu diesem Zweck wird eine sorgfältig ausgearbeitete Objektifizierungsstrategie und eine auf herrschenden Industrienormen wie DCE, OSF, DCOM und Corba basierende DV-Infrastruktur bzw. Objektarchitektur benötigt. Die Objektarchitektur bildet das Fundament des künftigen objektorientierten Unternehmensorganismus.

Die Ziele der Objektifizierung sind unter anderem:

- die Reorganisation der betrieblichen Datenverarbeitung im Sinne verteilter, kooperierender Anwendungen,

- die Einführung einer physischen und logischen Objektarchitektur,

- die Bereitstellung einer vernetzten, objektorientierten Infrastruktur,

- die Weichenstellung für die schnelle Entwicklung objektorientierter Anwendungssysteme,

- die Einbindung möglichst vieler alter nicht objektorientierter Funktionen und Daten [12].

In bezug auf die einzelne Anwendung kommt es vor allem darauf an, die Anwendung möglichst flexibel und anpassungsfähig zu gestalten, so daß sie jederzeit mit einem Minimum an Aufwand änderbar ist, und zwar ohne Auswirkung auf die anderen benachbarten Applikationen. Außerdem soll sie mit anderen Systemen, eigenen und fremden, beliebig anschließbar bzw. kombinierbar sein. Gleichzeitig – und das ist hier der Knackpunkt – soll soviel wie möglich von dem bestehenden Altsystem übernommen werden, um die Kosten der Umstellung zu minimalisieren.

Diese beiden Ziele – Flexibilität und Offenheit – auf der einen Seite und Wiederverwendung auf der anderen sollten stets als doppelte Leuchttürme für die Entwicklung des Objektmodells dienen. In der objektorientierten Migration sind beide Ziele gleichrangig. Es kommt darauf an, die Mitarbeiter, Software und Daten zu verteilen, ohne sie dabei ersetzen zu müssen.

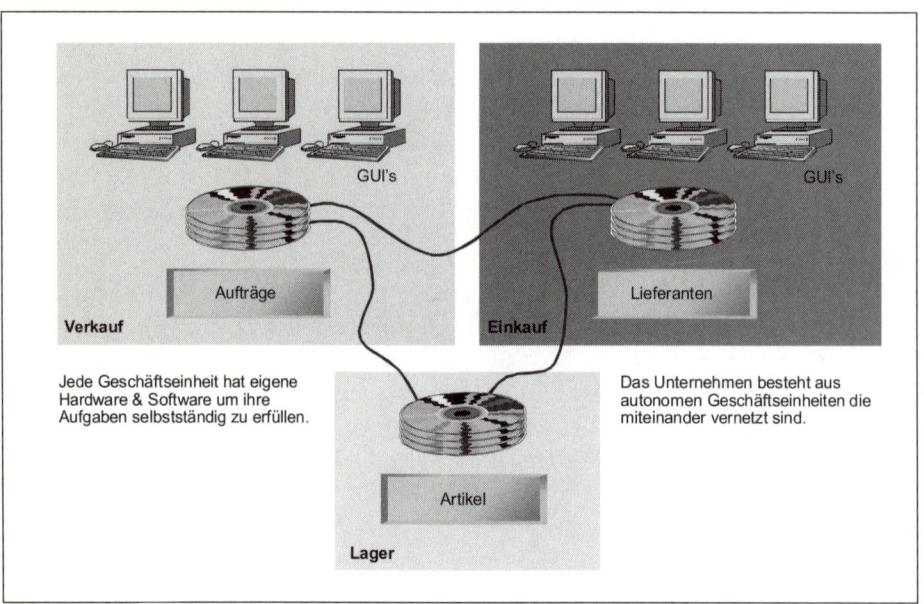

Abbildung 2-7 Verteilung der Objekte im Unternehmen

2.6 Methodik der evolutionären Objektmodellierung

Bereits in den konventionellen Unternehmensmodellen der 80er Jahre standen die Daten im Mittelpunkt der Betrachtung. Die gängige Vorgehensweise, um Informationssysteme zu analysieren, war die Datenmodellierung. Bei der Datenmodellierung ging es darum, Datenentitäten zu identifizieren, ihre Attribute zu vereinbaren und Beziehungen zwischen den Entitäten zu spezifizieren. Das Entity/Relationship-Modell von Chen lieferte die theoretische Grundlage sowie die formalen Beschreibungsmittel bzw. Notation dazu [13]. Es gab zahlreiche Rezepte, um dieses Modell in die Praxis umzusetzen, und es gab ebensoviele Werkzeuge, um die Umsetzung zu unterstützen.

In den 90er Jahren passiert das gleiche mit dem Objektmodell. Es herrscht ein allgemeines Leitbild über die Grundzüge eines Objektmodells. Klassen entsprechen den Entitätentypen. Objekte entsprechen den Entitätenausprägungen. An der Stelle der Entitäten als Mittelpunkt der Betrachtung treten also die Klassen. Der Hauptunterschied besteht darin, daß die Klassen nicht nur Attribute, sondern auch Funktionen bzw. Methoden, beinhalten, und zwar nur Methoden, die das Objekt betreffen. Beziehungen existieren nach wie vor zwischen den Objekten in einer Vielzahl von Arten. Neben den Zugehörigkeitsbeziehungen zwischen Datenobjekten wie

- gehört zu und
- beinhaltet (Aggregation)

sowie den kardinalen Beziehungen wie

- eins zu eins (1:1)
- viele zu eins (M:1) und
- viele zu viele (M:M)

kommen die Erbschaftsbeziehungen wie

- vererbt an und
- geerbt von

sowie die Assoziationsbeziehungen wie

- benutzt und
- wird benutzt von [14].

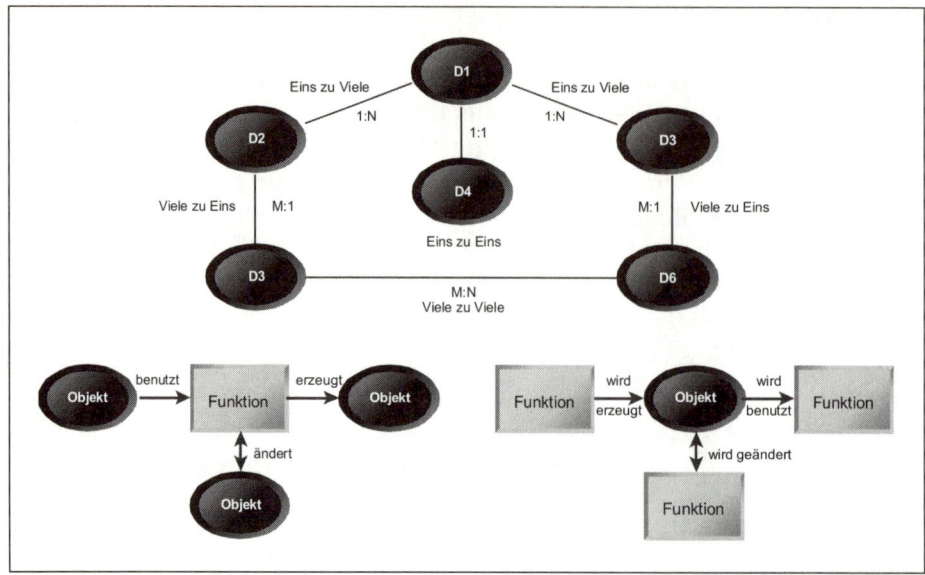

Abbildung 2-8 Objektbeziehungen

Aus diesem Blickwinkel betrachtet ist das Objektmodell eine Ergänzung und Bereicherung des alten Datenmodells. Hier ist der Punkt, wo die evolutionäre Modellierungsmethodik ansetzt. Sie geht von einer Wiederverwendung des bestehenden Datenmodells aus, so wie von Shlaer und Mellor vorgeschlagen wird, um das zweite Ziel der Modellierung, nämlich die Wiederverwendung, besser erfüllen zu können. Voraussetzung dafür ist allerdings ein aktuelles und vollständiges Datenmodell [15].

2.6.1 Ist-Analyse durch Data Reverse Engineering

In der Ist-Analyse wird das alte Datenmodell vervollständigt und aktualisiert. Die Vorbedingung hier ist natürlich, daß ein altes Datenmodell überhaupt existiert. Wenn nicht, ist der erste Schritt die Aufarbeitung des Datenmodells mittels Data Reverse Engineering. Werkzeuge werden eingesetzt, um aus den vorhandenen Datei- und Datenbankbeschreibungen – CODASYL-Schemen, IMS-DBDs, ADABAS-DDMs oder SQL-DDL – Entity/Relationship-Diagramme zu produzieren, die vom Anwender ergänzt und verfeinert werden. Data Reverse Engineering ist auch ein erprobtes Mittel, um die bestehenden Datenmodelle zu aktualisieren. Die vorhandenen Entity/Relationship-Dokumente werden mit denen aus dem Reverse-Engineering-Prozeß abgeglichen, um sie den real existierenden Datenstrukturen anzupassen. Diese Arbeit ist eine Mischung aus Werkzeugeinsatz und menschlicher Gestaltung [16].

Die Ist-Analyse soll nicht nur eine umfassende und realitätsbezogene Beschreibung der existierenden Datenstrukturen, sondern auch eine Beschreibung der bestehenden Geschäftsprozesse liefern. Die beiden modellhaften Beschreibungen werden zwar getrennt erstellt, sollten aber Querverweise zueinander haben. Während die Datenmodellierung Bottom-Up von den existierenden Datenbeständen ausgeht, erfolgt die Prozeßmodellierung Top-Down aus fachlicher Sicht. Es wäre zu früh, um hier schon die Programme zu analysieren. Dies kommt erst später, nachdem das grobe Objektmodell schon steht. Dennoch müssen mindestens fünf Teilmodelle erarbeitet werden:

• das Datenmodell,

• das Prozeßmodell,

• das Kommunikationsmodell,

• das Ressourcenmodell und

• das Anforderungsmodell

Das Datenmodell beschreibt die bisherigen Datenentitäten, auch solche, die nur im Papierformat oder in den Köpfen der Mitarbeiter existieren. Das Prozeßmodell beschreibt die manuellen und DV-technischen Abläufe einschließlich Batch-Läufen und Online-Transaktionen. Das Kommunikationsmodell beschreibt die Schnittstellen zwischen den Geschäftsprozessen, die als Dateien, Listen, Masken oder gar nur als Formulare implementiert sind. Das Ressourcenmodell beschreibt die Hardware-Geräte, Software-Produkte und Mitarbeiter, die am vorhandenen System beteiligt sind. Das Anforderungsmodell beschreibt die Wünsche der Anwender in bezug auf die Informationen, Prozesse und Schnittstellen.

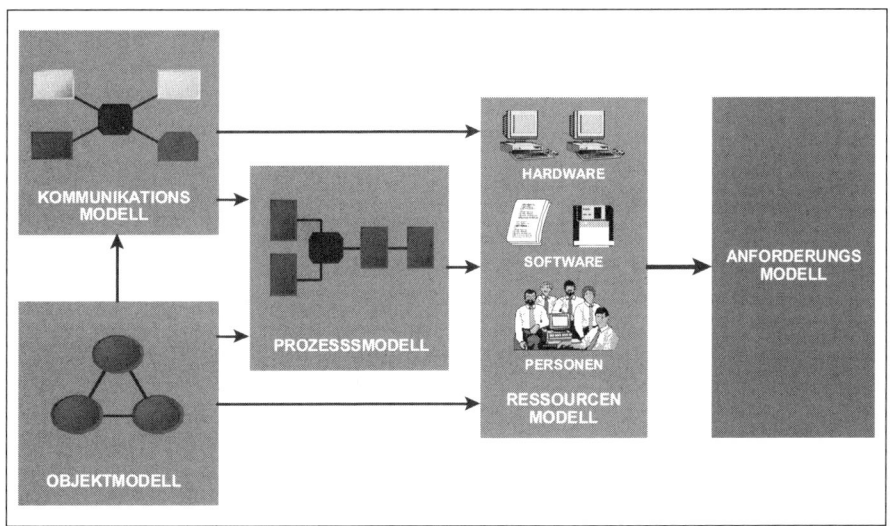

Abbildung 2-9 Unternehmensmodelle

2.6.2 Vererbung des Datenmodells

Ebenso wie es viele Wege gibt, die zu einem Datenmodell führen, führen auch viele Wege zu einem Objektmodell. Solche Wege entworfen haben u. a.

- Coad/Yourdon,

- Martin/Odell,

- Jacobson,

- Wirfs-Brock,

- Rumbaugh,

- Booch,

- Schlaer/Mellor,

- Unified Method [17].

Im Prinzip haben alle dieser Wege ihre Vorteile, nur ist keiner auf die Migration prozeduraler Systeme ausgerichtet. Dieses Thema wird höchstens am Rande erwähnt, insbesondere bei Jacobson und Schlaer/Mellor. Die Betonung der objektorientierten Migration ist auf den Übergang von der bestehenden prozeduralen Realität zu einer neuen objektorientierten Realität. Feststeht, daß die bestehende Realität in der Regel von einem Datenmodell und einem Prozeßmodell beschrieben wird. Um möglichst viel der bestehenden Software wiederverwenden zu können, empfiehlt es sich, diese beiden Modelle als Ausgangspunkt für das neue Objektmodell zu benutzen. Dies ist auch das Ziel der evolutionären Objektmodellierung [18].

Diese Entscheidung für eine evolutionäre Objektmodellierung bedeutet, daß das existierende Datenmodell auf die Objektmodellebene angehoben wird, also

Objektmodell	=	Datenmodell ++
Klassen	=	Entitäten ++
Attribute	=	Daten ++
Assoziationen	=	Benutzt-Beziehungen ++
Aggregationen	=	Gehört-Beziehungen ++
Nutzfälle	=	Transaktionen bzw. Bewegungen ++
Methoden	=	Funktionen ++

Damit sind wir in der Nähe der Schlaer/Mellor-Methode gelandet – modelling the world through data [19]. Mancher objektorientierte Purist wird vielleicht enttäuscht sein, aber die heutigen Informationssysteme sind eben datenorientiert. Die Datenstrukturen existieren schon, und die Programme sind weitgehend datengetrieben. Nur wenn das Objektmodell auf dem bestehenden Datenmodell

aufsetzt, wird es möglich, einen großen Teil der bestehenden Software wiederzuverwenden. Eine Abkehr von dem bestehenden Datenmodell heißt auch Abkehr
von der Wiederverwendbarkeit.

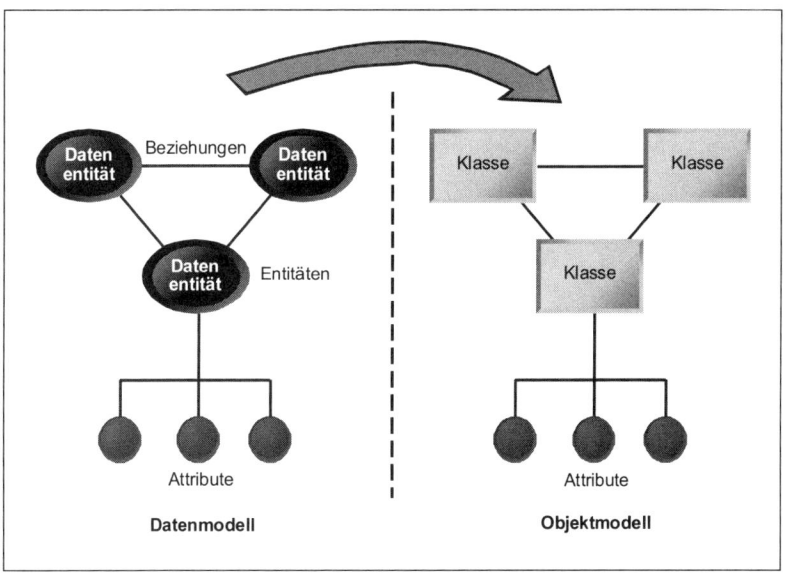

Abbildung 2-10 Umsetzung des Datenmodells in ein Objektmodell

Evolutionäre Objektmodellierung beginnt also damit, Datenentitäten als Objekte
zu deklarieren. Möglicherweise werden zu groß geratene Entitäten in Unterentitä-
ten zerlegt. Es ist auch kein Problem, neue Entitäten aufzunehmen. Sie müssen
nur eine echte Ergänzung zu den alten darstellen. Weiterhin ist es erlaubt, zusätzliche Attribute den Entitäten zuzuordnen. Nur muß man bedenken, wo ihre
Werte herkommen sollten. Man sollte ebenso die alten Beziehungen übernehmen
und nur dort ändern, wo es absolut notwendig ist. Aus den Benutzt-Beziehungen
werden Assoziationen. Aus den Gehört-Beziehungen werden Aggregationen. Weitere Beziehungen sind nicht ausgeschlossen. Im Gegenteil, Vererbungsbeziehungen müssen eingefügt werden, um Redundanzen zu vermeiden.

Der Hauptpunkt hier ist, daß das neue Objektmodell das alte Datenmodell komplett erbt und nur noch ergänzt bzw. an einigen Stellen überschreibt. Aus den Datenentitäten werden Datenobjekte, und aus den Entitätenbeziehungen werden
Objektbeziehungen. Das Datenmodell wird zum Rahmen des Objektmodells. Somit ist die Kontinuität mit der Vergangenheit gewährleistet.

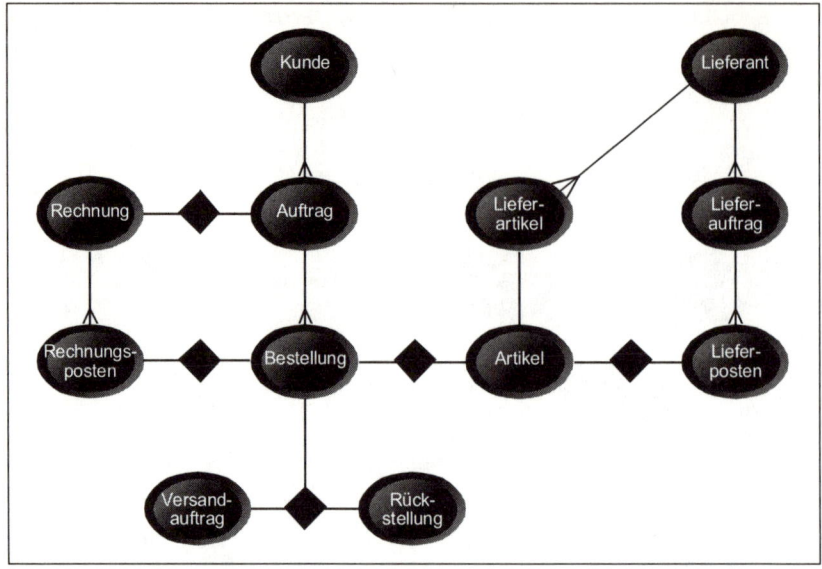

Abbildung 2-11 Das ursprüngliche Datenmodell

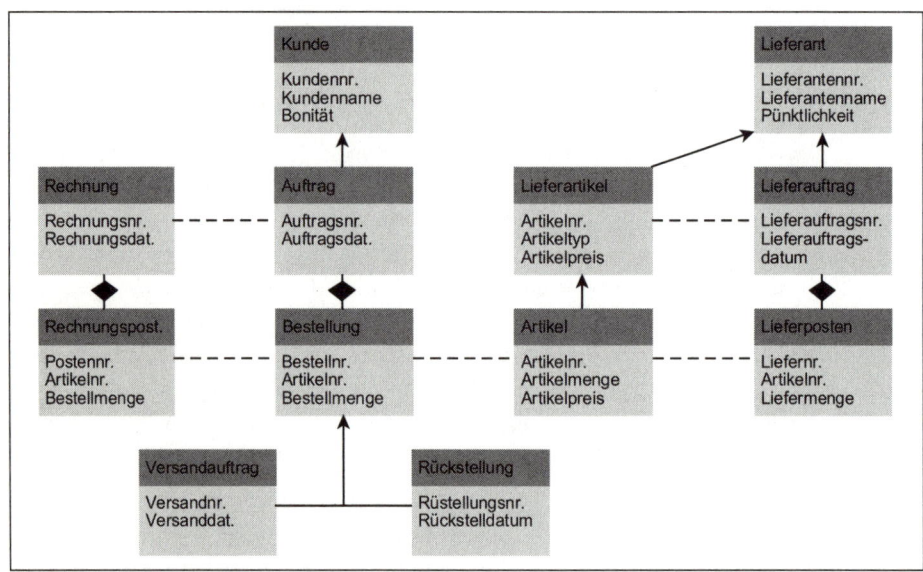

Abbildung 2-12 Klassenmodell = Datenmodell++

2.6.3 Verteilung des Prozeßmodells

In einem Objektmodell sind die Prozesse auf zwei bzw. drei Ebenen aufgeteilt. Die globalen Abläufe (Work Flows) spielen sich nur noch an der Oberfläche ab. Sie sind die Szenarien bzw. die Skriptprozeduren für die Steuerung der darunterliegenden Transaktionen bzw. Nutzfälle. Die alten Prozeßschritte – Transaktionen und Bewegungen – sind jetzt zu Nutzfällen geworden. Nutzfälle sind eine dynamische Folge einzelner Methoden in verschiedenen Objekten, d.h. sie ziehen quer durch viele Objekte. In einem Nutzfall werden mehrere Objekte erzeugt, benutzt, verändert und gelöscht. Sie werden von der Oberfläche bzw. von einer Work-Flow-Prozedur ausgelöst [20].

Nutzfälle entsprechen den elementaren Prozessen der konventionellen Datenverarbeitung. In den alten Anwendungssystemen gab es normalerweise dafür ein eigenes, geschlossenes Programm. Alle Funktionen in diesem Prozeß waren in dem Programm zu finden. Damit herrschte eine 1:1-Beziehung zwischen Prozeß und Programm. In einem Objektmodell sind die Funktionen den Datenentitäten zugeordnet. Dadurch entsteht ein Bruch zwischen dem Prozeß und seinen Funktionen. Ein Prozeß ist nur noch ein Steuerungsobjekt, das die Methoden der darunterliegenden Objekte aufruft. Im Falle komplexer Prozesse kann es auch Substeuerungsobjekte geben. Die elementaren Funktionen, die die Daten eigentlich verarbeiten, sind in den Basisobjekten gekapselt. Dort können sie von jedem beliebigen anderen Prozeß angesteuert werden. Es gibt also keine feste Zuordnung von Funktionen zu Prozessen mehr. Aus den 1:1-Beziehungen von früher werden viel zu viele Beziehungen, d.h. ein Nutzfall durchläuft viele Funktionen, und eine Funktion kann in vielen Nutzfällen vorkommen. Dies hat allerdings zur Folge, daß die alten Funktionen in mehrere Elementarfunktionen zerlegt werden müssen

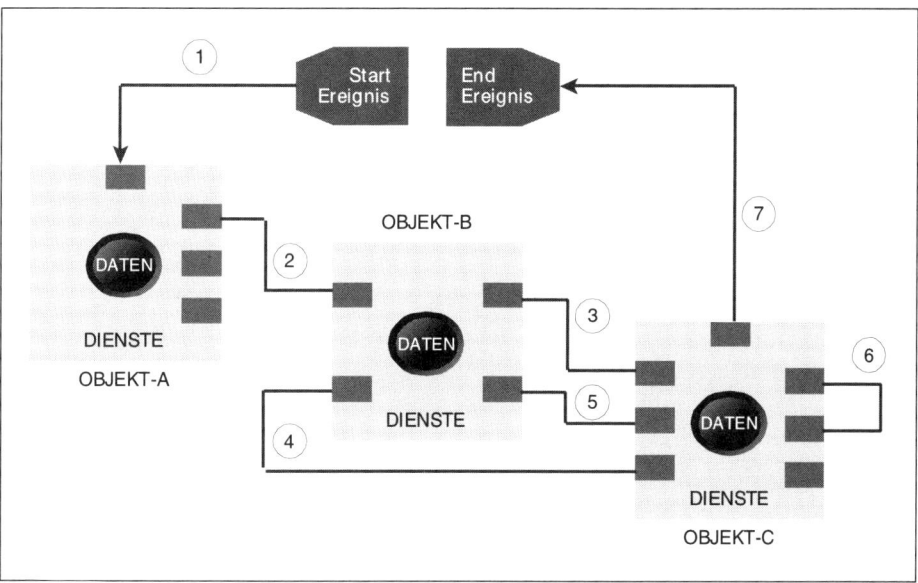

Abbildung 2-13 Objektorientierter Prozeß

Für die Zwecke der Objektmodellierung werden die Grundfunktionen herausge-
nommen und über alle Objekte, die sie betreffen, verteilt. Wenn die Grundfunktionen viele Datenentitäten betreffen, werden sie in entsprechend viele Methoden aufgeteilt. Die Prozesse selbst bleiben nur noch in der Form von
Steuerungsobjekten erhalten, z.B. das Objekt Auftragsbearbeitung. Die Funktionen der Auftragsbearbeitung werden auf die einzelnen Objekte wie Kunde, Be-
stellposten, Artikel, Rückstellposten, Versandauftrag, Rechnung usw. verteilt. Die
Transaktion *Auftragsverarbeitung* ist wiederum ein Schritt in einem übergeordneten Geschäftsprozeß *Lagerverwaltung*.

In dem neuen Objektmodell sind die Datenentitäten geblieben, die Prozesse aber
aufgelöst und die Verarbeitungsschritte den Datenentitäten als Methoden oder
Dienste zugewiesen. Dafür entstehen neben den Datenobjekten, Steuerungsob-
jekte, die als einzige Attribute Zustandsvariablen haben, die den Zustand des Prozesses wiedergeben, z.B. Fehlercodes und Verweise auf die letzte ausgeführte und
als nächste auszuführende Methode. Die neuen Prozesse werden dadurch zu-
standsgesteuert. Die Prozeß-Steuerung wird zum endlichen Automaten. Damit
sind wir wieder bei Schlaer und Mellor angekommen – *modelling the world through
states* [21].

2.6.4 Ermittlung der Geschäftsobjekte

Ein Geschäftsobjekt ist eine Menge einzelner, zusammenwirkender Objekte, die
in ihrer Gesamtheit einen Geschäftsfall darstellen. So steht hinter dem Geschäftsfall Kontoführung das Geschäftsobjekt Konto. Dieses ist ein Sammelobjekt bestehend aus den einzelnen Objekten Girokonto, Sparkonto, Buchung, Überweisung,
Kontoinhaber usw. Die Einzelobjekte werden zur Laufzeit erzeugt und über ein
Behälterobjekt verbunden, wo ihre Adressen gespeichert sind. Das gleiche trifft
für das Geschäftsobjekt *Auftragsbearbeitung* zu. Es setzt sich aus den Einzelobjek-
ten Auftrag, Kunde, Bestellung, Artikel, Rechnung usw. zusammen. Geschäftsobjekte sind also dynamische Gebilde, die zur Erledigung einer bestimmten Aufgabe
ins Leben gerufen werden und nach der Erledigung derselben wieder aufgelöst
werden [22].

Um von den bestehenden DV-Systemen nicht allzuweit abzukommen, empfiehlt
es sich, »Geschäftsobjekte« so zu bestimmen, daß sie aus vorhandenen Datenobjekten aufgebaut werden können. Es soll schließlich das Ziel sein, einen völligen
Bruch mit der Vergangenheit zu meiden. Das ist die größte Herausforderung für
die Modellbauer. Sie müssen neue Geschäftsprozesse mit neuen Metastrukturen
möglichst so konfigurieren, daß sie mit existierenden oder geringfügig abgewan-
delten Unterstrukturen ausgefüllt werden können. Dies ist keine einfache Aufgabe und setzt voraus, daß der Modellierer sich in beiden Welten – in der neuen
objektorientierten sowie in der alten prozeduralen Welt bestens auskennt. Geschäftsobjekte sind ein erprobtes Mittel, um die zwei Welten miteinander zu ver-
einen.

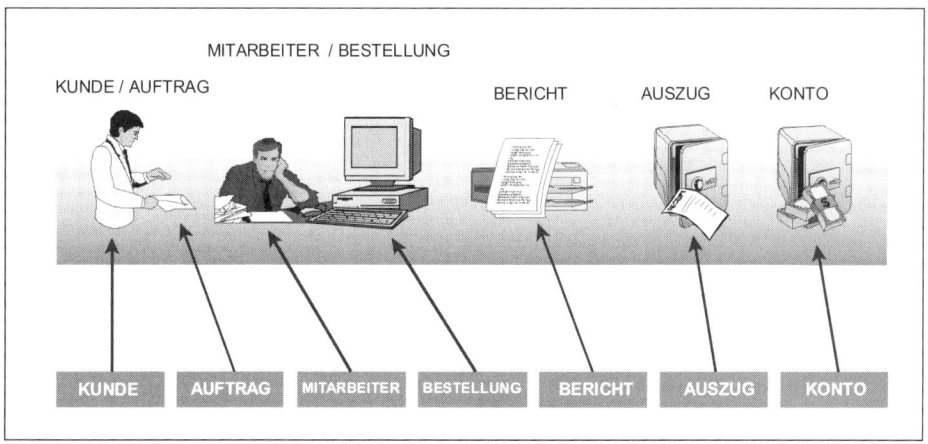

Abbildung 2-14 Geschäftsobjekte

2.6.5 Spezifikation der Nutzungsfälle

Die Nutzungsfälle ergeben sich aus der Interaktion der Geschäftsprozesse mit den darunterliegenden DV-Prozessen. Ein Bankkunde möchte Geld von seinem Konto abheben. Aus der Sicht des Objektmodells ist dies ein Nutzungsfall. Eine Geldeinzahlung wäre ein anderer Nutzungsfall. In den konventionellen Systemen werden diese Handlungen als Vorgänge bezeichnet. Vorgänge in einem Geschäftsprozeß entsprechen Bewegungen in einem Batchprozeß oder Transaktionen in einem Online-Prozeß.

Vorgänge werden von einem externen oder internen Ereignis ausgelöst. Ein externes Ereignis ist, wenn der Bankkunde seine Bankkarte in den Automat einsteckt oder wenn ein Sachbearbeiter einen Menü-Eintrag anklickt. Ein internes Ereignis ist gegeben, wenn der Zustand eines Objektes sich verändert, z.B. wenn die Artikelmenge unter die Mindestmenge sinkt oder wenn der Kontostand die Kreditgrenze überschreitet. Dann löst das betroffene Objekt einen Vorgang bzw. einen Nutzungsfall aus.

Daraus folgt, daß Vorgänge andere Vorgänge gebären können. Vorgänge können also mehrfach verschachtelt sein. Sie haben auch vorbestimmte Beziehungen zueinander. Ein Vorgang alias Nutzungsfall kann in der Zeit vor, nach oder neben anderen Vorgängen stattfinden. Vor- und Nach-Beziehungen deuten auf sequentielle Prozesse. Neben-Beziehungen deuten hingegen auf parallele Prozesse. Ein Prozeß ist in diesem Zusammenhang eine deterministische Folge von Vorgängen, die wiederum eine Folge von Methodenausführungen sind.

Ein Nutzfall (Use Case) ist eine geschlossene Handlung ohne zeitliche Unterbrechung. Er wird durch einen externen Aktor, z.B. einen Kunden oder Sachbearbeiter, angestoßen und läuft auf ein bestimmtes Ergebnis hin. Das Ergebnis könnte

eine Rückmeldung, ein neuer Zustand oder die Auslösung eines weiteren Nutzfalls sein. Nutzfälle sind also wirklich nichts Neues. Wie vieles in der Objektorientierung ist nur der Begriff anders. Im Grunde genommen handelt es sich hier um
Vorgänge [23].

Bei der Spezifikation der Nutzfälle sollte der Analytiker auf die alten Vorgänge
Rücksicht nehmen und versuchen, sie soweit wie möglich zu übernehmen, entweder 1:1 oder, wenn das nicht geht, 1:N oder M:1. Ein M:N-Verhältnis zwischen
alten DV-Vorgängen und neuen Nutzungsfällen bedeutet einen Strukturbruch,
und das heißt nichts Gutes für die Wiederverwendung, da sie nur auf der elementaren Stufe der Grundfunktionen stattfinden kann. Die Kapselung wird erheblich
erschwert.

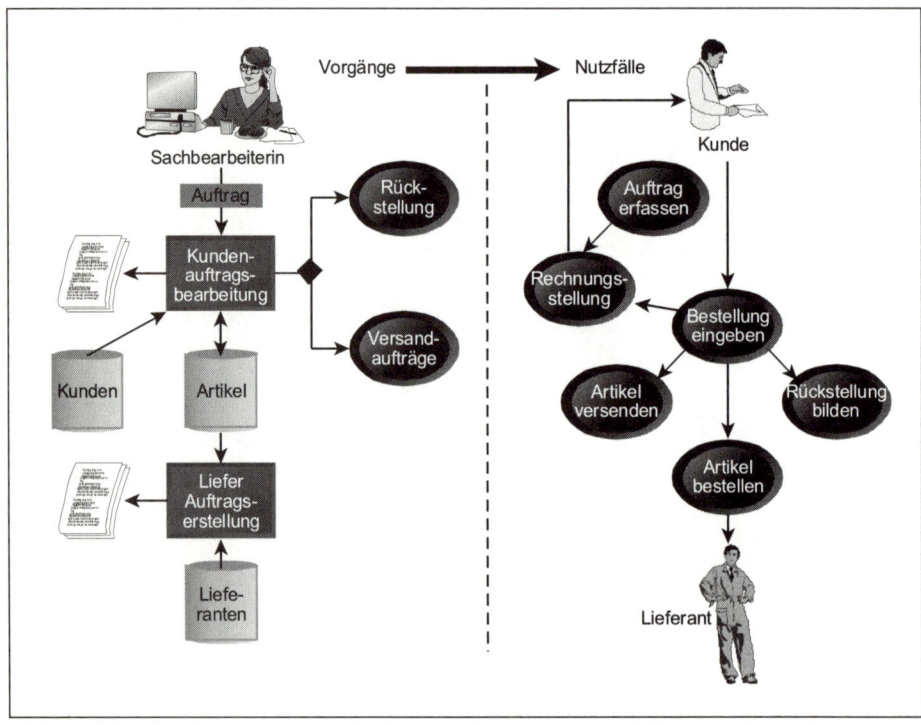

Abbildung 2-15 Spezifikation der Nutzfälle

2.6.6 Einbeziehung der bestehenden Daten und Funktionen

Damit wären wir beim Hauptziel der Objektmodellierung angelangt. Es kommt
darauf an, einen Plan für die Implementierung der neuen Anwendung als Ablösung des existierenden Legacy-Systems zu schaffen. Geplant wird eine verteilte,
objektorientierte Lösung, die offen, allgemeingültig, anpaßbar und anschließbar
ist. Die alte Lösung wird hingegen wohl monolithisch und prozedural, geschlos-

sen und rigide gewesen sein. Dennoch soll versucht werden, möglichst viele Bausteine von der alten in die neue Lösung hinüberzuretten. Dies ist nur zu schaffen, wenn der Plan von Anfang an an die alte Lösung angelehnt ist.

Für die praktische Durchführung heißt das,

* die neuen Datenobjekte aus den alten Datenentitäten bzw. Sätzen, Segmenten und Tabellen ableiten,

* die neuen Attribute mit den alten Datenfeldern gleichsetzen,

* die alten Beziehungen übernehmen und durch objektorientierte ergänzen,

* die neuen Geschäftsobjekte aus alten Datenobjekten bilden und

* die alten Vorgänge in die neuen Nutzungsfälle überführen [24].

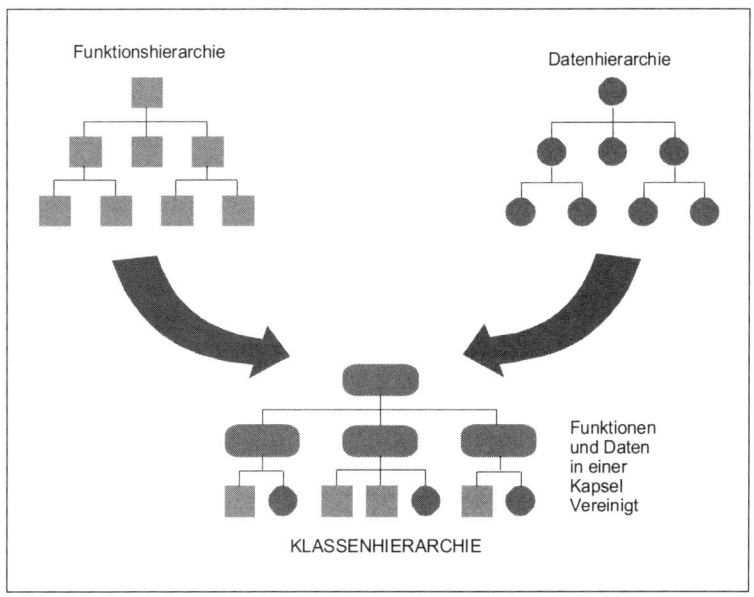

Abbildung 2-16 Vereinigung von Funktionen und Daten

Es gibt zu bedenken, daß jede Innovation, jeder Schritt in eine andere Richtung einen Bruch mit der Vergangenheit bedeuten kann, die die Wiederverwendung vermindert. Man kann vieles an der Form verändern und neue Benutzeroberflächen, neue Berichte, sogar neue Schnittstellen schaffen, aber von den bestehenden Datenstrukturen und Grundfunktionen darf man sich nicht allzuweit entfernen. Daher ist es bei einer Migration zu empfehlen, das alte Datenmodell und das alte Prozeßmodell als Ausgangsbasis für das neue Objektmodell zu nutzen. Denn, wer dies nicht macht, ist bereits auf dem Wege zu einer Neuentwicklung.

2.7   Ergebnisse der Objektmodellierung

Die Objektmodellierung nach UML – Unified Modelling Language – schreibt acht Dokumentenarten vor. Sie sind:

- das Klassenmodell,

- das Nutzfallmodell,

- das Komponentenmodell,

- das Verteilungsmodell,

- das Objektintegrationsmodell,

- das Zustandsmodell,

- das Datenmodell und

- das Geschäftsprozeßmodell.

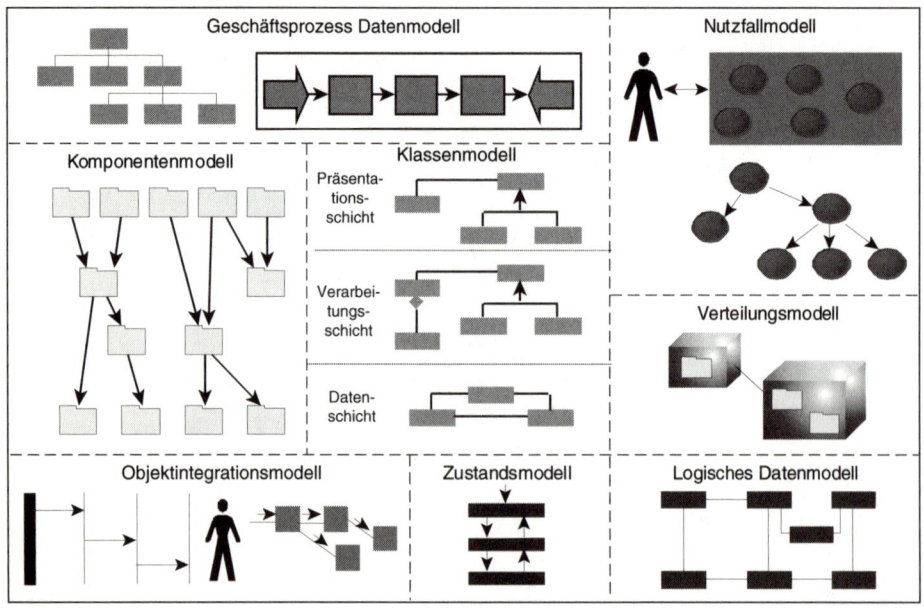

Abbildung 2-17 Objektmodellierungstechniken

Am Ende der groben Objektmodellierung sollten neben den übrigen Berichten und Vermerken mindestens sechs dieser Modelle zumindest in groben Zügen vorliegen. Hinzu kommt ein zusätzliches Dokument, um die Verbindung mit dem bestehenden System aufzuzeichnen.

- Die geplante technische Architektur wird mit den Komponenten- und Vertei-
  lungsdiagrammen dargestellt,

- Das Objektmodell wird mittels der Klassendiagramme, Nutzfalldiagramme
  und Kollaborationsdiagramme beschrieben,

- Die geplanten Geschäftsprozesse werden im Geschäftsprozeßmodell abgebildet und

- Der Rückbezug zu dem bestehenden System wird durch eine Querverweistabel-
  le dokumentiert.

2.7.1 Die technische Architektur

Die vorgesehene technische Architektur muß sehr genau beschrieben werden. Mit
den beiden Dokumenten – dem Verteilungsdiagramm und dem Komponentendiagramm – wird sowohl die Hardware- als auch die Software-Konfiguration festgelegt. Das Komponentendiagramm visualisiert die Verpackung einzelner Objekte in einer Komponente bzw. deren Zuordnung zu einem Geschäftsobjekt. Das
Verteilungsdiagramm illustriert, wie die Objekte und Prozesse über das Rechner-
netz verteilt werden. Eine denkbare Dreischichten-Hardware-Architektur könnte
Intel-PC-Arbeitsplätze als Clientrechner vorsehen, die mit einem R6000-Server
verbunden wären, der wiederum an einen zentralen IBM Host-Rechner ange-
schlossen wäre. Eine entsprechende Software-Architektur sieht vielleicht eine
Windows-Oberfläche auf den Clientarbeitsplätzen vor, die mit Java Applets im-
plementiert wird und Objekte auf dem Server, die in C++ realisiert sind. Auf dem
Host läuft die existierende Anwendung, die entweder in eine OO-Sprache konver-
tiert oder hinter einem Wrapper versteckt wird. Dazwischen könnte ein Object
Request Broker als Verbindungssystem dienen. Die Literatur ist reich an solchen
Architekturvorschlägen [25].

Es kommt bei der Architekturplanung vor allem darauf an, einen technischen
Rahmen bzw. ein Trägersystem für die neue Anwendung zu bestimmen und zu
beschreiben. Die Dokumentation soll einen oder mehrere Überblicksdiagramme
beinhalten, die die Architektur und ihre Komponenten graphisch darstellen.
Hinzu kommen Texte, in denen die Funktionen der Komponente erläutert sind.
Die Architekturentwürfe der OSF, DCE und OMG-Corba können hier als Vorbild
dienen. Es ist sogar zu empfehlen, genormte Architekturmodelle zu übernehmen
und den lokalen Gegebenheiten anzupassen [26].

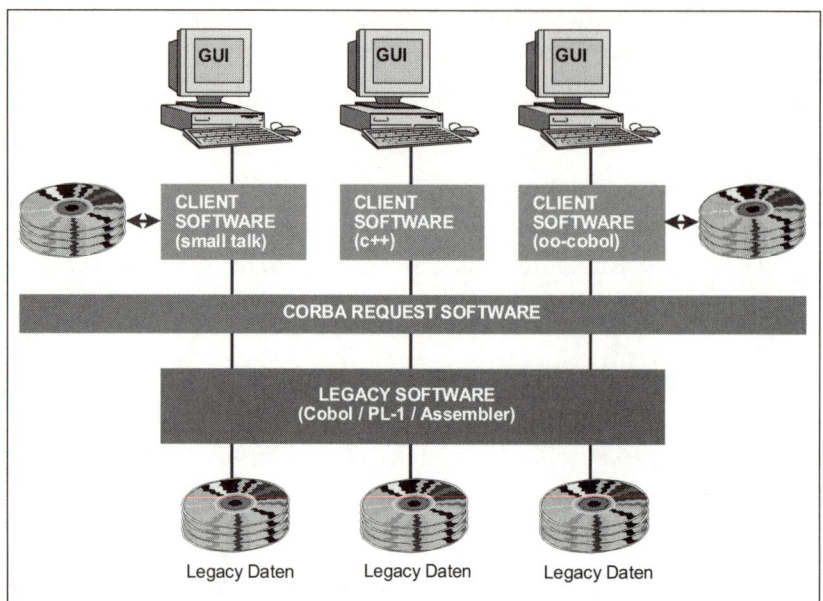

Abbildung 2-18 Einbindung der alten Hostsysteme

2.7.2 Das Objektmodell

Das erste grobe Objektmodell setzt sich zusammen aus den [27]:

- Klassenstrukturdiagrammen,

- Kollaborationsdiagrammen und

- Nutzfalldiagrammen

Diese Diagrammtypen sind Bestandteil der inzwischen weitverbreiteten Unified Method Language und sind dort ausführlich beschrieben [28]. Das Klassenstrukturdiagramm spiegelt die Hierarchie der Objekte wider und zeigt die Aggregations- und Vererbungsbeziehungen. Das Kollaborationsdiagramm stellt die Verwendungsbeziehungen dar. Das sind jene Aufrufsbeziehungen zwischen Methoden in verschiedenen Klassen. Daraus werden die späteren entfernten Prozeduraufrufe. Das Nutzfalldiagramm dokumentiert schließlich die Nutzung der Objekte durch einen externen Benutzer, der einen Vorgang bzw. eine Sequenz von Methodenausführungen auslöst, die zu einem vorbestimmten Ergebnis führt. Das Sequenzdiagramm, welches die Folge der Methodenausführung festlegt, sowie das Zustandsdiagramm, welches die möglichen Zustände der Objekte bzw. die Zustandsübergänge spezifiziert, werden erst später bei der Feinmodellierung erstellt.

Es darf nicht übersehen werden, daß die Diagramme des Objektmodells alle nur formale Darstellungsmittel sind. Den eigentlichen Inhalt muß der Anwender liefern, und zwar aus den Anforderungen der neugeplanten Geschäftsprozesse und/

oder aus der vorhandenen Systemdokumentation. Wie schon erwähnt, soll er bei einer Migration weitestgehend aus der alten Systemdokumentation übernommen werden.

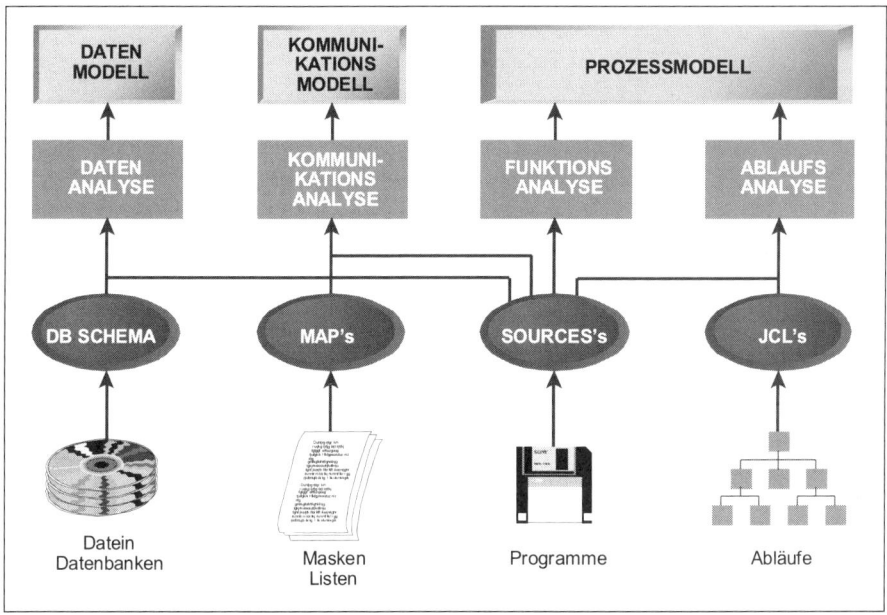

Abbildung 2-19 Bottom-Up-Modellierungsansatz

2.7.3 Das Geschäftsprozeßmodell

Für die Implementierung der neuen objektorientierten Systeme dürfen Objektmodelle wichtig sein, aber für die Verständigung mit den Endanwendern und deren Manager sind sie unzulänglich. Die Endanwender und insbesondere ihre Führungskräfte betrachten die Datenverarbeitung aus der Sicht ihrer Anwendung bzw. aus der Sicht deren Funktionalität. Die meisten Diagramme im Objektmodell, mit Ausnahme des Nutzfalldiagramms, sind technischer Natur. Ein Mitarbeiter in der Fachabteilung wird mit ihnen nicht viel anfangen können [29].

Die Menschen auf der betriebswirtschaftlichen Seite erwarten eine vorgangsbezogene Darstellung. Sie brauchen eine einfache Visualisierung ihrer Geschäftsprozesse. Um ihre Mitwirkung zu gewinnen, wird es daher unerläßlich sein, die geplanten Geschäftsprozesse graphisch darzustellen und mit Texten so zu beschreiben, daß ein Anwender sie leicht begreifen kann. Daher die Notwendigkeit eines zusätzlichen Diagrammes – das Geschäftsprozeßdiagramm-, das den Zusammenhang zwischen dem DV-Prozeß und dem Geschäftsprozeß schildert. Das Geschäftsprozeßdiagramm zeigt den Ablauf der Vorgänge und den Datenfluß zwischen ihnen. Damit wird auf einer hohen Abstraktionsebene der Prozeßablauf in der neuen Anwendung zwecks der Abstimmung mit den Endanwendern dokumentiert [30].

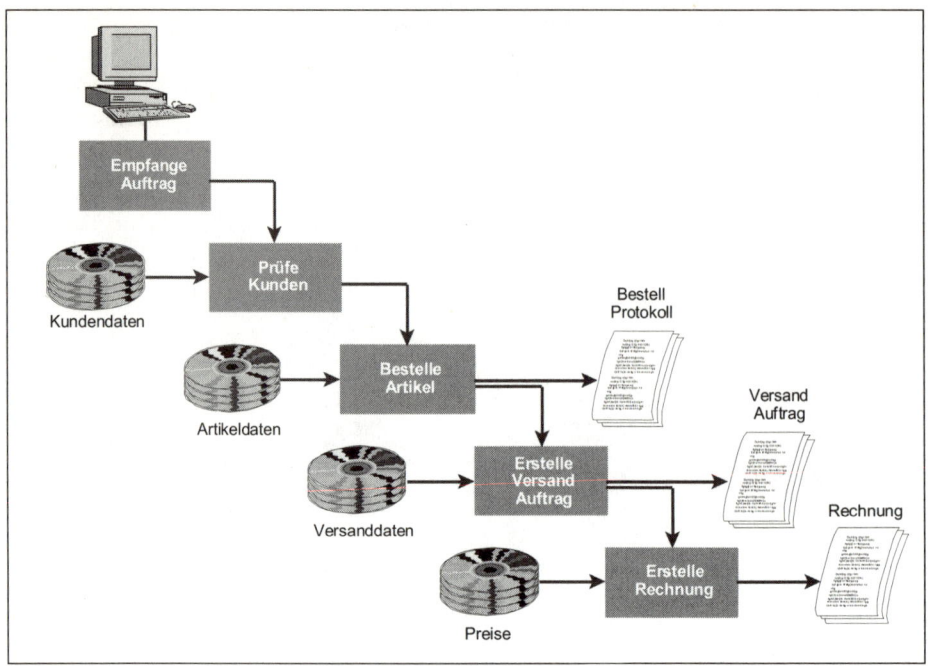

Abbildung 2-20 Prozeßmodellierung

2.7.4 Der Rückbezug zum bestehenden System

Eine für die Migration notwendige Ergänzung zum Objektmodell ist der Rückbezug zum bestehenden System. Hier handelt es sich um Querverweise von den Elementen des Objektmodells zu den Elementen des Legacy-Systems. Von den Objekten aus wird auf die entsprechenden Datenentitäten im alten System verwiesen. Von den Methoden aus wird zumindest auf die Programme im alten System verwiesen. Von den Methodensequenzen wird auf die alten Abläufe und von den Nutzfällen auf die alten Transaktionen verwiesen.

Objekt: Kunde	=	Entität: Kunde
Objekt: Artikel	=	Entität: Artikel
Attribut: Kundennr	=	Datenfeld: Kundennr
Attribut: Artikelpreis	=	Datenfeld: Artikelpreis
Nutzfall: Rückstellung	=	Vorgang: Rückstellung
Nutzfall: Artikelversand	=	Vorgang: Artikelversand
Methode: Prüfe_Kunde	=	Funktion: Prüfe-Kunde
Methode: Buche_Menge	=	Funktion: Buche-Menge

Diese Querverweisliste dokumentiert das Verhältnis zwischen dem neuen und dem alten Lösungsansatz und notiert aus der Sicht des Modellbauers, welche Bestandteile der Altsoftware, wo eine Wiederverwendung finden könnten. Es kann sich herausstellen, daß dies entweder unmöglich oder unerwünscht ist, aber die Klärung dieser Frage erfolgt erst später bei der Bewertung und Nachdokumentation des bestehenden Systems. Zunächst geht es hier um eine Absichtserklärung.

2.8 Abnahme des Objektmodells

Der letzte Schritt in der ersten Phase wäre eine Überprüfung der Kompatibilität des Objektmodells mit der Dokumentation des bestehenden Systems. Sind alle Datenentitäten berücksichtigt worden? Sind alle Funktionen berücksichtigt worden? Es darf nichts unter den Tisch fallen, es sei denn, es ist beabsichtigt, in Zukunft darauf zu verzichten. Das neue System darf ohne weiteres zusätzliche Information und zusätzliche Funktionalität anbieten, Es darf aber auf keinen Fall bisherige Leistungen ohne Einverständnis der Endanwender weglassen, d.h. das neue Modell muß eine Obermenge des alten sein. Diese Rückwärtskompatibilitätsprüfung erfolgt mit Hilfe der Rückbezugsdokumentation. Eventuell muß auch ein Prototyp der neuen Benutzeroberfläche erstellt und vorgeführt werden, um Gewißheit zu schaffen, daß alles noch vorhanden ist, was dem Anwender lieb und teuer ist.

2.9   Literaturhinweise

[1]   Hammer, M./Champy, J.: Reengineering the Corporation: A Manifest for Business Revolution, Harper Business, New York, N.Y., 1993

[2]   Eldredge, N./Gould, S.: »Punctuated Equilibria – An Alternative to Phletic Gradualison«, in Models in Paleobiology Editor: T. Schopf, Freeman Cooper,. San Francisco, 1972, S. 82

[3]   Pietsch, W./Steinbauer, D.: »Business Process Reengineering« Wirtschaftsinformatik Nr. 36, !994, S. 502

[4]   Strassmann, P.: »The Roots of Business Process Reeingineering« American Programmer Band 8, Nr. 6, Juni, 1995, S. 4

[5]   Sinz, E./Ferstl, O.: »Geschäftsprozeßmodellierung, Wirtschaftsinformatik, Nr. 35, 1993, S. 6

[6]   Hess, T./Brecht, L./Österle, H.: »Stand und Defizite der Methoden des Business Process Redesign«, Wirtschaftsinformatik, Nr. 37, 1995, S. 480

[7]   Heilmann, H.: »Telekooperation, Business Process Reengineering and Workflow Management GI Fachbereich 5, Rundbrief 1/98, 1998, S. 4

[8]   Belady, L./Lehman, M.: »A Model of Program Development«, IBM Systems Journal, Band 15, Nr. 3, 1976

[9]   Jacobson, I./Ericsson, M./Jacobson, A.: The Object Advantage – Business Process Reengineering with Object Technology, Addison-Wesley, Wokingham, G.B., 1995, S. 77

[10] Taylor, D.: Object-oriented Information Systems – Planning & Implementation, John Wiley & Sons, New York, N.Y. 1992

[11] Mattison, R.: The Object-oriented Enterprise, McGraw-Hill, New York, N.Y., 1994, S. 195

[12] Gillach, J./Deyo, N.: »Empowering the IT-Business Relationship with Objects« Object Magazine, Okt. 1993, S. 63

[13] Chen, P.: »Entity Relationship Approach to Information Modelling and Analysis, ACM Trans on DB, Band 1, Nr. 1, 1976, S. 9

[14] Scheer, A.-W./Hars, A.: »Extending Data Modelling to Cover the whole Enterprise«, Comm. of ACM, Band 35, Nr. 9, 1992, S. 166

[15] Shlaer, S./Mellor, S.: Pbject-oriented Systems Analysis – Modelling the World in Data, Yourdan Press, Englewood Cliffs, 1988

[16] Aiken, P./Mintz, A./Richards, R.: »Reverse Engineering Data Requirements« Comm. of ACM, Band 37, Nr. 5, Mai 1994, S. 26

[17] Stein, W.: »Objektorientierte Analysemethoden – ein Vergleich« Informatik Spektrum Nr. 16, 1993, S. 317

[18] Thomann, J.: »Data Modelling in an OO-World« American Programmer, Band 7, Nr. 10, Okt. 1994, S.44

[19] Fayad, M./Hawn, L./Roberts, M./Klatt, J.: »Using the Shlaer-Mellor Object-oriented Analysis Method« IEEE Software Magazine März, 1993, S. 43

[20] Jacobson, I./Christerson, M./Jonsson, P./Övergaard, G.: Object-oriented Software Engineering – A Use Case Driven Approach, Addison Wesley, Wokingham, G. B. 1992, S. 153

[21] Shlaer, S./Mellor, S.: Object Life Cycles – Modelling the World in States, Yourdan Press, Englewood Cliffs, 1992

[22] Parsons, J./Ward, Y.: »Using Objects for Systems Analysis« in Comm. of ACM, Band 40, Nr. 12, Dez. 1997, S. 104

[23] Frost, S./Allen, P.: »A Use-Case Approach to layering Object Models« Report on Object Analysis and Design, Jan. 1996, S. 11

[24] Ward, P.: »How to integrate Object Orientation with Structured Analysis and Design« in IEEE Software Magazine, März, 1989, S. 74

[25] Shaw, M.: »Introduction to Special Issue on Software Architecture« IEEE Trans. on S.E., Band 21, Nr. 4, April 1995, S. 269

[26] Cockburn, A.: »The Interaction of Social Issues and Software Architecture« Comm. of ACM, Band 39, Nr. 10, Okt. 1996, S. 40

[27] Bourdeau, R./Cheng, B.: »Formal Semantics for Object Model Diagrams« IEEE Trans on S.E, Band 21, Nr. 10, Okt. 1995, S. 799

[28] Burkhardt, R.: UML-Unified Modeling Language, Addison-Wesley, Bonn, 1997

[29] Fichman, R./Kemerer, C.: »Object-oriented and Conventional Analysis and Design Methodologies«, IEEE Computer Magazine, Okt. 1992, S. 22

[30] Ferstl, O./Sinz, E.: » Der Ansatz des semantischen Objektmodells (SOM) zur Modellierung von Geschäftsprozessen«, Wirtschaftsinformatik, Nr. 37, 1995, S. 209

3 Bewertung der Software-Wiederverwendbarkeit

3.1 Zweck der Software-Bewertung

Nachdem das Objektmodell für eine neue Ausprägung einer alten Applikation vorliegt, steht eine entscheidende Frage im Raum. Soll man für die Implementierung des Modells ganz von vorne anfangen und es Top-Down schrittweise verfeinern und mehrfach überarbeiten, kodieren und testen, bis das neue System die Funktionalität des alten abdeckt, oder soll man versuchen, die alte Implementation so zu verändern, daß sie zumindest als Fundament für das neue System dienen kann. Falls sich weder die eine noch die andere Alternative verwirklichen läßt, bietet sich noch eine Zwischenlösung an, nämlich Teile der alten Implementierung zu übernehmen und mit neuen Komponenten in der neuen Systemarchitektur zu verbinden. Eine allgemeingültige Antwort auf diese Frage wird es nie geben. Sie hängt zu sehr von lokalen Gegebenheiten ab.

Solche Gegebenheiten sind u. a.

* die Qualifikation verfügbarer Mitarbeiter,

* die verfügbare Investitionssumme,

* die Zeit, die zur Verfügung steht,

* der Grad an neuer Funktionalität und

* der Zustand der alten Software

Wenn die entsprechenden OO-Entwickler fehlen, hat es wenig Sinn, mit einer neuen Entwicklung anzufangen. Eine Umschulung der vorhandenen Mitarbeiter ist prinzipiell möglich; es kann aber Jahre dauern, bis sie mit der neuen Technologie so vertraut sind, daß sie komplexe Anwendungen eigenständig entwickeln können. Die beste Lösung für eine Neuentwicklung wäre jedenfalls eine Gruppe junger OO-Entwickler mit einem oder zwei umgeschulten Altentwicklern und einem externen Berater [1].

Wer über zu wenig Kapital verfügt, wird eine Neuentwicklung meiden müssen, weil sie bekanntlich beim ersten Mal doppelt so viel kosten wird, wie die Altentwicklung gekostet hat. Dies trifft leider auch für objektorientierte Entwicklungen zu. Es gibt keinerlei Beweise dafür, daß objektorientierte Entwicklungen billiger sind als konventionelle. Im Gegenteil, die Erfahrung aus der Praxis zeigt, daß die ersten OO-Projekte eher teurer sind als vergleichbare konventionelle Projekte. Erst im Laufe der Zeit und mit zunehmend mehr wiederverwendbaren Bausteinen und mehr Erfahrung werden sie billiger [2].

Die Zeit kann auch bei der Entscheidung für oder gegen eine Neuentwicklung ausschlaggebend sein. Wenn es darauf ankommt, in kürzester Zeit eine neue Benutzeroberfläche mit einer neuen Arbeitsflußsteuerung bereitzustellen, wird die Zeit nicht ausreichen, um alle Hintergrundfunktionen neu zu implementieren. Es wird notwendig sein, alte Funktionen in das neue System einzubinden, wenn auch nur, um den Termin einhalten zu können. Allein das Testen neuer Funktionalität beansprucht die Hälfte der Zeit. Diese kostbare Zeit entfällt, wenn die Funktionen bereits getestet sind.

Der Grad der neuen Funktionalität ist ein ebenso wichtiges Entscheidungskriterium. Wenn die geplante neue Anwendung einen völlig anderen Funktionsumfang haben soll, hat es wenig Sinn, sich mit den alten Funktionen zu beschäftigen. Anders aber, wenn die neue Anwendung fast die gleiche Funktionalität wie die alte abdeckt. In dem Fall muß man sich wirklich fragen, ob es notwendig sei, alle alten Funktionen neu zu implementieren, wenn es möglich wäre, sie zu kapseln oder zu konvertieren. Denn der Aufwand, Funktionen neu zu entwickeln, und vor allem der Aufwand, sie auszutesten, darf nicht unterschätzt werden. Software-Entwicklung von Grund auf ist und bleibt ein aufwendiges und mühseliges Geschäft [3].

Von hervorragender Bedeutung in allen diesen Überlegungen ist natürlich der Zustand der alten Software. Es nützt alles Gerede über Software-Wiederverwendung – Kapselung oder Konvertierung – nicht, wenn die Altsoftware in einem nicht wiederverwendbaren Zustand ist. Es gibt verschiedene Gründe dafür, warum ein System nicht wiederverwendbar sein könnte.

Der eine Grund ist das Ausmaß der Funktionalität. Kleine Anwendungen mit wenig Funktionalität sind leichter zu ersetzen als große Anwendungen mit viel Funktionalität. Je umfangreicher bzw. je funktionsreicher eine Anwendung ist, umso mehr wird es kosten, diese Funktionalität zu duplizieren und umso größer die Wahrscheinlichkeit, daß Teile davon wiederverwendbar sind.

Ein zweiter Grund ist die Komplexität. Falls die alten Programme ein zu hohes Maß an Komplexität haben, d.h. ihre Einzelteile sind so miteinander verwoben, daß es unmöglich wäre, sie auseinanderzunehmen, kommt eine Wiederverwendung nicht in Frage. Es kommt leider nicht selten vor, daß die existierende Programmlogik einfach zu vertrackt ist.

Ein dritter Grund ist die allgemeine Qualität. Die alten Programme könnten von einer so niedrigen Qualität sein, daß es nicht einmal lohnt, sie zu sanieren. In diesem Zusammenhang ist auch die Programmiersprache zu erwähnen. Wenn die alten Programme in einer Assemblersprache geschrieben sind, wird sowohl eine Konvertierung als auch eine Kapselung besonders aufwendig sein. Es könnte sogar so aufwendig sein, daß es billiger wäre, die darin verborgenen Funktionen neu zu kodieren. Schließlich gilt das Kriterium der Wiederverwendbarkeit selbst. Software-Wiederverwendbarkeit ist meßbar. Sie läßt sich durch eine Analyse der Programme und Datenstrukturen ermitteln. Fällt die Wiederverwendbarkeitsnote für ein Programm zu niedrig aus, ist es billiger, die Funktionen des Programmes neu zu implementieren. Da die Note von Programm zu Programm unterschiedlich ausfallen kann, muß der Entscheidungsträger hier differenzieren.

Der Zweck einer Software-Bewertung liegt also vor allem in der Erfüllung des letzten Kriteriums. Es soll festgestellt werden, in welchem Ist-Zustand sich die alte Software befindet. Dabei geht es um vier Grundfragen:

- Wie groß ist ihre Funktionalität?
- Wie hoch ist ihre Komplexität?
- Wie gut ist ihre Qualität?
- Wie steht es mit ihrer Wiederverwendbarkeit? [4]

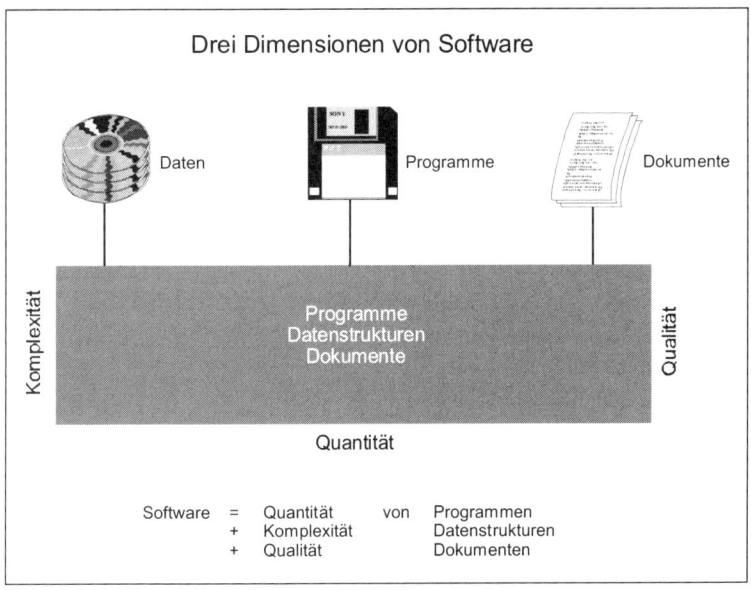

Abbildung 3-1 Dimensionen der Software

3.2 Methodik der Software-Bewertung

Die Methodik einer Software-Bewertung wird von der *ISO*-Norm *9126* festgelegt. Nach dieser Norm vollzieht sich der Bewertungsprozeß in zwei sich überlappenden Phasen mit jeweils vier Schritten. Die zwei Phasen sind

- Bewertungsplanung und
- Bewertungsdurchführung.

In der ersten übergeordneten Phase – Bewertungsplanung – werden

- im ersten Schritt die Qualitätskriterien festgelegt,

- im zweiten Schritt die Metriken ausgewählt,

- im dritten Schritt die Benotungsstufen definiert,

- im vierten Schritt die Bewertungskriterien aufgestellt.

In der zweiten Phase – Bewertungsdurchführung – wird

- im ersten Schritt die zu bewertende Software bereitgestellt,

- im zweiten Schritt die Software analysiert,

- im dritten Schritt die Software benotet,

- im vierten Schritt die Software bewertet.

Das ganze wird unter dem Begriff Software-Produktbewertung zusammengefaßt, im Gegensatz zum Begriff Software-Prozeßbewertung, der von der ISO-Norm 9000-3 geregelt wird. Bei der Prüfung der Software-Wiederverwendbarkeit handelt es sich eindeutig um eine Produkt-Bewertung, deshalb der Bezug zur Norm 9126 [5].

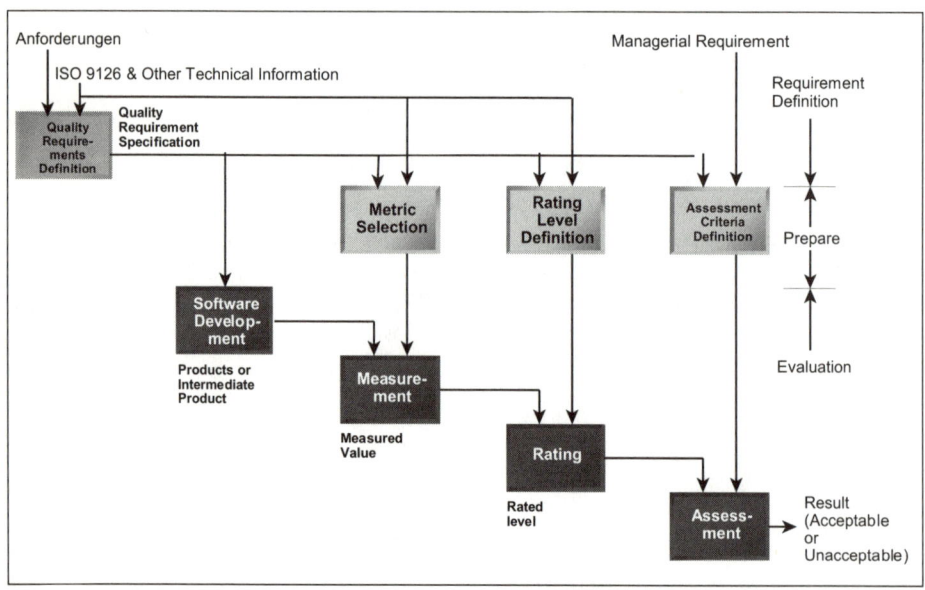

Abbildung 3-2 ISO-9126 Bewertungsprozeß

Die Bewertungsmethodik wird in ihrer Gesamtheit in einem Überblickdiagramm aus der ISO-Norm dargestellt. Demnach sollen zunächst die Qualitätskriterien festgelegt werden. Dies geschieht unter der Berücksichtigung lokaler Anforderungen und globaler Normen, wie die von der ISO, ANSI/IEEE und DIN. Das Ergebnis ist ein Katalog produktspezifischer Qualitätsziele. Danach kann mit der Bereitstellung der zu bewertenden Software begonnen werden, d.h. die Unterphase – Bewertungsausführung – wird von der Oberphase – Bewertungsplanung – angetrieben.

In der Oberphase folgt inzwischen die Auswahl der Metriken. Dabei geht es um die Umsetzung qualitativer Ziele in quantitative Maße. Für jedes Qualitätsziel werden ein oder mehrere Maße ausgewählt oder erfunden, um den Grad an Zielerfüllung messen zu können. Solche Maße wie Fehlerrate, Response-Zeit, Durchlaufzeit, Speicherbedarf, zyklomatische Komplexität, Modularität und Änderungsrate stehen zur Auswahl. Gleichzeitig werden hier auch die erforderlichen Meßwerkzeuge bereitgestellt. Das sind jene Werkzeuge, die die ausgewählten Maße an Hand der Sourcecode Analyse bzw. durch manuelle Eingabe ermitteln.

Sobald beides bereitsteht – die zu bewertende Software sowie die zu bewertenden Werkzeuge – wird die eigentliche Messung durchgeführt. Daraus folgen die elementaren und aggregierten Meßwerte.

In der Planungsphase geht es weiter mit der Definition der Benotungsstufen. Es genügt nicht, nur Maße zu haben. Diese Maße müssen einer Benotungsskala zugeordnet werden. Es geht also hier darum zu definieren, was besser und was schlechter ist. Die ISO-Norm 9126 schlägt vier nominale Kategorien vor:

ausgezeichnet,

gut,

ausreichend und

unbefriedigend.

Es obliegt dem Anwender zu entscheiden, wo genau die Grenzen zwischen diesen Kategorien liegen, aber empfohlen wird folgende Abgrenzung:

0,0 : 0,4	=	unbefriedigend
0,4 : 0,6	=	ausreichend
0,6 : 0,8	=	gut
0,8 : 1,0	=	ausgezeichnet [6]

Wenn die Skala feststeht, kann mit der Benotung der Software begonnen werden. In diesem Schritt werden die absoluten bzw. rationalen Meßwerte den nominalen Kategorien zugeordnet.

Als letzter Schritt in der Planungsphase werden die endgültigen Bewertungskriterien aufgestellt und gewichtet. Bei dem einen dürfte die Performanz das überwiegende Kriterium sein, beim anderen könnte es die Zuverlässigkeit sein. Im Falle einer Migration ist es die Wiederverwendbarkeit.

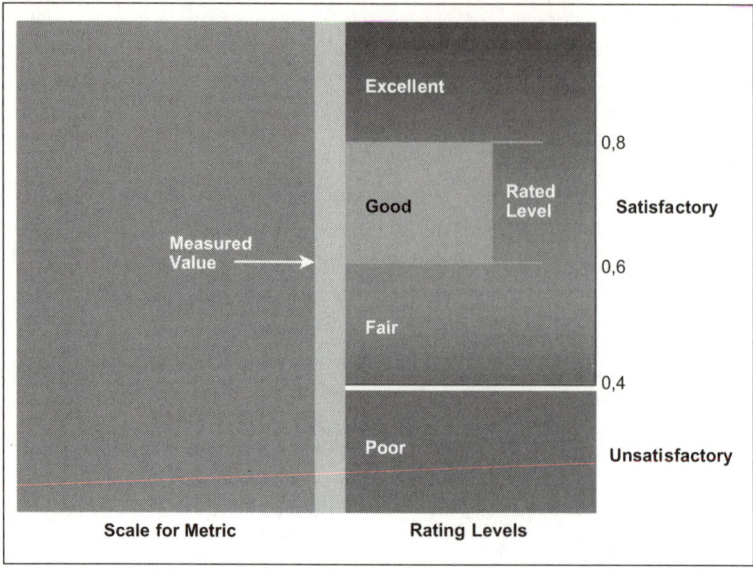

Abbildung 3-3 ISO-9126 Bewertungsskala

Als letzter Schritt in der Durchführungsphase wird in Abhängigkeit von den ge-
wichteten Kriterien der Schluß aus der Produktbewertung gezogen, d.h., wie gut
ist die Qualität des Produktes relativ zu anderen vergleichbaren Produkten, bzw.
wie hoch ist die Wiederverwendbarkeit der Software relativ zu einem angestreb-
ten Soll. Die Betonung liegt hier auf dem Begriff *relativ*, denn Qualität ist immer
relativ zu einem Ziel. Einfach ausgedrückt sind die Qualitätskoeffizienten:

$$\frac{\text{Ist}}{\text{Soll}}$$

wobei das Soll aus den Zielvorstellungen der Anwender hervorgeht [7].

3.2.1 Aufstellung der Bewertungskriterien

Die ISO-Norm 9126 sieht sieben Qualitätsmerkmale vor. Sie sind

- Funktionalität,
- Zuverlässigkeit,
- Benutzbarkeit,
- Effizienz,
- Wartbarkeit,
- Übertragbarkeit und
- Wiederverwendbarkeit

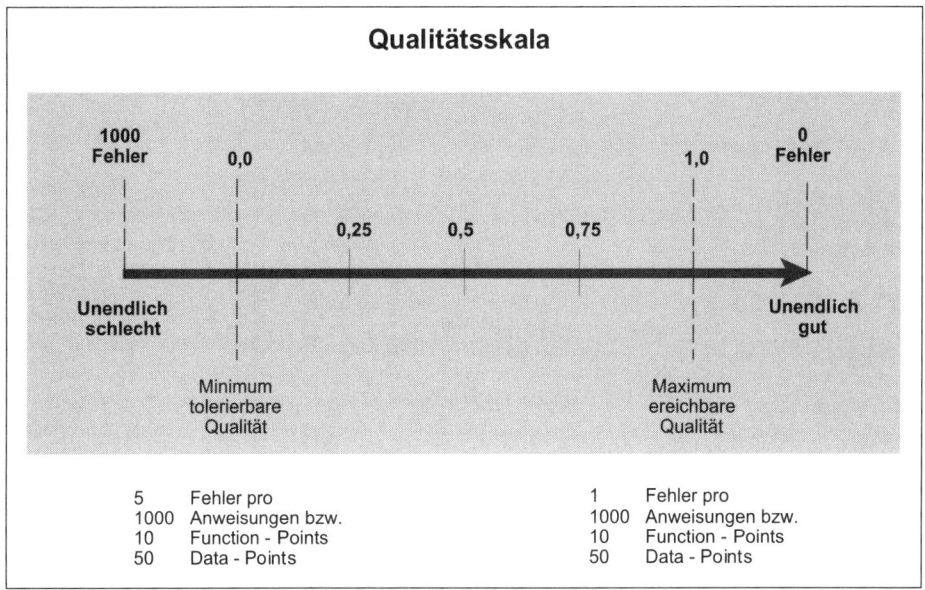

Abbildung 3-4 Qualitätsskala

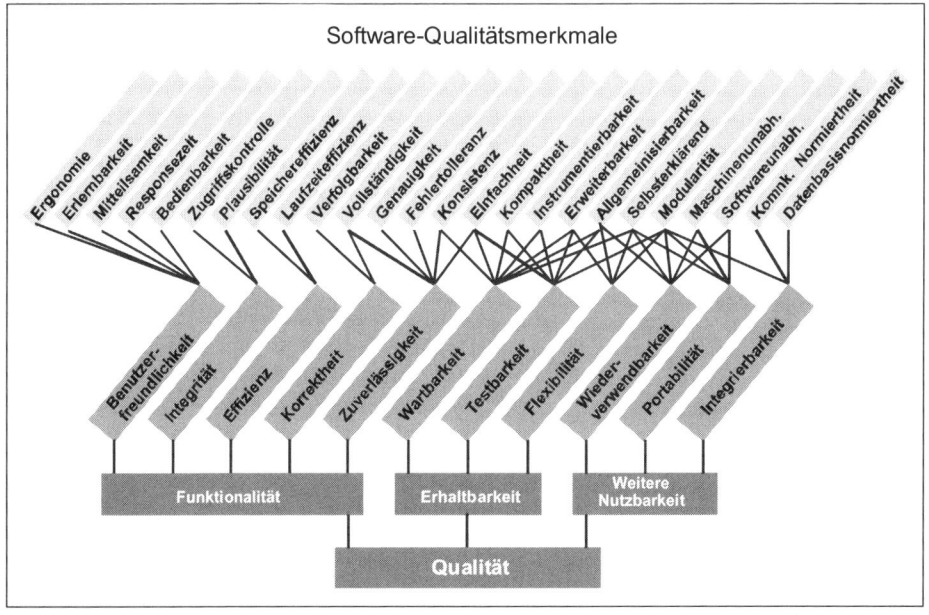

Abbildung 3-5 Softwarequalitätsmerkmale

Jedes Hauptqualitätsmerkmal gliedert sich wiederum in mehrere Unterqualitäts-merkmale. So teilt sich Wartbarkeit auf in:

- Strukturiertheit,

- Testbarkeit,

- Lesbarkeit,

- Modularität,

- Stabilität und

- Flexibilität.

Daraus ergibt sich die in der Fachliteratur viel zitierte Qualitätshierarchie [8]. Ein Baum ist es allerdings nicht, denn einzelne Untermerkmale können mehreren Obermerkmalen zugeordnet werden, z.B. Modularität zu Wartbarkeit und Wie-derverwendbarkeit.

Die unteren Qualitätsmerkmale sollten quantitativ meßbar sein. Vorausgesetzt, daß alle Qualitätsmerkmale gleichgewichtet sind, ist die Note für das übergeord-nete Hauptqualitätsmerkmal der arithmetische Mittelwert aller Meßwerte seiner untergeordneten Qualitätsmerkmale. Es versteht sich, daß die Bewertungskrite-rien für eine Software-Migration andere sind als die für eine Wartungsbewertung oder eine allgemeine Qualitätsbewertung. Bei einer Wartungsbewertung geht es darum, den Aufwand für die Pflege und Weiterentwicklung einer Anwendung zu beurteilen. Somit spielen hier die Qualitätsmerkmale Zuverlässigkeit, Benutzbar-keit und Wartbarkeit eine überragende Rolle, weil diese die Eigenschaften sind, die den größten Einfluß auf den Wartungsaufwand haben. Bei einer allgemeinen Qualitätsbewertung werden alle Qualitätsmerkmale gleich gewichtet, denn hier geht es um eine allgemeine Aussage über die Güte eines Produktes.

Bei der Software-Bewertung im Hinblick auf eine Migration stellen sich die Ge-wichte anders. Die Qualitätsmerkmale Benutzbarkeit und Effizienz sind von ge-ringer Bedeutung, weil die Software in eine neue Rechnerarchitektur mit einer neuen Bedienerführung versetzt wird. Ergo sind Aussagen über die Effizienz und Benutzbarkeit in der alten Umgebung allenfalls als Vergleichswerte zu gebrau-chen. Die Qualitätsmerkmale Zuverlässigkeit und Wartbarkeit sind von mittlerer Bedeutung, weil sie durch die Migration beeinflußbar sind. Durch eine Sanierung im Zusammenhang mit der Migration kann sowohl die Zuverlässigkeit als auch die Wartbarkeit eines Systems signifikant verbessert werden.

Von primärer Bedeutung für eine Software-Migration sind die Qualitätsmerkmale

- Funktionalität,

- Übertragbarkeit und

- Wiederverwendbarkeit.

Funktionalität ist wichtig als Indikator für das Größenmaß der vorhandenen Altsoftware und als Aufwandsindikator für die Neuentwicklung eines Ersatzsystems. Ein System mit wenigen *Function-Points* oder *Data-Points* ist leichter und billiger zu ersetzen als ein System mit einer hohen Anzahl der gleichen Meßwerte. Function-Points und Data-Points sind in Entwicklungsmonate umsetzbar und damit in Kosten. Es ist wichtig zu wissen, was eine Neuentwicklung kosten würde, um diesen Kostenfaktor in den Entscheidungsprozeß einfließen zu lassen [9].

Übertragbarkeit ist wichtig als Indikator für den Aufwand, ein Software-System von der einen Umgebung in die andere zu übertragen bzw. von der einen Sprache in die andere zu übersetzen. Hier stellt sich z.B. die Frage danach, wie schwer es wird, C in C++ oder Cobol in OO-Cobol umzuwandeln, sowie die Frage danach, wie schwer es wird, den TP-Monitor auszutauschen oder die Daten in ein anderes Datenbanksystem zu übertragen. Es könnte sich herausstellen, daß die Kosten einer Übertragung bzw. Konvertierung den Kosten einer Neuentwicklung gleichkommen. In diesem Falle bleibt nur die Kapselung oder die Neuentwicklung als Alternative.

Wiederverwendbarkeit ist wichtig als Indikator für den Prozentsatz wiederverwendbarer Bausteine in dem Altsystem. Ist dieser Prozentsatz relativ hoch, sind die Aussichten für eine Migration günstig – sind sie aber niedrig, sind die Aussichten auf einen Erfolg nicht so gut. Dies gilt im gleichen Maße für Konvertierung wie für Kapselung. Insofern ist Wiederverwendbarkeit ein k.o.-Kriterium für oder gegen eine Migration.

Zusammenfassend wären die Qualitätsmerkmale für ein Migrationsprojekt wie folgt zu gewichten:

Effizienz	=	0,5
Benutzbarkeit	=	0,5
Zuverlässigkeit	=	1,0
Wartbarkeit	=	1,0
Funktionalität	=	1,5
Übertragbarkeit	=	1,5
Wiederverwendbarkeit	=	2,0 [10]

3.2.2 Metriken für die Wiederverwendbarkeit

Software-Wiederverwendbarkeit wird, wie auch Software-Übertragbarkeit, an Hand gewisser untergeordneter Kriterien gemessen. Für die Übertragbarkeit sind diese Unterqualitätsmerkmale nach der ISO-9126

- Programmportabilität,

- Datenportabilität,

- Prozeßportabilität und

- Oberflächenportabilität.

Für die Wiederverwendbarkeit sind die Unterqualitätsmerkmale

- Programmwiederverwendbarkeit,

- Modulwiederverwendbarkeit und

- Datenwiederverwendbarkeit [11]

Programmportabilität ist der Grad, zu dem ein vorhandenes Programm sich in eine neue DV-technische Umgebung übertragen läßt. Bestimmt wird sie durch die Anzahl der Anschlüsse, die das Programm mit seiner jetzigen Umgebung hat, relativ zur Programmgröße in Anweisungen. Umgebungsanschlüsse sind IO-Operationen, Datenbankzugriffe, Interaktionen mit dem TP-Monitor und alle andere Verbindungen zu Systemroutinen außerhalb des eigentlichen Programmes. Je mehr sie sind, umso aufwendiger wird es, sie in der neuen Umgebung zu ersetzen, auch dann, wenn der Programmcode als solcher, z.B. C oder Cobol, übertragbar ist. Der Koeffizient für Programmportabilität ist daher

$$\frac{\text{Anzahl Umgebungsanschlüsse}}{\text{Anzahl Anweisungen}}$$

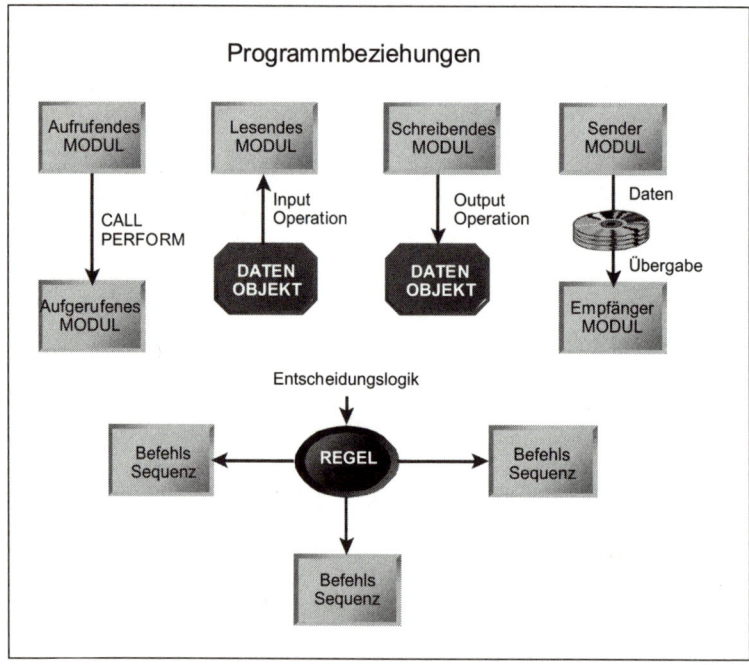

Abbildung 3-6 Programmeigenschaften

Datenportabilität ist der Grad, zu dem ein vorhandener Datenbestand sich in ein neues Datenbanksystem übertragen läßt. Bestimmt wird der Grad durch die Anzahl der Abhängigkeiten von dem alten Datenbanksystem. Diese Abhängigkeiten sind vor allem die Zeiger in hierarchischen und netzartigen Datenbanken, die auf untergeordnete bzw. übergeordnete sowie auf Vorgänger- und Nachbarsätze hinweisen. Hinzu kommen die datenbankspezifischen Indextabellen für den direkten Zugriff sowie datenbankspezifische Datentypen wie Bit und Zeitstempel. Alle solchen datenbankspezifischen Eigenschaften müssen gekappt und umgesetzt werden, wenn die Daten migriert werden. Der Koeffizient für Datenportabilität ist daher

$$\frac{\text{Anzahl datenbankspezifischer Attribute}}{\text{Anzahl Datenattribute}}$$

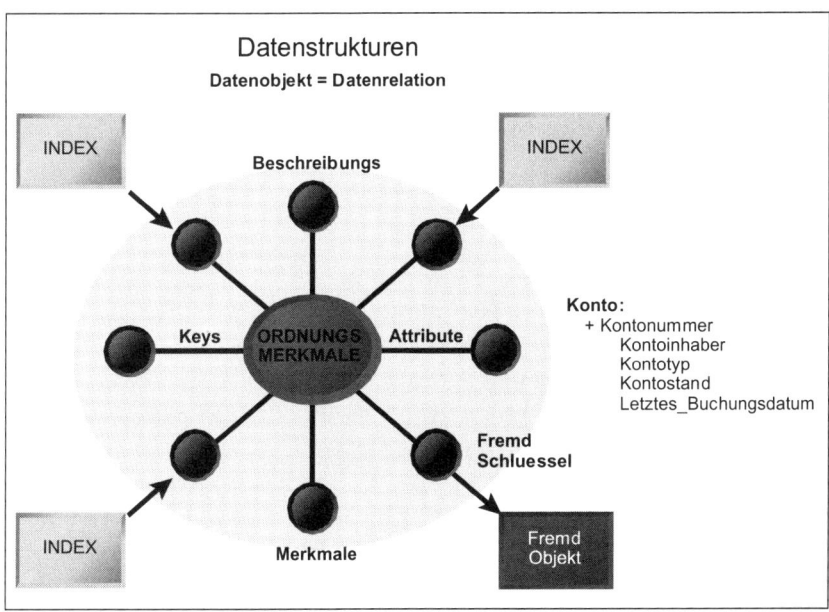

Abbildung 3-7 Dateneigenschaften

Prozeßportabilität ist der Grad, zu dem vorhandene Batch- und Online-Prozesse in eine fremde Umgebung übertragbar sind. Dieser Grad hängt von der Art der JCL-Prozedursprache bei Batchprozessen und von der Art des TP-Monitors bei Dialogprozessen ab. In einem Batchprozeß werden Datenbestände zugewiesen, Programme aufgerufen und Parameter zugeführt. Falls die Datenzuweisung oder die Parameterzuführung betriebssystemspezifisch ist, nimmt die Portabilität ab. Das gleiche trifft für die Dialogprozesse zu. Jede TP-Funktion, die abhängig vom TP-Monitor ist, wie z.B. die Art, wie die Masken den Programmen zugeführt werden, oder die Art, wie parallellaufende Programme miteinander Daten austauschen, geht auf Kosten der Portabilität. Also müssen diese umgebungsspezifischen Eigenschaften gezählt und mit der Summe aller Eigenschaften verglichen werden. Daraus folgt der Koeffizient für Prozeßportabilität wie folgt:

$$\frac{\text{Anzahl betriebssystemspezifischer und TP-Monitor-spezifischer Kontrollfunktionen}}{\text{Anzahl aller Kontrollfunktionen}}$$

Oberflächenportabilität ist der Grad, zu dem die vorhandenen Bildschirmmasken in eine andere Form überführt werden können. Alles, was umgebungsspezifisch ist, verhindert eine nahtlose Überführung. Dazu gehören vor allem die Attribute Bytes, Farbe, Helligkeit, Unterstreichung, Ausblendung usw. Außerdem gehören noch Kursersetzung und eingebaute Fehlermeldungstexte dazu. Jede Eigenschaft dieser Art reduziert die Portabilität einer Maske, indem sie in der neuen Oberfläche eine andere Lösungsmöglichkeit verlangt. Der Koeffizient für die Oberflächenportabilität ist also:

$$\frac{\text{Anzahl umgebungsspezifischer Maskenattribute}}{\text{Anzahl Maskenfelder}}$$

Programmwiederverwendbarkeit ist der Grad, zu dem ein Programm als solches wiederverwendet werden kann. Gemessen wird es an der Zahl der wiederverwendbaren Anweisungen relativ zur Gesamtheit aller Anweisungen. Eine wiederverwendbare Anweisung ist eine Anweisung, die sich 1:1 in eine andere Sprache übertragen oder sich unverändert in die neue Zielsprache übernehmen läßt. Bei der Konversion einer prozeduralen Sprache wie C oder Cobol in eine objektorientierte Erweiterung derselben Sprache wie C++ oder OO-Cobol, ist der Anteil solcher Anweisungen wesentlich höher als bei der Konversion einer Assemblersprache in eine höhere Programmiersprache oder bei der Konversion einer barocken prozeduralen Sprache wie PL/I oder FORTRAN in eine moderne OO-Sprache wie C++ oder Java. Am schlimmsten sieht es aus bei der Konvertierung einer 4GL-Sprache wie ADS-ONLINE oder NATURAL in eine OO-Sprache. Hier sind die ganzen IO-, DB- und DC-Anweisungen, die einen großen Teil des Codes ausmachen, kaum wiederverwendbar. Der Koeffizient für die Programmwiederverwendbarkeit ist:

$$\frac{\text{Anzahl wiederverwendbarer Anweisungen}}{\text{Anzahl Anweisungen}}$$

Modulwiederverwendbarkeit ist der Grad zu dem einzelne Prozeduren eines Programmes wiederverwendet werden können. Prozedurale Programme setzen sich aus einzelnen Ablaufabschnitten zusammen. In Assembler-Programmen sind die Abschnitte CSECTs, in PL/I sind es interne Prozeduren, in Cobol sind es Sections und Paragraphen, und in NATURAL sind es Subroutinen. Eine Prozedur ist wiederverwendbar, wenn sie erstens keine GOTO-ähnlichen Verzweigungen zu anderen Prozeduren hat und zweitens keine Anschlüsse an die Umgebung hat, d.h.

keine TP-Operationen oder Datenbankzugriffe. Je mehr Prozeduren dieser Art ein Programm hat, desto höher seine Modulwiederverwendbarkeit. Der entsprechende Koeffizient ist:

$$\frac{\text{Anzahl wiederverwendbarer Prozeduren}}{\text{Anzahl aller Prozeduren}}$$

Datenwiederverwendbarkeit ist schließlich der Grad, zu dem eine Datei oder Datenbank sich wiederverwenden läßt. Geprägt wird sie durch die Datenstrukturierung. Klassische Satzstrukturen in flachen Dateien sowie in hierarchischen und netzartigen Datenbanken beinhalten Datensequenzen, Datenredefinitionen und Datenwiederholungen. Sie haben auch ein Hauptordnungsmerkmal und möglicherweise mehrere Nebenordnungsmerkmale. Eine neuere relationale Sicht der Daten kennt nur ein Hauptordnungsmerkmal und eine Sequenz abhängiger Datenmerkmale. Wiederholte Datengruppen sowie Datenredefinitionen und sekundäre Suchbegriffe verringern eine Wiederverwendung im Sinne normierter Relationen. Somit ist das Maß nichtnormierter Struktureigenschaften die Menge aller Datenvektoren, Datenredefinitionen, Substrukturen und sekundärer Ordnungsmerkmale innerhalb einer Datenstruktur. Der Koeffizient zur Messung der Datenwiederverwendbarkeit ist

$$\frac{\text{Anzahl nichtnormierter Eigenschaften}}{\text{Anzahl Datenattribute}}$$

3.2.3 Messung der Programme

Die Messung der Programme geschieht in einer statischen Analyse durch ein geeignetes Meßwerkzeug. Das Werkzeug liest den Sourcecode und zählt die definierten Eigenschaften. Die Grundmaße des Programmes werden in Meßtabellen akkumuliert, wobei jede Zeile eine Programmeigenschaft und jede Spalte eine Programm darstellt. Die Koordinaten sind die Zähler für Eigenschaft X in Programm Y, z.B. die Anzahl der GOTO-Verzweigungen, die Anzahl Code-Abschnitte oder die Anzahl der Ein- und Ausgaben.

Gleichzeitig prüft der statische Analysator die Einhaltung vorgegebener Programmierregeln. Jede Regel, wie z.B., daß GOTO-Verzweigungen und literale Texte verboten sind, ergibt eine weitere Zeile in der Prüftabelle, wo jedes Programm eine Spalte bildet. Die Koordinaten sind die Zähler für die Anzahl der Regelverletzungen. Programm für Programm wird ein Anwendungssystem abgearbeitet, bis alle Programme gegen die Regel geprüft sind. Anschließend werden die Tabellen ausgewertet und aus den vielen Spalten – eine pro Programm – eine einzige aggregierte Spalte für das System in seiner Gesamtheit gebildet [12].

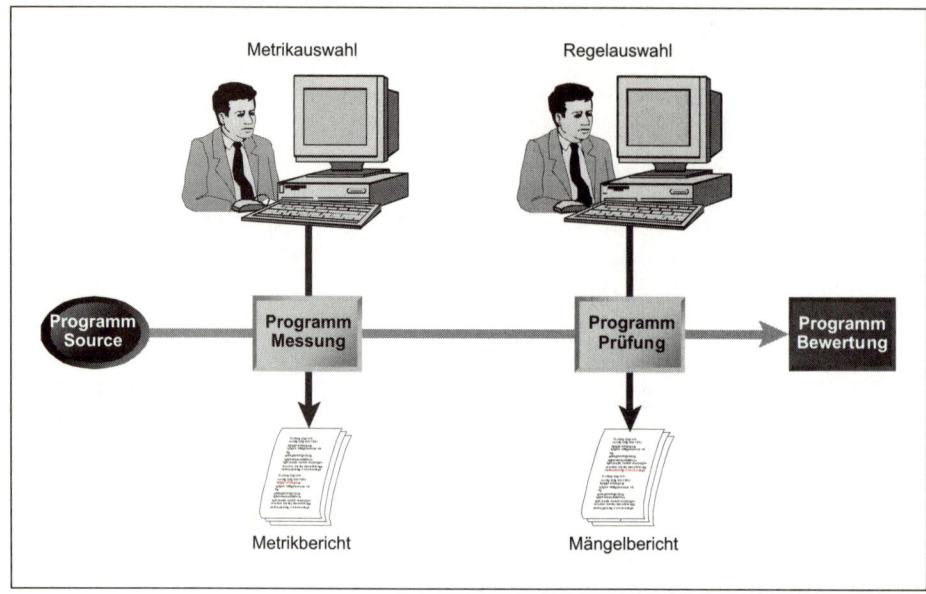

Abbildung 3-8 Programm-Messung

3.2.4 Messung der Datenstrukturen

Die Messung der Datenstrukturen geschieht in der gleichen Art und Weise wie die Messung der Programme. Hier liest ein Werkzeug die Datenstrukturbeschreibung und zählt die definierten Eigenschaften. Die Zeilen der Meßtabelle bilden die Datenstruktureigenschaften, die Spalten sind die Satzarten, Segmente oder relationale Tabellen. Die Koordinaten sind die Zähler für Eigenschaft X in der Datei bzw. Datenbank Y, z.B. die Anzahl Datenattribute, die Anzahl Datenwiederholungen und die Anzahl Datenredefinitionen.

Parallel dazu werden auch bei den Daten die Regelverletzungen gezählt. Es gibt für Datenstrukturen neben den üblichen Normierungsregeln solche Regeln wie die maximale Tiefe einer Datenhierarchie und das Verbot bestimmter Datentypen.

Die Datenstrukturen werden der Reihe nach analysiert und sowohl Meß- als auch Prüftabelle ausgefüllt. Am Ende werden die Spalten aggregiert und Meßwerte und Regelverletzungen aller Dateien, Datenbanken und Masken in der Zielanwendung summiert [13].

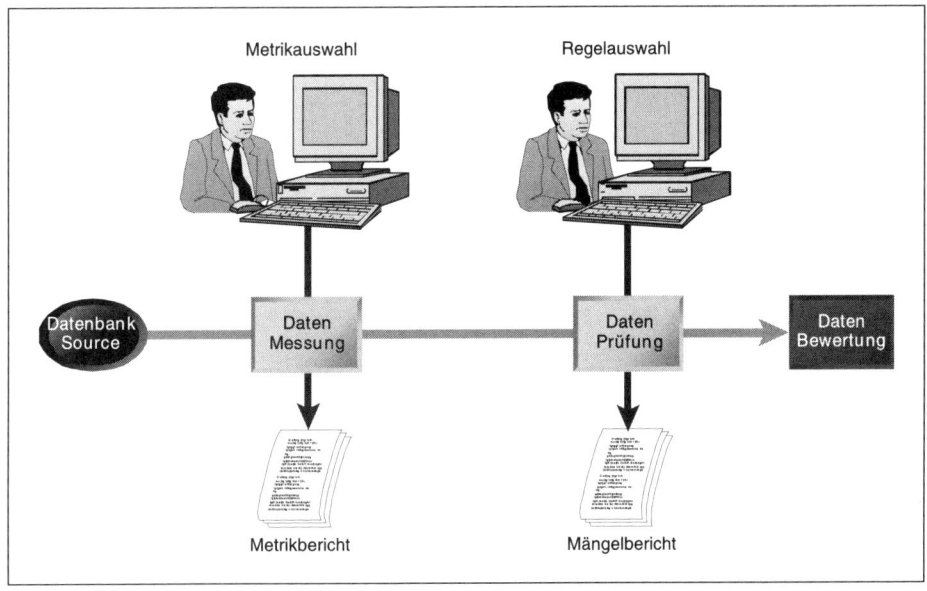

Metrikauswahl   Regelauswahl

Datenbank Source — Daten Messung — Daten Prüfung — Daten Bewertung

Metrikbericht   Mängelbericht

Abbildung 3-9 Datenmessung

3.2.5 Berechnung der Komplexitäts- und Qualitätsmetriken

Die Meßtabelle enthält lediglich absolute Maße, wie Codezeilen, Anweisungen, Function-Points, Data-Points, Prozeduren, Schnittstellen und Verzweigungen. Allein für sich sagen diese Meßwerte nur etwas über die Größe eines Produktes aus. Die Komplexität und Qualität des Produktes sind damit noch nicht angesprochen. Hierzu wird ein anderes Maß benötigt, das rationale oder relationelle Maß.

Ein rationales Maß ist die Messung des Abstands zwischen zwei Festpunkten – einer gegebenen Untergrenze bzw. einer gegebenen Obergrenze und dem ermittelten Ist-Wert. Im Falle der Komplexitätsmessung ist die Untergrenze die Abwesenheit von Komplexität und die Obergrenze das Maximum an erreichbarer Komplexität. Die Ist-Komplexität ist ein Punkt zwischen diesen beiden Polen. Wenn 0 die Untergrenze an Komplexität ist, ist ein Ist-Wert umso besser, je näher er an 0 herankommt, d.h. je niedriger er ist.

Im Falle der Qualitätsmessung ist die Untergrenze die Abwesenheit von Qualität, die Obergrenze hingegen das Maximum an erreichbarer Qualität bzw. der Sollwert. Die Ist-Qualität ist ein Verhältnis von Ist zu Soll. Wenn 1 die Obergrenze darstellt, ist ein Ist-Wert umso besser, je höher er ist. Es obliegt dem Meßwerkzeug, die Komplexität und Qualitätskoeffizienten an Hand der vom Anwender gesetzten Sollwerte zu berechnen. Diese Sollwerte entstammen der Erfahrung mit anderen vergleichbaren Software-Systemen oder aus der einschlägigen Metrikliteratur [14].

DATEN-QUANTITÄTSMASSE

ANZAHL PROGRAMME / MODULE	6
ANZAHL DATEIEN / TABELLEN / DATENBANKEN	38
ANZAHL SATZARTEN / RECORD TYPES / VIEWS	20
ANZAHL COPY/INCLUDE MEMBERS	77
ANZAHL BENUTZERSCHNITTSTELLEN	0
ANZAHL DATENSTRUKTUREN / OBJEKTE	759
ANZAHL WIEDERVERWENDBARER DATENOBJEKTE	215
ANZAHL DEKLARIERTER DATENELEMENTE	6660
ANZAHL EXTERNER DATENELEMENTE	287
ANZAHL INTERNER DATENELEMENTE	6413
ANZAHL KONSTANTER DATENELEMENTE	8009
ANZAHL VARIABLER DATENELEMENTE	5697
ANZAHL REDEFINIERTER DATENELEMENTE	250
ANZAHL WIEDERHOLTER DATENELEMENTE	192
ANZAHL VERSCHIEDENER DATENTYPEN	60
ANZAHL BENUTZTER DATENELEMENTE	6198
ANZAHL EINGABE DATEN / ARGUMENTE	3200
ANZAHL AUSGABE DATEN / ERGEBNISSE	3812
ANZAHL STEUERUNGSDATEN / PRÄDIKATEN	2729
ANZAHL PARAMETERDATEN	6
ANZAHL DATENREFERENZEN	26751
ANZAHL DATA-POINTS	513

PROZEDURQUANTITÄTSMASSE

ANZAHL STANDARD ANWEISUNGEN	17849
ANZAHL MACRO ANWEISUNGEN	16
ANZAHL MACRO REFERENZEN	308
ANZAHL ANWEISUNGEN INSGESAMT	21211
ANZAHL DATEIZUGRIFFE	177
ANZAHL DATENBANKZUGRIFFE	243
ANZAHL TELEPROCESSING OPERATIONEN	0
ANZAHL EINGABE / AUSGABE OPERATIONEN	564
ANZAHL LABELS BZW. MARKEN	2862
ANZAHL PROGRAMMEINGAENGE (ENTRIES)	6
ANZAHL INTERNER PROZEDUREN	756
ANZAHL WIEDERVERWENDBARER BAUSTEINE	50
ANZAHL INTERNER PROZEDURAUFRUFE	2162
ANZAHL EXTERNER MODULE AUFGERUFEN	4
ANZAHL EXTERNER MODULAUFRUFE	10
ANZAHL AUSWAHLSTRUKTUREN	3843
ANZAHL SCHLEIFENSTRUKTUREN	0
ANZAHL GOTO VERZWEIGUNGEN	1985
ANZAHL ABLAUFZWEIGE	11943
ANZAHL STEUERUNGSANWEISUNGEN INSGESAMT	8012
ANZAHL VERSCHIEDENER ANWEISUNGSTYPEN	129
ANZAHL UNBEKANNTER ANWEISUNGEN	38
ANZAHL PROGRAMMAUSGAENGE (RETURNS)	1041
ANZAHL OPERANDEN	88810
ANZAHL FUNCTION-POINTS	143

CODE-QUANTITÄTSMASSE

ANZAHL SOURCE-ZEILEN INSGESAMT	60126
ANZAHL ECHTER CODE-ZEILEN	46098
ANZAHL KOMMENTARZEILEN	12351
ANZAHL REGELVERLETZUNGEN	6402

Abbildung 3-10   Quantitätsmetriken

DATENKOMPLEXITÄT (Chapin Mass)	0.524
DATENFLUSSKOMPLEXITÄT (Elshof Mass)	0.768
DATENZUGRIFFSKOMPLEXITÄT (Card Mass)	0.900
SCHNITTSTELLENKOMPLEXITÄT (Henry Mass)	0.125
ABLAUFSTRUKTURKOMPLEXITÄT (McCabe Mass)	0.678
ENTSCHEIDUNGSKOMPLEXITÄT (McClure Mass)	0.362
VERZWEIGUNGSKOMPLEXITÄT (Sneed Mass)	0.578
SPRACHKOMPLEXITÄT (Halstead Mass)	0.215
MITTLERE PROGRAMMKOMPLEXITÄT	0.518

Abbildung 3-11   Komplexitätsmetriken

MODULARITÄT	0.498
PORTABILITÄT	0.668
FLEXIBILITÄT	0.100
KONFORMITÄT	0.774
TESTBARKEIT	0.498
LESBARKEIT	0.821
WIEDERVERWENDBARKEIT	0.150
WARTBARKEIT	0.464
MITTLERE PROGRAMMQUALITÄT	0.448

Abbildung 3-12   Qualitätsmetriken

3.3 Ergebnisse der Software-Bewertung

Das Resultat eines Software-Audit, ob maschinell oder manuell, ist ein Metrikbericht mit drei Metrikarten:

- Quantitätsmetriken,

- Komplexitätsmetriken und

- Qualitätsmetriken.

Von den Qualitätsmetriken sind für die Bewertung der Wiederverwendung zwei Metriken von besonderer Bedeutung:

- die Metriken für die Konvertierung und

- die Metriken für die Kapselung

3.3.1 Metriken für die Konvertierung

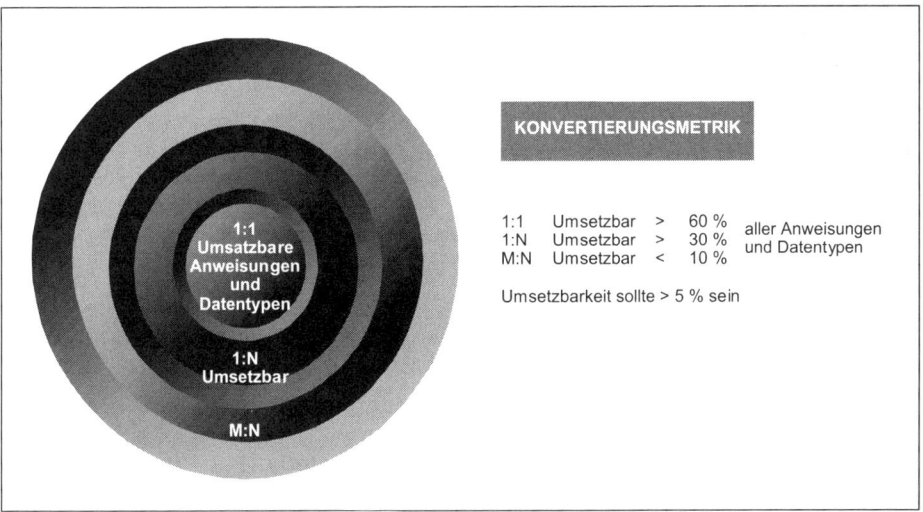

Abbildung 3-13 Konvertierungsmetrik

Bei der Konvertierungstechnik kommt es darauf an, daß die alte Struktur der Programme möglichst nahe an die geplante neue Struktur herankommt. Wenn also Assembler-Programme in Cobol zu transferieren sind, sollten die Assembler-Befehle möglichst 1:1 in entsprechende Cobol-Anweisungen umsetzbar sein. Beispielhaft für 1:1-Transformationen sind MVC, CLC und BAL Befehle, denn für jeden dieser Befehle gibt es eine äquivalente Cobol-Anweisung: MOVE, IF und PERFORM. Andererseits befinden sich Assembler-Befehle wie Shift Logical und Test under Mask, die nur durch mehrere Cobol-Anweisungen bzw. durch eine Co-

bol-Subroutine abbildbar sind. Diese sind 1:N-Transformationen. Schließlich gibt
es Assemblerkonstrukte wie Adreßtabellen, über die auf dynamische Speicherbe-
reiche indirekt zugegriffen wird. Solche Assembler-Algorithmen bzw. Befehls-
gruppen sind nur durch eine völlig andere Gruppe von Cobol-Anweisungen abbildbar. Es handelt sich hierbei um eine M:N-Transformation, die in der Regel nur
manuell zu bewerkstelligen ist. Somit lassen sich also die Anweisungen einer
Quellsprache in drei Kategorien teilen:

- 1:1 umsetzbar

- 1:N umsetzbar

- M:N umsetzbar [15]

Die Klassifikationsregeln werden in Form eines Regelbaumes pro Quellsprache im
Meßprogramm gespeichert. Auf der ersten Stufe des Baumes werden die 1:1-Um-
setzungen erkannt. Sonst wird auf der nächsten Stufe entschieden, ob es sich um
eine 1:N-Umsetzung handelt. Wenn auch dies ausscheidet, wird eine M:N-Umset-
zung angenommen. Das Verfahren entspricht dem üblichem Algorithmus für re-
gelbasierte Entscheidungsprozesse [16]. Um als Kandidat für die Konvertierung in
Frage zu kommen, müssen mindestens 60% der Quellcode-Befehle 1:1 und mindestens 30% 1:N in Anweisungen der Zielsprache umsetzbar sein. Demnach dürfen maximal 10% der Anweisungen manuell umgeschrieben werden. Der Rest
muß per Werkzeug automatisch konvertiert werden [17]. Dies gilt sowohl für Datendeklarationen als auch für prozedurale Anweisungen

Wenn 1:1-Umsetzungen mit 1,0, 1:N-Umsetzungen mit 0,5 und M:N-Umsetzun-
gen mit 0 gewichtet werden, entsteht eine Wiederverwendbarkeitsrate von 0,75.
Dieses relationale Maß wird als Mindestgrenze für Konvertierungsvorhaben ange-
sehen [18]. Darunter gerät der Aufwand einer Konvertierung in die Nähe des Auf-
wandes für eine Neuentwicklung.

3.3.2 Metriken für die Kapselung

Bei der Kapselungstechnik werden andere Meßwerte benötigt als bei der Konvertierung einzelner Anweisungen. Hier geht es um den Anteil der Anweisungen, die
von der neuen, externen Applikation genutzt werden, d.h. sie liegen auf Pfaden,
die von außen steuerbar sind. Deren Erkennung ist das Ziel eines Verfahrens von
Lanubile und Visaggio für ablaufbasiertes Programm-Slicing [19]. Gekapselt werden Programme als Ganzes, Module und Abschnitte bzw. einzelne Prozeduren
[20]. Innerhalb des gekapselten Codes können bestimmte Ablaufzweige im gekapselten Zustand ausgeklammert werden, d.h. sie werden durch parametrisierte Bedingungen im Sinne von Dijkstras *guarded-Command*-Konzept geschützt [21]. Dies
ist der Fall, wenn bestimmte Altfunktionen im neuen Geschäftsprozeß nicht
mehr benötigt werden. Aus der Analyse des alten Systems muß hervorgehen, welche Code-Bausteine, Programme, Module, und Prozeduren überhaupt gekapselt

werden und welche Anweisungen und Daten innerhalb der gewählten Bausteine zu benutzen sind. Es kann sein, daß nur wenige Pfade durch ein Modul für die neuen Anwendungen von Interesse sind. Die anderen werden markiert. Bei der Messung der Systemverwendbarkeit kommt es darauf an, die zu nutzenden Daten und Anweisungen zu zählen und relativ zur Summe aller Daten und Anweisungen zu betrachten. Kommen sie nicht auf mindestens 50%, so ist die Kapselung keine tragbare Alternative, weil das alte System in seiner Mehrheit ungenutzt bleibt. Diese Wiederverwendungsrate für die Ausführung in der alten Umgebung entspricht der 75%-Rate bei der Konvertierung in eine neue Umgebung. Es ist immer noch möglich, einzelne Teile eines Altsystems herauszuholen und in ein neues System zu verpflanzen. Hierbei handelt es sich jedoch in der Tat um eine Neuentwicklung unter Verwendung alter Bausteine. Von einer Wiederverwendung des alten Systems kann hier nicht die Rede sein. Wiederverwendbarkeit bezogen auf ein Software-System bedeutet, daß mindestens die Hälfte wiederverwendet wird. Denn nur so können die Kosten der Wiederverwendung relativ zu den Kosten einer Neuentwicklung niedrig bleiben. Endres hat eine Metrik für die Kosten und Nutzen der Wiederverwendbarkeit relativ zur Neuentwicklung vorgeschlagen. Das Ergebnis war, daß die Wiederverwendungsrate mindestens 50% betragen muß [22]. Derselbe Autor hat auch darauf hingewiesen, daß Reengineering-Kosten nicht mehr als 33% der Neuentwicklungskosten betragen dürfen, ohne durch den Nutzen der Neuentwicklung ausgeglichen zu werden [23]. Es gibt somit zwei Grenzwerte, die nicht zu unterschreiten sind: 0,75 bei der Konvertierung und 0,50 bei der Kapselung.

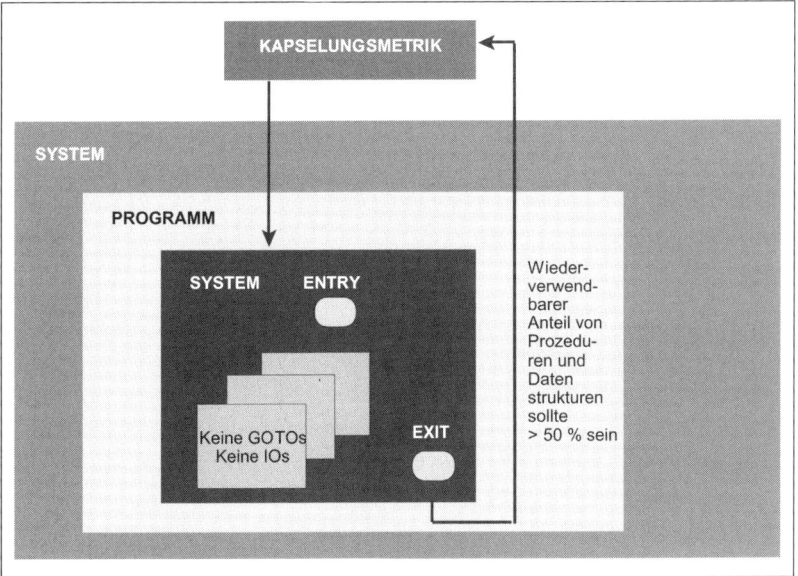

Abbildung 3-14 Kapselungsmetrik

3.4   Bewertung der Ergebnisse

Die Bewertung der Audit-Ergebnisse folgt in drei Schritten. Im ersten Schritt werden die Meßwerte verdichtet, im zweiten Schritt werden sie gewichtet, und im dritten Schritt werden sie benotet. Anschließend wird für oder gegen eine Migration entschieden, und wenn für die Art der Migration, ob komplett oder partiell und ob Konversion oder Kapselung.

3.4.1   Verdichtung der Meßwerte

Die Verdichtung der Meßwerte ist normalerweise ein automatisierter Vorgang. Dabei werden die Einzelergebnisse aus sämtlichen Programmen, Datenstrukturen, Benutzeroberflächen und Kommandoprozeduren zusammengeführt, um für ein System in seiner Gesamtheit ein Gesamtprofil zu bilden. Zu diesem Profil gehören neben den quantitativen Maßen auch die Komplexitäts- und Qualitätsmaße. Sowohl Durchschnitts- als auch Mittelwerte werden errechnet, wobei es wichtig ist, die Abweichungsgrade zu dokumentieren, da diese erheblich sein können. Es ist zu überlegen, ob bestimmte statistische Abweichungen, die das Gesamtergebnis verzerren, z.B. übergroße Programme, relativiert werden sollten.

3.4.2   Gewichtung der Meßergebnisse

Zunächst sind alle Maße, ob für Quantität, Komplexität oder Qualität, gleichwertig. Es könnte auch so bleiben, wenn es sich um eine allgemeine Systembewertung handeln würde. Aber hier handelt es sich um eine Bewertung der Wiederverwendbarkeit. Daher verdienen jene Meßwerte, die eine Wiederverwendung beeinflussen, mehr Aufmerksamkeit als andere. Sie müssen stärker gewichtet werden. Wenn die Wartbarkeit ein Gewicht von 1,0 hat, dann müßten Modularität und Flexibilität ein Gewicht von 1,5 und Portabilität und Wiederverwendbarkeit ein Gewicht von 2,0 haben. Darüber entscheidet der zuständige Qualitätsmanager. Im übrigen ist dies eine gute Gelegenheit, einen externen Berater einzuschalten – allerdings jemanden mit der erforderlichen Metrikkenntnis und Migrationserfahrung.

3.4.3   Benotung der Wiederverwendbarkeit

Der letzte Schritt vor der Entscheidungsfindung ist die Benotung der Produkteigenschaften. Hier geht es vor allem um die Noten für

- Funktionalität,
- Wartbarkeit,
- Übertragbarkeit und
- Wiederverwendbarkeit.

Die Produktkoeffizienten sind, wie schon geschildert, Bruchzahlen zwischen 0 und 1. Werte über 0,80 gehören zur Kategorie *Ausgezeichnet*. Werte zwischen 0,60 und 0,80 gehören zur Kategorie *Gut*. Werte zwischen 0,40 und 0,60 gehören zur Kategorie *Ausreichend*. Werte unter 0,40 gehören zur Kategorie *Unbefriedigend*. Eine unbefriedigende Wiederverwendungsnote schließt eine Migration aus. Eine unbefriedigende Übertragbarkeitsnote schließt zwar eine Konversion aus, nicht aber unbedingt eine Kapselung. Wenn allerdings die Wartbarkeit unbefriedigend ist, ist auch eine Kapselung zweifelhaft. Eine unbefriedigende Funktionalität stellt die Migration als Ganzes in Frage.

3.4.4 Portfolio-Analyse

Es versteht sich, daß die technische Qualität eines Anwendungssystems nicht das einzige Kriterium für eine Migration ist. Betriebliche Anwendungen haben eine unterschiedliche betriebswirtschaftliche Bedeutung. Die eine ist für das Unternehmen unerläßlich, die andere leicht entbehrlich. Es obliegt den Anwendern der betroffenen Fachabteilungen, ihre Applikationen aus fachlicher Sicht zu bewerten. Hier helfen solche Maßstäbe wie Beitrag zum Umsatz, Rolle in der Wertschöpfungskette und strategische Bedeutung für die Zukunft. Doch letztlich kommt es auf den relativen Stellenwert in der Unternehmenspolitik an.

Zur Unterstützung der Entscheidungsfindung sollte eine Nutzwertanalyse durchgeführt werden, um sämtliche Anwendungssysteme auf einer Skala von 0 bis 1 einzustufen. Am einfachsten ist es, für jedes Bewertungskriterium 100 oder gar 1000 Punkte auf die Anwendungen zu verteilen, den Mittelwert für jedes System zu ermitteln und diesen durch die Punktzahl zu dividieren. Damit entsteht pro System ein relationaler Maß vergleichbar mit dem für die technische Qualität.

Nach der Nutzwertanalyse soll es möglich sein, die verschiedenen Anwendungssysteme aufgrund ihres relativen Gewichts auf einer horizontalen Achse zu plazieren. Gleichzeitig werden sie in Anbetracht ihrer technischen Note auf einer vertikalen Achse eingestuft. Das Ergebnis ist ein Portfolio-Analyse-Graph, in dem die einzelnen Systeme mittels ihrer wirtschaftlichen Bedeutung und ihrer technischen Qualität positioniert sind.

Systeme mit Durchschnittswerten befinden sich in der Mitte. Systeme mit einer hohen betriebswirtschaftlichen Bedeutung befinden sich in der rechten Hälfte. Systeme mit einer niedrigen betriebswirtschaftlichen Bedeutung befinden sich in der linken Hälfte. Systeme mit einer hohen technischen Qualität befinden sich in der oberen Hälfte. Systeme mit einer niedrigen technischen Qualität sind in der unteren Hälfte angesiedelt.

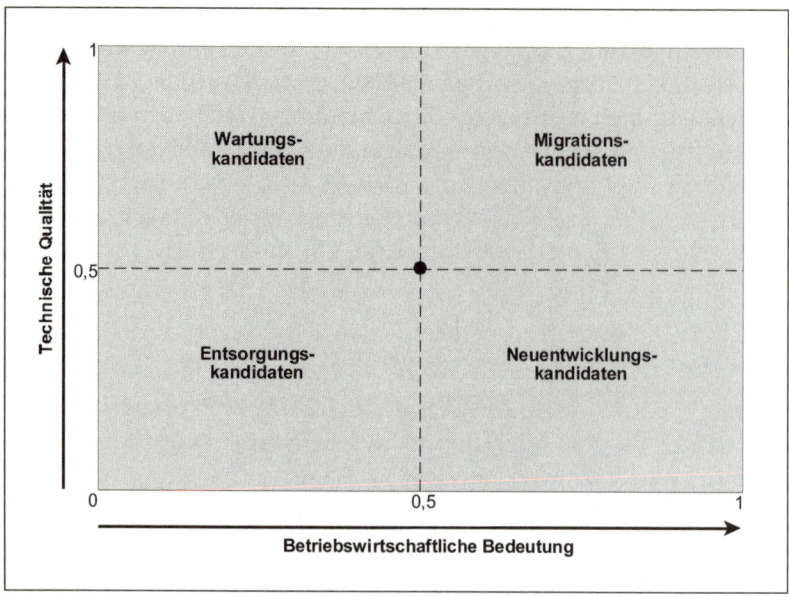

Abbildung 3-15 Portfolio-Analyse

Die primären Migrationskandidaten sind in der oberen rechten Hälfte zu finden. Sie haben sowohl eine hohe technische Qualität als auch eine hohe betriebswirt- schaftliche Bedeutung. Systeme in der unteren rechten Hälfte sind eher Kandida- ten für eine Neuentwicklung, da ihre Qualität für eine Migration nicht ausreicht. Systeme in der oberen linken Hälfte können zunächst so bleiben, wie sie sind, weil ihre Qualität ihre Bedeutung übertrifft. Systeme in der unteren linken Hälfte sind Kandidaten für die Entsorgung. Auf diese Weise läßt sich entscheiden, welche An- wendungen in welcher Reihenfolge für eine Migration in Frage kommen [24].

3.4.5 Entscheidungsfindung

Die Entscheidung für den richtigen Weg in die objektorientierte Welt ist eine der schwierigsten und folgenreichsten Entscheidungen, die ein Unternehmen zu tref- fen hat. Eine falsche Entscheidung kann im günstigsten Fall zu erheblichem Geld- verlust und im schlimmsten Fall zur Aufgabe der eigenen Datenverarbeitung füh- ren. Es muß deshalb genau überlegt werden, ob und wieviel von der Altsoftware abgelöst und wieviel übernommen wird. Falls es zu einer Übernahme kommt, steht die Entscheidung zwischen Konvertierung und Kapselung an. Um diese Ent- scheidungsmöglichkeit objektiv zu treffen, sind Meßwerte aus der Software selbst von immenser Bedeutung.

Es ist nicht zu leugnen, daß auch mit genauen Meßwerten Fehlentscheidungen getroffen werden. Es sind ja zu viele andere nicht meßbare Faktoren im Spiel. Dennoch lassen sich solche schwierigen Entscheidungen mit Metriken besser begründen als ohne. Metriken zeigen Schwachstellen und Problembereiche auf, sie untermauern subjektive Meinungen und bieten Anhaltspunkte für Kritik. Auf jeden Fall liefern sie Diskussionsmaterial und bereichern den Entscheidungsfindungsprozeß. Für solch weittragende Entscheidungen ist es unverantwortlich, auf Metriken zu verzichten, auch dann, wenn sie nur einen Teil der Wirklichkeit widerspiegeln [25].

Einmal gefällt, ist eine Entscheidung für den Weg in die objektorientierte Welt nur mit erheblichem Verlust wieder revidierbar. Aufgrund dieser Entscheidung werden Investitionen getätigt und Kapazitäten gebunden. Vor allem wird eine Erwartungshaltung seitens der Anwender geschaffen, die zu enttäuschen zu einer langlebigen Diskreditierung der betrieblichen Datenverarbeitung führen könnte. Allein deshalb darf man keine Mühe scheuen, die bestmögliche Entscheidung zu finden, und das heißt die bestmöglichsten Entscheidungsgrundlagen zu beschaffen.

3.5   SofAudit – ein Werkzeug für die Software-Bewertung

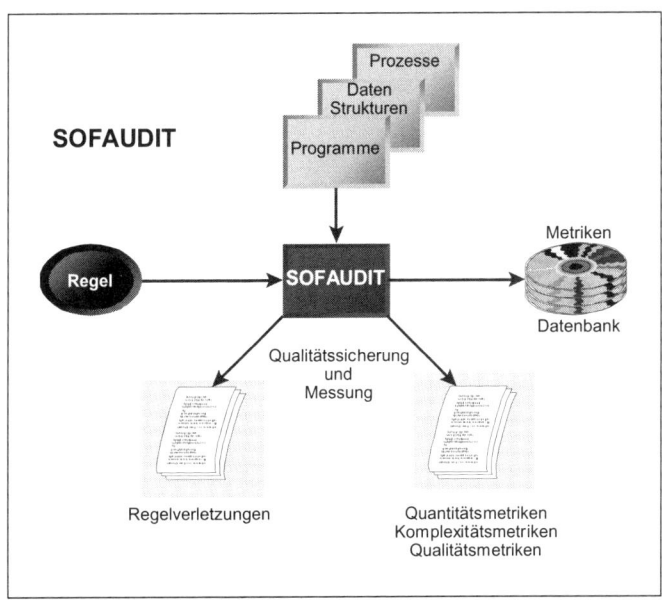

Abbildung 3-16 SofAudit

Der Werkzeugverbund SofAudit ist speziell für die Software-Bewertung nach ISO-9126 entwickelt worden. Die einzelnen Werkzeuge laufen sowohl im Batchbetrieb auf dem Mainframe als auch interaktiv auf einem PC-Arbeitsplatz unter einer MS-Windows-Oberfläche. Sie sind so implementiert, daß der Anwender möglichst viel individuell einstellen kann. Die Einstellungsparameter reichen von der

Auswahl der zu prüfenden Programmierregeln bis hin zur Gewichtung der Qualitätsmerkmale. Als Ergebnisse werden neben einem Metrikbericht und einem
Mängelbericht für jedes Programm, Datenbank, Datenstruktur, Maske und JCL-
Prozedur auch Exportdateien zu Aufwandschätzwerkzeugen und Metrikdaten-
banken erzeugt. Dazu kommt ein aggregierter Metrikbericht für die Anwendung
als Ganzes. In einem Auditlauf können auf einmal mehrere hundert Programme
geprüft und gemessen werden. Das gleiche trifft für die Datenbanken und Benutzeroberflächen zu.

SofAudit setzt sich im wesentlichen aus drei Teilsystemen zusammen:

- einem Programmauditor,

- einem Datenauditor und

- einem JCL-Auditor

Da der Programmauditor von der jeweiligen Sprache abhängt, gibt es mittlerweile
sechs Varianten:

- AsmAudit für IBM-Assembler-Programme,

- PLIAudit für PL/I-Programme,

- COBAudit für Cobol-Programme,

- NATAudit für Natural-Programme,

- DELAudit für DELTA-Programme und

- SWTAudit für SWT/Cobol-Programme

Der Datenauditor verarbeitet verschiedene Datenstruktur- und Benutzeroberflä-
chenarten. Zum einen prüft und mißt er

- Cobol-, PL/I-, Assembler- und Natural-Datenstrukturen,

zum anderen prüft und mißt er

- DLI-, DDL-, ADABAS- und SQL-Datenbankbeschreibungen.

Was die Benutzeroberflächen anbetrifft, analysiert der Maskenauditor

- CICS-, IMS-, Natural- und Cobol-Bildschirmmasken

Der JCL-Auditor prüft und mißt schließlich die Eigenschaften der MVS-, CLIST-
und REX-Job-Control-Prozeduren.

SofAudit ist in der Praxis entstanden und hat sich inzwischen in mehreren groß-
angelegten Auditprojekten bewährt. Kein anderes Bewertungspaket hat einen
solchen Funktionsumfang. SofAudit ist für die Bewertung der Software-Wiederverwendung besonders geeignet und dient daher als Modell für derartige Meßin-
strumente [26].

3.6 Literaturhinweise

[1] Endres, A/Uhl, J.: »Objektorientierte Software-Entwicklung – Eine Herausforderung für die Projektführung«, Informatik Spektrum, Nr. 15, 1992, S. 255

[2] Pittman, M.: »Lessons learned in Managing Object-Oriented Development« IEEE Software Magazine, Jan. 1993, S. 43

[3] Fayad, M/Tsai, W.-T.: »Objectoriented Experiences«, Comm. of ACM, Band 38, No. 10, Okt. 1995, S. 51

[4] Perry, W.: Quality Assurance of Information Systems, QED Publishing, Boston, 1991, S. 115

[5] Dromey, R.G.: » A Model for Software Product Quality«, IEEE Trans. on S.E., Band 21, Nr. 2, Feb. 1995, S. 146

[6] Sneed, H.: »Understanding Software through Numbers – A metric-based approach to Program Assessment«, in Journal of Software Maintenance Band 7, Nr. 6, Nov. 1995, S. 405

[7] Sneed, H.: Software-Qualitätssicherung, Rudolf Müller Verlag, Köln, 1988, S. 27

[8] Rombach, H.-D./Basili, V.: »Quantitative Software-Qualitätssicherung« Informatik Spektrum, Nr. 10, 1987, S. 145

[9] Keyes, J.: Software Engineering Productivity Handbook, McGraw-Hill, 1993, S. 229

[10] Briand, L./Morasca, S./Basili, V.: »Property Based Software Measurement« IEEE Trans. on S.E., Band 22, Nr. 1, Jan. 1996, S. 68

[11] ISO/IEC: »Software Product Evaluation – Quality Characteristics and Guidelines for their use«, ISO/IEC Standard ISO-9126, International Standards Organization, Genf, 1994

[12] Sneed, H.: »Software muß meßbar werden«, Information Management, Nr. 4/91, Nov. 1991, S. 56

[13] Wand, Y./Wang, R.: »Anchoving Data Quality Dimensions in Ontological Foundations«, Comm. of ACM, Band 39, Nr. 11, Nov. 1996, S. 86

[14] Fenton, N.: Software Metrics – A rigorous Approach, Chapman & Hall, London, 1991, S. 150

[15] Li, W.: »An Empirical Study of Software Reuse in Reconstructive Maintenance« Journal of Software Maintenance, Band 9, Nr. 2, März 1997, S. 69

[16] Hehner, E.: »Prodicative Programming«, Comm. of ACM, Band 27, Nr. 2, Feb. 1984, S. 134

[17] Kozacynski, W./Ning, J.: »Program Concept Recognition and Transformation«, IEEE Trans. on S.E., Band 18, Nr. 12, Dez. 1992, S. 1065

[18] Barnes, B./Direk, T./Gaffney, J.: »A Framework and Economic Foundation for Software Reuse«, IEEE Tutorial Software Reuse, Ed. W. Tracz, IEEE Press, L.A., 1988, S. 77

[19] Lanubile, G./Visaggio, G.: »Extracting Reusable Functions by Flow Graph-based Program Slicing«, IEEE Trans. on S.E., Band 23, Nr. 4, April, 1997, S. 246

[20] Flint, E.: »Cobol Legacy Programs Serve the Future«, American Programmer, Band 9., Sept. 1996, S. 18

[21] Dijkstra, E.: A Discipline of Programming, Prentice-Hall, Englewood Cliffs, 1976, S. 41

[22] Endres, A.: »Software-Wiederverwendung – Ziele, Wege und Erfahrungen«, Informatik Spektrum, Nr. 12, Nov. 1988, S. 85

[23] Sneed, H.: »Economics of Software Reengineering«, Journal of Software Maintenance, Band 3, Nr. 3, Sept. 1991, S. 163

[24] Verdugo,G.: »Portfolio analysis – managing software as an asset« in Proc. of 6th Int. Conference on Software Maintenance Management, SMA, New York, N.Y., 1998

[25] Baumann, P./Richter, L.: »Wie groß ist die Aussagekraft heutiger Software-Metriken«, Wirtschaftsinformatik, Heft 6, Dez. 1992, S. 62

[26] Sneed, H.: »Experience with the Measurement and Assessment of Application Software«, Journal of Software Maintenance, Band 10, Nr. 4, 1998

4 Nachdokumentation der Legacy-Systeme

4.1 Anlaß für die Software-Nachdokumentation

Die Nachdokumentation eines alten Software-Anwendungssystems ist eine wichtige Voraussetzung für die Wiederverwendung desselben. Sie dient mindestens vier Zwecken: der Bewertung der Funktionalität, der Analyse des Dateninhaltes, der Frage, welche Funktionen übernommen werden können und welche Daten sich weiterverwenden lassen. Ohne eine Klärung dieser Fragen ist eine selektive Migration nicht möglich [1].

Beginnen wir mit der Klärung der Funktionalität. Die Anwender eines Legacy-Systems werden wohl wissen, was das System fachlich für sie leistet. Möglicherweise werden sie sogar wissen, was ihnen diese Leistung wert ist. Sie werden aber mit aller Wahrscheinlichkeit nicht wissen, welche Systemkomponenten – Programme, Module und Prozeduren – welche Leistungen erbringen. Der Zusammenhang zwischen fachlicher Leistung und technischer Implementierung ist unbekannt. Dies ist jedoch eine wichtige Frage, wenn es darum geht, die Komponenten zu migrieren. Daher soll durch eine Nachdokumentation geklärt werden, wo und wie die fachlichen Funktionen implementiert sind.

Die Analyse des Dateninhaltes erfüllt einen ähnlichen Zweck. Die Anwender eines Legacy Systems erhalten wichtige Informationen aus dem System. Sonst hätten sie es schon längst fallen lassen. Sie sind sich aber im unklaren, aus welchen Datenquellen diese Informationen in Form von Berichten und Abfragen entspringen. Um Klarheit zu schaffen, muß eine Verbindung zwischen der Datensicht der Anwender und der Datenstruktur des Systems hergestellt werden. Daraus ergibt sich, welche Entitäten und Beziehungen noch relevant sind.

Sofern ein neues Objektmodell der alten Anwendung mit objektbezogenen Dienstleistungen und Nutzungsfällen vorliegt, stellt sich die Frage, welche fachlichen und technischen Dienstleistungen bzw. Methoden sich durch vorhandene Funktionen in der alten Software abdecken lassen. Es ist noch zu entscheiden, ob die alten Funktionen zu konvertieren, zu kapseln oder neu zu implementieren sind. Dies ist jedoch der zweite Schritt. Zunächst müssen die potentiell wiederverwendbaren Funktionen überhaupt erkannt werden. Deshalb müssen die alten Funktionen soweit ersichtlich sein, daß ein Analytiker sie den neuen Methoden zuordnen kann.

Das gleiche trifft für die bestehenden Datenstrukturen zu. Durch eine Gegenüberstellung des neuen Objektmodells auf der einen Seite mit der vorhandenen Datenstruktur auf der anderen Seite wird festgestellt, welche Satzarten, Segmente oder Tabellen als Objekte in Frage kommen. Möglicherweise wird es zweckmäßig sein, das neu entstandene Objektmodell der alten Datenstruktur anzupassen, um einen Strukturbruch zu vermeiden. Ohne eine aktuelle und übersichtliche Darstellung der vorhandenen Datenstrukturen ist dies aber nicht entscheidbar.

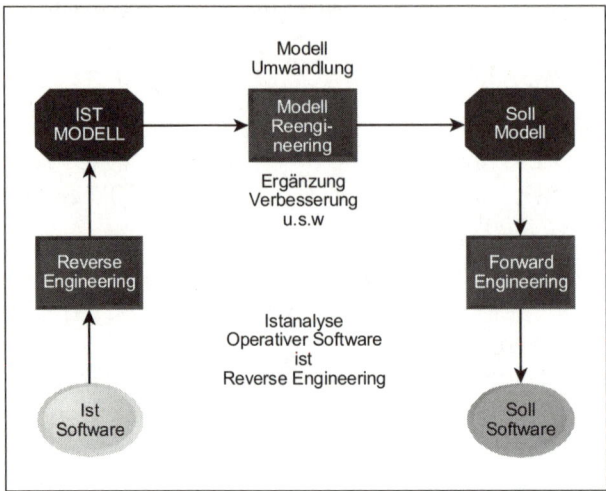

Abbildung 4-1 Software Reverse Engineering

4.2   Methodik der Software-Nachdokumentation

Es empfiehlt sich, die Software-Nachdokumentation im Hinblick auf die obengenannten Ziele durchzuführen, d.h. zweckgebunden. Damit soll verhindert werden, daß die Dokumentation zum Selbstzweck wird, was allzuleicht passieren kann. Dokumentation kann zu den unterschiedlichsten Zwecken erstellt werden. Ein Zweck ist die Wartung der Programme und Datenbanken. Wartungsprogrammierer müssen wissen, wo sie hinlangen sollen, um eine Korrektur, Änderung oder Erweiterung zu realisieren. Sie wollen auch wissen, welche Auswirkung ihr Eingriff mit sich bringen kann bzw. wie groß der Auswirkungsbereich der Änderung ist. Dazu werden bestimmte Sichten auf die Software benötigt [2].

Ein weiterer Zweck ist der Test der Programme. Tester müssen wissen, welche Pfade durch den Code ziehen, welche Eingaben diese Pfade auslösen und welchen Zustand jeder Pfad hinterläßt, d.h. sie interessieren sich für die dynamischen Aspekte der Software-Pfade, Vorzustände, Nachzustände und Funktionsfolgen [3].

Hier bei der Vorbereitung einer Migration kommt es auf eine andere Art Dokumentation an. Es handelt sich hier um eine Erkennungsaktion, nämlich die Erkennung potentieller Objekte, Objektbeziehungen, Objektzustände und Methoden, die den gewünschten Objektzustand erzeugen [4].

4.2.1 Datendokumentation

Zur Erkennung der Objekte empfiehlt sich die Generierung von Datenstruktur-
bäumen aus dem Programmcode, den Include bzw. Copy Members und aus den
Datenbankbeschreibungen. Dazu werden vier Analysatoren benötigt. Der eine
Analysator verarbeitet Programmquellcodes und holt die Struktur der lokalen Daten heraus samt der Deklaration der einzelnen Datenelemente. Der andere Analysator verarbeitet die COPY oder INCLUDE Members bzw. die Header-Dateien, um
die globalen Datenstrukturen abzubilden. Der dritte Analysator verarbeitet die
Datenbankbeschreibungen, z.B. IMS-DBDs, CODASYL- Schemas oder relationale
Tabellen, um sie als Bäume darzustellen. Der vierte Analysator verarbeitet die
Maskenbeschreibungen, z.B. CICS-BMS, IMS-MFS oder Cobol-Screens, um ähnliche Datenbäume abzuleiten.

Wichtig ist, daß neben der Struktur und der Datenformate auch Wiederholungen
und Redefinitionen erfaßt werden, da diese für die Erkennung von Objekten wesentlich sind.

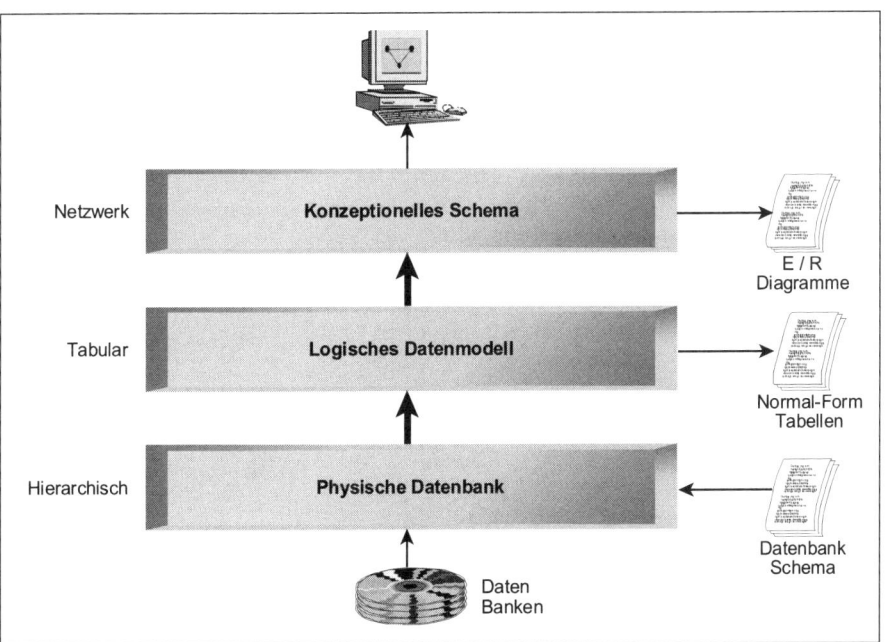

Abbildung 4-2 Datendokumentation

4.2.2 Funktionsdokumentation

Zur Erkennung potentieller Methoden sind Modul- und Prozedurbäume zu generieren. Prozedurbäume werden aus den einzelnen Programmen erzeugt. In Assembler sind die Knoten des Baumes CSECTs, in PL/I sind sie die internen Prozeduren
und in Cobol die Paragraphen und Abschnitte. Es ist auch anzustreben, die Bezie-

hungen zwischen den Prozeduren zu erfassen, z.B. wer ruft wen auf, wer wird von wem aufgerufen, wer verzweigt wohin und woher wird zu wem verzweigt. Daran kann der Analytiker den Grad der Abhängigkeit zwischen den Prozeduren erkennen.

Um den Zweck der einzelnen Prozeduren zu dokumentieren, wird es erforderlich sein, ihre Argumente, Ergebnisse und Prädikate zu dokumentieren – zusammen mit der Kommentierung der Prozeduren (falls sie vorhanden ist). Das Ziel ist für jede potentielle Methode, die Datenein- und ausgangsströme voll zu erfassen, um nachher die Schnittstellen spezifizieren zu können. Als Ergänzung dazu könnte aus jeder Prozedur die Entscheidungslogik abgeleitet werden, insofern dies hilft zu erkennen, was die Funktion macht. Bei großen, komplexen Prozeduren wird dies wohl notwendig sein.

Modulaufrufbäume werden aus der Menge der Haupt- und Unterprogramme gewonnen. Statt wie beim Prozedurbaum die internen Aufrufe bzw. PERFORMs zu analysieren, werden hier die externen Aufrufe verfolgt, z.B. die CALLs. Durch die Verfolgung der Aufrufe von Modul zu Modul über Programmgrenzen hinweg wird eine Aufrufhierarchie ermittelt, bei der die Knoten getrennt kompilierbare Code-Einheiten sind. Dies soll helfen, Klassen zu definieren. Zur besseren Verständigung der Module sind auch die Ein- und Ausgangsparameter zu erfassen. Die Kommentare in dem Modulkopf können ebenfalls extrahiert werden. Das Ziel ist festzustellen, welche Module ein System umfaßt und wie sie miteinander verbunden sind. [5]

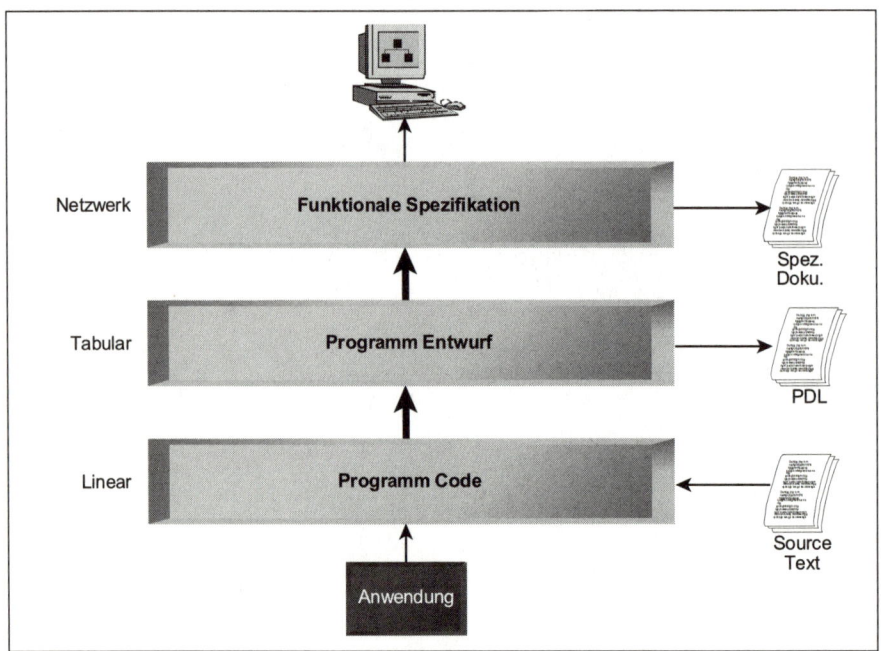

Abbildung 4-3 Funktionsdokumentation

4.2.3 Funktion/Daten-Beziehungsdokumentation

Zum Verständnis der Beziehungen zwischen Funktionen und Daten sollten die Daten- und Objektzugriffe der Funktionen erkannt und abgebildet werden. Diese Aufgabe klingt leicht, ist aber in der Tat äußerst schwierig. Programme manipulieren sehr unterschiedliche Datenobjektarten – Dateien, Tabellen, Datenbanksätze, Segmente, Datensichten, Masken, Berichte und Parameter – um nur die wichtigsten zu nennen. Diese Objekte werden auch auf unterschiedlichste Weise angenommen und abgegeben. Dateien werden gelesen und geschrieben, ebenso die Datenbankentitäten. Die IO-Operationen bzw. Datenbankzugriffe sind immer abhängig von der jeweiligen Dateiverwaltung bzw. vom Datenbanksystem. Die Datei- bzw. Datenbankoperationen sind in der Regel in einer eigenen Datenbanksprache, wie DL/I, DML oder SQL, in der Gastprogrammiersprache eingebettet. Das hat zur Folge, daß ein zusätzlicher Parser benötigt wird, um diese Operationen zu erkennen. Dasselbe trifft für die Bildschirmoperationen zu. Auch sie sind in einer eigenen Makrosprache wie CICS-BMS, IMS-MFS oder UTM verfaßt. Es kann deshalb erforderlich sein, drei verschiedene Parser miteinander verbinden zu müssen.

Auf der höchsten Abstraktionsstufe läßt sich feststellen, welche Dateien und Datenbanken von einem Job oder Programm überhaupt angesprochen werden. Zum einen ist es möglich, diese Datenbestandszuweisungen aus den Job-Control-Prozeduren abzuleiten. Zum anderen ist es möglich, im Programm zu erkennen, welche Dateien und Datenbanken eröffnet werden. Wenn man weiß, welche Objekte zu einem Datenbestand gehören, wird man dann wissen, welche Objekte einem Programm zur Verfügung stehen. Um jedoch zu erfahren, genau welche Objekte in welcher Art verwendet werden, wird man den Code genauer betrachten müssen [6].

Es obliegt dem Programmanalysator die jeweiligen Datenbank- und TP-Anweisungen zu untersuchen, um daraus die Art der Operation, den Namen des Objektes und die Schlüssel zur Verbindung abzuleiten. Diese sind in einer programmübergreifenden Schnittstellentabelle einzutragen, aus der später Objektverwendungsnachweise generiert werden.

Die Datei-, Datenbank- und Bildschirmoperationen stellen die Beziehungen zwischen Programmen und Datenobjekten dar. Insofern als Programme groben Funktionen entsprechen, ist dies auch eine Darstellung der Funktion/Objekt-Beziehungen. Die eigentlichen fachlichen Funktionen sind jedoch einzelne Befehlsfolgen innerhalb eines Programms oder über mehrere Programme hinweg, wie zum Beispiel eine Online-Transaktion. Um hier die Beziehung zwischen der Funktion und ihren Daten zu gewinnen, ist es erforderlich, die Datenfeldverwendung auf Prozedurebene sowie die Ausführungsfolge der Prozeduren zu verfolgen. Auf dieser Stufe ergeben sich die Beziehungen zwischen Grundfunktionen und Datenelementen [7].

Die letzte und allertiefste Stufe der Funktionen/Daten-Beziehungen ist die Anweisung. Für jede Anweisung könnte man das Ergebnis und die Argumente dokumentieren. Dies wäre aber äquivalent zur Anweisung selbst und hätte wenig Sinn. Sinnvoller ist es, umgekehrt zu dokumentieren, von welchen Anweisungen ein Datenelement wie bearbeitet wird. Damit sind wir wieder bei der Datendokumentation angelangt. Für jedes aktive Datenelement eines Systems soll man wissen, in welchen Anweisungen in welchen Modulen es wie verwendet wird. Dies ergibt die Datenquerverweise.

Der Zusammenhang zwischen Funktionen und Daten ist also nur über eine beiderseitige Betrachtung zu erkennen. Die Daten werden aus der Sicht der Funktionen betrachtet, von denen sie benutzt werden. Die Funktionen werden wiederum aus der Sicht der Daten betrachtet, die sie benutzen. Die Funktionen sind in den Programmen die Code-Einheiten und die Objekte die Speichereinheiten oder Schnittstellen. Inwiefern dies mit den fachlichen Funktionen und Entitäten übereinstimmt ist eine Frage der Systemarchitektur. In manchen Anwendungen haben die technischen Architekturkomponenten eine fast 1:1-Beziehung zu den fachlichen Funktionen und Entitäten. Dies ist aber selten der Fall. Es tut sich eher eine Kluft zwischen Fachkonzept und Implementierung auf, so daß eine direkte Zuordnung der technischen Objekte zu Fachobjekten kaum möglich ist, zumindest nicht maschinell. Hierfür werden fachliche und technische Kenntnisse benötigt [8].

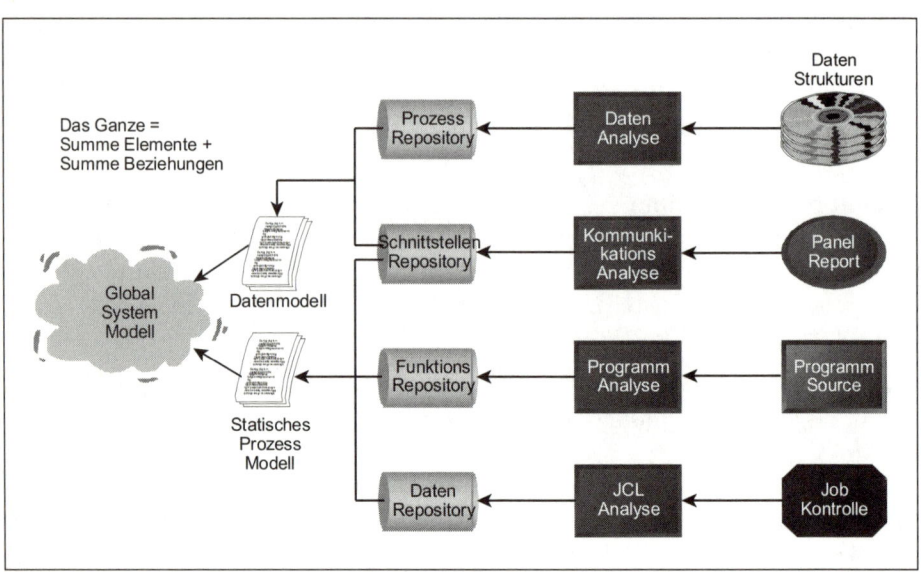

Abbildung 4-4 Beziehungsdokumentation

4.3   Ergebnisse der Software-Nachdokumentation

In Anbetracht der oben angesprochenen Kluft zwischen der real existierenden Software und den damit abgebildeten Geschäftsprozessen sind viele geneigt, die Ergebnisse einer technischen Nachdokumentation als unbrauchbar und belanglos abzuqualifizieren. Die Namen der Datenelemente und Prozeduren sind willkürlich erfundene, meistens DV-technische Etiketten, die wenig verständlich sind. Die Kommentare stimmen allzuoft überhaupt nicht mehr mit dem Code überein. Die dargestellten Zusammenhänge sind den zuständigen Wartungsprogrammierern sowieso bekannt, also warum sie dokumentieren. Daß diese Argumente stimmen, wird nicht abgestritten. Es geht aber hier gar nicht darum, das System in seinen fachlichen Zusammenhängen zu verstehen. Es geht vielmehr darum, die Zusammensetzung des Systems zu dokumentieren, um Teile davon wiederverwenden zu können. Eine maschinell erstellte Nachdokumentation ist allemal ausreichend, um der Analyse der Software-Wiederverwendung zu dienen. Man will schließlich nur herausfinden, welche Datengruppen und welche Prozeduren der alten Welt zu der neuen objektorientierten Software-Architektur passen. Diese Frage zu beantworten ist der Hauptzweck der folgenden Dokumente.

4.3.1   Datenbaumdiagramm

Das Datenbaumdiagramm zeigt die Struktur und den Inhalt eines technischen Datenobjektes. Neben der Ordnung und Bezeichnung der Datenfelder, wird auch ihr Typ und ihre Länge angezeigt. Anhand des Dateninhaltes läßt sich feststellen, ob das Datenobjekt ganz oder nur teilweise übernehmbar ist und ob es unverändert bleibt oder vorher angepaßt werden muß. Wiederholte Datengruppen und Datenredefinitionen, die im Baum ausgewiesen sind, deuten auf Probleme bei der Überführung in eine relationale Datenbank hin.

4.3.2   Modulbaum

Der Modulbaum zeigt, welche getrennt compilierbaren Code-Einheiten mit welcher Parameterschnittstelle aufrufbar sind. Die Unterprogramme können von übergeordneten Objekten im neuen System ebensogut aufgerufen werden wie vom übergeordneten Hauptprogramm im alten System. Der Modulbaum ist außerdem eine gute Ausgangsbasis für die künftige Klassenstruktur. Die Unterprogramme, die im Baum mehrfach vorkommen, sind Kandidaten für Basisklassen, d.h. die Klassenstruktur könnte ein invertierter Modulbaum sein.

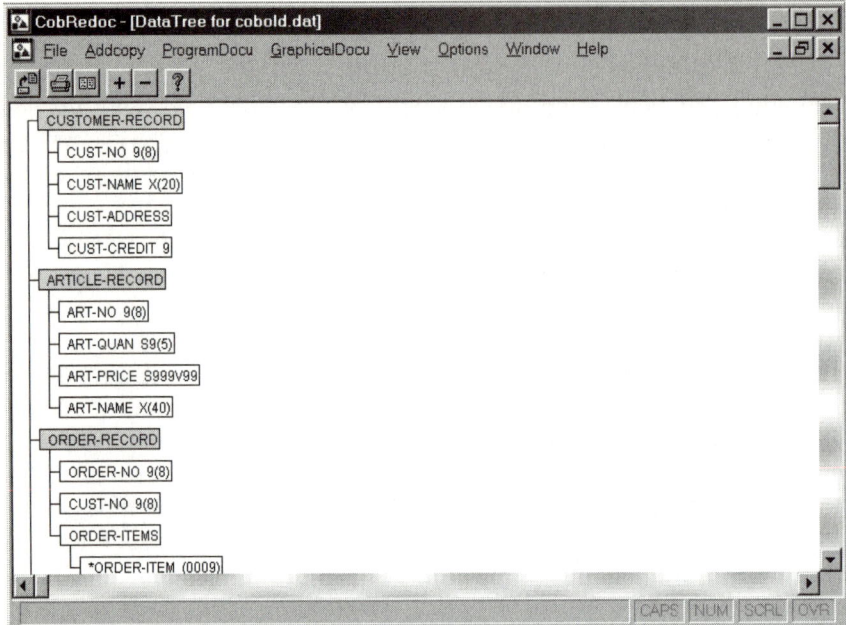

Abbildung 4-5 Datenbaumdiagramm

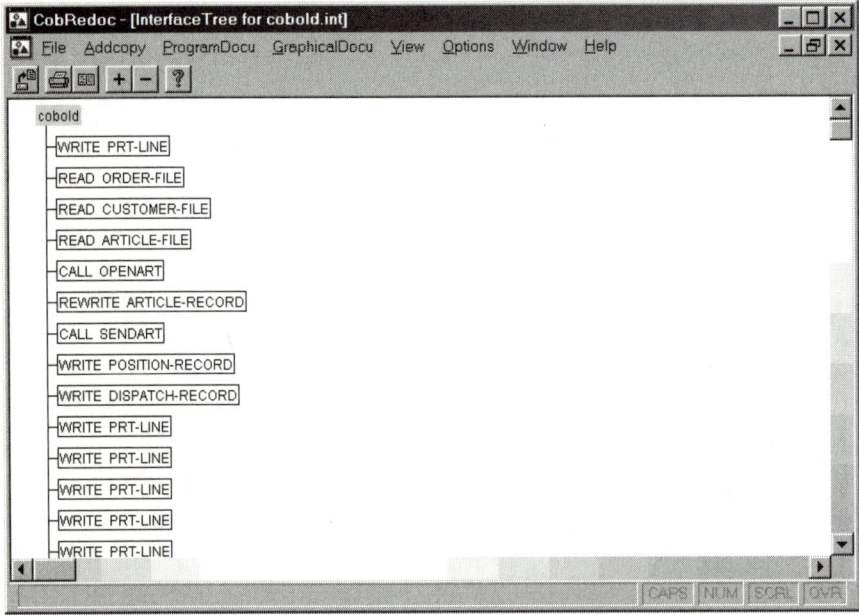

Abbildung 4-6 Modulaufrufsbaumdiagramm

4.3.3 Modulschnittstellentabellen

Die Modulschnittstellentabelle beschreibt neben dem Ein- und Ausgangsparameter auch die Schnittstellen zu weiteren Unterprogrammen und zu der Umgebung, z.B. Datenbankzugriffe und Kommunikationsschnittstellen. Dies dient der Frage nach der Verpflanzbarkeit eines Moduls, denn jede Schnittstelle verbirgt eine Bindung zur alten Umgebung, die zu beenden ist, wenn das Modul in die neue Architektur verpflanzt wird. Es sind aber auch positive Erkenntnisse zu gewinnen. Die TP-Schnittstellen, wie CICS SEND und RECEIVE, sind alle potenzielle Internetanschlüsse, die Dateischnittstellen sind potentielle Datenströme von außen, und die Modulschnittstellen sind potentielle Anschlüsse für entfernte Prozeduraufrufe.

```
* --------------------------------------------------------------
* Line Operation Interface Statement        in Program: COBOLD
* --------------------------------------------------------------
       PROGRAM: COBOLD
  00221 PROC    PROCEDURE DIVISION.
  00224      INITIALIZATION.
O 00234 WRITE     PRT-LINE
  00238      READ-ORDERS.
I 00239 READ      ORDER-FILE
  00243      READ-CUSTOMER.
I 00247 READ      CUSTOMER-FILE
  00256      PROCESS-ORDER.
I 00269 READ      ARTICLE-FILE
P 00276 CALL      OPENART
  00276 CALL         CALL 'OPENART' USING ART-NO, CUST-NO
O 00281 REWRITE    ARTICLE-RECORD
P 00282 CALL      SENDART
  00282 CALL         CALL 'SENDART' USING ART-NO, CUST-NO
  00286      WRITE-OPEN-POSITIONS.
O 00292 WRITE     POSITION-RECORD
  00296      WRITE-DISPATCH.
O 00311 WRITE     DISPATCH-RECORD
* --------------------------------------------------------------
```

Abbildung 4-7 Modulschnittstellentabelle

4.3.4 Prozedurbaum

Der Prozedurbaum zeigt die Struktur und den Inhalt eines Programmes oder Moduls. Daran ist zu erkennen, ob das Modul insgesamt als Komponente für das neue System in Frage kommt und wenn nicht, ob zumindest einzelne Prozeduren übernommen werden können. Da die Wiederverwendung einer alten Prozedur wie beim alten Modul davon abhängt, wie schwer es sein wird, die Prozedur zu konvertieren oder zu kapseln, d.h. von seiner Umgebung zu trennen, ist es auch wichtig zu wissen, welche Beziehungen zwischen Prozeduren bestehen. Beziehungen zwischen Prozeduren bestehen in Form von GOTO-Verzweigungen, CALL-oder PERFORM-Aufrufen und gemeinsam benutzten Daten. Aus dem Prozedurbaum gehen die interprozeduralen Verzweigungen und Aufrufe hervor.

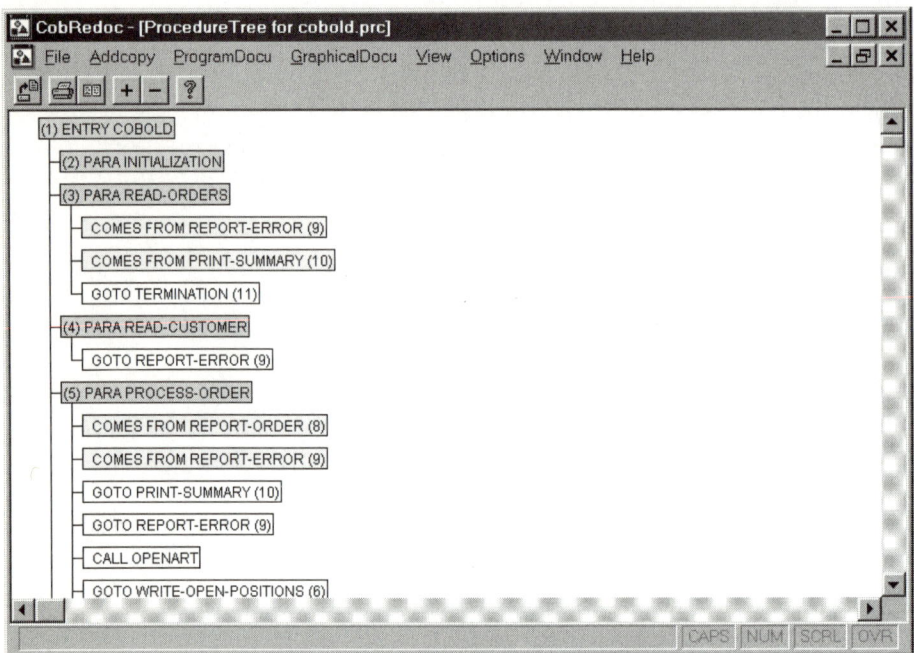

Abbildung 4-8 Prozedurbaumdiagramm

4.3.5 Prozedurdatenflußdiagramm

Das Prozedurdatenflußdiagramm zeigt, welche Daten eine Prozedur benutzt, erzeugt und abfragt. In ihrer Gesamtheit bilden sie die Schnittstelle zur Prozedur. Falls die Prozedur gekapselt oder als Methode in einer neuen Klasse verwendet wird, muß diese Schnittstelle bedient werden. Jede Prozedur ist also ein potentieller Server insofern, als ihr Eingabedatenbereich von dem Client aufgebaut werden kann. Deshalb ist es nützlich, die Eingabe- und Ausgabedaten zu kennen.

4.3.6 Entscheidungsbaum

Der Entscheidungsbaum vermittelt einen Einblick in die Komplexität der bestehenden Ablauflogik. Falls die Prozeduren allzutief verschachtelt oder durch Verzweigungen zu sehr miteinander verquickt sind, wird es schwierig sein, sie zu verpflanzen.

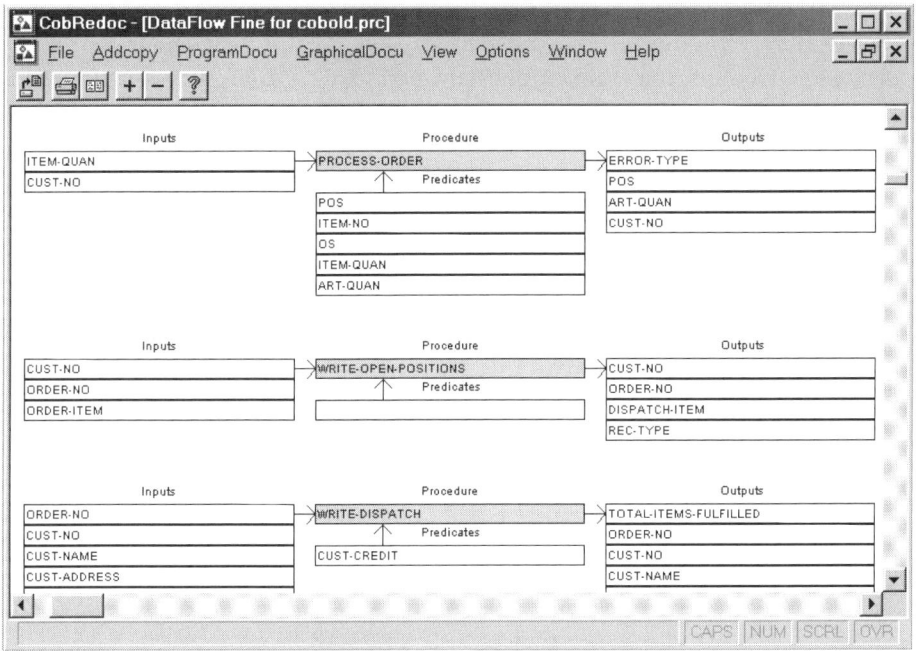

Abbildung 4-9 Prozedurdatenflußdiagramm

Außerdem deutet der Entscheidungsbaum auf die fachliche Logik eines Programmes. Die Bedingungen eines alten Programmes sind die Zustandsübergänge der neuen Objekte. Sie zu kennen ist eine Voraussetzung für die Erstellung der Zustandsübergangsdiagramme. Die Beschreibung der Entscheidungslogik hilft zudem bei der Beurteilung der Funktionalität, d.h. die Entscheidung, ob dieser alte Code zu den neuen Anforderungen paßt.

4.3.7 Datenverwendungstabelle

Die Datenverwendungstabelle zeigt für jedes elementare Datenelement von welchen Anweisungen an welcher Stelle im Programm es wie verwendet wird – als Eingabe, Ausgabe, Parameter oder Bedingungsvariabel. Wer objektorientiertes Reengineering ernsthaft betreibt, muß von diesem Dokument ausgehen, um den Code nach Objekten neu zu strukturieren. Die Anweisungen, die die Datenattribute ändern, werden zu Methoden des Objektes, zu dem die Datenelemente zugeordnet sind. Der Datenbaum und der Datenverwendungsnachweis sind die beiden Ausgangspunkte für die Bildung neuer Klassen nach der datenorientierten Methode – daher die Bedeutung dieser beiden Dokumente.

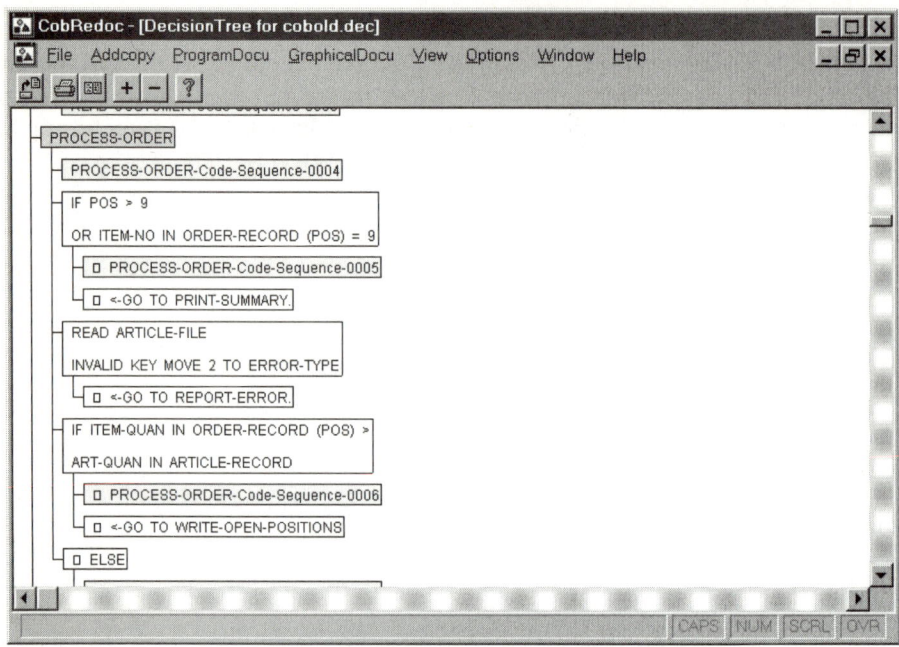

Abbildung 4-10 Entscheidungsbaum

```
* --------------------------------------------------------
* Lev Type/Line  Data Names & References      Picture     Usage Value
* --------------------------------------------------------
  01 REC  ARTICLE-RECORD
* --------------------------------------------------------
  02 NUM   ART-NO                    9(8)        BINARY
  I 00318    MOVE ART-NO IN ARTICLE-RECORD TO ART-NO IN DATA-PRT-LINE.
* --------------------------------------------------------
  02 CHAR  ART-TYPE                  X(4)
* --------------------------------------------------------
  02 NUM   ART-QUAN                  S9(5)       BINARY
  C 00273    IF ITEM-QUAN IN ORDER-RECORD (POS) >
  C 00274      ART-QUAN IN ARTICLE-RECORD

  O 00278      SUBTRACT ITEM-QUAN IN ORDER-RECORD (POS) FROM
  O 00279         ART-QUAN IN ARTICLE-RECORD

  I 00353        MOVE ART-QUAN IN ARTICLE-RECORD TO
  I 00354          ART-QUAN IN DATA-PRT-LINE.
* --------------------------------------------------------
  02 NUM   ART-PRICE                 S999V99     PACKED
  I 00323    MOVE ART-PRICE IN ARTICLE-RECORD TO
  I 00324      ART-PRICE IN DATA-PRT-LINE.

  O 00325    MULTIPLY ART-PRICE IN ARTICLE-RECORD BY ITEM-QUAN
  O 00326       IN ORDER-RECORD (POS) GIVING PRICE.
* --------------------------------------------------------
```

Abbildung 4-11 Datenverwendungstabelle

4.3.8 Geschäftsregeln

In diesem Zusammenhang sind auch die Geschäftsregeln zu sehen. Ein *Business Rule* ist letztlich der Pfadausdruck für eine bestimmte geschäftsrelevante Ausgabe. In Forward-Engineering werden Geschäftsregeln als Regel für die Berechnung bestimmter Ergebnisse vorgegeben. Sie schreiben vor, wie das Ergebnis ermittelt werden sollte. In Reverse-Engineering ist die Frage umgekehrt. Wie kommt das Programm zu einem bestimmten Ergebnis. Erst muß der Analytiker bestimmte Datenausgaben, die für den Anwender besonders relevant sind, identifizieren. Danach muß man von einem Ergebnis nach dem anderen ausgehen und die Ablauflogik durch die Programmstruktur zurückverfolgen, um alle Vorbedingungen und alle einfließenden Variablen zu sammeln. Die daraus abgeleiteten Programmscheiben (Slices) sind die implementierten Geschäftsregeln [10].

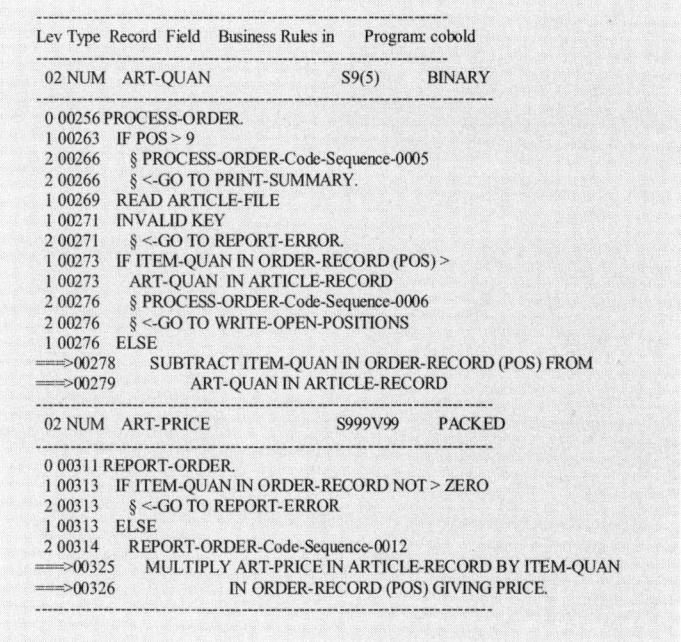

Abbildung 4-12 Geschäftsregel

4.4 Auswertung der Nachdokumentation

Die Dokumente, die aus dem Sourcecode abgeleitet werden, dürfen nicht die einzige Informationsquelle über den Zustand eines Anwendungssystems sein. Es sollte weitere Dokumente geben, z.B. in Form von Systemhandbüchern, Programmbeschreibungen und Entwurfsdiagrammen. Auch wenn diese Dokumente nicht auf einem aktuellen Stand sind, können sie immer noch herangezogen werden, um die Wiederverwendbarkeit der Altsoftware zu beurteilen. Zusammen mit den maschinell erzeugten Dokumenten ergeben sie ein Gesamtbild über das, was die Anwendung leistet.

Man darf aber vor lauter Dokumentation nicht das Ziel aus den Augen verlieren. Es geht darum, wiederverwendbare Bausteine, d.h. Bausteine, die entweder konvertierbar oder kapselbar sind, ausfindig zu machen. Diese Bausteine können Datenobjekte, Programme, Module oder Prozeduren bzw. Abschnitte sein.

Um Objekte und Methoden im alten Code zu erkennen, braucht man vorher eine Vorstellung von dem, was man sucht. Der Analytiker muß also ein Modell vom neuen System vor sich haben. In diesem Modell sind Objekte, Attribute, Methoden und Schnittstellen skizziert, wenn nicht sogar explizit spezifiziert. Jetzt geht es darum, diese mit den Datenstrukturen, Datenelementen, Modulen und Prozeduren in der Dokumentation der bestehenden Software abzugleichen, um zu sehen, welche Altbausteine überhaupt für eine Wiederverwendung in Frage kommen. Da neue und alte Systemarchitekturen oft sehr weit auseinander liegen – Architectural Mismatch – wird es fast immer notwendig sein, das neue Modell dem bestehenden Ist-Zustand anzupassen. Dies dürfte für OO-Puristen wie ein unerträglicher Kompromiß erscheinen, aber es wird oft die einzige Möglichkeit sein, zumindest Teile der Altsoftware wiederzuverwenden [11].

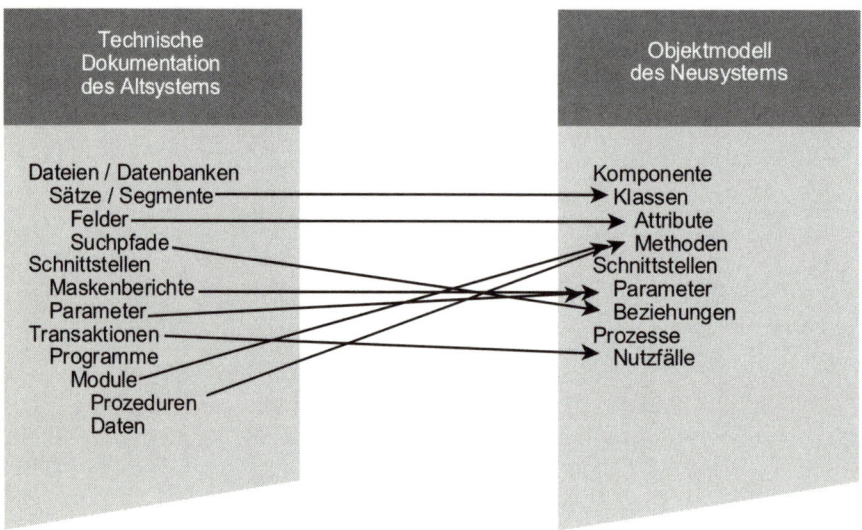

Abbildung 4-13 Zuordnung von Alt zu Neu

4.4.1 Daten/Objekt-Abgleich

Beim Datenabgleich wird das Objektmodell bzw. Entity/Relationship-Modell auf der einen Seite mit den Datenbäumen auf der anderen Seite verglichen und den einzelnen Datenelementen einander zugeordnet. Im günstigen Fall wird es möglich sein, die Daten 1:1 zu übernehmen, d.h. aus einem Satz, Segment oder einer Tabelle wird ein Objekt. Im ungünstigen Fall können die Daten nur in einer M:N-Beziehung übernommen werden. Eine M:1-Zuordnung zwischen mehreren bestehenden Datenstrukturen und einem künftigen Objekt wäre eine mögliche Zwischenlösung.

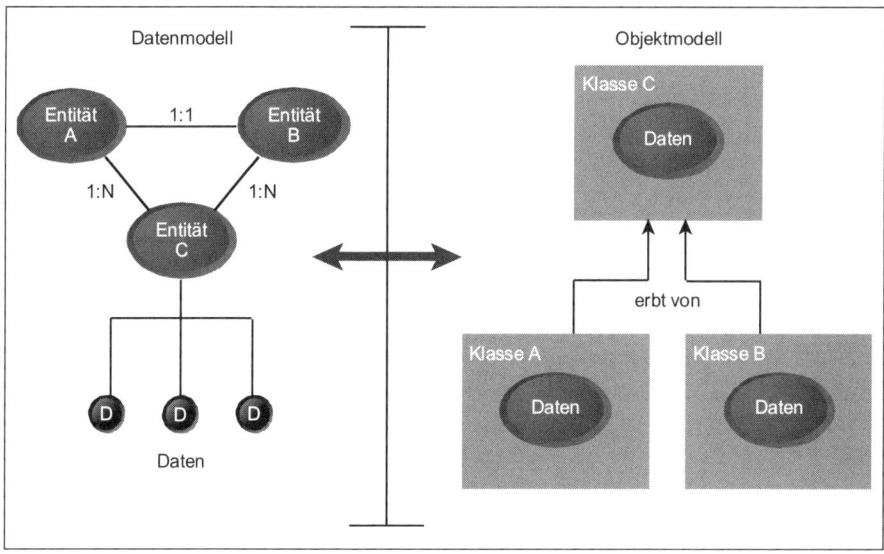

Abbildung 4-14 Daten/Objekt-Abgleich

4.4.2 Prozedur/Methoden-Abgleich

Die geplanten Methoden werden bezüglich ihrer Ein- und Ausgangsparameter spezifiziert. Die bestehenden Prozeduren sind mit ihren Ein- und Ausgabedaten dokumentiert. Bei der Auswertung der Dokumentation wird versucht, Prozeduren aus den alten Programmen, Methoden in den neuen Objekten zuzuordnen. Dies ist eine typische Pattern-Matching-Aufgabe, wobei es aufgrund der unterschiedlichen Namensregelung schwer sein wird, die Musterzuordnung zu automatisieren. Hier muß ein Mensch entscheiden, ob eine alte Prozedur einer neuen Methode nahe genug ist, um wiederverwendet zu werden. Vielleicht kann die neue Methode umformuliert werden, um einer alten Prozedur näher zu kommen. Wenn nicht, muß sie eben neu geschrieben werden. Prozeduren können entweder 1:1 oder M:1 einer Methode zugewiesen werden. Eine M:N-Beziehung kommt hier nicht in Frage, da dies einer Neuentwicklung gleich käme.

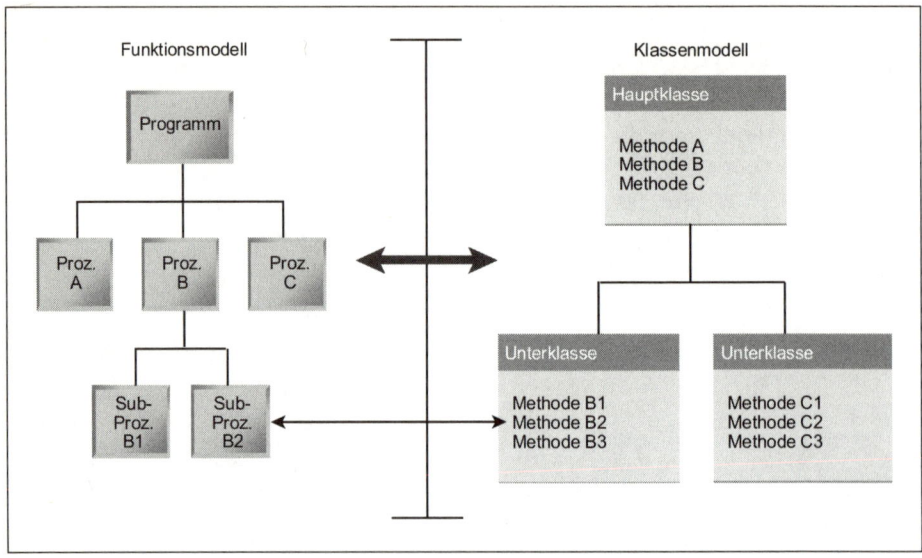

Abbildung 4-15 Prozedur/Methoden-Abgleich

4.4.3 Modul/Methoden-Abgleich

In manchen Fällen wird es möglich sein, ganze Module oder Programme als eine Methode in die neue Architektur einzubauen. In diesem Fall müssen die Modul- bzw. Programmschnittstellen genau untersucht werden, ob sie für die geplante Dienstleistung geeignet sind. Hier geht es primär um eine Zuordnung der beste- henden Programmschnittstellen zu den geplanten Methodenschnittstellen. Falls diese nicht ganz stimmen, wird es nötig sein, die alten Schnittstellen zu restruktu- rieren.

4.4.4 Transaktions/Nutzfall-Abgleich

Bei der Objektmodellierung werden auch Nutzfälle spezifiziert. Nutzfälle sind dy- namische Pfade durch die Objektarchitektur, wobei eine Reihe von Methoden un- terschiedlicher Objekte ausgeführt wird. In konventionellen Datenverarbeitungs- systemen kommt dies einer Transaktion gleich. Es ist durchaus möglich, ganze Transaktionen in der Altsoftware zu kapseln, um Nutzfälle in der neuen Welt ab- zudecken. Dies wird aber nur bedingt durch eine Studie der Programmdokumen- tation erkennbar sein. Vielmehr müssen andere Überblicksdokumente herange- zogen werden, um die Übereinstimmung zwischen alten Transaktionen und neuen Nutzfällen zu beurteilen [12].

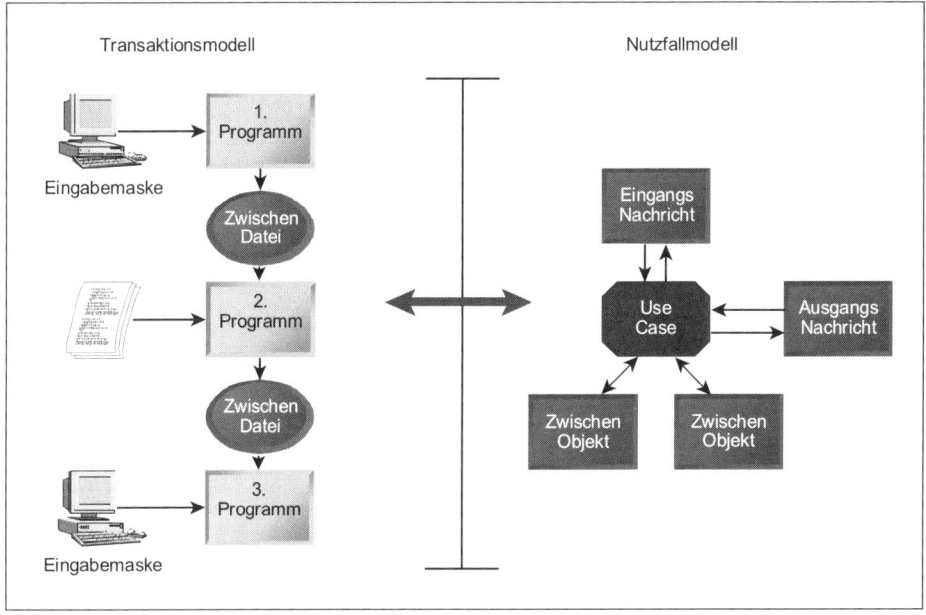

Abbildung 4-16 Transaktions/Nutzfall Abgleich

4.5 SofRedoc – ein Werkzeug für die Software-Nachdokumentation

Software Reverse Engineering ist die gängige Methode der Systemnachdokumentation. Sie wird im wesentlichen von dem dazu benutzten Werkzeug bestimmt. Es ist zwar im Prinzip möglich, eine Nachdokumentation manuell mit Hilfe eines Texteditors und eines Zeichenprogrammes zu erstellen, aber der Aufwand dafür wäre viel zu groß, um den Nutzen zu rechtfertigen. Das Verfahren ist äußerst mühselig und fehlerhaft. Außerdem sind Zweifel berechtigt, ob die manuell erzeugten Dokumente wirklich ein Spiegelbild der untersuchten Programme sind. Menschen neigen dazu, solche detaillierten Darstellungen zu vereinfachen. Deshalb hier die Betonung auf einer automatisierten Nachdokumentation.

Da die meisten Legacy-Systeme auf einem Mainframe-Rechner im Einsatz sind, liegt es nahe, die Programme und Datenbankstrukturen gleich dort nachzudokumentieren. Host-Werkzeuge sind durchaus in der Lage, Berichte, Listen und Querverweise zu generieren. Andererseits ist die graphische Präsentation sowie das interaktive Zusammenspiel zwischen Mensch und Werkzeug längst nicht so reichhaltig wie auf einem PC-Arbeitsplatz. Auf einem PC-Arbeitsplatz kann der Dokumentationsprozeß flexibler und individueller gestaltet werden. Der Preis dafür ist, daß der Benutzer die Sourcecode-Dateien vom Mainframe auf den PC herunterziehen muß. Dies kann sich unter Umständen als sehr umständlich erweisen, wenn der Anwender keine adäquaten File-Transfer-Utilities hat. Daher kommt die Notwendigkeit einer performanten, zuverlässigen und komfortablen Verbindung zwischen dem Host-Rechner und den PC-Arbeitsplätzen so, wie sie mittlerweile durch Produkte wie MQ-Series und NFS von IBM gegeben sind.

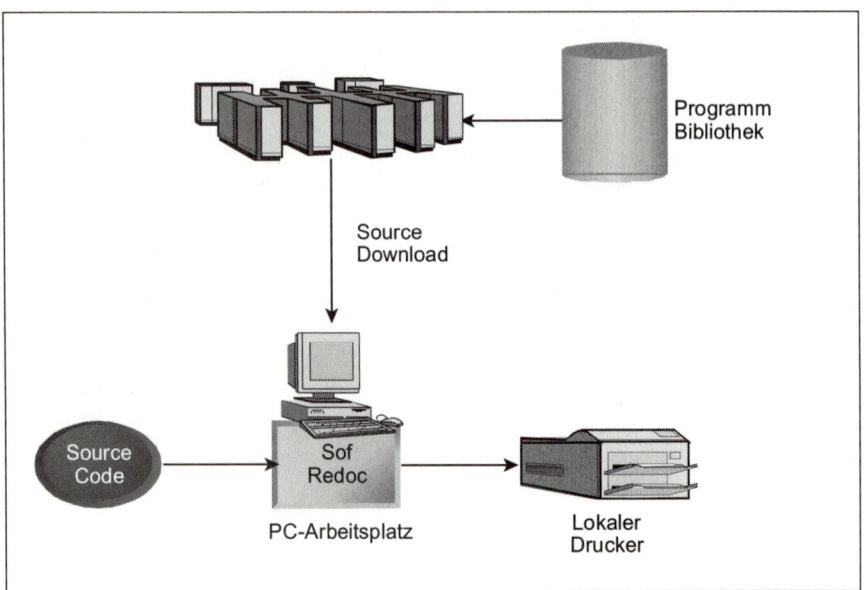

Abbildung 4-17 Offloaded Systemnachdokumentation

Ein Tool für die Nachdokumentation der Legacy-Programme auf einem PC-Arbeitsplatz unter einer Windows-Oberfläche ist das Tool *SofRedoc*. SofRedoc verarbeitet die Programmiersprachen: Assembler, Natural, PL/I, DELTA, Cobol und SWT.

Es generiert auf Anfrage folgende Dokumente pro Programm:

- Datenbaum nach Jackson,

- Datenverwendungsliste,

- Prozedurbaum nach Jackson,

- Entscheidungsbaum,

- Tabelle der Copy-, Include- und Macro-Verweise,

- Schnittstellentabelle und

- Tabelle der Literale und Konstanten.

Programmübergreifend werden auf der Basis von Objekt- und Datenreferenzdateien folgende Systemdokumente zusammengestellt:

- ein Modulaufrufbaum,

- ein Objektverwendungsnachweis,

- ein Datenverwendungsnachweis und

- eine Tabelle ausgewählter Verarbeitungsregeln

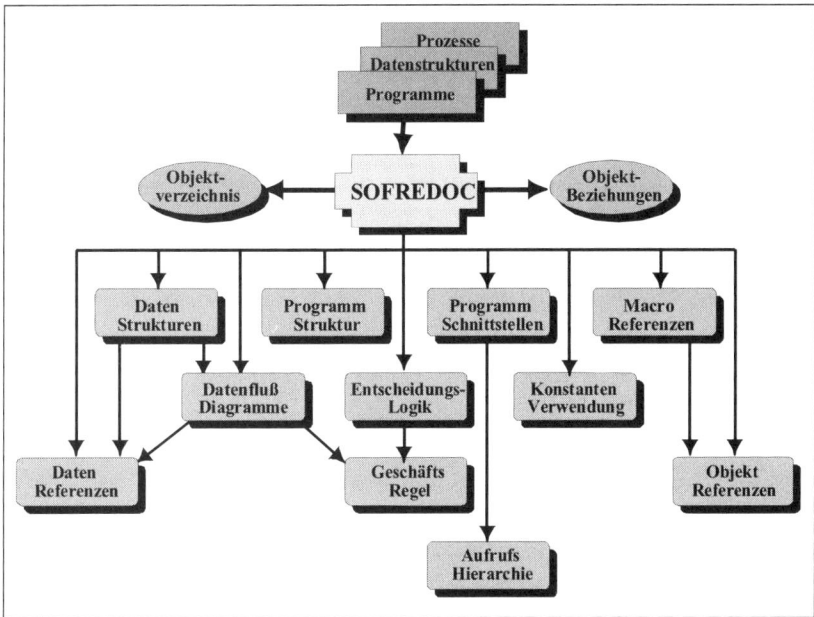

Abbildung 4-18 SofRedoc-Dokumentationssystem

Außerdem werden JCL-Prozeduren analysiert, um Programm- und Dateiquerverweise aufgrund der Betriebssystemkommandos zu erstellen.

Schließlich analysiert DatRedoc Assembler-, Cobol-, PL/I- und Natural-Datenstrukturen sowie CICS-, IMS-, Natural- und Cobol-Masken und nicht zuletzt IMS-, CODASYL-, ADABAS- und DB2-Datenbankbeschreibungen, um Datenbäume und Entity/Relationships zu dokumentieren, unabhängig von den darauf zugreifenden Programmen.

Alle Dokumentenarten sind sowohl als Listen bzw. Tabellen als auch graphisch anzeigbar bzw. ausdrückbar. Der Benutzer bestimmt das jeweilige Präsentationsformat. Besonders wichtig für das Navigieren durch die Dokumente ist die Fenstertechnik am PC, die es erlaubt, gleichzeitig mehrere Dokumente am Bildschirm neben dem eigentlichen Source-Text zu besichtigen. Dokumente lassen sich sogar ineinander verschachteln.

Die Hypertexttechnik in Verbindung mit der Computergraphik eröffnet ganz neue Möglichkeiten der Programmnachdokumentation. Es ist also inzwischen weniger eine Frage der Präsentation als vielmehr eine Frage nach dem Zweck. Wozu soll die Dokumentation dienen? In diesem Kapitel wurde ein bestimmter Zweck hervorgehoben, nämlich das Ausfindigmachen wiederverwendbarer Software-Bausteine und deren Zuordnung zu einem Objektmodell. SofRedoc ist zu diesem Zweck besonders geeignet.

4.6   Literaturhinweise

[1] Brodie, M./Stonebraker, M.: Migrating Legacy Systems, Morgan Kaufmann Pub., San Francisco, 1995, S. 13

[2] Sneed, H.: Softwarewartung, Rudolf Müller Verlag, Köln, 1991, S. 244

[3] Berg, H./Boebert, W./Franta, W.: Formal Methods of Program Verification and Specification, Prentice-Hall, Englewood Cliffs, 1982, S. 24

[4] Hall, P.: Software Reuse and Reverse Engineering in Practice, Chapman & Hall, London, 1992, S. 207

[5] Sneed, H./Jandrasics, G.: »Inverse Transformation of Software from Code to Specifications« in Proc. of Conf. on Software Maintenance, IEEE Press, Phoenix, Okt. 1988, S. 102

[6] Ogando, R./Yau, S./Liu, S./Wilde, N.: »An Object Finder for Program Structure Understanding«, Journal of Software Maintenance, Band 6, Nr. 5, Sept. 1994, S. 261

[7] Hausler, P./Linger, R./Hevner, A.: »Using Function Abstraction to Understand Program Behavior«, IEEE Software Magazine, Jan. 1990, S. 55

[8] Canfura, G./Cimitile, A./Munro, M.: »RE2-Reverse Engineering and Reuse Reengineering Journal of Software Maintenance, Band 6, Nr. 2, März 1994, S. 53

[9] Schneiderman, B.: »Control Flow and Data Structure Documentation«, Comm. of ACM, Band 25, Nr. 1, Jan. 1982, S. 55

[10] Sneed, H./Erdos, K.: »Extracting Business Rules from Sourcecode«, in Proc. of 4th IEEE Workshop on Program Comprehension, IEEE Press, Berlin, März, 1996, S. 262

[11] Cimitile, A./De Lucia, A./Munro, M.: »A Specification Driven Slicing Process for Identifying Reusable Functions«, Journal of Software Maintenance, Band 8, Nr. 3, Mai 1996, S. 145

[12] Lanubile, F./Visaggio, G.: »Extracting Reusable Functions by Flow Graph based Program Slicing«, IEEE Trans on S.E., Band 23, NR. 4, April 1997, S. 246

5 Anpassung und Verfeinerung des Objektmodells

5.1 Notwendigkeit der Konvergenz

In der vierten Phase einer objektorientierten Migration, nach der Bewertung und der Nachdokumentation der bestehenden Legacy-Systeme, wird das Objektmodell aus der ersten Phase verfeinert. Diese Verfeinerung wäre früher nicht möglich gewesen, weil die detaillierten Kenntnisse des Ist-Zustandes fehlten. Die Durchleuchtung des Ist-Zustandes der Altsysteme ist nötig, um das Soll-Konzept qualifiziert abzurunden.

Hier ist der Punkt bezüglich der Einbeziehung der Altsoftware in das neue Objektmodell, wo der sonst sehr kompetente Vater des Convergent Engineering, David Taylor, sich widerspricht. Auf der einen Seite strebt er an, das Objektmodell zu 80 bis 90% mit Daten und Funktionen aus den Legacy-Systemen zu implementieren. Andererseits möchte er auf keinen Fall die Integrität des objektorientierten Geschäftsmodells preisgeben. Er schreibt – »an ideal scenario would be to construct a set of object-oriented business models that significantly increase the flexibility you have in the way you do business, yet rely on legacy systems for 80 to 90 percent of the actual computing work. How close you can come to this ideal depends on many factors, including the accessibility and flexability of your legacy systems [1].«

Soviel zum Idealmodell. Die Wirklichkeit sieht leider anders aus. Der Betriebswirt Taylor hat sich wahrscheinlich viel zu wenig mit dem wahren Zustand der Legacy-Systeme beschäftigt. Sie sind in der Regel weder flexibel noch zugänglich. In Wirklichkeit sind sie bei den meisten Anwendern starr, monolithisch, unstrukturiert und unzugänglich. Um sie überhaupt wiederverwendbar zu machen, müssen sie erst saniert werden, aber auch dann werden sie sich nur mit Mühe in die neue Objektarchitektur einbinden lassen. Es wird als Erfolg zu verzeichnen sein, wenn höchstens 50 % der geplanten Objekte und Operationen mit Bausteinen aus den Altsystemen abzudecken sind [2].

In Anbetracht dieser ernüchternden Tatsache wird dem Anwender nichts anderes übrigbleiben, als das Objektmodell den Gegebenheiten der Legacy-Software anzupassen. Das soll aber nicht heißen, man opfere sämtliche objektorientierten Grundsätze. Man muß eben bereit sein, Kompromisse einzugehen. Kompromisse mit dem Status quo einzugehen heißt hier rückwärtsbezogene Modellierung – ein Ausdruck aus der Migrationsliteratur [3].

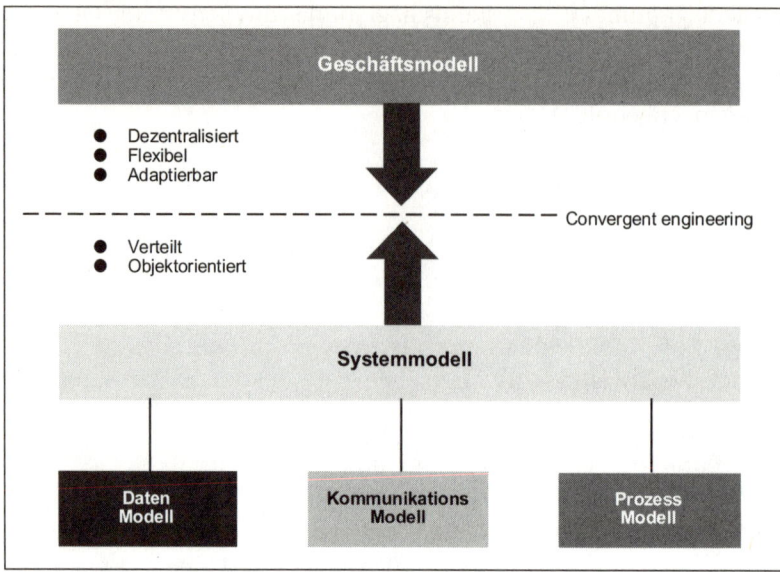

Abbildung 5-1 Das Konvergenzmodell

5.2 Grundrisse des Objektmodells

Der erste Entwurf des Objektmodells ist aus der ersten Phase als UML-Dokumentation hervorgegangen. Er umfaßt

- Klassenstrukturdiagramme,

- Kollaborationsdiagramme,

- Nutzfalldiagramme,

- Verteilungsdiagramme und

- Komponentendiagramme.

Diese Dokumente stellen ein gewisses idealisiertes Bild der zukünftigen Applikation dar. Zwar ist die Klassenstruktur an das alte Entity/Relationship-Modell und die Ablaufstruktur an das alte Prozeßmodell angelehnt, aber die Dokumente wurden zunächst in Unkenntnis der real existierenden Daten- und Programmstrukturen erstellt. Nach der Nachdokumentation der Datenbanken, Benutzeroberflächen und Programme liegen detaillierte Beschreibungen des Ist-Zustandes vor, die mit dem Soll-Zustand zu vereinbaren sind.

Im Grundriß ist das erste Objektmodell ein Rahmen ohne Inhalt. Die Klassen sind zwar identifiziert und abgebildet, aber deren Attribute und Dienstleistungen sind unvollständig und undeutlich. Das gleiche trifft für die Kollaborationsdiagramme zu. Es sind zwar die wesentlichen Beziehungen aus der Sicht der Anwendung erfaßt, aber nicht alle fachlichen und technischen notwendigen Beziehungen.

Die Sequenzdiagramme und Zustandsdiagramme, die sonst zum Objektmodell nach UML gehören, wurden zunächst zurückgestellt, bis mehr Information über die Bausteine und Abläufe des alten Systems vorliegt. Sie werden jetzt hier in der vierten Phase nachgeholt.

Auch die Nutzfalldiagramme sind mit großer Wahrscheinlichkeit unvollständig, da nicht alle Batchbewegungen und Online-Transaktionen aus den ursprünglichen Benutzerhandbüchern ersichtlich sind. Lediglich die Verteilungs- und Komponentendiagramme dürften stimmen, da sie eine Soll-Architektur projektieren, die vom Ist-Zustand unabhängig sein sollte.

Kurzum, das grobe Objektmodell des Soll-Systems ist unvollständig und noch ohne Bezug zu der Implementierung bzw. Feinstruktur des Ist-Systems. Es ist nicht mehr als ein grober Rahmen ohne Inhalt. Es zu ergänzen ist das Ziel der vierten Phase.

5.3 Ist-Struktur der Altsoftware

Aus der Analyse und Nachdokumentation der bestehenden Datenbanken, Prozesse und Programme ist eine zweite prozeduralorientierte Dokumentation hervorgegangen. Darin sind die Strukturen und Inhalte der vorhandenen Datenbanken und Programme abgebildet. Die Datenstrukturbäume belegen die Gliederung der Dateien und Datenbanken. Das Datenverzeichnis listet die Datenfelder mit deren Attributen und Operationen auf. Die Programmstrukturbäume beschreiben die Gliederung der Programme mit deren Prozeduren und Code-Abschnitten. Die Entscheidungsbäume dokumentieren die Feinlogik der einzelnen Code-Abschnitte, und die Datenflußdiagramme zeigen die Ein- und Ausgaben der Codebausteine. Die Schnittstellentabelle beschreibt die Parameterlisten der aufrufbaren Module. Schließlich bilden die Jobprozedurdiagramme die Prozeßschritte und ihre Datenbeziehungen ab.

Die Ist-Struktur der alten Daten ist im günstigsten Fall relational. Die Strukturen der Datenobjekte sind hier flache, einfache Sequenzen. Im ungünstigen Fall ist die Ist-Struktur der alten Daten netzartig. Die Satzstrukturen sind eine Kombination von Sequenz, Auswahl und Wiederholungsstrukturen mit mehrfachen Beziehungen zwischen den Sätzen. Eine noch ungünstigere Situation ist dort, wo flache Dateien mit mehrfachen Satzarten vorkommen. Jede Satzart ist wiederum eine Mischung aus Sequenz, Auswahl und Wiederholung bzw. Sequenz, Redefinition und Indizierung. Ein Zwischenstand sind die hierarchischen Datenbanken mit ihren über- und untergeordneten Segmenten. Auch diese können Redefinitionen und Wiederholungen beinhalten, die einer Normierung im Wege stehen.[4]

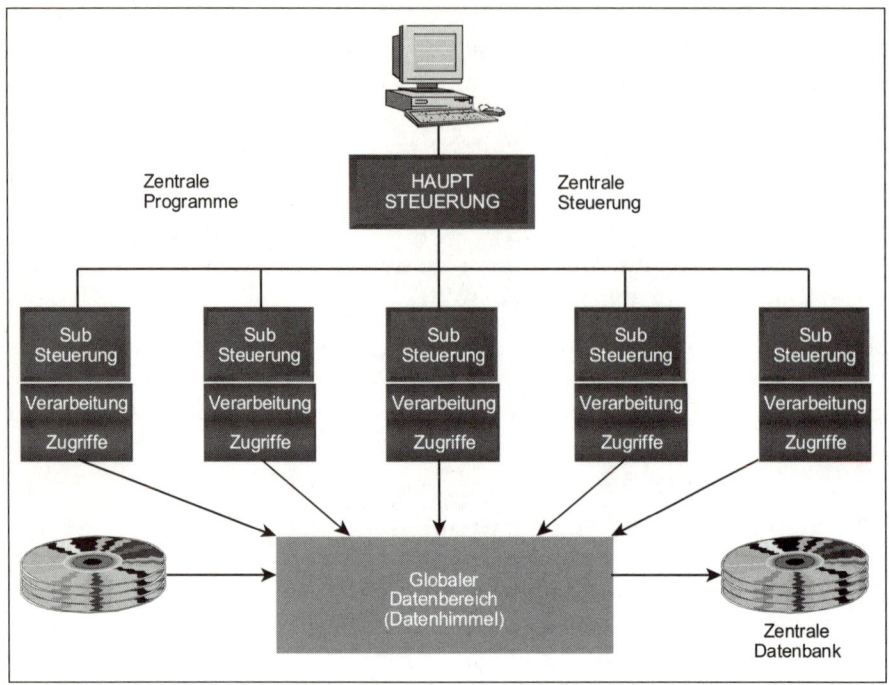

Abbildung 5-2 Das Ist-Modell

Die Ist-Struktur der alten Programme ist im günstigen Fall eine reine Sequenz aufeinanderfolgender Funktionen, die in sich abgeschlossen sind. Im ungünstigen Fall sind die Funktionen bzw. elementaren Operationen in einer Netzstruktur kreuz und quer miteinander verbunden. Es könnte unmöglich sein, eine Funktion herauszuziehen, ohne alle anderen mitzuziehen. Dazwischen gibt es die baumstrukturierten Programme mit ihren über- und untergeordneten Prozeduren. Einzelne Funktionen lassen sich schon herausziehen, aber nur zusammen mit ihren Unterfunktionen. Wenn die Funktionshierarchie nicht allzutief wird, lassen sich solche Strukturen durchaus wiederverwenden [5].

5.4   Die Kluft zwischen Soll und Ist

David Taylor betont, es sei das Ziel von Convergent Engineering, die Legacy-Systeme in die neuen Geschäftsmodelle einzubeziehen [6]. Die meisten Methoden der objektorientierten Software-Entwicklung, einschließlich OMT, nehmen jedoch keine Rücksicht auf bestehende Systeme [7]. Sie beginnen in der Regel auf der grünen Wiese. Wer so vorgeht wird kaum etwas wiederverwenden können, d.h. die Investitionen der Anwender in ihren bisherigen Systemen werden auf dem Altar der reinen Objektorientierung geopfert. Um dies zu vermeiden, muß das Objektmodell im Hinblick auf die bestehenden Systeme ausgerichtet werden.

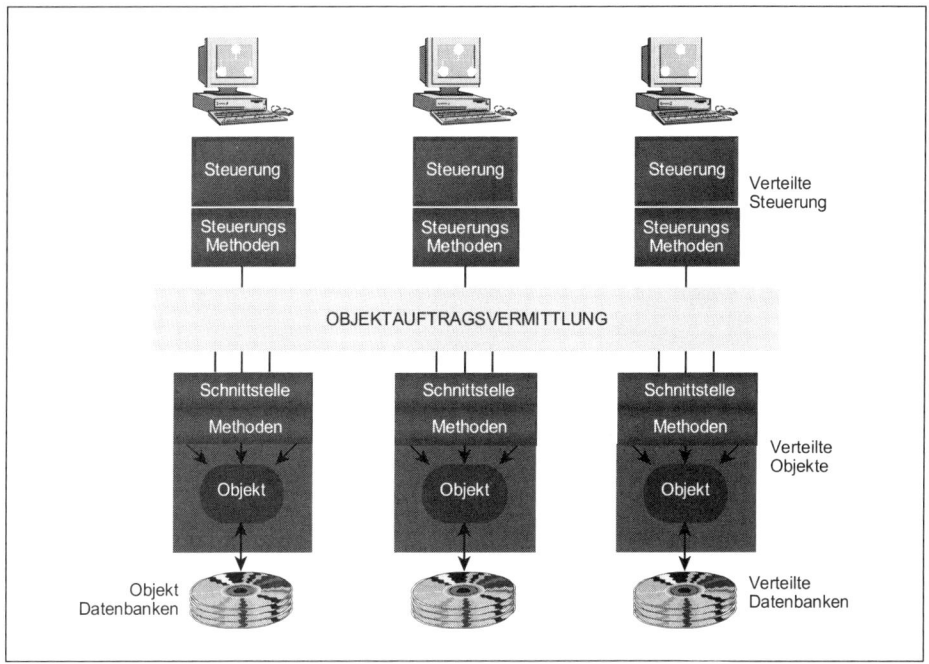

Abbildung 5-3 Das Soll-Modell

Andererseits warnt Taylor davor, das Objektmodell zu sehr auf das bestehende System zuzuschneiden. Dies könnte dazu führen, daß das neue System nur eine Fortsetzung des alten in einer neuen Umgebung ist. Die Kunst scheint darin zu liegen, einen goldenen Mittelweg zwischen den beiden Welten zu finden, bei dem beide zur Geltung kommen.

Dies ist leichter gesagt als getan. Auf der einen Seite stehen hierarchische Datenbankstrukturen und vernetzte Programme, die voneinander völlig getrennt sind. Auf der anderen Seite stehen Objekthierarchien, in denen Daten und Funktionen vereinigt sind. Als Beispiel nehmen wir eine Kundendatenbank. Die Kundendaten bilden eine Hierarchie von Segmenten mit Personendaten, Adreßdaten, Geschäftsdaten usw., verteilt in verschiedene Segmente. Verarbeitet werden diese Daten von zahlreichen Programmen in unterschiedlichen Applikationen. Jedes Programm greift direkt auf die Daten zu, und jedes Programm hat auch die Möglichkeit, die Daten zu ändern.

Ein anderes Beispiel sind die Valorendaten einer Schweizer Großbank. Der Autor wurde einmal beauftragt herauszufinden, welche Programme die Valorendaten wie benutzen – ob im Abfrage- oder im Änderungsmodus. Dazu mußten erstmals mehr als 25.000 Programme gescannt werden, um festzustellen, welche Programme überhaupt einen Zugriff auf diese Datei haben. Es waren 4221. Anschließend wurden diese Programme genauer untersucht, um zu ermitteln, welche

Valorendaten wie benutzt werden. 512 Programme haben irgendwelche Valorendaten verändert. Im Durchschnitt wurden aber nur drei Valorenattribute angesprochen. Jetzt muß man sich vorstellen, was passiert, wenn die Valorendaten gekapselt werden. 4221 Programme müßten gering und 512 Programme bedeutend
angepaßt und neu getestet werden. Bei einer günstigen Aufwandsschätzung sind
das immerhin 10.490 Personentage.

Dieses Beispiel gibt Aufschluß darüber, wie schwer es ist, neue Konzepte mit der
alten Software in Einklang zu bringen. Die meisten jungen Programmierer, die in
den Genuß einer formalen Ausbildung gekommen sind, können sich nicht vorstellen, in welchem schlechten Zustand die alten Programme sind. Da die überwiegende Mehrzahl der Anwendungssysteme der 70er und 80er Jahre von nur in-
formal gebildeten Programmierern entwickelt wurden, sind sie von der Struktur
her weit entfernt von den Vorstellungen der neuen objektorientierten Technologie. Die meisten sind sogar weit entfernt von den Idealen der alten strukturierten
Technologie. Es darf daher nicht wundern, wenn das von Taylor gesteckte Ziel einer 80 prozentigen Wiederverwendung nur selten erfüllt werden kann. Zu breit
ist die Kluft zwischen dem Ist-Zustand der Legacy-Software und dem Soll-Zustand
einer modernen objektorientierten Architektur [8].

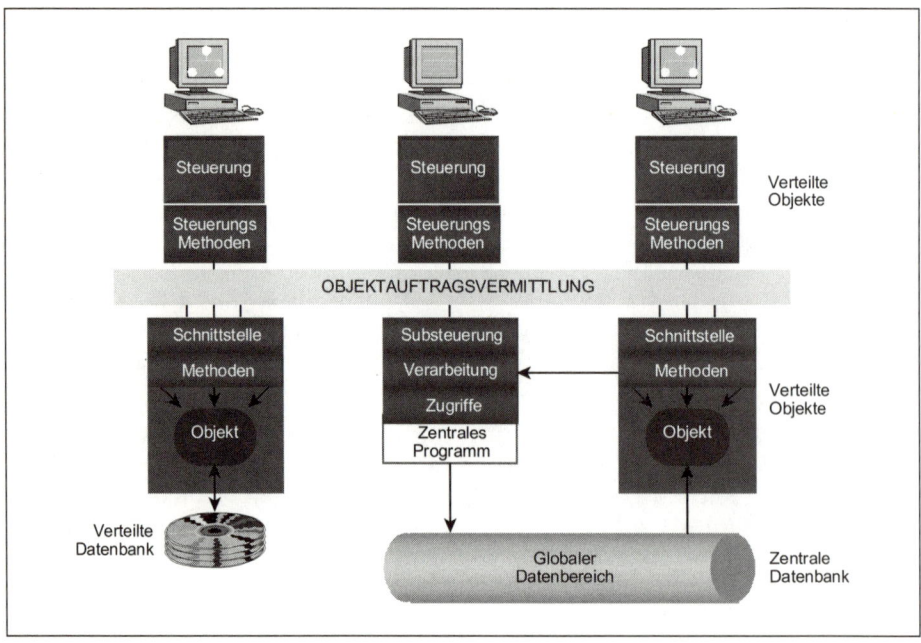

Abbildung 5-4 Das Mischmodell

5.5 Ansätze für die Zuordnung prozeduraler Software-Strukturen in einem Objektmodell

In Anbetracht der niedrigen Qualität vieler Legacy Systeme sind Zweifel berechtigt, ob sie sich jemals einem Objektmodell zuordnen lassen. Dennoch haben einige Mutige den Versuch schon gemacht und darüber berichtet. Allerdings stammen fast alle bisherigen Ansätze aus dem akademischen Bereich, wo die Altsoftware gar nicht so schlecht sein dürfte. Vier dieser Ansätze werden hier kurz vorgestellt.

5.5.1 Der Redo-Ansatz

Der erste Ansatz eines objektorientierten Reengineering vom Legacy-Code ist aus einem europäischen Esprit-Projekt hervorgegangen und zwar das Redo-Projekt [9]. Das Ziel vom Redo war es, Verfahren für die Renovierung alter Software-Systeme zu erforschen. Acht Industriefirmen und drei Universitäten aus sechs verschiedenen europäischen Ländern waren an dem Projekt beteiligt. Die Teilnehmer von der Universität Oxford in England haben ein Verfahren entwickelt, um alte Cobol-Programme in eine objektorientierte Spezifikation umzusetzen. Diese Spezifikation sollte dann als Basis für eine Reimplementierung in einer objektorientierten Sprache dienen. Die Eingabe zu diesem Verfahren war ein Standard-Batch-Cobol-Programm ohne zusätzliche Eigenschaften wie Datenbankzugriffe oder benutzerspezifische Makro-Anweisungen, d.h. ein ganz gewöhnliches Dateiverarbeitungsprogramm. Die Ausgabe war eine formale Spezifikation desselben Programmes in der Spezifikationssprache Z++ – also eine Art formaler Nachdokumentation. Zwischen Eingabe und Ausgabe wurde eine Zwischensprache namens Uniform erzeugt, die als internes Umsetzungsformat diente. Aus der Zwischensprache wurden auch Datenflußdiagramme, E/R-Diagramme, Aufrufsbäume und andere programmtechnische Dokumente erzeugt.

Das Redo-Verfahren vollzieht sich in drei Stufen:

Stufe 1 ist die Umsetzung der Cobol-Syntax in die Zwischensprache Uniform, eine kompaktere und präzisere Darstellungsform. Implizite Datendefinitionen wie Redefines werden in invariante Assertionen umgesetzt, wie das folgende Beispiel zeigt:

A   PIC   X(4)

B   PIC   9(4)   Redefines A wird b = [X(4) ---> 9(4)](a)

Cobol-Anweisungen werden in einer entsprechenden Uniform-Notation dargestellt, so z.B.

MOVE X TO Y   wird   Y: = [XXX ---> 999](X)

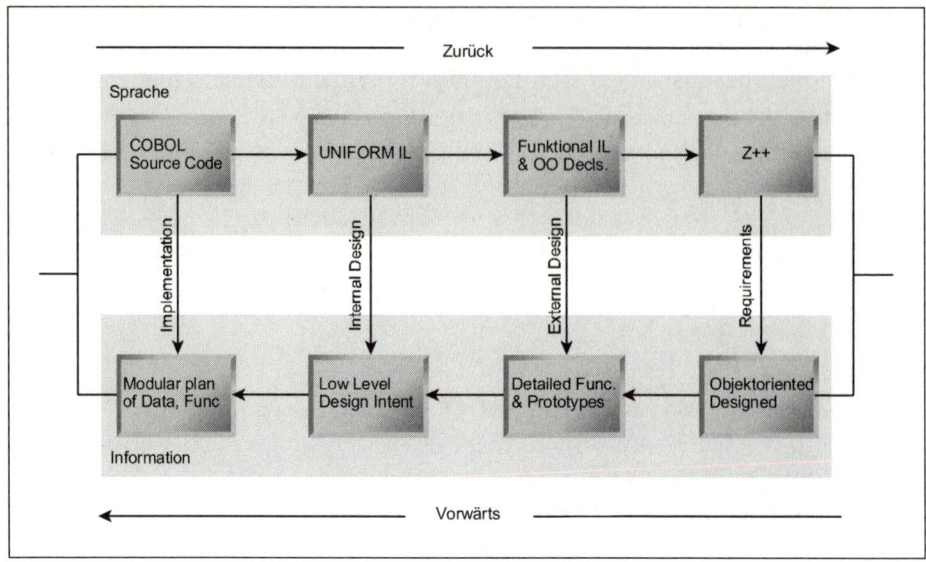

Abbildung 5-5 Der Redo-Ansatz

In dieser Stufe wird die Cobol-Syntax eigentlich in einer allgemeingültigen Sprachenbeschreibungssprache zwecks der weiteren Analyse beschrieben.

Stufe 2 sieht die Identifikation der Objekte vor. Jede Record-Definition einer Datei wird als Objekt erkannt. Die Felder der Satzbeschreibungen werden als Objektattribute klassifiziert. Es werden den Objekten jedoch hier noch keine Operationen zugewiesen.

Außerdem wird die PROCEDURE DIVISION in Phasen zerlegt. Eine Phase umfaßt alle I/O-Anweisungen – OPEN, READ, WRITE, CLOSE usw. –, die eine bestimmte Datei betreffen sowie alle dazwischenliegenden Verarbeitungsanweisungen auf Datenfeldern dieser Datei. Phasen entsprechen Programmscheiben auf der Basis der Datenflüsse von Dateieingabe zu Dateiausgabe. Die Phasenbildung entspricht der Ableitung eines Datenflußpfades. Hierin liegt der Schlüssel zur Umstrukturierung des Programms. Die prozeduralen Anweisungen werden aufgrund ihrer Durchkreuzung durch gewisse Datenflußpfade neu gruppiert und eventuell auch dupliziert, insofern, als sie von mehreren Datenflußpfaden durchkreuzt werden.

Stufe 3 dient der Spezifikation der Klassen. Aus den Programmphasen – eine pro Objekt – werden die Methoden der Objekte mit den Operationen auf das Objekt in seiner Gesamtheit – wie READ, WRITE, REWRITE und DELETE – sowie mit sämtlichen Operationen auf die Attribute des Objektes – wie MOVE, COMPUTE und TRANSFORM. Schließlich wird eine Spezifikation für jede Klasse in der Z++-Notation ausgedrückt.

Damit hat man zum Schluß eine Klassenspezifikation für jede Datei, die vom ursprünglichen Programm verarbeitet wurde. Die Verarbeitungs- Steuerungs- und I/O-Operationen des ursprünglichen Programms sind auf die verschiedenen Klassen verteilt [10].

Der Vorteil des Redo-Verfahrens liegt in der strengen, formalen Vorgehensweise, die zu einer formalen Klassenbildung führt. Die Partitionierung der DATA DIVISION in Objekte nach der Dateidefinition ist trivial. Die Partitionierung der PROCEDURE DIVISION in Datenflußpfade für jede Datei ist aber höchst anspruchsvoll und verdient eine Nachahmung. Auch die Nutzung einer Zwischensprache als Drehscheibe zwischen der Quellsyntax und der Zielsyntax ist nachahmenswert.

Nachteilig am Redo-Verfahren ist allerdings die Tatsache, daß die wenigsten Cobol-Programme in der kommerziellen Datenverarbeitung nur einfache Dateien verarbeiten. Die meisten greifen auf Datenbanken zu und verwenden Non-standard-Sprachelemente. Hinzu kommt die Vielzahl der Zwischenspeicherbereiche in der WORKING STORAGE SECTION, die, wenn man es genaunimmt, auch den Status eines eigenständigen Objektes haben müßte. Hierzu gehören Datenstrukturen wie Literaltabellen, Work Records, interne Tabellen und Parameterlisten. Das Redo-Verfahren ist letzten Endes nur ein akademischer Ansatz mit Pilotcharakter. Praxisreif ist es noch nie geworden.

5.5.2 Der Docket Ansatz

Der zweite Ansatz stammt aus einem anderen Esprit-Projekt, das ungefähr zur gleichen Zeit wie das Redo-Projekt stattfand – das Docket-Projekt. Das Ziel vom Docket war eigentlich die Nachdokumentation bzw. Reverse Engineering bestehender Anwendungssysteme [11]. Daran waren zwei Universitäten, zwei Institute und zwei Industriepartner aus fünf europäischen Ländern beteiligt. Das Teilprojekt, an dem auch der Autor beteiligt war, hatte die Aufgabe, eine Methode des objektorientierten Reverse Engineering auszuarbeiten. Als Forschungsobjekt diente ein Natural/ADABAS-System einer Schweizer Großbank, das gerade erst fertig war, also eigentlich kein Legacy-, sondern eher ein modernes 4GL-System. Dieses allumfassende Bankensystem zur Regelung des Zahlungsverkehrs mit seinen mehr als 1500 Programmen war bereits vor seinem Einsatz zum Sanierungsfall geworden.

Das Docket-Reverse Engineering-Verfahren verfolgte das Ziel, aus den bestehenden Code und Datenbankstrukturen ein Entity/Relationship-Datenmodell und aus diesem ein Objektmodell abzuleiten. Das Objektmodell sollte wie bei dem Redo-Verfahren als Ausgangspunkt für die Neuentwicklung des Systems dienen, wobei es darauf ankam, soviel wie möglich von dem bestehenden Code wiederzuverwenden. Er sollte im Sinne der Objektorientierung wiederaufbereitet werden. Deshalb ist hier von *Software-Recycling* die Rede.

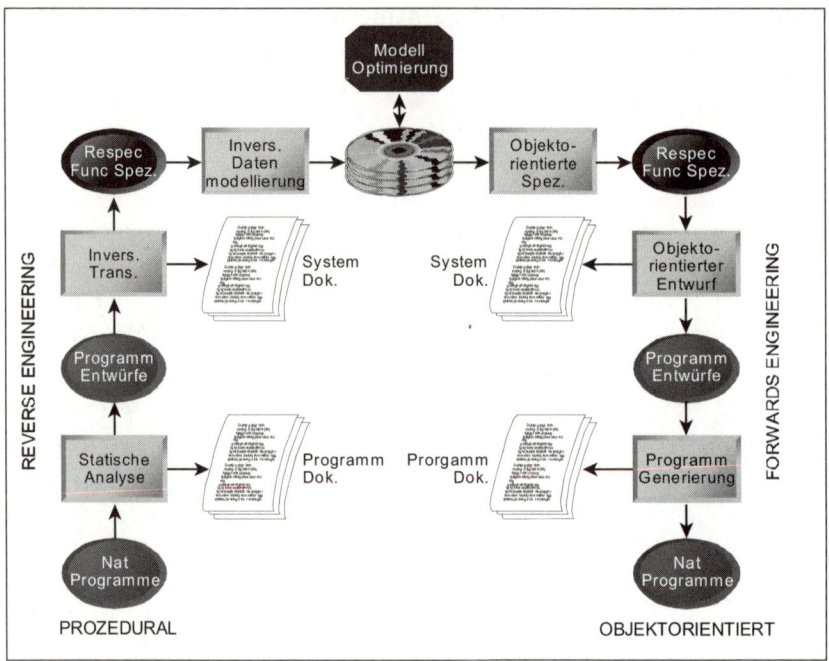

Abbildung 5-6 Der Docket Ansatz

Das Docket-Verfahren vollzog sich in fünf Schritten.

Im ersten Schritt wurden die Programme statisch analysiert und in eine allgemeingültige Darstellungsform – eine Program Design Language (PDL) – umgewandelt, die für alle Programmiersprachen gleich sein sollte. In dieser Sprache
wurden

• Module,

• Prozeduren,

• Schnittstellen,

• Benutzeroberflächen und

• Datenobjekte

definiert.

Im zweiten Schritt wurden die Program-Design-Objekte in eine Spezifikationsda-
tenbank bzw. Repository überführt. In der Repository wurden neben den Ent-
wurfsobjekten auch deren Beziehungen, z.B. Objekt zu Objekt, Modul zu Modul
und Modul zu Objekt abgebildet. Außerdem wurden die Daten- und Funktions-
hierarchien durch Zeigerketten festgehalten. Dadurch ist das Ist-Modell erfaßt
worden.

Im dritten Schritt wurde parallel zu dem Ist-Modell eine zweite Entity/Relationship-Repository aufgebaut. Dieses Modell teilte sich in

- ein Datenmodell und

- ein Prozeßmodell.

Das Datenmodell umfaßte die Datenobjekte und ihre Attribute sowie für jedes Objekt die Beziehungen zu anderen Objekten und die Zugriffsoperationen bzw. die Beziehungen zu den Prozessen. Dazu gehörten die üblichen Objektoperationen wie Create, Read, Update und Delete. In jedem Attribut bzw. Datenelement wurden die Verarbeitungsregeln für dieses Attribut angehängt, d.h. die Anweisungen zur Initialisierung, Veränderung und Löschung der jeweiligen Felder, sowie die IF-, DECIDE- und REPEAT-Anweisungen, die ihre Ausführung bedingen. Dadurch wurden die Methoden für das Objektmodell gebildet. Diese Methoden waren über Zeiger mit den Funktionen im Prozeßmodell verbunden. Die Funktionen waren also lediglich Platzhalter, die auf die Methoden im Datenmodell verweisen. Sie waren ihrerseits einem Vorgang zugeordnet. Der Vorgang entsprach einem Funktionsbaum, in dem der Ablauf der Funktionen abgebildet ist. Vorgänge waren wiederum Programmen zugeordnet. Ein Programm konnte einen oder mehrere fachliche Vorgänge beinhalten. Programme waren schließlich Schritte in einem Prozeß bzw. Knoten in einem Prozeßnetz. Das ganze Soll-Modell wurde zum größten Teil automatisch aus dem Ist-Modell gefüllt.

Im vierten Schritt wurde das Soll-Modell von den Analytikern im Hinblick auf die Zielumgebung und die Objektorientierung optimiert und bereinigt. Dies geschah über eine graphische Oberfläche, die diverse Sichten auf das Modell zuließ. Dabei wurden zusätzliche Attribute und Verarbeitungsregeln eingefügt, bestehende Regeln ergänzt oder geändert und Ablauffolgen gestrafft.

Im fünften und letzten Schritt wurde aus dem Soll-Modell in der E/R-Repository objektorientierte Spezifikationen in Form von OMT-Diagrammen – Klassenstrukturen, Kollaborationsgraphen, Sequenzdiagramme und Zustandsübergangstabellen – generiert. Dies geschah über einzelne Generatoren, die auf die Objektrepository zugegriffen haben, um die Dokumente zusammenzustellen. Am Ende des Prozesses entstand eine Objektspezifikation in Anlehnung an den Ist-Zustand, eine Spezifikation, die zu einem hohen Anteil die Wiederverwendung bestehender Codes und Daten zugelassen hat.

Der Vorteil des Docket-Ansatzes gegenüber dem Redo-Ansatz war, daß er in der Praxis in einem konkreten Projekt entstanden ist. Der Nachteil war, wie bei allen praktischen Ansätzen, daß das Verfahren zu sehr auf die Belange des Zielprojektes – NATURAL/ADABAS und PREDICT Dictionary – zugeschnitten gewesen ist. Insofern blieb es nur bedingt übertragbar [12].

5.5.3 Der Corem-Ansatz

Der dritte Ansatz stammt aus einem Forschungsprojekt an der Universität Wien. Wie die beiden Esprit-Projekte fand auch dieses Projekt Anfang der 90er Jahre statt. Das daraus resultierende Verfahren hieß Corem (Capsulate Oriented Reverse Engineering Method) und wurde in einem Buch *Objektorientiertes Reverse Engineering* veröffentlicht [13].

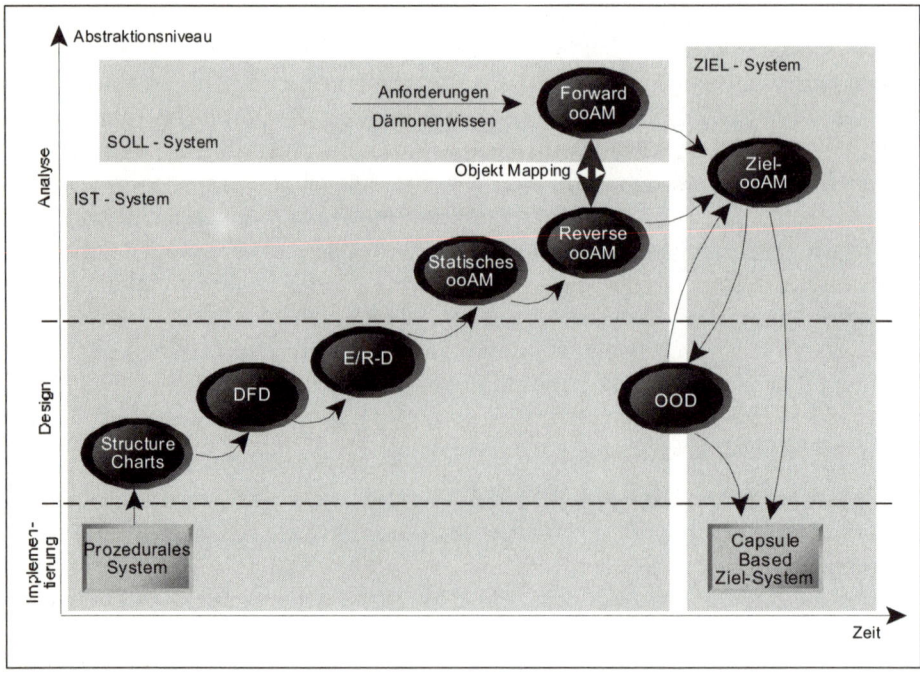

Abbildung 5-7 Der Corem-Ansatz

Das Corem-Verfahren vollzieht sich in fünf Schritten.

Erstens wird aus dem prozeduralen Sourcecode unter Zuhilfenahme von Design-Recovery-Techniken ein objektorientiertes Modell der Anwendung generiert. Dies ist das inverse generierte, objektorientierte Ist-Modell.

Zweitens wird unabhängig von der Implementierung mittels der Anforderungs-analyse ein reines objektorientiertes Modell der Anwendung erzeugt. Dieses hat den Charakter eines Soll-Konzepts, dem man sich durch die Transformation der alten Daten und Programme so weit wie möglich annähern sollte. Es wird als vor-wärts-objektorientiertes Zielmodell postuliert.

Drittens werden die Objektkandidaten des Ist-Modells auf die Objekte des Soll-Modells abgebildet. Das Ergebnis der Synthese von Ist- und Soll-Modellen wird als objektorientiertes Zielanwendungsmodell bezeichnet.

Viertens wird, damit weitere Objekte aus dem Sourcecode dem Soll-Modell zugeordnet werden können, ein objektorientierter Entwurf bzw. ein Feinkonzept, das als Zielentwurf dient, ausgearbeitet.

Fünftens werden Code-Abschnitte aus den alten Programmen in den neuen objektorientierten Entwurfsrahmen überführt. Daraus ergibt sich ein Code-Skelett der künftigen Klassen, die als Fundament für die weitere Programmierung dienen.

Bei dem Corem-Verfahren findet die Zuordnung von Ist- zu Soll-Modell auf drei Stufen statt

• auf der Objektstufe,

• auf der Attributenstufe und

• auf der Funktionsstufe.

Objekte im Ist-Modell sind Datenstrukturen, z.B. Sätze, Tabellen, Segmente usw. Sie werden normiert und möglichst 1:1 oder M:1 den Objekten im Soll-Modell zugeordnet.

Attribute im Ist-Modell sind Datenfelder, die 1:1 den Attributen im Soll-Modell zugeführt werden. Hier fehlt eine binäre Entscheidung. Entweder werden sie so übernommen, wie sie sind, oder gar nicht.

Funktionen im Ist-Modell sind Prozeduren der alten Programme. Sie sollten möglichst 1:1 den Methoden im Soll-Modell zugeordnet werden. Demnach stellen selbst die Väter von Corem fest, daß dies nicht immer so geht. Sie schreiben: »Vielfach ist eine 1:1-Abbildung von Prozeduren/Funktionen auf Services nicht möglich, ein Service eines Objektes wird oft durch eine Menge von Prozeduren/ Funktionen des prozeduralen Ausgangssystems realisiert. Andererseits können Objekt-Services auch nur Teilmengen von Prozeduren/Funktionen des Ausgangssystems abbilden.« Ergo ist die Funktionszuordnung eine M:N-Abbildung, die sich keineswegs automatisieren läßt [14].

Hier ist der Punkt, wo der Corem-Ansatz an seine Grenzen stößt. Er ist zwar nützlich für die Wiederverwendung der alten Daten, aber für die Programme hat er nur begrenzten Nutzen. Wie fast alle Ansätze aus dem wissenschaftlichen Bereich funktioniert er nur, wenn alle Ausgangsbedingungen exakt erfüllt sind, d.h. hier rein strukturierte Programme mit kleinen Prozeduren, die jeweils nur ein Objekt verarbeiten. Da dies in der Praxis kaum vorkommt, kann der Ansatz nur als akademisches Denkmodell gelten.

5.5.4 Der Restruct-Ansatz

Der vierte Ansatz kommt ebenfalls von einer Universität und zwar der DeMontfort University in England. Dort haben drei Wissenschaftler ein Verfahren für die *Design Transformation of Procedural Software to Object-oriented Architecture* entwickelt [15].

Im Mittelpunkt dieses Ansatzes steht die Trennung der Ablaufsteuerung von der eigentlichen Verarbeitung. Die bestehenden Programme werden unterteilt in

- ein Steuerungsskelett,

- eine Menge elementarer Operationen und

- eine Menge elementarer Datenattribute.

Aus dem Steuerungsskelett wird eine übergeordnete Klasse kreiert, die als Gottklasse bezeichnet wird. Die Gottklasse hat weder Attribute noch Operationen, sondern nur Entscheidungen, welche Funktionen mit welchen Daten als nächstes auszuführen sind. Im Prinzip sind die Gottklassen gekapselte Prozesse.

Die elementaren Operationen werden mit den Daten, die sie verarbeiten, in Objektklassen zusammengelegt. Da Operationen mehrere Daten aus verschiedenen Quellen verarbeiten können, werden Daten dupliziert und verschiedenen Objekten zugewiesen. So kann es vorkommen, daß ein und dasselbe Datenfeld, z.B. Artikelmenge, ein Attribut mehrerer Objekte ist.

Um nachher die Redundanzen zu eliminieren, werden die mehrfach vorkommenden Attribute von den untergeordneten Klassen in eine übergeordnete Klasse gehoben. In der untergeordneten Klasse werden sie nur noch geerbt. Dieser Filterungsprozeß geschieht nach Subsystem bzw. nach Programm von unten nach oben, so daß eine Klassenhierarchie entsteht. Gewisse Basisoperationen, wie die Initialisierung und Löschung der Attribute, werden in den übergeordneten Klassen plaziert. Daten, die im ganzen System angesprochen werden, enden in einer Systembasisklasse, die an sämtliche Unterklassen vererbt wird.

Der Transformationsprozeß ist ein rekursives Verfahren, das sich selbst so lange wieder ausführt, bis alle globalen Daten und allgemeingültigen Funktionen an der obersten Hierarchiestufe ihres Wirkungsbereiches angelangt sind. Bei jeder Wiederholung des Verfahrens wird eine neue noch höhere Stufe der Klassenhierarchie geschaffen.

Zum Schluß wird aus der neu geschaffenen Klassenhierarchie ein Klassenstrukturdiagramm und aus der *Gottklasse* ein Sequenzdiagramm erzeugt. Da alles zentral gesteuert wird, gibt es keine Querbeziehungen zwischen Klassen auf der gleichen Strukturebene, so daß Kollaborationsdiagramme hinfällig sind.

Bisher wurde der Restruct-Ansatz nur bei der Transformation von C-Programmen in C++-Klassen eingesetzt und dort nur mit kleineren Programmen. Es ist zweifelhaft, ob der Ansatz sich auf komplexe, kommerzielle Informationssysteme übertragen läßt. Dennoch ist er als Denkmodell für ähnliche Ansätze durchaus interessant.

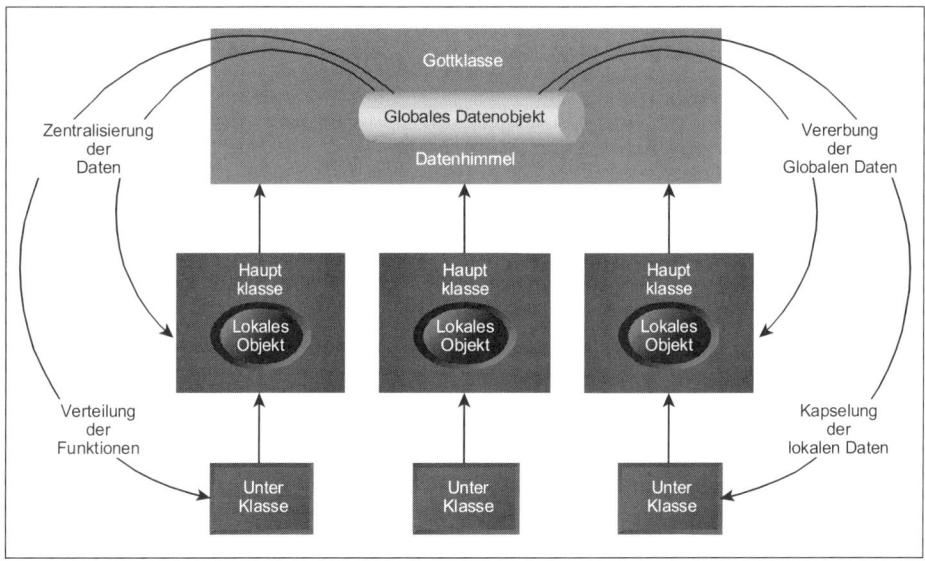

Abbildung 5-8 Der Restruct-Ansatz

5.6   Konvergenz der Ist- und Soll-Modelle

Es dürfte an Hand der oben zitierten Ansätze aus der Informatikforschung klar sein, worum es hier eigentlich geht. Die Forderung von Taylor nach einer 80 prozentigen Wiederverwendung der alten Software wird nur in den günstigsten Fällen vorkommen. Andererseits ist dies kein Grund aufzugeben. Eine Wiederverwendungsrate von 50% ist auch eine große Ersparnis und Grund genug, das Objektmodell dem Ist-Modell anzugleichen, ohne auf die Vorzüge der Objektorientierung verzichten zu müssen.

Der Reorg-Ansatz des Autors sieht vier Schritte vor. Sie sind:

• Verfeinerung der Klassen,

• Verfeinerung der Assoziationen,

• Verfeinerung der Abläufe und

• Verfeinerung der Zustände.

Im ersten Schritt werden die ursprünglichen Klassendiagramme den vorhandenen Datenbäumen und Prozedurbäumen angepaßt. Die Attribute der Objekte sollten soweit wie möglich den Knoten der Datenbäume entsprechen. Die Dienstleistungen der Objekte sollten, wo es möglich und sinnvoll ist, mit Prozeduren oder Codeabschnitten aus den Prozedurbäumen der Legacy-Programme abgedeckt werden. Dies klingt einfacher als es ist, denn zunächst müssen alle elementaren Operationen identifiziert werden. Elementare Operationen sind Anweisungsgruppen, die zwischen fachlichen Entscheidungen liegen. Z.B. nach der Entscheidung, ob ein besteller Artikel vorhanden ist, wird die Artikelmenge geprüft. Sonst wird die Bestellung abgelehnt. *Prüfe_Artikelmenge* und *Bestellung_Ablehnen* sind elementare Operationen in der Ablaufstruktur des Programmes *Auftragsbearbeitung*.

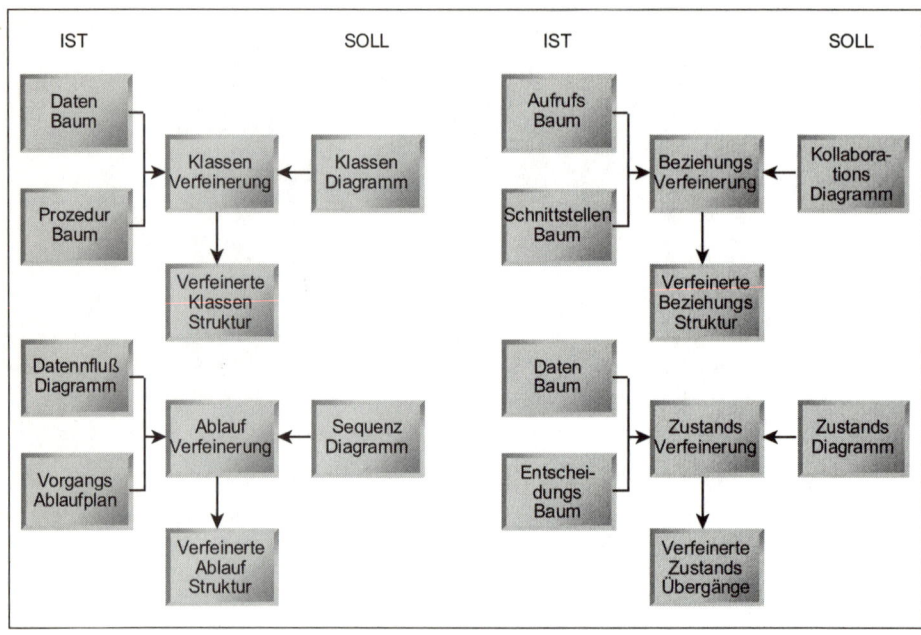

Abbildung 5-9 Der Reorg-Ansatz

Nachdem die elementaren Operationen eines Vorgangs identifiziert sind, kommt es darauf an, sie den Klassen in dem Objektmodell zuzuweisen. Hier geschieht der Strukturbruch. Eine Klasse *Auftragsbearbeitung* gibt es nicht, allenfalls eine Klasse *Auftrag*. Dennoch, in der Klasse *Auftrag* sind nur die Auftragsdaten. Die Funktion *Prüfe_Artikelmenge* fragt die Artikelmenge ab, und sie gehört zum Objekt *Artikel*. Also muß diese Funktion der Klasse *Artikel* zugewiesen werden, während die Funktion *Bestellung_Ablehnen* der Klasse *Bestellung* zugewiesen wird. Daraus folgt, die elementaren Operationen werden den Objekten zugewiesen, die sie verändern bzw. abfragen.

Das Resultat des ersten Schrittes ist ein überarbeitetes und ergänztes Klassendiagramm, in dem neben den Attributen auch die Dienste der Klassen spezifiziert sind. In der ersten Phase war es nicht möglich, so weit zu gehen, weil die detaillierten Kenntnisse der Programmabläufe fehlten. Jetzt, mit Hilfe der Programmnachdokumentation, ist es möglich, Methoden zu spezifizieren, die mit den vorhandenen Funktionen weitgehend übereinstimmen. Es genügt, auf diese Codeabschnitte zu verweisen.

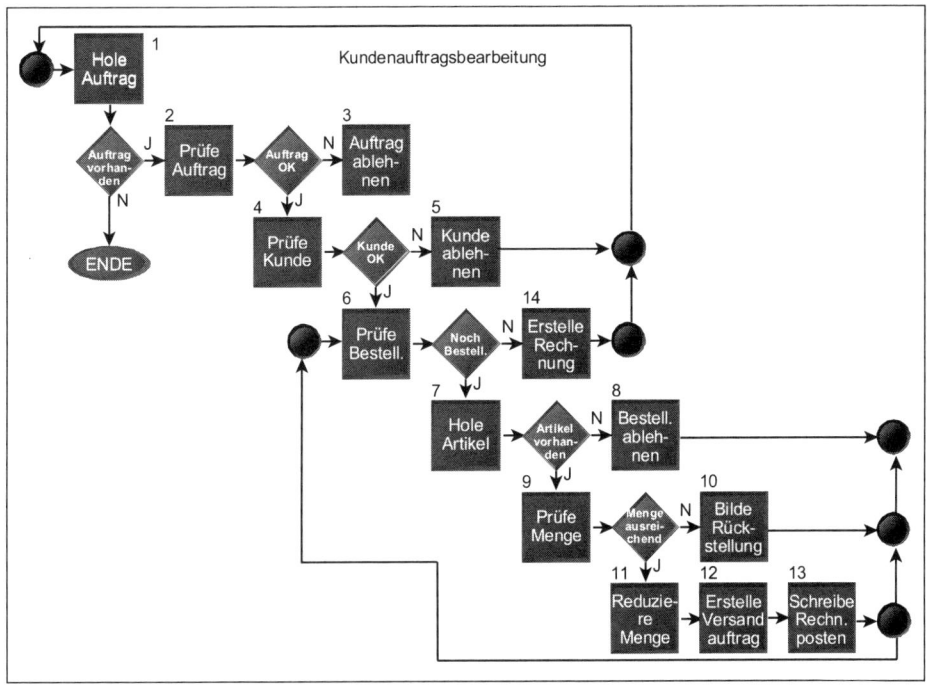

Abbildung 5-10 Der ursprüngliche Funktionsablauf

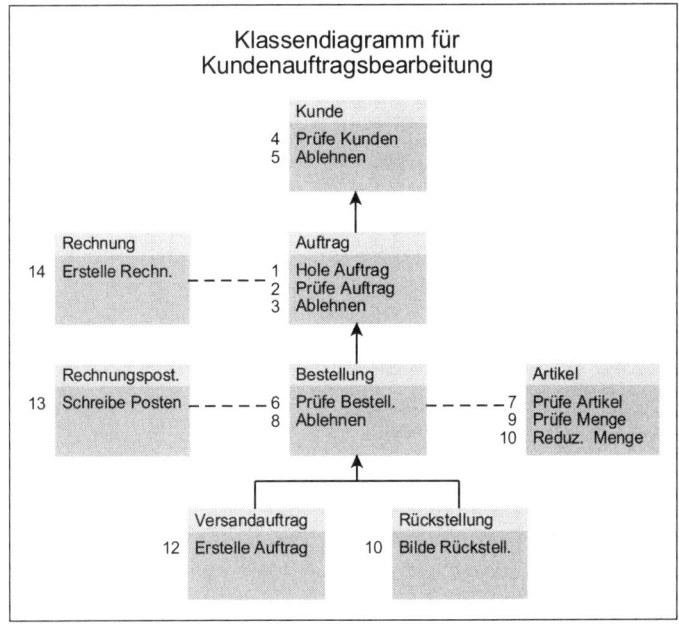

Abbildung 5-11 Klassenmodell mit Methoden

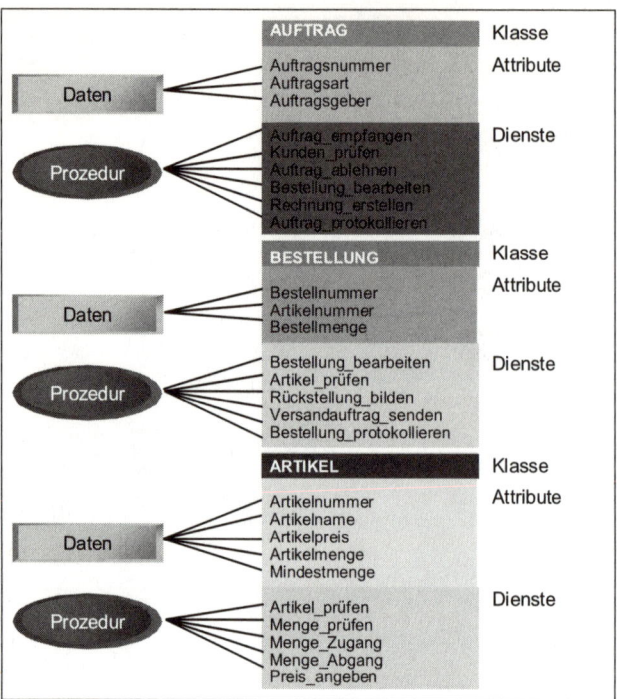

Abbildung 5-12 Zuordnung der Attribute und Dienste

Im zweiten Schritt sind die Kollaborationsdiagramme mit der Call-Hierarchie der Legacy-Programme abzugleichen und durch die bestehenden Programm-zu-Programm-Beziehungen zu ergänzen. Hier sollte auf die vorhandenen Parameterschnittstellen verwiesen werden. Falls es in der Altsoftware abgeschlossene Module gibt, die bestimmte Funktionen ausführen und über eine klar definierte Schnittstelle aufgerufen werden, sollten diese unbedingt als Objekte in das neue Objektmodell aufgenommen werden. Ansonsten müssen neue Schnittstellen zu den Methoden definiert werden, z.B. zur Methode *Kunden_Prüfen* die Eingabe der Kundennummer und die Rückgabe eines Returncodes.

Im dritten Schritt sind jetzt Sequenzdiagramme zu erstellen und im Hinblick auf die Ablauffolge der bestehenden Online-Transaktionen und Batchprozesse auszurichten. Vor allem ist die Fehlerbehandlung mit der Zurücksetzung der Datenbankzustände und der Freigabe belegter Ressourcen in die Sequenz der neuen Prozesse einzubauen. Es gilt so viel wie möglich von den bestehenden Datensicherungsmaßnahmen in das neue System zu übernehmen. Hier können die alten Ablaufdiagramme oder Entscheidungsbäume als Leitlinie dienen. Das Sequenzdiagramm schildert letztlich nur die Ablauffolge der verteilten Methoden. Der Grundsatz gilt bei einer Konversion, egal wie man die elementaren Operationen neu ordnet, um das gleiche Ergebnis zu erreichen, müssen sie in der gleichen Reihenfolge ausgeführt werden.

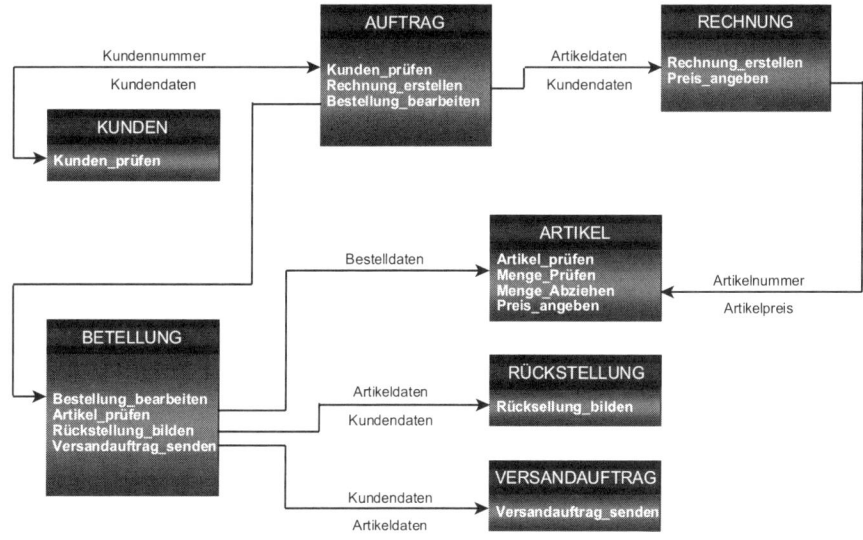

Abbildung 5-13 Kollaborationsdiagramm

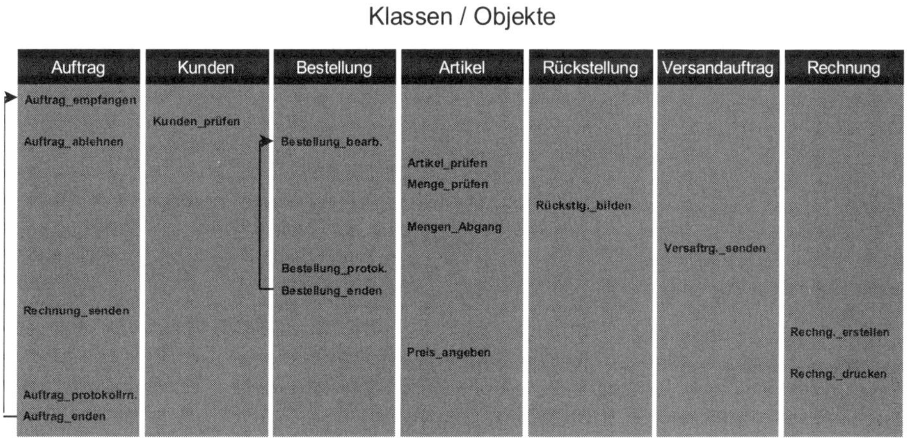

Klassen / Objekte

Abbildung 5-14 Sequenzdiagramm

Im vierten Schritt werden endlich die Zustandsdiagramme erstellt, und zwar in groben Zügen nach den Entscheidungsbäumen der bestehenden Programme ausgerichtet. In den Entscheidungsbäumen stehen die Bedingungsketten, die zur Ausführung einzelner elementarer Operationen führen. Die elementaren Operationen aus den Altprogrammen, d.h. die Knoten der Prozedur- und Entscheidungsbäume, verändern den Zustand einzelner Datenfelder und bilden damit Zustandsübergänge. Die Entscheidungsbäume gelten jedoch für ein Programm. In dem Objektmodell stehen die Zustandsdiagramme für ein Objekt. Um diesen Strukturbruch zu überwinden, braucht man eine Technik aus der Mottenkiste, nämlich die Programminversionstechnik von Michael Jackson [16]. Demnach werden die Strukturbäume partitioniert und neuen Strukturen, z.B. den Objektstrukturen, zugeordnet. Es geht darum, den Pfadausdruck bzw. Path Expression für jede Methode zu finden. Er beginnt bei der Bedingung auf der ersten Entscheidungsstufe und endet bei der Bedingung auf der letzten Entscheidungsstufe vor der Ausführung jener elementaren Operation, die die Zustandsänderung bewirkt. Eine Objektmethode wird also in der Regel eine Sequenz einiger weniger Anweisungen sein, die am Ende einer langen Kette von IF-Bedingungen hängt. Sie bildet zusammen mit seinen Auslösebedingungen eine Verarbeitungsregel [17].

Legacy-Programme enthalten mehrere hundert solcher Verarbeitungsregeln. Manche sind wichtig, andere völlig belanglos. Es ist fraglich, ob sie alle übernommen werden sollten. Die Kunst der rückwärtsbezogenen Modellierung ist es, die kritischen zu erkennen und in die Zustandsdiagramme des Objektmodells einzuziehen. Es soll nicht angestrebt werden, sämtliche Zustandsübergänge abzubilden. Dies würde viel zu lange dauern. Außerdem sind sie im alten Code nachzulesen. Wichtig ist, daß auf sie verwiesen werden kann.

Nachdem die Zustandsdiagramme fertig vorliegen, hat der Anwender ein vollständiges Objektmodell, das dem bestehenden System entspricht und in dem von den UML-Dokumenten auf die bestehenden Datenbanken und Programme verwiesen wird. Jetzt gibt es zwei umfangreiche Systemdokumentationen. Auf der einen Seite haben wir die ursprünglichen Daten- und Funktionsmodelle, ergänzt durch die maschinell erstellten Datenbank- und Programmdokumente. Auf der anderen Seite haben wir ein Objektmodell, dargestellt in Form von acht verschiedenen UML-konformen Diagrammarten. Die beiden Dokumentationen – Ist und Soll – sind zum einen durch die gleichen Objekt-, Daten-, Vorgangs- und Funktionsnamen und zum anderen durch explizite Querverweise miteinander verknüpft.

5.7   Verfeinerung des Objektmodells

Nach Meinung des Autors und übrigens auch vieler anderer praktizierender Programmierer ist die UML-Dokumentation zwar nützlich, um ein Objektsystem zu beschreiben und nach außen zu präsentieren, aber unzulänglich, um als Spezifikation für die Programmierung zu nutzen. Es fehlen noch wichtige Details, die für die Implementierung nötig sind, vor allem, was die Schnittstellen anbetrifft. Schnittstellenbeschreibungen sind die eigentliche Vorgabe für die Herstellung der Klassen und Komponenten. Sie sind implizite Vereinbarungen zwischen dem Projektleiter bzw dem Systemarchitekten und den Entwicklern [18].

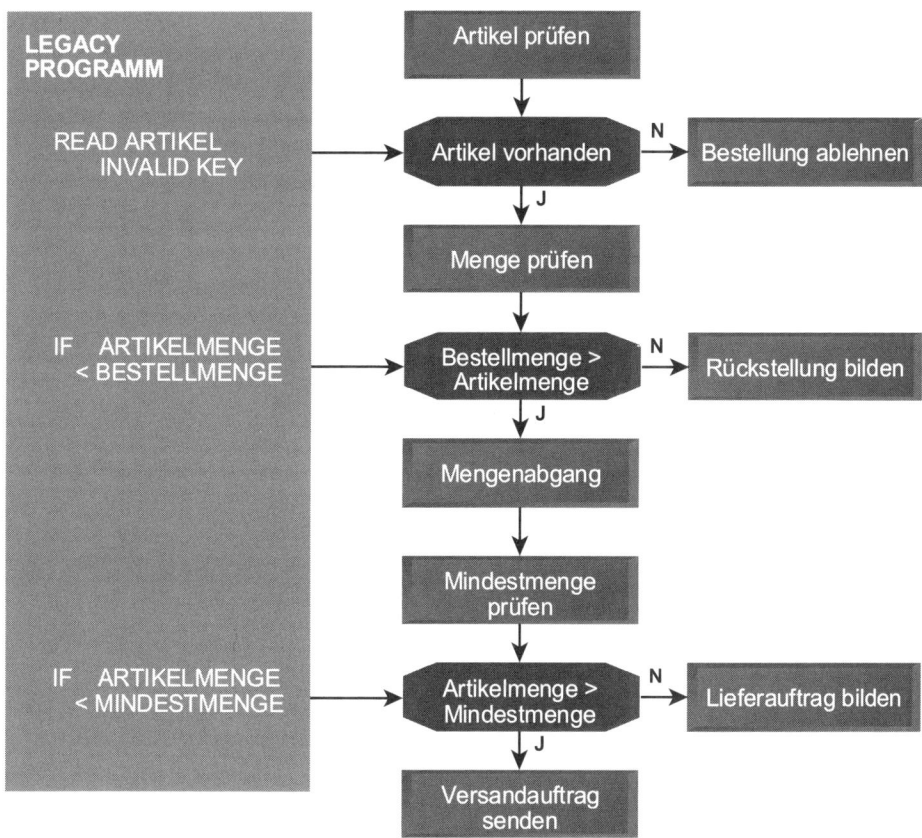

Abbildung 5-15 Zustandsdiagramm

Objektorientierte Systeme umfassen eine Menge gekapselter und kommunizie-
render Objekte [19]. Die Objekte kommunizieren miteinander über Botschaften,
die sie senden und empfangen. Botschaften sind Schnittstellen mit Daten und
Operationsprototypen. Um Mißverständnisse und Inkonsistenzen auszuräumen,
ist es zwingend erforderlich, die Schnittstellen genau zu spezifizieren. Dafür gibt
es kein besseres Mittel als die Interface Definition Language – IDL – von der OMG
[20]. Sie ist universell gültig und weltweit normiert. So schrieben Mowbray und
Zahavi »Because it is independent of any computer language and operating
system, OMG IDL is universally applicable. One does not have to have an ORB or
even use Corba in order to reap the benefits of the OMG-IDL. OMG-IDL compilers
can be used independently from other parts of the system in order to allow the
system architect to produce clean, well defined interfaces .... A public domain
OMG-IDL compiler toolkit is available from the OMG which readily supports
OMG-IDL syntax checking and can be extended for additional applications of
OMG-IDL [21].«

Die Autoren gehen weiter und beschreiben, wie sie IDL benutzten, um ein objekt-orientiertes Datenbanksystem zu spezifizieren. IDL beschreibt die Datentypen mit Attributen, die auszuführenden Operationen bzw. Methoden mit Parametern und die Fehlerbehandlungsbedingungen. Somit bildet die Schnittstellenspezifikation einen stabilen, also kompilierbaren Rahmen innerhalb dessen die einzelnen Klassen implementiert werden können. Dies entspricht auch der Forderung von Bertrand Meyers nach *Design by Contract* [22].

```
Artikel Schnittstellen

Module Lager
{
        /*Schnittstellen zum Artikel*/
        interface Artikel : Ware
        {
                exception       Artikel_nicht_vorhanden
                                { Retcode = 1 };
                exception       Menge_zu_niedrig
                                { Retcode = 2 };
                exception       Artikel_gesperrt
                                { Retcode = 3 };

                void    Artikel_prüfen ( in long Artikelnr )
                        raises ( Artikel_nicht_vorhanden )
                        Artikel_gesperrt );

                void    Menge_Abgang ( in short Bestellmenge )
                        raises ( Menge_zu_niedrig );

                void    Preis_angeben ( in long Artikelnr, out long Artikelpreis )
                        raises ( Artikel_gesperrt );
        } /*End of Interface Artikel*/
} /*End of Module Lager*/
```

Abbildung 5-16 Feinspezifikation der Schnittstellen mit IDL

Demzufolge ist zu empfehlen, auch hier die alten Schnittstellen der Assembler-, PL/I- oder Cobol-Programme zu extrahieren und in IDL umzuwandeln. Danach können sie manuell angepaßt und ergänzt werden. Hinzu kommen die neuen Schnittstellen, die aufgrund der Kollaborations- und Komponentendiagramme neu konzipiert werden. Anschließend werden die alten und neuen Schnittstellen zusammengeführt, aufeinander abgestimmt und kompiliert, bis sie auch syntaktisch korrekt sind.

Mit der IDL-Spezifikation als Ergänzung zum UML-Objektmodell hat der Anwender eine solide Grundlage für die Implementierung des neuen Anwendungssystems, sei es durch Konversion, durch Kapselung oder durch Neuentwicklung [23].

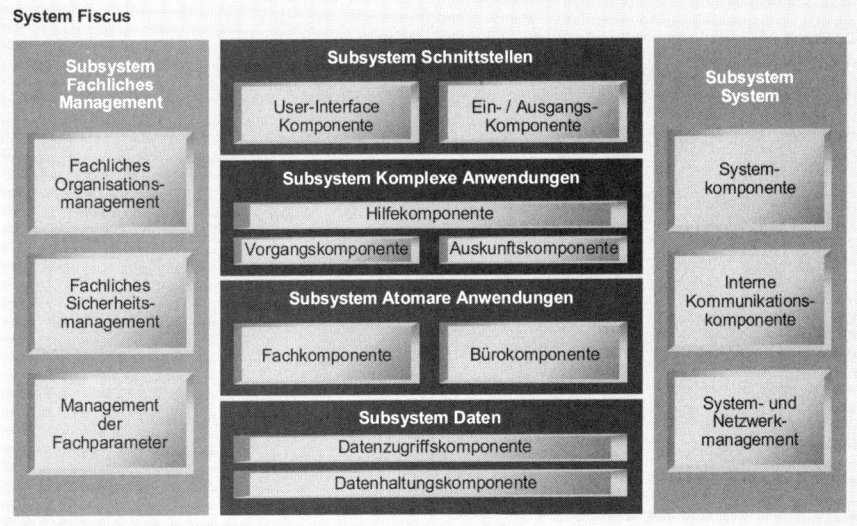

Abbildung 5-17 Die Objektarchitektur als Rahmenkonzept

5.8   Optimierung des Mischmodells

Das Mischmodell ist eine Synthese der herkömmlichen zentralen, prozeduralorientierten, hostbasierten Datenverarbeitung und der aufsteigenden dezentralen, objektorientierten Client/Server-Technologie. Das Modell stützt sich auf die These, daß beide Welten – die Hostwelt wie die Client/Server-Welt – ihre Stärken und Schwächen haben. Es sei abwegig zu behaupten, eine Welt allein könne die Lösung sein. Die beste Lösung ist eine optimale Mischung der Stärken beider Welten. Nur dadurch können die vielfältigen Aufgaben moderner Informationssysteme abgedeckt werden [24].

Um das Mischmodell optimal zu gestalten, kommt es darauf an, die Schwächen des einen Modells mit den Stärken des anderen auszugleichen. Nicht alle Online-Applikationen brauchen eine graphische Oberfläche, und nicht alle Applikationen müssen Online sein. Es gibt jede Menge klassischer Backoffice-Operationen, die am besten nachts im Batchbetrieb zu erledigen sind, z.B. die Überweisungen einer Bank oder die Postsendungen eines Versandhauses. Es gibt auch genügend Online-Anwendungen, bei denen es auf Geschwindigkeit und Sicherheit ankommt, wie z.B. Kassenautomatenbuchungen oder Flugbuchungen, die am besten von einem zentralen Großrechner unter einem herkömmlichen TP-Monitor abgewickelt werden. Es handelt sich hier um automatisierte, deterministische Vorgänge. Solche Aufgaben – die großen Batchläufe sowie die Massentransaktionen – müssen weiterhin auf dem Host bleiben.

Andererseits gibt es eine wachsende Menge von Frontoffice-Aufgaben mit einer aufwendigen Mensch/Maschine-Interaktion, die unbedingt durch ein Client/Server-System zu lösen sind. Solche Aufgaben sind z.B. die Erfassung von Stammdaten und die Abfrage der Datenbestände bzw. die Suche nach Information im betrieblichen Intranet – Data Mining. Bei diesen Aufgaben kommt es in erster Linie auf eine einfache, komfortable Benutzeroberfläche und einen schnellen Zugriff auf verteilte Daten an. Solche Geschäftsprozesse sind komplexe Interaktionen zwischen Menschen und Programmen und erfordern ein Maximum an Flexibilität. Es handelt sich also hier um viele nicht deterministische Vorgänge [25].

Wünschenswert wäre es, wenn beide Welten sauber voneinander getrennt wären – aber dies wird nur selten der Fall sein. Bei den meisten betrieblichen Informationssystemen werden Frontoffice- und Backoffice-Operationen miteinander verzahnt sein. Deshalb die Bedeutung des Mischmodells. Das Mischmodell integriert das verteilte Objektmodell mit dem klassischen Funktionsmodell. Es ist weder rein objektorientiert, noch ist es rein funktionsorientiert. Es enthält Elemente von beiden.

Der große Rahmen des Mischmodells ist objektorientiert. Auch Hostdaten und Hosttransaktionen werden als Objekte neben den verteilten Geschäftsobjekten dargestellt. Während aber die verteilten Vorgänge in Form von Sequenzdiagrammen, Nutzfalldiagrammen und Kollaborationsdiagrammen dargestellt werden, werden die zentralen Vorgänge – die Batchläufe und Massentransaktionen – mit Datenflußdiagrammen, Ablaufdiagrammen und Baumdiagrammen abgebildet. Am Ende ist die Systemdokumentation eine Mischung aus UML und strukturierten Darstellungen.

Die Frontendobjekte und Vorgänge werden mit den Mitteln der Objektmodellierungstechnik beschrieben. Die Backend-Objekte und Vorgänge werden hingegen mit den Mitteln der Funktions- und Datenmodellierung beschrieben. Wo Backend-Funktionen in Frontend-Abläufe eingebunden werden, werden sie nach außen als Methoden, nach innen aber als Prozesse dargestellt. Das gleiche gilt für die Daten. Wo auf Backend-Daten von Frontend-Anwendungen zurückgegriffen wird, werden die Backend-Sätze oder Segmente als Objekte ohne Methoden bzw. als reine Datenobjekte dargestellt. Auf der anderen Seite wird gezeigt, wie aus diesen Daten Attribute vorgelagerter Objekte werden [26].

Das Endergebnis der Modellverfeinerung ist ein Mischmodell mit verschiedenen Darstellungsformen – funktional und objektorientiert, je nach der Art des Objektes bzw. der Art des Vorgangs, der dargestellt wird. Wie in der realen Welt Städte Baustile aus mehreren Jahrhunderten kombinieren, werden betriebliche Informationssysteme Entwicklungsstile aus mehreren Jahrzehnten vereinigen. Hauptsache ist, sie sind verträglich und können miteinander kommunizieren. Deshalb spricht man hier von einem hybriden Dokumentationsmodell.

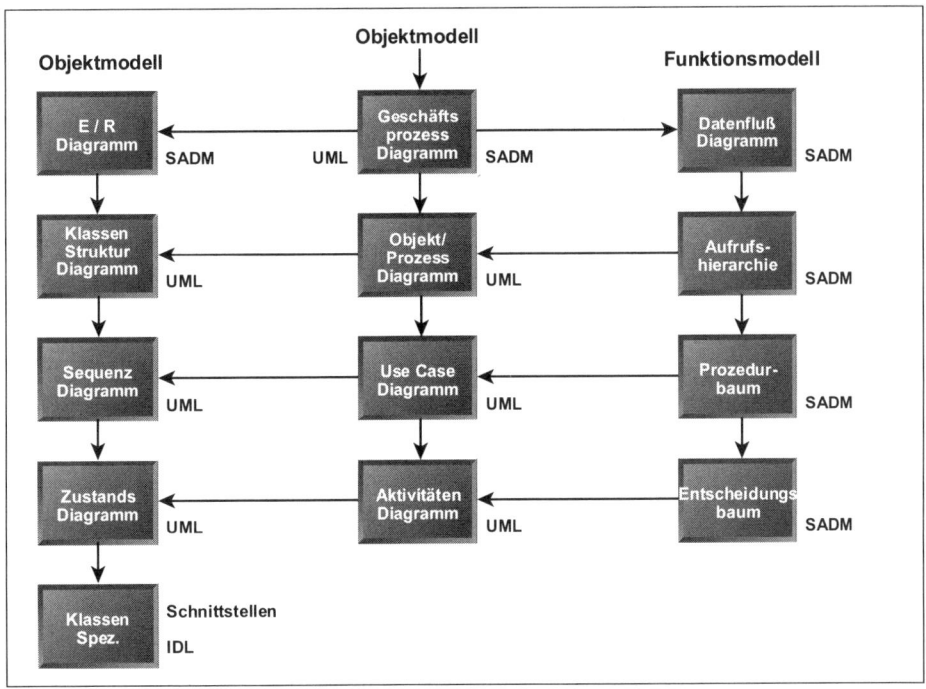

Abbildung 5-18 Das hybride Dokumentationsmodell

5.9   Literaturhinweise

[1] Taylor, D.: Business Engineering with Object Technology, John Wiley & Sons, New York, N.Y., 1995, S. 96

[2] Garlan, D./Allen, R./Ockerbloom, J.: »Architectural Mismatch – Why Reuse is so hard«, IEEE Software Magazine, Nov. 1995, S. 26

[3] Ahrens, J./Prywes, N.: »Transition to a Legacy – and Reuse-based Software Life Cycle«, IEEE Computer Magazine, Okt. 1995, S. 27

[4] Premerlani, W./Blaha, M.: »An Approach for Reverse Engineering of Relational Databases«, Comm. of ACM, Band 37, Nr. 5, Mai 1994, S. 42

[5] Biggerstaff, T./Mitbander, B./Webster, D.: »Program Understanding and the Concept Assignment Problem«, Comm. of ACM, Band 37, Nr. 5, Mai 1994, S. 72

[6] Taylor, D.: Object-oriented Information Systems-Planning and Implementation, John Wiley & Sons, New York, N.Y., 1992, S. 30

[7] Rumbaugh, J./Blaha, M./Premerlani, W./Eddy, F./Lorensen, W.: Object-oriented Modelling and Design, Prentice-Hall, Englewood Cliffs, 1991, S. 21

[8] Etzkom, L./Davis, C.: »Automatically identifying reusable OO-Legacy Code«, IEEE Computer Magazine, Okt. 1997, S. 66

[9] Van Zuylen, H.: »The Redo Method« in Redo Compendium, John Wiley & Sons, New York, N.Y., 1993, S. 161

[10] Breuer, P./Lano, K.: »Creating Specifications from Code«, Journal of Software Maintenance, Band 3, Nr. 3, Sept. 1991, S. 145

[11] Layzell, P./Freeman, M./Benedusi, P.: »Improving Reverse-Engineering through the Use of Multiple Knowledge Sources«, Journal of Software Maintenance, Band 7, Nr. 4, Juli 1995, S. 279

[12] Sneed, H.: »Reverse Engineering as a Bridge to CASE«, in Proc. of 2ns WCRE, IEEE Press, Toronto, Juli 1995, S. 300

[13] Klösch, R./Gall, H.: Objektorientiertes Reverse Engineering, Springer Verlag, Berlin, 1995, S. 91

[14] Gall, H./Klösch, R.: »Capsule Oriented Reverse Engineering for Software Reuse«, in Proc. of European SE Conference, ESEC-93, Garmisch, Sept. 1993, S. 418

[15] Pidaparthi, S./Luker, P./Zedan, H.: »Conceptual Foundations for the Design Transformation of Procedural Software to Object-oriented Architecture«, in Proc. of 2nd European Conference on Software Reengineering CSMR-98, IEEE Press, Florenz, März 1998, S. 60

[16] Jackson, M.: System Development, Prentice-Hall, International, London, 1983, S. 274

[17] Lee, R./Tepfenhart, W.: UML and C++ – A practical Guide to Object-oriented Development, Prentice-Hall, Englewood Cliffs, 1997, S. 129

[18] Hruschka, P.: »UML – A Curse or Blessing for the OO-Community«, American Programmer, Band 10, Nr. 3, März 1997, S. 9

[19] Sully, P.: Modelling the World with Objects, Prentice-Hall, New York, N.Y., 1993, S. 49

[20] OMG: Common Object Services Specification, Band 1, Revision 3.0 John Wiley & Sons, New York, N.Y., März 1997

[21] Mowbray, T./Zahavi, R.: The essential Corba-Systems Integration using distributed Objects, John Wiley, New York, N.Y., 1995, S. 37

[22] Meyers, B.: Object-oriented Software Construction, Prentice-Hall International, London, 1988, S. 183

[23] Redlich, J.-P.: Corba 2.0 – Praktische Einführung für C++ und Java, Addison-Wesley, Bonn, 1996, S. 45

[24] Allen, P./Frost, S.: Component – Based Development for Enterprise Systems, SIG Books, Cambridge, 1998, S. 33

[25] Graham, I.: Migrating to Object Technology, Addison-Wesley, Wokingham, 1995, S. 73

[26] George, J./Carter, B.: »A Strategy for mapping from Function-Oriented Software Models to OO-Software Models« in ACM SE Notes, Band 21, Nr. 2, März 1996, S. 56

6 Software-Sanierung

6.1 Der Grund für Software-Sanierung

Wer Altsoftware wiederverwenden will, muß bereit sein, sie zu sanieren. Es ist ein Irrglaube zu meinen, es sei möglich alten Code, so, wie er ist, zu konvertieren oder zu kapseln. Dies wird nur in seltenen glücklichen Fällen vorkommen. In der Regel werden die alten Daten so strukturiert sein, wie es die alten Programme brauchten, um in der alten Hostumgebung *effizient* zu arbeiten, d.h. mit überlappenden Satztypen, wiederholten, verschachtelten Datengruppen und mehrfach umdefinierten Datenfeldern. Die meisten Datenbestände in der kommerziellen Datenverarbeitung stammen aus der Zeit vor der Datenunabhängigkeit. Sie sind daher im Sinne der funktionsorientierten Entwicklung nach den Verarbeitungsbedürfnissen der einzelnen Applikation ausgerichtet.

Die Legacy-Programme haben gewachsene Strukturen. Vielleicht gab es mal so etwas wie eine Programmarchitektur, aber diese ist im Laufe der Jahre durch ständige Anpassungen verlorengegangen. Aufeinanderfolgende Generationen von Wartungsprogrammierern, die nie ganz verstanden haben, was ihr Vorgänger eigentlich meinte, haben dazu beigetragen, die Funktionalität auszubauen, aber nur auf Kosten der inneren Konsistenz. Die Module sind viel zu groß geraten, die Schnittstellen zu komplex geworden, und die ursprünglich saubere Ablaufstruktur ist an dutzenden Stellen schon kompromittiert worden. Möglicherweise sind die einzelnen Codeabschnitte durch GOTO-Verzweigungen kreuz und quer miteinander verbunden. Es kann auch sein, daß die Programme in einer archäischen Sprache wie Assembler, PL/I oder sogar DELTA geschrieben sind [1].

Mit den Legacy-Daten sieht es nicht besser aus. Viele Dateien und Datenbanken sind Relikte aus den 70er Jahren, als das Wort relational völlig unbekannt war. In jener Zeit ging es ausschließlich um die Einsparung kostbarer Speicher und kostbarer Laufzeit. Die Daten mußten so abgelegt sein, daß die Programme sie möglichst schnell abarbeiten konnten. Satzarten wurden übereinander gelagert, Felder mehrfach redefiniert, Datengruppen wiederholt, Bit-Felder als Schalter benutzt und lange Zeichenfolgen mit besonderen Feldtrennungszeichen gebildet. Kurzum, aus der heutigen Sicht sind die alten Datenstrukturen ein einziges Trauma. In vielen Fällen sind noch Lochkarten in den Datensätzen abgebildet. Hinzu kommt, daß die alten hierarchischen und netzartigen Datenbanksysteme meistens viel zu große Datenobjekte beinhalten. Ehe sie verteilt werden, müßten sie erst in eine relationale Form wie DB-2 oder Oracle migriert werden [2].

Was die Benutzeroberfläche anbetrifft, sind die alten fest formatierten Bildschirmmasken und die endlosen Drucklisten immer noch weitverbreitet. Die Starrheit der alten Oberflächen ist für den Anwender ein ständiges Ärgernis. Denn unter dem Druck der weltweiten Konkurrenz, sehen sie sich gezwungen, ihre Geschäftsprozesse ständig umzuorganisieren. Das hat aber zur Folge, daß sie andere Informationen zu anderen Zeitpunkten brauchen und, daß sie Daten möglichst nahe an der Quelle der Entstehung erfassen müssen, d.h. ohne Formulare und ohne Zwischenablage. Sie brauchen adaptierbare Schnittstellen. Die Unfähigkeit vieler Datenverarbeitungsbetriebe auf diese Anforderungen ihrer Kunden angemessen zu reagieren, ist ein deutliches Zeichen für die Unbeweglichkeit der alten Systeme. Der Sanierungsbedarf wird damit offensichtlich.

In Anbetracht der alten Systemarchitekturen bieten sich drei Möglichkeiten zur Sanierung an:

- Datensanierung,

- Oberflächensanierung und

- Programmsanierung.

Diese drei Sanierungsansätze können hintereinander oder nebeneinander angepackt werden. Wichtig ist, daß der Anwender eine Sanierungsstrategie hat, die alle drei Möglichkeiten berücksichtigt [3].

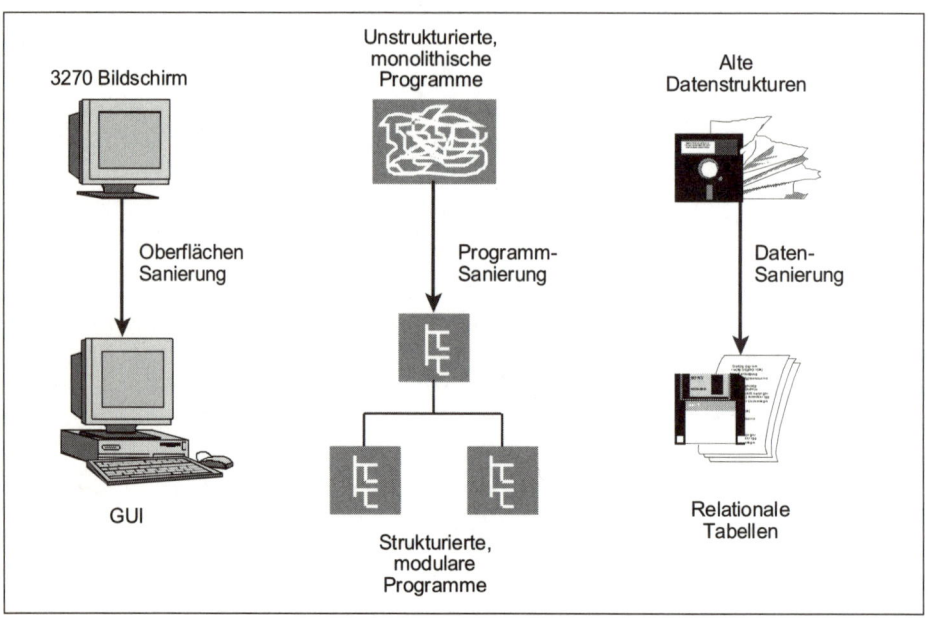

Abbildung 6-1 Drei Sanierungsansätze

6.2 Datensanierung

Data Reengineering bzw. die Sanierung existierender Dateien und Datenbanken ist eine relativ neue Disziplin, aber sie hat bereits einen hohen Stand an Automation erreicht. Die Literatur darüber hat auch schon einen beträchtlichen Umfang. Neben den vielen Fachartikeln in den internationalen Fachzeitschriften für Reengineering gibt es die ersten Bücher zum Thema Data Reengineering [4].

Data Reengineering verfolgt drei Ziele. Das erste ist die Ableitung des Datenmodells aus der Datenbankbeschreibung. Damit ist das Reverse Engineering von Datenstrukturen gemeint. Das zweite Ziel ist die Optimierung der Datenstrukturen aus der Sicht der heutigen Zugriffsanforderungen. Damit ist auch die Verbesserung der Datenbankqualität gemeint. Solche Qualitätsmerkmale wie Zugriffsleichtigkeit (Accessability), Integrität, Sicherheit und Datenunabhängigkeit werden hier berücksichtigt. Das dritte Ziel ist die Konvertierung der Daten von einem Datenbanksystem zum anderen, z.B. von einer hierarchischen Datenbank in eine relationale. Für die Migration der Daten in eine objektorientierte Architektur ist unter Umständen von Vorteil, die Daten in einer relationalen Form zu haben.

Navathe und Awong haben eine Studie veröffentlicht, wie Datenbanken in die dritte Normalform zu versetzen und dabei Homonyme und Synonyme zu entfernen sind [5]. Davis und Arora beschreiben, wie man Entity/Relationship-Diagramme aus bestehenden hierarchischen Datenbanken ableitet [6]. Premerlani und Blaha schlagen ein Verfahren vor, um relationale Datenbanken in relationale und objektorientierte Datenbanken zu konvertieren, indem Datenstrukturen verallgemeinert und Attribute und Beziehungen vererbt werden [7].

Eine für die Praxis besonders geeignete Studie wurde von Aiken, Muntz und Richards veröffentlicht [8]. Darin wird eine Fallstudie für die Datenmigration im U.S.-Verteidigungsministerium beschrieben. Das Projekt begann mit der Gewinnung eines Ist-Datenmodells aus den existierenden Datenbanken. Dieses Modell wurde anschließend normalisiert, optimiert und konvertiert, wobei redundante Attribute und Beziehungen entfernt wurden. Bei der Modellierung sind weitere Integritätsregeln entstanden und hinzugefügt worden. Zum Schluß wurde aus dem Soll-Modell das neue Datenbankschema in ANSI-SQL generiert.

Ein Mitgestalter der Objektmodellierungstechnik – Michael Blaha – hat das Verfahren für Datenbank-Reengineering in bezug auf Objektmodellierung weiter verfeinert, um die Übernahme von Legacy-Daten in Objekt-Relationale-Datenbanken zu unterstützen. Blaha hat bereits mehrere Beiträge zu diesem Thema veröffentlicht [9].

Keine Abhandlung des Themas Data Reengineering wäre ohne Erwähnung der Arbeit von Charles Bachmann in Amerika und Max Vetter in Europa komplett. Bachmann hat wie kein anderer mit seinen Bachmann-Tools zu der Automatisierung der Datenkonvertierung beigetragen. Ihm ist zu verdanken, daß Legacy-Datenbankschemen von einer Generation in die nächste fast mühelos übertragen werden [10]. Max Vetter hat das Verfahren der relationalen Datenmodellierung verfeinert und Wege vorgeschlagen, wie relationale Datenbanken mit Daten aus alten Datenbeständen zu füllen sind [11].

Es ist das Verdienst jener und zahlreicher anderer Forscher und Praktiker, daß die heutigen Techniken der Datensanierung auf einer soliden theoretischen Grundlage stehen. Hier wird ein Verfahren vorgestellt, in dem viele dieser Techniken angewandt werden, um zu einer qualitativ besseren Datenstruktur zu gelangen, einer Struktur, die für eine verteilte, objektorientierte Umgebung geeignet ist. Die folgenden Techniken sind alles notwendige Schritte in einem durchgängigen computergestützten Datensanierungsprozeß mit dem Werkzeug DatRecon. Die 10 Schritte sind

- Konvertierung nicht normierter Datentypen,

- Resolution der Datenredefinitionen,

- Fakturierung der wiederholten Datengruppen,

- Ableitung der Zugriffsmerkmale,

- Zusammenführung der Datensichten,

- Transformation der Datenbankschemen,

- Optimierung der Datenstrukturen,

- Generierung der Konvertierungsprogramme,

- Generierung der Zugriffsschale und

- Verifikation der Datenkonversion.

6.2.1   Konvertierung nicht normierter Datentypen

Beim Übergang von einem alten zu einem neueren Datenbanksystem wird es sich herausstellen, daß einige rechnerspezifische Datentypen, wie z.B. Bit oder Hex, nicht übertragbar sind. Sie sind in den neuen Datenbanksprachen nicht vorgesehen, weil sie zu rechnerspezifisch sind. Normierte SQL-Datenbanken lassen nur bestimmte Datentypen zu. Alte Dateien und Datenbanken haben dagegen fast alles zugelassen, auch herstellerspezifische Datentypen. In solchen Fällen müssen diese Felder in etwas Äquivalentes umgesetzt werden, z.B. Hex in Character, Bit in Integer und gepackt Dezimal in zoned Dezimal. Dies wäre der erste Schritt in einer Datensanierung.

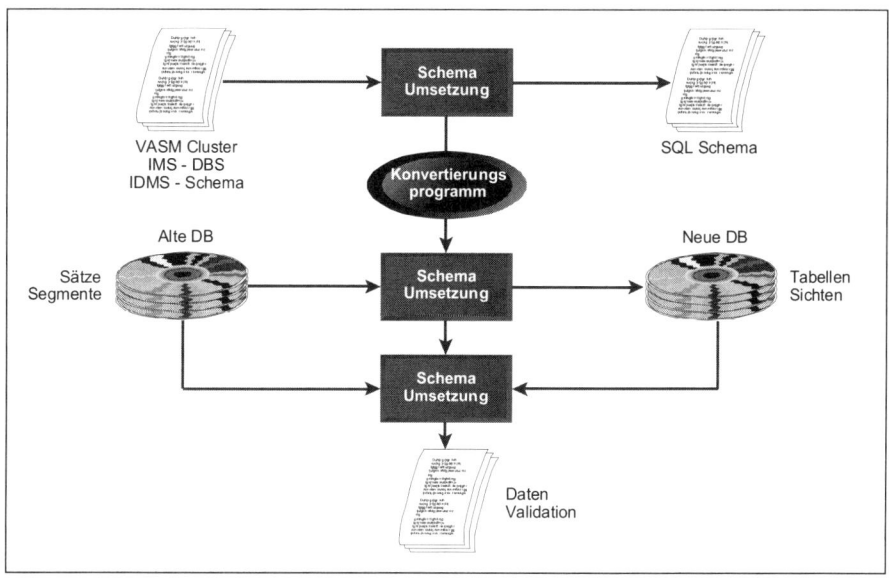

Abbildung 6-2 Data Reengineering

6.2.2 Resolution der Datenredefinitionen

Einer der Hauptunterschiede zwischen Legacy und relationalen Datenbanken ist die Tatsache, daß relationale Daten explizit definiert sind. Ein Attribut kann nicht entweder eine binäre Zahl oder eine Zeichenfolge sein. Es wird mit dem einen oder dem anderen Typ fest vereinbart. Eine Datengruppe kann auch nicht unterschiedliche Strukturen haben, je nach dem Wert des Schlüssels. Verschiedene Satzarten in derselben Tabelle wären eine Verletzung der zweiten Normalform [12].

Dennoch, in alten Datenbanken ist dies gang und gäbe. Eine Codasyl-Satzart und ein IMS-Segment können beide beliebig strukturiert sein. Es können mehrere logische Daten das gleiche Feld teilen und Datengruppen übereinander gelagert werden. Dateien können sowieso beliebig viele Satzarten haben. Diese Redefinition des Speichers war eine beliebte Technik der Programmierer, den gleichen physikalischen Speicher für verschiedene logische Zwecke zu nutzen. Allerdings war dies auch eine unendliche Fehlerquelle, vor allem in der Wartung.

Jetzt, im Zeitalter der Gigabytes, sind solche Techniken hinfällig geworden. Sie sollten verboten werden! Also ist es erforderlich, die Datenredefinitionen zu entfernen. Redefinierte Felder müssen einen allgemeingültigen Datentyp erhalten, der die anderen Typen beinhaltet. Wenn der Programmierer will, kann er den Typ immer noch im Programm konvertieren. Redefinierte Datenstrukturen oder mehrfache Satzarten werden aus der einen Datei herausgelöst und bilden eigene Untertabellen. An Stelle der überlappenden Strukturen gibt es Fremdschlüssel, die auf die jeweilige Untertabelle hinweisen.

6.2.3   Fakturierung der wiederholten Datengruppen

Ein weiterer Unterschied zwischen alten und relationalen Datenbanken ist die vielbenutzte Datenwiederholung bzw. Vektoren. SQL kennt keine Feld- oder Gruppenwiederholungen. Ein wiederholtes Feld ist per Definition eine neue Spalte. Eine wiederholte Datengruppe ist eine neue Tabelle. Jede Wiederholung der gleichen Variablen wäre eine Verletzung der ersten Normalform [13].

In alten Datenbanken und Dateien wimmelt es von solchen Vektoren. Es werden sowohl einzelne Felder als auch Feldgruppen dimensioniert und per Index angesprochen. Dies war die typische Lösung für eine Person mit mehreren Adressen oder ein Betrag mit mehreren Ausprägungen. Die deutsche Steuererklärung mit mehreren Zeilen für die abhängigen Kinder ist ein klassisches Beispiel dieser Unsitte.

Beim Übergang zur relationalen Datenbank stellen Datenwiederholungen ein Problem dar, da sie wie Redefinitionen keine normierten Strukturen sind. Bei wiederholten Einzelfeldern müssen zusätzliche Spalten angelegt werden: eine für jede mögliche Wiederholung. Ist die Zahl zu hoch, muß eine Untertabelle für das eine Feld erzeugt werden. Bei wiederholten Datengruppen müssen Untertabellen gebildet werden, die über einen Fremdschlüssel oder Index mit der Haupttabelle verbunden werden.

6.2.4   Ableitung der Zugriffsmerkmale

In konventionellen Dateien und netzartigen Datenbanken gibt es sowohl primäre als auch sekundäre Suchbegriffe. Für einen Artikelsatz ist der Primärschlüssel die Artikelnummer. Sekundäre Schlüssel könnten der Artikeltyp und der Lieferant sein. In SQL sind die sekundären Ordnungsmerkmale Fremdschlüssel oder Indizes.

Für die Konvertierung in eine relationale Datenbank müssen daher die sekundären Suchmerkmale identifiziert und entweder als Fremdschlüssel oder als Indizes deklariert werden. Gleichzeitig sollten weitere potentielle Suchmerkmale zur Auswahl gestellt werden, falls das neue System über sie auf die Daten zugreifen will.

6.2.5   Zusammenführung der Datensichten

Legacy-Datenbanksysteme wie IMS, UDS und IDMS haben immer zwei Beschreibungen der Daten gehabt. Die eine Beschreibung ist das vom Programm unabhängige Datenbankschema. In IMS ist dies die Datenbankbeschreibung – die sogenannte DBD. Hier werden nur die Segmente und die Schlüssel definiert. In Codasyl-Datenbankschemen werden zwar alle Satzarten, aber nicht alle Felder definiert. Die Felddefinitionen der einzelnen Attribute befinden sich in den Programmen. Diese Programmsicht der Daten ist die zweite Beschreibung. Es gab nie die Gewißheit, daß diese Sichten wirklich übereinstimmten. Es war Sache des Tests, dies herauszufinden.

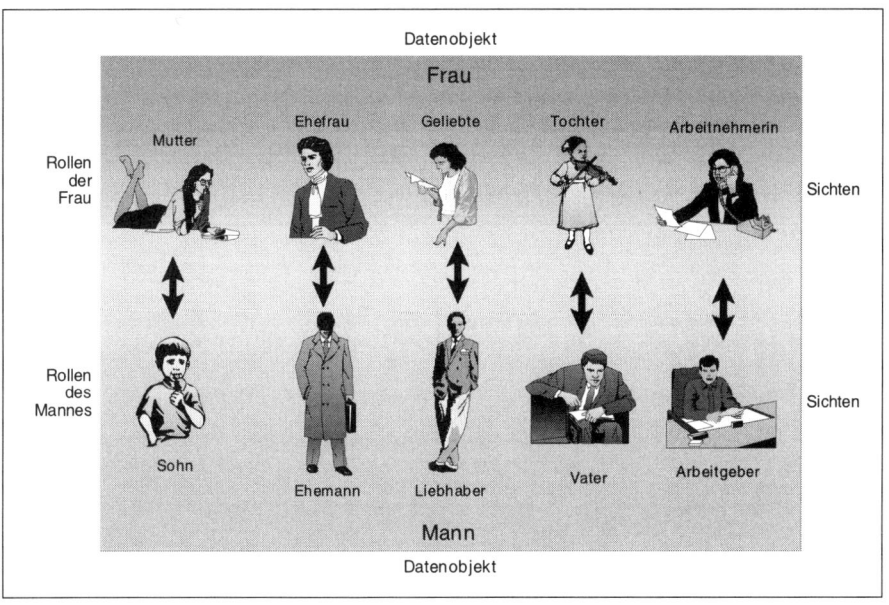

Abbildung 6-3 Mehrfache Datensichten

In relationalen Datenbanken sind die Datensichten der Programme reine Unter-
mengen der Tabellenbeschreibungen, in denen auch die Felder deklariert sind. Sie
können daher gar nicht widersprüchlich sein. Die Programmsichten – die COPY-
Strukturen – werden aus den Tabellenbeschreibungen generiert. Demzufolge können sie gar nicht auseinanderdriften.

Bei der Sanierung der Daten müssen sämtliche Programmsichten auf die Daten
gesammelt und auf Übereinstimmung und Redundanz geprüft werden. Redundante Sichten werden zu einer Sicht. Widersprüchliche Sichten werden auf einen
gemeinsamen Nenner gebracht. Am Ende stehen alle Sichten auf die Daten als eigene Quelltexte, bzw. COPY- oder INCLUDE-Members, unabhängig von den Programmen [14].

6.2.6   Transformation der Datenbankschemen

Der sechste Schritt im Sanierungsprozeß ist die Umsetzung der Datenbankbeschreibung. Hier wird die IMS-DBD-Sprache oder die Codasyl-DDL-Sprache mit
der Hostsprache Assembler, Cobol oder PL/I vereinigt, um eine SQL-Tabellende-
klaration zu erzeugen. Auf der Feldebene wird z. B.

PIC X	zu	CHAR	
PIC 9	zu	NUM	
Packed	zu	DEC	
Binary	zu	INT	usw.

Auf der Satzebene wird eine Tabellendeklaration mit Primary Key, Foreign Key und Index Key generiert.

Für jede Programmsicht auf jedes Datenobjekt, ob Satz, Segment oder Gruppe, wird eine View-Deklaration generiert, in der nur jene Attribute vorkommen, die vom Gastprogramm benutzt werden. Da es sich oft um tausendfache Datenfelder in hundertfachen Dateien handelt, ist es wichtig, diesen Schritt möglichst voll zu automatisieren. Nur so lassen sich Umsetzungsfehler vermeiden.

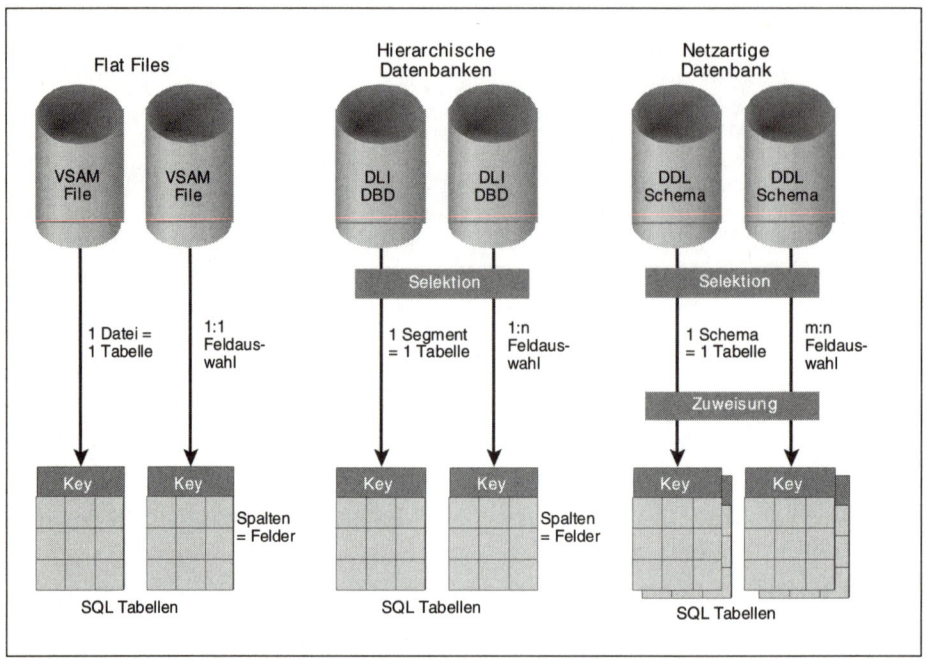

Abbildung 6-4 Transformation des Datenbankschemas

6.2.7   Optimierung der Datenbankstrukturen

Automatisierung ist in der Tat unerläßlich, um die vielen Datenfelder, Schlüssel und Relationen korrekt umzusetzen. Andererseits hat kein Werkzeug genügend Applikationswissen, um einen optimalen Datenbankentwurf zu produzieren. Das, was aus dem Werkzeug herauskommt, ist zunächst mal ein Prototyp der künftigen Datenbanken. Ein Mensch mit guten Kenntnissen der Anwendung und des Datenbanksystems muß jetzt eingreifen, um den Datenbanken den letzten Schliff zu geben. Eventuell werden Felder gestrichen, Tabellen zusammengefaßt und weitere Suchbegriffe hinzugefügt. Eine solche manuelle Optimierung der Datenbankstrukturen durch einen kompetenten Datenbankspezialisten ist ebenso unabdingbar wie die maschinelle Umsetzung der Datenbankinhalte.

6.2.8 Generierung der Konvertierungsprogramme

Sobald die neuen Datenbankstrukturen stehen, kann mit der Überführung der Daten begonnen werden. Zu diesem Zweck müssen Konvertierungsprogramme aus den alten und neuen Datenbankstrukturen generiert werden.

Einerseits wird aus der alten Datenbankbeschreibung und der Summe aller Programmsichten auf die alte Datenbank eine Struktur der Altdaten gebildet. Anderseits wird die neue SQL-Beschreibung herangezogen, um die neue Datenstruktur abzubilden. Diese beiden Strukturen bilden den Datenteil der generierten Programme. Der prozedurale Teil wird mit Lese-, Schreibe- und Zuweisungsanweisungen ausgefüllt. Die alte Datei bzw. Datenbank wird satzweise gelesen, die Feldinhalte werden von der alten in die neue Struktur übertragen und für jeden Satz eine Zeile in die relationale Tabelle eingetragen. Dies wird wiederholt, bis alle Sätze bzw. Segmente in relationale Zeilen umgesetzt worden sind.

Der Vorteil bei der Generierung der Konvertierungsprogramme ist, daß die Datenübertragung jederzeit wiederholbar ist. Gerade bei relationalen Datenbanken ist ein langwieriges Tuning- Verfahren unvermeidlich. Das heißt, die Datenbankstruktur wird mehrfach überarbeitet, bis sie endgültig steht. Nach jeder Optimierungsaktion muß es möglich sein, die neuen Datenbanken automatisch aus den alten Daten neu zu laden.

6.2.9 Generierung der Zugriffsschale

Erst wenn die neue Datenbank gefüllt ist und deren Struktur sich gefestigt hat, kann mit der Zugriffsschicht begonnen werden. Vorher hat es wenig Sinn, weil die Datenbankstruktur zu instabil ist.

Idealerweise soll es ein Zugriffsmodul pro Tabelle geben. Für die Tabelle als Ganzes gibt es eine OPEN- und eine CLOSE- sowie eine INSERT- und eine DELETE-Operation. Für jede Sicht wird eine SELECT-, eine FETCH- und eine UPDATE-Operation eingebaut. Im Datenteil wird die Struktur der Tabelle als ganzes sowie die Struktur der einzelnen Sichten hineingeneriert. Zusammengesetzt wird jedes Zugriffsmodul aus einem allgemeingültigen Zugriffsrahmen und den tabellenspezifischen Eigenschaften. Da ersterer einmalig programmiert wird und die letzteren aus der SQL-Beschreibung geholt werden, ist die Erstellung der Zugriffsmodule zu 90% automatisierbar. Die letzten 10% Anpassungen werden manuell vorgenommen.

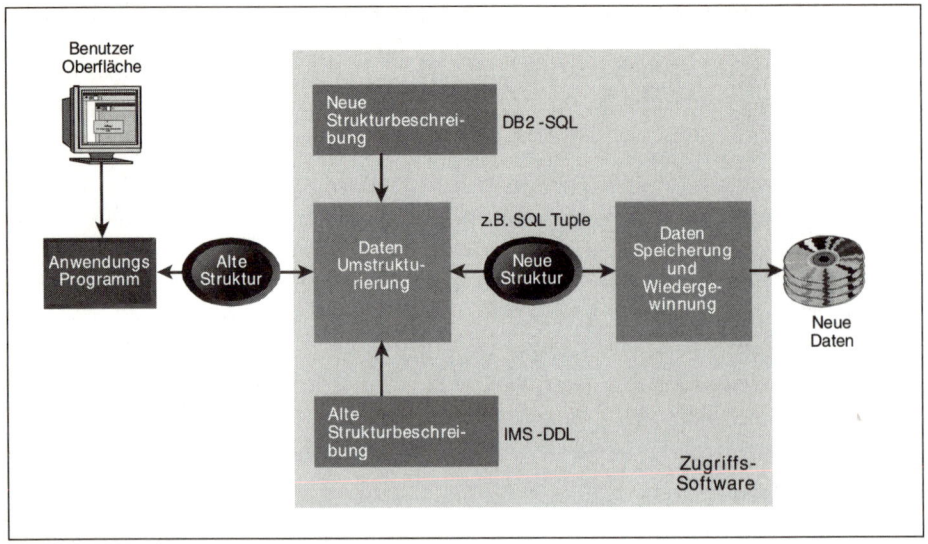

Abbildung 6-5 Erstellung einer Zugriffsschale

6.2.10 Verifikation der Datenkonversion

Der letzte Schritt im Datensanierungsprozeß ist die Verifikation der neuen Datenbankinhalte gegen den Inhalt der alten Datenbank. Dies ist eine Art Absicherung, daß die Datenübertragung korrekt funktioniert hat. Es kann nicht genug betont werden, welch fatale Folgen ein Fehler in der Datenübertragung mit sich bringt. Dies wäre ein Virus, der sich in den neuen Daten ausbreiten und unermeßlichen Schaden anrichten würde. Deshalb ist eine Verifikation der Konvertierung unerläßlich.

Zur Durchführung der Verifikation ist ein File Comparator erforderlich. Beide Datenbanken, die alte wie die neue, werden vorher in sequentielle Dateien entladen. Der File-Comparator liest die beiden Dateien im synchronen Modus, paart die Sätze und vergleicht die Inhalte Feld für Feld. Falls ein Satz fehlt oder ein Feldinhalt nicht übereinstimmt, wird eine Fehlermeldung ausgegeben. Es obliegt dann dem Datenbankverantwortlichen, das betroffene Konvertierungsprogramm zu wiederholen. An dieser Stelle sollte die betriebliche Qualitätssicherung aktiv werden. Sie ist dafür zuständig, die Korrektheit der Datensanierung zu validieren [15].

6.3 Oberflächensanierung

Zur Oberflächensanierung gehört die Überarbeitung der interaktiven Dialoge, der Bildschirmmasken und der Berichte bzw. Listen. Solche Benutzerschnittstellen sind Produkte vergangener Kommunikationstechnologien. Sie sind weder graphisch noch objektorientiert, geschweige denn vom Benutzer gestaltbar. Sie haben feste Formate und sind textorientiert. Die Masken sind für starre Mainframe-Terminals gedacht, die Kommandosprachen haben eine komplexe Syntax, und die Berichte sind eng mit der Programmlogik verbunden. Druckzeilen werden an verschiedenen Stellen im Programm zusammengestellt, und Drucksteuerung, wie Gruppenwechsel und Seitenwechsel, sind selten normiert. Demzufolge sind die Benutzerschnittstellen rigide, unflexibel und änderungsunfreundlich. Kein Wunder, daß die von Multimedia verwöhnten Anwender damit unzufrieden sind und daß der Druck zur Ablösung wächst.

Es gäbe hier auf diesem Gebiet jede Menge zu verbessern. Zum einen können die Kommandozeilen durch Menüs und Auswahltasten ersetzt werden. Zum anderen können die festformatierten Masken durch Fenster ersetzt werden, die durch Help-Skripten ergänzt werden. Zum dritten wäre es wünschenswert, die Listen zu verdichten und auf einem optischen Massenspeicher aufzubewahren, wo sie registriert, wiedergewonnen und nach Bedarf gedruckt werden können. Für alle Benutzerschnittstellen gibt es eine gemeinsame Notwendigkeit, die Form von dem Inhalt und die Präsentationslogik von der Applikationslogik zu trennen, so wie es in der Sontheimer Konvention über Benutzeroberflächengestaltung verlangt wird [16].

In Legacy-Systemen sind zwei Arten von Benutzerschnittstellen zu finden: die gewöhnliche Liste, die von einem Batch-Programm ausgedruckt wird, und die Maske, die vom Online-Programm benutzt wird, um Informationen mit dem Benutzer auszutauschen. Dazu gehört eine Tastatur, die der Anwender bedienen kann, um Daten zu erfassen. Neben diesen beiden Hauptarten gibt es diverse Kommandosprachen, die benutzt werden, um Systemparameter oder andere Texte den Programmen zuzuführen. Oft befinden sie sich in den Job-Control-Prozeduren oder in besonderen Skriptprozeduren. Durch sie wird die Software parametrisiert. Zwar ist dies eine positive Eigenschaft, aber sie schafft Probleme für die Migration, weil solche Kommandosprachen mit der alten Umgebung festverdrahtet sind.

Die Sanierungstechnik für Benutzerschnittstellen hängt weitgehend von der Art der Schnittstelle und der technischen Umgebung ab. Der Autor war beispielsweise an einem Projekt beteiligt, dessen Ziel es war, die Druckausgaben einer Schweizer Großbank umzuleiten. Statt wie bisher alles auf Papier auszudrucken, sollten die Ausgaben auf einer optischen Speicherplatte unter dem IBM-System MOD-DCA aufbewahrt werden. Dort wurden sie durch Grafik, Fotobilder und andere nicht textuelle Objekte wie Barcodes ergänzt. Von hier aus könnten sie vom Anwender abgerufen, nach Wunsch angepaßt und nach Bedarf ausgedruckt werden. Zu diesem Zweck wurde ein Form-Editor entwickelt.

Im Mittelpunkt solcher Projekte steht die Anforderung nach der Trennung der Programmausgaben von einem festen Druckformat. Es sollte möglich sein, die Berichtsdaten, die eine Applikation produziert, in einer beliebig gestaltbaren Form mit benutzergesteuerten Attributen, wie Schriftart, Schriftgröße, Farbe usw., zu präsentieren. Gleichzeitig soll dies alles mit einem Minimum an Änderungen zu den bestehenden Programmen geschehen.

Ein anderes Projekt hatte die Aufgabe, CICS-Datenströme zwischen dem Online-Programm und dem 3270-Terminal abzufangen und an PC-Arbeitsplätze umzuleiten, wo die Daten in Windows-Fenstern angezeigt wurden. Umgekehrt wurde von der Windows-Oberfläche her ein Datenstrom für das Online-Programm generiert. Dadurch ist es gelungen, die bisherige festformatierte Oberfläche durch eine variabel gestaltbare, graphische Oberfläche zu ersetzen.

Beide Beispiele zeigen, wie die Bedienbarkeit eines Systems ohne Änderung der Funktionalität verbessert werden kann. Die Technik der Oberflächensanierung hängt natürlich von der Art der alten Oberfläche ab. Die drei Hauptarten, die hier behandelt werden sind

- die Kommandobefehle,

- die Bildschirmmasken und

- die Listen.

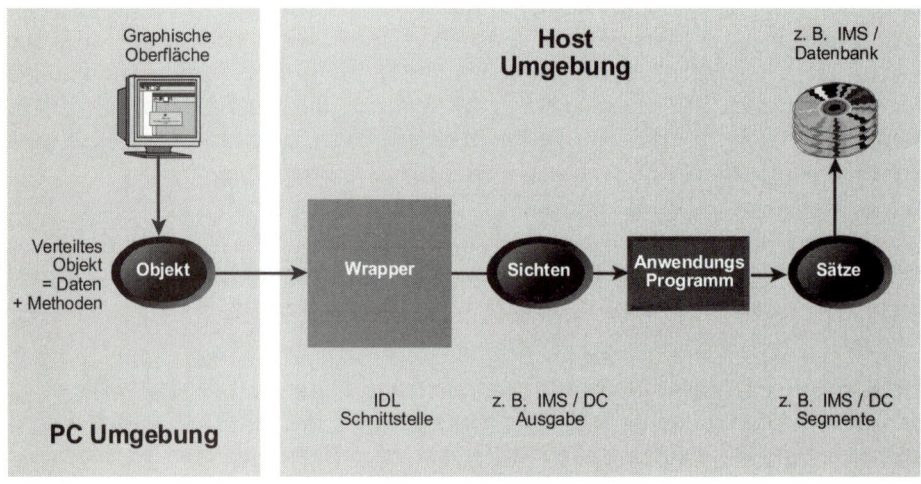

Abbildung 6-6 Oberflächensanierung

6.3.1   Sanierung der Kommandobefehle

Kommandobefehle sind entweder in den Kontrollprozeduren oder in den Programmen selbst eingebettet. Vor allem benutzen Sprachen der 4. Generation wie Natural und ADS-Online solche Befehle, um Daten von einem Eingabegerät zu empfangen oder an ein Ausgabegerät zu senden, aber auch Cobol hat ACCEPT- und DISPLAY-Anweisungen, um mit dem Systembediener zu kommunizieren.

PL/I hat eine PUT-EDIT-Anweisung, und C hat Standard-IO-Funktionen wie scanf und printf, getchar und putchar. Die Benutzerinteraktion wurde oft mit solchen zeilenorientierten Kommandos implementiert.

Um sie zu sanieren, ist es erforderlich, die IO-Operationen erstmals alle durch CALL- bzw. PERFORM-Anweisungen zu ersetzen und sie in ein separates IO-Modul zu verlagern, wo sie gekapselt werden. Angestrebt wird ein IO-Modul für jeden Oberflächentyp mit den einzelnen IO-Operationen als Methoden. Das Modul steuert also den Zugriff auf die Oberfläche. Dies könnte eine Konsole oder eine System-Logdatei sein. Wesentlich ist, daß die Kommandobefehle aus dem Mainline-Code entfernt und in einem Modul zusammengefaßt sind, der als Ganzes konvertiert werden kann.

6.3.2 Sanierung der Masken

Die Technik für die Sanierung von Masken heißt *Scratching*. Danach werden die Masken als Datenstrom abgefangen und an eine graphische Oberfläche umgeleitet. Dabei werden nur die reinen Daten herausgeholt. Die restlichen Feldattribute werden unterdrückt. Die Datenfelder werden auf dem Arbeitsplatzrechner gestapelt und in der graphischen Oberfläche angezeigt.

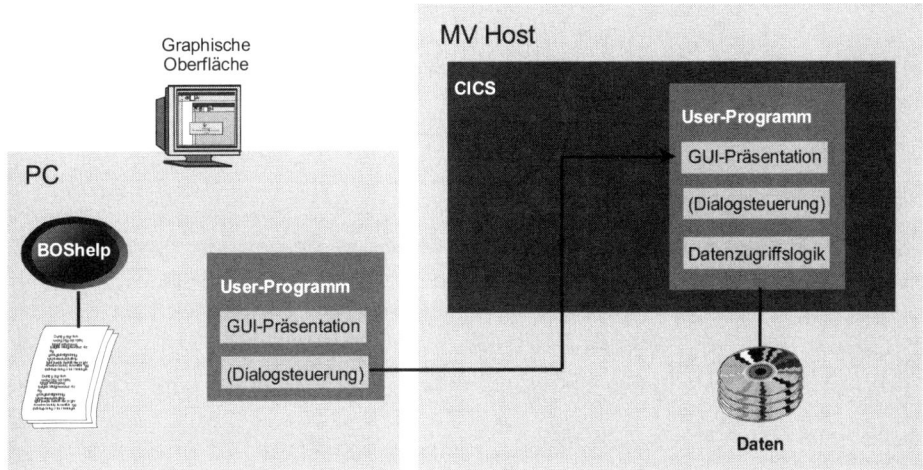

Abbildung 6-7 Bildschirm-Scratching-Technik

Datenelemente, die über die graphische Oberfläche erfaßt werden, kommen in einen Datenstrom, der an der Stelle der alten Maske dem Online-Programm zugeführt wird. Statt bei einer Eingabe-Operation die Maske vom Terminal zu erhalten, erhält das Programm den Datenstrom vom Arbeitsplatzrechner.

Scratching ist in der Host-Welt eine weitverbreitete Technik, um Benutzeroberflächen zu erneuern. Sie wird vor allem vom TP-Monitor CICS unterstützt. Andere TP-Monitore wie IMS-DC sind weniger dafür geeignet und müssen umprogrammiert werden [17].

Auf jeden Fall ist es wünschenswert, als Teil der Sanierungsarbeit die Maskenoperationen wie Get Unique und Insert in IMS, sowie RECEIVE und SEND in CICS aus dem Mainline-Code herauszuholen und in einen separaten IO-Abschnitt zu verlagern, wo sie leichter zu manipulieren sind, ohne dabei die Programmlogik zu gefährden.

6.3.3   Sanierung der Druckausgabe

Berichte bzw. Listen lassen sich nicht so einfach erneuern, weil ihre Gestaltung zu sehr mit der Programmlogik verquickt ist. Die Listenerzeugungsoperationen, wie Kopf- und Fußformatierung, Seitenwechsel und Gruppenwechsel sind in der Regel durch das Programm verstreut. Außerdem sind sie in Auswahl- und Wiederholungsstrukturen eingenistet. Da es sich hier nicht um eine Makroanweisung handelt, sondern um viele Einzelanweisungen, ist die Sanierung wesentlich aufwendiger.

Als erstes müssen alle Datendeklarationen, die zu einer Liste gehören, identifiziert und aus dem Programm kopiert werden. Dazu gehören neben den Datenzeilen auch die Kopf-, Fuß- und Gruppenwechselzeilen sowie alle Hilfsfelder wie Seitennummer, Zeilenzahl und Vorschubzeichen. Diese Code-Zeilen werden alle in ein Druckmodul verpflanzt. Das Druckmodul besteht in Cobol zunächst aus einer Druckdateidefinition und einer DATA DIVISION mit sämtlichen Datendeklarationen, die diese Druckdatei betreffen.

Als nächstes müssen alle Operationen auf dieser Druckdatei aus dem alten Programm herausgeholt werden. Das sind außer den OPEN-, CLOSE- und WRITE- bzw. PRINT-Anweisungen, alle Anweisungen, die Felder der Liste zuweisen und die die Gestaltung der Liste steuern, z.B. Kopfaufbau, Seitensteuerung, Zeilensteuerung und Gruppenwechsel. Sie kommen in die PROCEDURE DIVISION des Druckmoduls. Normalerweise wird das Druckmodul folgende Abschnitte beinhalten

- OPEN-Liste,
- WRITE-Kopf,
- WRITE-Datenzeilen,
- CHANGE-Seite,
- CHANGE-Gruppe,
- WRITE-Fuß und
- CLOSE-Liste.

Sie werden über einen Drucksteuerungscode angesteuert, der als Parameter übergeben wird. Jede Funktion verändert den Zustand des Objektes *Liste*.

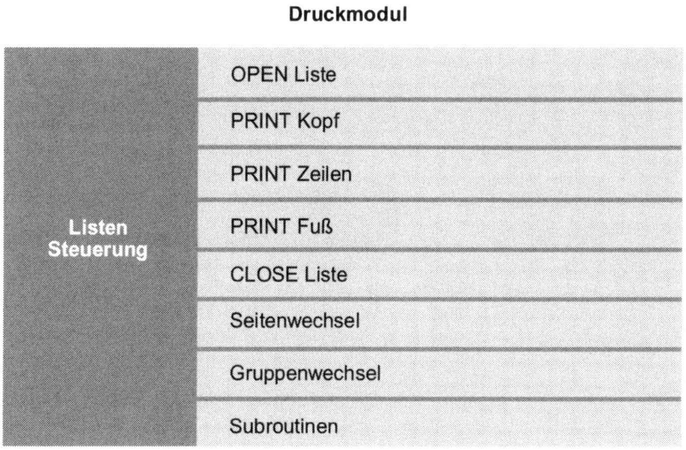

Druckmodul

Listen Steuerung	OPEN Liste
	PRINT Kopf
	PRINT Zeilen
	PRINT Fuß
	CLOSE Liste
	Seitenwechsel
	Gruppenwechsel
	Subroutinen

Abbildung 6-8 Aufbau eines Druckmoduls

Zum Schluß ist eine Linkage Section oder Parameterschnittstelle in dem Druckmodul einzufügen. Diese enthält den Drucksteuerungscode, den Return-Code
und die einzelnen auszudruckenden Daten. Aufgebaut werden diese Parameter in
dem alten Anwendungsprogramm an jenen Stellen, wo früher die Liste gedruckt
wurde.

Anwendungsprogramme, die verschiedene Listen drucken, werden nach der Sanierung viele Unterprogramme haben, nämlich eins pro Bericht. Das Hauptprogramm wird keine Druckoperationen mehr beinhalten. Es wird sich auf die
Drucksteuerung beschränken. Dadurch ist die Druckaufbereitung von der sonsti-
gen Verarbeitung getrennt [18].

6.4 Programmsanierung

Der SofRecon-Programm-Reengineering-Prozeß vollzieht sich in fünf Einzel-
schritten. Jeder Schritt verbessert den Zustand des Programmes und erzeugt einen
neuen Zwischenstand. Jeder Zwischenstand ist ein potentieller Endstand. Die
Schritte sind:

- Reformatierung,
- Konstantenbereinigung,
- Zugriffsauslagerung,
- Verfeinerung und
- Restrukturierung [19].

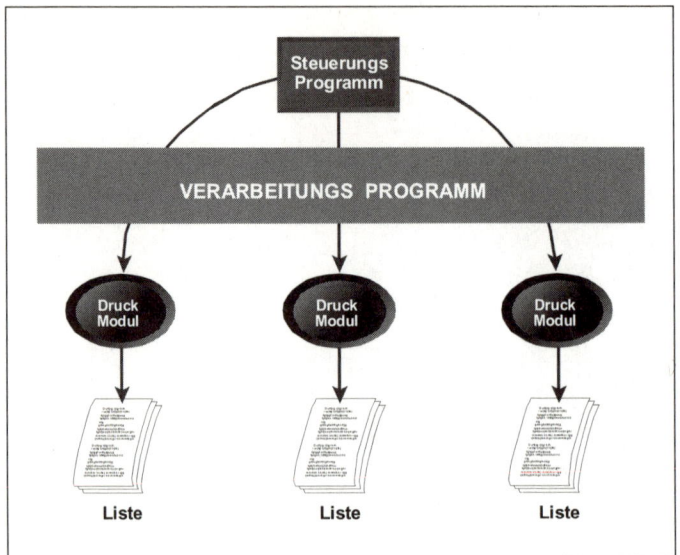

Abbildung 6-9 Auslagerung der Druckdaten

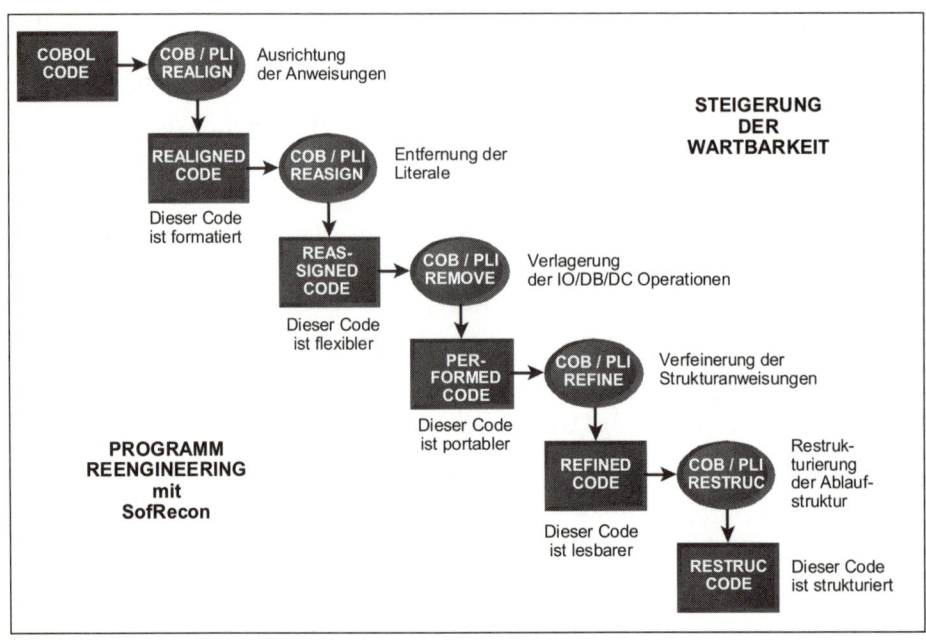

Abbildung 6-10 Programmsanierungsverfahren

6.4.1   Formatierung

Ein Sanierungsziel ist die Lesbarkeit. Um den Quellentext besser manipulieren zu können, soll er ein einheitliches Format haben. Es soll nur eine Anweisung pro Zeile geben und Anwendungen, die von vorangegangenen Anweisungen abhängig sind, sollten zurückversetzt werden. Die Verschachtelungstiefe der Zeilen soll der Verschachtelungstiefe der Programmlogik entsprechen. In der Hitze der Wartung werden allerdings oft zusätzliche Anweisungen in einer Zeile eingefügt und auf die Verschachtelung keinerlei Rücksicht genommen. Dadurch wird der Quelltext immer unleserlicher.

Im ersten Schritt wird der Programmtext in diesem Sinne reformatiert. Zeilen mit zwei oder mehr Anweisungen werden gespalten und Zeilen entsprechend der Programmlogik um zwei bzw. drei Spalten zurückgesetzt. Der Quelltext wird dadurch zum einen für den Menschen leichter zu lesen und zum anderen für die Maschine leichter zu verarbeiten.

6.4.2   Konstantenbereinigung

Ein zweites Sanierungsziel ist die Flexibilität. Ein Programm ist in dem Maße flexibel, wie seine Daten variabel sind, d. h. je variabler die Daten, desto flexibler das Programm. Umgekehrt, je mehr konstante Daten in dem Programmcode eingebaut sind, umso geringer ist die Flexibilität. Es ist eine üble Praxis der Programmierer, feste Werte in den prozeduralen Anweisungen zu benutzen. Statt zu kodieren:

```
MOVE FEHLERTEXT (I) TO FEHLERMELDUNG
```

schreiben sie:

```
MOVE "Ungültige Funktion" TO FEHLERMELDUNG.
```

Das gleiche trifft für numerische Werte zu. Statt zu kodieren:

```
IF KONTOSTAND < KREDITGRENZE
```

schreiben sie:

```
IF KONTOSTAND < -1000
```

Natürlich sind beide Konstanten im Grunde genommen variabel. Texte können sich ändern, vor allem dann, wenn Programme in einem anderen Sprachraum eingesetzt werden. Numerische Grenzen werden ständig hin- und hergeschoben. Es ist zwar leicht, für den Programmierer den Wert 1000 durch 2000 zu ersetzen, aber dies bedeutet einen Eingriff in den Code, und jeder Eingriff in den Code birgt eine Fehlergefahr in sich. Vielleicht bedeutet 1000 an einer anderen Stelle etwas ganz Anderes. Sollte der Code in ein neues System migriert werden, empfiehlt es sich, diese Schwachstellen vorher zu bereinigen.

```
            Ursprunglicher COBOL-74 Code
*****************************************************************
* READ ORDERS UNTIL END OF ORDER-FILE
 READ-ORDERS.
    READ ORDER-FILE AT END GO TO TERMINATION.
*****************************************************************
* READ CUSTOMER-DATA WITH KEY = CUST-NO
 READ-CUSTOMER.
      MOVE ZERO TO ERROR-TYPE.
      MOVE CUST-NO IN ORDER-RECORD TO CUST-KEY.
      READ CUSTOMER-FILE
        INVALID KEY MOVE 1 TO ERROR-TYPE
           GO TO REPORT-ERROR.
*****************************************************************


            Reformatierter COBOL-74 Code
*****************************************************************
* READ ORDERS UNTIL END OF ORDER-FILE
 READ-ORDERS.
    READ ORDER-FILE
REFORM       AT END
REFORM       GO TO TERMINATION.
*****************************************************************
* READ CUSTOMER-DATA WITH KEY = CUST-NO
 READ-CUSTOMER.
    MOVE ZERO TO ERROR-TYPE.
    MOVE CUST-NO IN ORDER-RECORD TO CUST-KEY.
    READ CUSTOMER-FILE
       INVALID KEY
REFORM       MOVE 1 TO ERROR-TYPE
           GO TO REPORT-ERROR.
*****************************************************************
* PROCESS ORDER ITEMS FROM 1 TO 9
* OR UNTIL ITEM-NO = 999
 PROCESS-ORDER.
    MOVE ZERO TO ERROR-TYPE.
    ADD 1 TO POS.
    IF POS > 9
    OR ITEM-NO IN ORDER-RECORD (POS) = 9
        SUBTRACT 1 FROM POS
        GO TO PRINT-SUMMARY.
    * ERROR OCCURED HERE BECAUSE POS IS 1 MORE THAN FINAL ITEM
    * READ ARTICLE DATA WITH KEY = ART-NO
    READ ARTICLE-FILE
       INVALID KEY
REFORM       MOVE 2 TO ERROR-TYPE
           GO TO REPORT-ERROR.
    * CHECK IF QUANTITY IS SUFFICIENT AND DEDUCT ORDER FROM STOCK
    IF ITEM-QUAN IN ORDER-RECORD (POS) >
    ART-QUAN IN ARTICLE-RECORD
          MOVE 3 TO ERROR-TYPE
          GO TO WRITE-OPEN-POSITIONS
    ELSE
    SUBTRACT ITEM-QUAN IN ORDER-RECORD (POS) FROM
         ART-QUAN IN ARTICLE-RECORD
    REWRITE ARTICLE-RECORD
         GO TO WRITE-DISPATCH.
*****************************************************************
```

Abbildung 6-11 Reformatierter Code

Im zweiten Schritt werden deshalb die Konstanten aus dem prozeduralen Teil des Codes entfernt und als Variable in dem Datenteil deklariert. Da ein Werkzeug nicht wissen kann, was die Konstanten bedeuten, werden sie zunächst mit generierten Datennamen ersetzt. Diese Daten werden zusammmen mit dem Grundwert bzw. mit dem Text oder der Nummer, in einer Konstantentabelle deklariert. Zwei solche Tabellen werden eingerichtet, eine für die Texte und eine für die Zahlen. Nachher kann der Programmierer den Variablennamen ersetzen und auch den Wert verändern. Später werden die Werte nur noch in der Tabelle verändert. Damit gewinnt das Programm an Flexibilität. Es wird in Zukunft viel leichter zu ändern sein [20].

```
RECON ***************************************************************
RECON 01  RECON-LITERAL-TABLE.
RECON    05 XLIT004              PIC X(002) VALUE
RECON "P ".
RECON    05 XLIT-N               PIC X(001) VALUE
RECON "N".
RECON    05 XLIT-C               PIC X(001) VALUE
RECON "C".
RECON    05 XLIT008              PIC X(002) VALUE
RECON "D ".
RECON    05 XLIT010              PIC X(019) VALUE
RECON "CUSTOMER NOT KNOWN ".
RECON    05 XLIT011              PIC X(022) VALUE
RECON "ARTICLE NOT AVAILABLE ".
RECON    05 XLIT012              PIC X(030) VALUE
RECON "INSUFFICIENT QUANTITY ON STOCK".
RECON    05 XLIT013              PIC X(032) VALUE
RECON "ORDER ENTRY PROCESSING COMPLETED".
RECON ***************************************************************

         IF ERROR-TYPE = XCON1
             MOVE XLIT010 TO ERROR-MESSAGE.
         IF ERROR-TYPE = XCON2
             MOVE XLIT011 TO ERROR-MESSAGE.
         MOVE ERROR-PRT-LINE TO PRT-LINE.
         WRITE PRT-LINE AFTER ADVANCING XCON2 LINES.
         IF ERROR-TYPE = XCON3
             MOVE XLIT012 TO ERROR-MESSAGE.
         MOVE ERROR-PRT-LINE TO PRT-LINE.
         WRITE PRT-LINE AFTER ADVANCING 1 LINES.
         *********************************************************
```

Abbildung 6-12 Bereinigter Code

6.4.3   Zugriffsauslagerung

Ein Hauptproblem bei jeder Konvertierung ist die Eingabe/Ausgabe der Programme. Nur in letzter Zeit ist es zu einer Normierung der Datenbankzugriffssprache in Form von SQL gekommen. Ältere Programme haben keine normierten Datenbankzugriffe. Manche – die ganz alten – benutzen Standard-Cobol- oder PL/I-Dateien. Die meisten benutzen aber irgendeine Datenbanksprache wie DL/I für IMS, DML für CODASYL-Datenbanken, oder ADA-SQL für ADABAS. Auch die Cobol-IO-Anweisungen haben oft proprietäre Eigenschaften, z.B. AS-400 Cobol. Mit der Bildschirm-Eingabe/Ausgabe sieht es noch schlechter aus. Hier gibt es noch keine Normierung. PC-, UNIX- und AS-400-Programme haben Cobol-Masken. Hostprogramme benutzen in der Regel CICS- oder IMS-DC-Operationen, aber es gibt genügend andere Varianten, wie UTM und IDMS, um das Problem zu verschärfen [21].

Selten passen diese alten DB-, File- und TP-Schnittstellen zu den neuen Schnittstellen einer verteilten Umgebung. Dort herrschen MS-Windows, X-Windows und Java-Oberflächen sowie SQL-, ODBC- und JDBC-Datenzugriffsschnittstellen. Ergo müssen zumindest bei der Konvertierung alle Schnittstellen angepaßt werden.

Die Ersetzung der TP-, File- und DB-Operationen in einem Programm ist eine diffizile und aufwendige Aufgabe. Sie wird besonders schwierig, wenn diese Operationen im Programmcode verstreut liegen. Es kann gefährlich werden, wenn mitten in Schleifen oder in verschachtelten Abfragen TP-Operationen oder DB-Zugriffe vorkommen. Sie zu manipulieren kann die gesamte Programmlogik zerstören. Deshalb ist es wünschenswert, die IO-Operationen aus dem Mainline-Code auszulagern und an einem Ort zusammenzufassen. Dort können sie verändert oder ausgetauscht werden, ohne Angst, die Ablauflogik zu gefährden. Denn je weniger Stellen im Programm manuell angefaßt werden, desto weniger potentielle Fehlerquellen gibt es auch.

Im dritten Schritt der Programmierung ist daher eine Verlagerung der IO-Schnittstellen durchzuführen. Jede Datei-, TP-Monitor- und Datenbankoperation wird durch ein PERFORM bzw. CALL zu einer IO-Methode ersetzt. Die IO-Methoden – INSERT, SELECT, UPDATE, DELETE usw. – werden in eine neu angelegte IO-Section oder Prozedur am Ende des Programms versetzt. Es sind zwar dieselben Anweisungen, aber sie stehen jetzt offline in einem eigenen Codeabschnitt, der in seiner Gesamtheit ausgetauscht werden kann. Dies bedeutet eine große Erleichterung für die Konvertierung.

```
****************************************************************************
REMOVE*
REMOVE*  IO Section for File and Database Access
REMOVE*
REMOVE X-DATA-ACCESS SECTION.
REMOVE*
****************************************************************************
OPEN   X-OPEN-001.
OPEN      OPEN INPUT  ORDER-FILE.
****************************************************************************
OPEN   X-OPEN-002.
OPEN      OPEN INPUT  CUSTOMER-FILE.
****************************************************************************
OPEN   X-OPEN-003.
OPEN      OPEN I-O   ARTICLE-FILE.
****************************************************************************
OPEN   X-OPEN-004.
OPEN      OPEN OUTPUT DISPATCH-FILE.
****************************************************************************
OPEN   X-OPEN-005.
OPEN      OPEN OUTPUT OPEN-POSITIONS.
****************************************************************************
OPEN   X-OPEN-006.
OPEN      OPEN OUTPUT CUSTOMER-REPORT.
****************************************************************************
WRIT   X-WRIT-007.
WRIT      WRITE PRT-LINE AFTER ADVANCING PAGE.
****************************************************************************
READ   X-READ-008.
READ      READ ORDER-FILE
READ         AT END
READ            MOVE "99" TO RETURN-CODE
READ      END-READ.
****************************************************************************
READ   X-READ-009.
READ      READ CUSTOMER-FILE
READ         INVALID KEY
READ            MOVE "99" TO RETURN-CODE
READ      END-READ.
****************************************************************************
READ   X-READ-010.
READ      READ ARTICLE-FILE
READ         INVALID KEY
READ            MOVE "99" TO RETURN-CODE
READ      END-READ.
****************************************************************************
REWR   X-REWR-011.
REWR      REWRITE ARTICLE-RECORD.
****************************************************************************
WRIT   X-WRIT-012.
WRIT      WRITE POSITION-RECORD.
****************************************************************************
WRIT   X-WRIT-013.
WRIT      WRITE DISPATCH-RECORD.
****************************************************************************
```

Abbildung 6-13 Ausgelagerte I/O-Operationen

6.4.4   Verfeinerung

```
            **************************************************************
                    * READ ORDERS UNTIL END OF ORDER-FILE
                    READ-ORDERS.
REMOVE              PERFORM X-READ-008
REMOVE              IF RETURN-CODE NOT = ZEROS
REFORM                 GO TO TERMINATION
REFINE              END-IF.
            **************************************************************
                    * READ CUSTOMER-DATA WITH KEY = CUST-NO
                    READ-CUSTOMER.
                    MOVE ZERO TO ERROR-TYPE.
                    MOVE CUST-NO IN ORDER-RECORD TO CUST-KEY.
REMOVE              PERFORM X-READ-009
REMOVE              IF RETURN-CODE NOT = ZEROS
                       MOVE 1 TO ERROR-TYPE
                       GO TO REPORT-ERROR
REFINE              END-IF.
                    MOVE 0 TO POS.
                    MOVE ZERO TO TOTAL-ITEMS-FULFILLED
                    MOVE ZERO TO TOTAL-CUST-PRICE.
            **************************************************************
                    * PROCESS ORDER ITEMS FROM 1 TO 9
                    * OR UNTIL ITEM-NO = 999
                    PROCESS-ORDER.
                    MOVE ZERO TO ERROR-TYPE.
                    ADD 1 TO POS.
                    IF POS > XCON9
                    OR  ITEM-NO IN ORDER-RECORD (POS) = XCON9
                       SUBTRACT 1 FROM POS
                       GO TO PRINT-SUMMARY
REFINE              END-IF.
                    * ERROR OCCURED HERE BECAUSE POS IS 1 MORE THAN FINAL ITEM
                    * READ ARTICLE DATA WITH KEY = ART-NO
REMOVE              PERFORM X-READ-010
REMOVE              IF RETURN-CODE NOT = ZEROS
                       MOVE XCON2 TO ERROR-TYPE
                       GO TO REPORT-ERROR
REFINE              END-IF.
                    * CHECK IF QUANTITY IS SUFFICIENT AND DEDUCT ORDER FROM STOCK
                    IF ITEM-QUAN IN ORDER-RECORD (POS) >
                       ART-QUAN IN ARTICLE-RECORD
                       MOVE XCON3 TO ERROR-TYPE
                       GO TO WRITE-OPEN-POSITIONS
                    ELSE
                       SUBTRACT ITEM-QUAN IN ORDER-RECORD (POS) FROM
                          ART-QUAN IN ARTICLE-RECORD
REMOVE              PERFORM X-REWR-011
                       GO TO WRITE-DISPATCH
REFINE              END-IF.
            **************************************************************
```

Abbildung 6-14   Verfeinerter Code

Ein weiteres Sanierungsziel ist die Sprachkonversion. Sehr oft ist es beabsichtigt, den Code von einer Sprachstufe in eine andere zu versetzen, beispielsweise von Cobol-74 in Cobol-85 oder von PL/I in C. Um dies zu erreichen, sind bestimmte veraltete Spracheigenschaften zu entfernen und durch neuere zu ersetzen. Ein klassisches Beispiel ist die ALTER-Anweisung in Cobol, die in neueren Versionen von Cobol nicht zugelassen wird. Ein anderes Beispiel ist das PERFORM-THRU-Konstrukt, das schon mit strukturierten Techniken nicht mehr kompatibel ist. PL/I-Anweisungen mit BEGIN- und DO-Klauseln müssen so strukturiert werden, daß sie sich in geklammerte C-Verbundanweisungen mit Klammern umsetzen lassen. Schließlich muß in Cobol der berücksichtigte Terminator durch die entsprechenden END-Anweisungen ersetzt werden.

Im vierten Schritt muß also der prozedurale Code in eine strukturierte Form versetzt werden. Bedingte Anweisungen werden in ihren Bedingungen verschachtelt und korrekt terminiert. Sonstige krasse Verstöße gegen die strukturierte Programmierung, wie ALTER und PERFORM-THRU, werden hier erkannt und durch strukturierte Ablaufkonstrukte ersetzt. Das Ergebnis ist ein semi-strukturiertes Programm bis auf die GOTO-Verzweigungen.

6.4.5 Restrukturierung

Das ultimative Ziel der Programmsanierung sind kleine, abgeschlossene Code-Bausteine mit einem Eingang und einem Ausgang, die entweder als Methoden in konvertierten Klassen oder als Methoden in gekapselten Programmen dienen können. Solche Bausteine dürfen natürlich nicht durch GOTO-Verzweigungen kreuz und quer miteinander verbunden sein. Jeder Baustein muß alleine für sich stehen. Ausgelöst wird er von oben durch eine übergeordnete Ablaufsteuerung. Dorthin gibt er auch die Steuerung zurück, wenn er fertig ist.

Somit geht es hier bei der Restrukturierung prinzipiell um zwei Ziele. Zum einen sollten die Verbindungen zwischen Code-Abschnitten getrennt werden. Zum anderen soll die Steuerung von der Verarbeitung getrennt werden. Es soll im Sinne der strukturierten Programmierung eine zentrale Steuerung geben, die selbst keine Daten verarbeitet, sondern nur entscheidet, welcher Verarbeitungsbaustein als nächster auszuführen ist. Sie stellt den Kopf des Programmes dar. Die Verarbeitungsbausteine sind die Körperteile, die auf Befehle vom Kopf reagieren, um Datenzustände zu verändern, wobei jeder Verarbeitungsbaustein seine Befehle nur vom Kopf erhält. Von der Existenz der anderen Bausteine weiß der Einzelbaustein nichts. Er wird allein von oben gesteuert. Im dritten Schritt wurden schon die Eingabe/Ausgabe-Schnittstellen von der Verarbeitung getrennt. Hier wird die Steuerung von der Verarbeitung getrennt. Dadurch entsteht eine dreischichtige Programmarchitektur mit

- Steuerungsschicht,

- Verarbeitungsschicht und

- Zugriffsschicht.

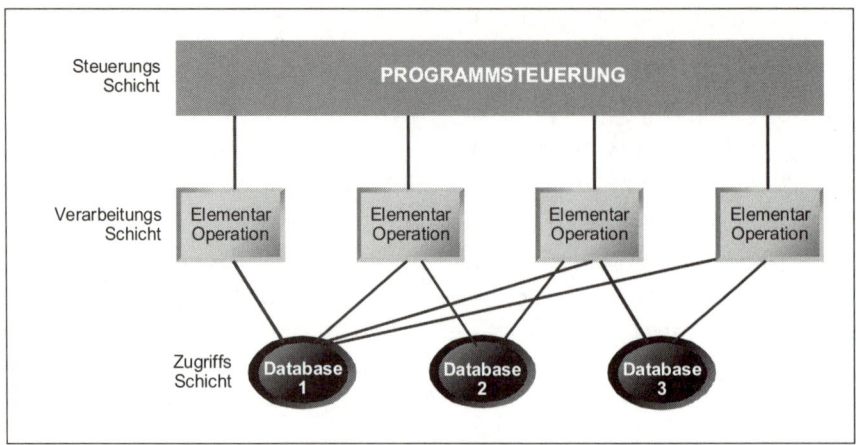

Abbildung 6-15 Dreischichtige Programmarchitektur

Im fünften und letzten Schritt der Programmsanierung werden im Hinblick auf die oben genannten Ziele

- jeder Cobol-Paragraph, jeder Assembler-Abschnitt und jede PL/I-Prozedur zum Baustein gemacht,

- jede GOTO-Verzweigung durch eine NEXT-LABEL-Zuweisung ersetzt,

- jeder Baustein nur durch ein PERFORM bzw. CALL aufgerufen und

- eine zentrale Steuerungsschleife eingefügt, die einen Baustein nach dem anderen aufgrund der NEXT-LABEL-Variablen aufruft, bis der Baustein mit dem Programm-Ausgang erreicht wird.

Die neue Programmstruktur – ob in Cobol, PL/I oder Assembler – entspricht der Theorie endlicher Automaten. Die Hauptschleife bzw. zentrale Steuerung eignet sich als Steuerungsklasse – in der Restruct-Methode – die sogenannte Gottklasse. Die einzelnen Verarbeitungsbausteine eignen sich als Methoden, die einem Objekt noch zuzuordnen sind. Die Eingabe/Ausgabe-Routinen eignen sich als Objektzugriffsmethoden. Auch sie lassen sich nach dem Objekt der Operation separieren und allokieren. Zum Schluß der Programmsanierung haben wir ein rein strukturiertes Programm mit drei oder mehr Hierarchieschichten und einer zentralen Ablaufsteuerung, also einen geeigneten Kandidaten sowohl für die Konvertierung als auch für die Kapselung [22].

```
         PROCEDURE DIVISION.
RECONS*-----------------------------------------------------------------
RECONS  X-CONTROL SECTION.
RECONS  X-CONTROL-LOOP.
RECONS    MOVE "INITIALIZATION" TO X-NEXT-LABEL.
RECONS    PERFORM 99999 TIMES
RECONS      IF X-NEXT-LABEL = "INITIALIZATION"
RECONS        PERFORM INITIALIZATION
RECONS      END-IF
RECONS      IF X-NEXT-LABEL = "READ-ORDERS"
RECONS        PERFORM READ-ORDERS
RECONS      END-IF
RECONS      IF X-NEXT-LABEL = "READ-CUSTOMER"
RECONS        PERFORM READ-CUSTOMER
RECONS      END-IF
RECONS      IF X-NEXT-LABEL = "PROCESS-ORDER"
RECONS        PERFORM PROCESS-ORDER
RECONS      END-IF
RECONS      IF X-NEXT-LABEL = "WRITE-OPEN-POSITIONS"
RECONS        PERFORM WRITE-OPEN-POSITIONS
RECONS      END-IF
RECONS    END-PERFORM.
RECONS  X-CONTROL-EXIT.
RECONS    EXIT.
RECONS*-----------------------------------------------------------------
         * INITIALIZE ORDER ENTRY PROCESSING
         INITIALIZATION.
                   ........... ......... ......... .........
         *-----------------------------------------------------------
         * READ ORDERS UNTIL END OF ORDER-FILE
         READ-ORDERS.
                   .......... ......... ......... ......... ......... ........
RECONS*-----------------------------------------------------------------
         * READ CUSTOMER-DATA WITH KEY = CUST-NO
         READ-CUSTOMER.
                   ......... ......... ......... ......... ......... ........
RECONS*-----------------------------------------------------------------
         ***************************************************************
         * PROCESS ORDER ITEMS FROM 1 TO 9
         * OR UNTIL ITEM-NO = 999
         *----------------------------------------------------------
         PROCESS-ORDER.
RECONS    MOVE SPACES TO X-NEXT-LABEL.
          MOVE ZERO TO ERROR-TYPE.
          ADD 1 TO POS.
          IF POS > XCON9
          OR ITEM-NO IN ORDER-RECORD (POS) = XCON9
            SUBTRACT 1 FROM POS
     *      GO TO PRINT-SUMMARY
RECONS      MOVE "PRINT-SUMMARY" TO X-NEXT-LABEL
RECONS    END-IF
RECONS    IF X-NEXT-LABEL = SPACES
REMOVE      PERFORM X-READ-010
REMOVE      IF RETURN-CODE NOT = ZEROS
              MOVE XCON2 TO ERROR-TYPE
     *        GO TO REPORT-ERROR
RECONS        MOVE "REPORT-ERROR" TO X-NEXT-LABEL
RECONS      END-IF
RECONS    END-IF
RECONS    IF X-NEXT-LABEL = SPACES
            IF ITEM-QUAN IN ORDER-RECORD (POS) >
            ART-QUAN IN ARTICLE-RECORD
            MOVE XCON3 TO ERROR-TYPE
     *      GO TO WRITE-OPEN-POSITIONS
RECONS        MOVE "WRITE-OPEN-POSITIONS" TO X-NEXT-LABEL
RECONS      END-IF
RECONS    END-IF
RECONS    IF X-NEXT-LABEL = SPACES
            SUBTRACT ITEM-QUAN IN ORDER-RECORD (POS) FROM
            ART-QUAN IN ARTICLE-RECORD
REMOVE      PERFORM X-REWR-011
     *      GO TO WRITE-DISPATCH
RECONS      MOVE "WRITE-DISPATCH" TO X-NEXT-LABEL
RECONS    END-IF
RECONS    IF X-NEXT-LABEL = SPACES
RECONS      MOVE "WRITE-OPEN-POSITIONS" TO X-NEXT-LABEL
RECONS    END-IF.
RECONS*-----------------------------------------------------------------
```

Abbildung 6-16 Restrukturierter Code

6.5   Entscheidungsgrundlagen für die Sanierung

Die Entscheidungen für oder gegen eine Sanierung und die Entscheidung, was zu sanieren ist, hängt an den eigenen Plänen. Eine Oberflächensanierung kann auch dann notwendig sein, wenn weder konvertiert noch gekapselt wird. Es soll erstmal alles so bleiben, wie es ist, nur werden die Interaktionen mit dem Anwender verbessert. Man spricht hier auch vom Facelifting. Dies ist die unterste Stufe einer Systemsanierung [23].

Eine Datensanierung ist erforderlich als Voraussetzung für eine Datenkonvertierung, besonders wenn die Daten noch nicht in relationaler Form vorhanden sind. Sie ist nicht erforderlich für eine Kapselung. Auch VSAM-Dateien und hierarchische bzw. netzartige Datenbanken können unverändert gekapselt werden. Sie bleiben eben unflexibel, unportabel und änderungsunfreundlich. Dennoch lassen sie sich wiederverwenden. Andererseits empfiehlt es sich, die Daten in eine relationale Datenbank zu migrieren, auch dann, wenn man mit der Objektorientierung nichts im Sinn hat. Die Datenstrukturen werden damit leichter zu pflegen und offener für andere Applikationen [24].

Eine Programmsanierung ist eine unbedingte Voraussetzung für die objektorientierte Migration der Programme. Weder PL/I- noch C- noch Cobol-Programme lassen sich in eine objektorientierte Form versetzen, ohne vorher saniert bzw. restrukturiert zu werden. Programmsanierung ist nur bedingt für eine Kapselung erforderlich. Bei der Kapselung von Prozessen, Programmen und Transaktionen müssen die Programme nicht vorher saniert werden. Es würde zwar helfen, die künftige Wartungslast zu erleichtern, aber es muß nicht sein. Anders sieht es aus bei der Kapselung von Modulen und Prozeduren. Dort ist die Programmsanierung eine wichtige Voraussetzung.

Software-Sanierung verursacht Kosten. Diese Kosten können höher oder niedriger sein, je nachdem zu welchem Grad der Reengineering-Prozeß automatisiert ist und wo das Reengineering-Projekt stattfindet. Reengineering in Niedriglohnländern ist bekanntlich billiger. Dennoch verursacht es Kosten, und Kosten müssen durch Nutzen ausgeglichen werden. Leider ist der Nutzen einer Sanierung nicht sofort bemerkbar, es sei denn, es handelt sich um eine Oberflächensanierung. Die Sanierung der Daten und Programme schlägt erst später in der Wartung zu Buche. Sie müßte zu einer spürbaren Entlastung des Wartungspersonals führen. Ansonsten sind die Kosten der Sanierung als Teil der Konvertierungs- bzw. Kapselungskosten anzusehen [25].

6.6 Literaturhinweise

[1] Yourdan, E.: »Language Wars«, Application Development Strategies, Cutter Information Corp., Arlington, MA., August, 1997

[2] Meier, A./Dippold, R.: »Migration und Koexistenz heterogener Datenbanken« Informatik Spektrum, Nr. 15, 1992, S. 157

[3] Sneed, H.: »Planning the Reengineering of Legacy Systems«, IEEE Software Magazine, Jan. 1995, S. 24

[4] Aiken, P.: Data Reverse Engineering, McGraw-Hill, New York, N.Y., 1996

[5] Navathe, S./Awong, A.: »Abstracting relational and hierarchical data with a semantic data model« in Proc. of 7th Int. E/R Conf., E/R-87, Brüssel, Okt. 1987, S. 82

[6] Davis, K.H./Arora, A.: »Converting Hierarchical Database Schemes to an E/R-Model« in Proc. of 4th Int. E/R Conf., IEEE Press, Chicago, Okt. 1985, S. 57

[7] Premerlani, W./Blaha, M.: »An Approach for Reverse Engineering of Relational Databases«, Comm. of ACM, Band 37, Nr. 5, Mai 1994, S. 42

[8] Aiken, P./Mintz, A./Richards, R.: »DOD Legacy Systems-Reverse Engineering Data Requirements«, Comm. of ACM, Band 37, Nr. 5, Mai 1994, S. 26

[9] Blaha, M./Premerlani, W./Rumbaugh, J.: »Relational Database Design using an Object-oriented Methodology«, Comm. of ACM, Band 31, Nr. 4, April 1988, S. 414

[10] Bachmann, C.: »A Case for Reverse Engineering«, Datamation, Juli, 1988, S. 49

[11] Vetter, M.: Aufbau betrieblicher Informationssysteme mittels konzeptioneller Datenmodellierung, Teubner Verlag, Stuttgart, 1985

[12] Date, C.: An Introduction to Database Systems, Addison-Wesley, Reading, Mass., 1975, S. 73

[13] Kent, W.: »A Simple Guide to Five Normal Forms in Relational Database Theory«, Comm. of ACM, Band 26, Nr. 2, Feb. 1983, S. 120

[14] Wiederhold, G.: »Views, Objects and Databases«, IEEE Computer Magazine, Dez. 1986, S. 37

[15] Orr, K.: »Data Quality and Systems Theory«, Comm. of ACM, Band 41, Nr. 2, Feb. 1998, S. 66

[16] Ege, R./Stary, C.: »Designing Mamtainable Reusable Interfaces«, IEEE Software Magazine, Nov. 1992, S. 24

[17] Artim, J./Hary, J./Spickhoff, F.: »User Interface Services in AD/Cycle«, IBM Systems Journal, Band 29, Nr. 2, 1990, S. 236

[18] Plaisant, C./Rose, A./Schneiderman, B.: »Low Effort, High-Payoff User Interface Reengineering«, IEEE Software Magazine, Juli 1997, S. 66

[19] Sneed, H.: »Architecture and Functions of a Commercial Software Reengineering Workbench«, in Proc. of 2nd European Conference on Software Maintenance and Reengineering«, IEEE Press, Florence, März 1998, S. 2

[20] Sneed, H./Jandrasics, G.: »Software Recycling«, in Proc. of 3rd Int. Conf. on Software Maintenance, IEEE Press, Austin, Texas, Sept. 1987, S. 82

[21] Markosian, L./Newcomb, P./Brand, R.: »Using an Enabling Technology to Reegineer Legacy Systems«, Comm. of ACM, Band 37, Nr. 5, Mai 1994, S. 58

[22] Sneed, H./Nyary, E.: »Downsizing Large Application Programs«, Journal of Software Maintenance, Band 6, Nr. 5, Sept. 1994, S. 235

[23] Bell, R./Sharon, D.: »Tools to engineer new technologies into old Applications«, IEEE Software Magazine, März 1995, S. 11

[24] Meier, A. u.a.: »Hierarchical to Relational Database Migration«, IEEE Software Magazine, Mai 1994, S. 21

[25] Sneed, H.: »Economics of Software Reengineering«, Journal of Software Maintenance, Band 3, Nr. 3, Sept. 1991, S. 163

7 Objektorientierte Software-Konversion

7.1 Der Stand auf dem Markt

7.1.1 Produkte für die Programmkonversion

In der Computerwoche 7/98 vom Feb. 1998 stand folgende Ankündigung unter dem Titel *Von Cobol nach Java und C++*.

»Unterstützung bei der Migration von Mainframe-Anwendungen nach Visual Basic, C++ oder Java verspricht die Relativity Technologies Inc. aus Triangle Park, North Carolina. Mit 'Rescue Ware', einer unter Windows 95 und NT laufenden Entwicklungsumgebung, lassen sich im ersten Schritt Cobol-Anwendungen einlesen und auf Fehler hin überprüfen. Es folgt die strukturierte Darstellung einer Applikation in Form von Diagrammen. Jetzt beginnt die eigentliche Arbeit: Der Anwender muß das Programm in sinnvolle Portionen zerlegen, um diese später in C++- oder Java-Komponenten konvertieren zu können. Die so definierten Objekte werden in Runtime-Umgebungen etwa von Borlands Jbuilder oder Microsofts Visual C++ geladen, getestet und kompiliert« [1].

Eine ähnliche Ankündigung von Hitachi Software in Japan war schon im Herbst 1997 in der Computer Woche zu lesen. Hitachi kündigte ein Tool an, um aus alten Cobol-Programmen netzfähige Java-Objekte zu produzieren. Im Gegensatz zum Produkt von Relativity Technologies soll der japanische Automat ein Minimum an menschlicher Interaktion verlangen [2].

Von IBM werden ebenfalls schon seit 1997 Reengineering Tools im Zusammenhang mit dem neuen Object Cobol Compiler – Cobol für MVS und OO-Cobol – auf dem PC-Arbeitsplatz unter OS/2 und Windows NT angeboten. Das Cobol-Konversionswerkzeug ist ein Zusatz zum Compiler [3].

Eine weitere marktgerechte Lösung kommt aus dem Forschungsprojekt RO-COCO, an dem das CAT-Systemhaus, die Gesellschaft für Mathematik und Datenverarbeitung, und das wissenschaftliche Zentrum der IBM in Heidelberg beteiligt sind. Das Produkt mit dem Namen CobolT verwandelt herkömmliche Cobol-Programme in objektorientiertes Cobol. CobolT erkennt in konventionellen Cobol-Programmen erhaltenswerte Teile, löst sie aus dem Programmzusammenhang heraus und transformiert sie in objektorientierte Cobol-Methoden. Laut Aussage der Hersteller läßt sich damit »die Softwarequalität verbessern und der Aufwand bei unerläßlichen Wartungsaufgaben mindern. Die entstehenden kleineren Bausteine sind flexibel und mit geringerem Aufwand an geänderte Anforderungen anpaßbar« [4].

Soweit die Märchenstunde. Die Realität sieht schon anders aus. Wer zwischen den Zeilen lesen kann, erkennt, daß das Problem grob vereinfacht wird und daß die angepriesenen Produkte noch lange nicht für die Praxis reif sind. Dennoch steht eins fest: alles dreht sich um die Sprache Cobol. Für Cobol-Programme soll es eine objektorientierte Zukunft geben. Dieses Ziel strebt auch der Cobol-Normungsausschuß X3J4 an. Zu groß ist die weltweite Investition in Cobol-Anwendungen. Wie sieht es aber mit den anderen Legacy-Mainframe-Sprachen aus?

7.1.2 Das Problem der vielen Sprachen – Babylon läßt grüßen

Es sollte jedem einleuchten, daß nur höhere Programmiersprachen für eine OO-Konvertierung in Frage kommen. Assembler-Programme müßten vorher entweder in C, PL/I oder Cobol umgewandelt werden. Dafür werden Konversionswerkzeuge von Sapiens für C und von SES für Cobol und PL/I angeboten. Dennoch kann auch mit Werkzeugunterstützung dieser Zwischenschritt sehr aufwendig werden. Die konvertierten Programme müssen lange getestet werden, um nachzuweisen, daß sie mit den alten Assembler-Programmen funktional äquivalent sind. Deshalb ist es fragwürdig, ob es sich überhaupt lohnt, sich mit der Konvertierung alter Assembler-Systeme zu beschäftigen. Sie sollten besser gekapselt oder neuentwickelt werden.

Das gleiche trifft im geringeren Ausmaß für die diversen 4GL-Sprachen zu. Es besteht kaum Aussicht auf eine Toolunterstützung für diese Sprachen, es sei denn, das Tool kommt vom Lieferanten der Sprache selbst. Diese Sprachen sind zugeschnitten auf bestimmte TP-Monitore und Datenbanksysteme der Vergangenheit und sind demzufolge äußerst schwierig aus ihrer Umgebung herauszulösen. Außerdem sind sie proprietär, so daß ein Reverse Engineering auch rechtliche Probleme mit sich bringen würde. Daher ist von einer Konvertierung solcher 4GL-Systeme abzuraten [5]. Falls sie sich auch nicht kapseln lassen, bleibt nur der Weg über eine Neuentwicklung übrig.

Für die Sprache PL/I gibt es noch keine objektorientierte Version. Im Gegenteil, die Sprachentwicklung ist seit Jahren stehengeblieben. Laut Ed Yourdan ist PL/I schon lange tot [6]. Für PL/I-Anwender ist daher eine Konversion in eine andere höhere Programmiersprache längst überfällig. Warum nicht gleich in eine OO-Sprache? Leider ist es nicht so einfach. Der Schritt von einer Syntax in eine andere dürfte mit der Transformation in eine objektorientierte Struktur nicht vermischt werden. Zunächst müssen die PL/I-Programme 1:1 in C konvertiert werden. Danach müssen die neuen C-Programme gegen die alten PL/I-Programme getestet werden. Erst wenn feststeht, daß die C-Prozeduren funktional äquivalent sind, kann mit der Transformation von C in C++ begonnen werden. Zu diesem Zweck gibt es zahlreiche C-Reengineering-Werkzeuge auf dem Markt, über deren Effektivität sich aber streiten läßt. Alle erfordern mehr oder weniger manuelle Eingriffe. Das heißt, sogar die Umsetzung von C-Prozeduren in C++-Klassen ist nicht ohne Probleme, auch wenn es dafür Produkte gibt.

Abgesehen davon ist C für die Mainframe-Welt, um die es hier geht, sowieso nur von wenig Interesse, weil es dort kaum alte C-Programme gibt. Die meisten Legacy-Systeme stammen aus den 80er Jahren, als es noch keine C-Compiler auf dem Mainframe gab. Laut einer Statistik der OVUM-Gruppe in Großbritannien sind über 60% der bestehenden Mainframe-Programme in Cobol, rund 11% in PL/I, 9% in Assembler und der Rest in einer der vielen 4GL-Sprachen, vor allem NATURAL, ADS-ONLINE, IDEAL, CSP und FOCUS geschrieben [7]. Hinzu kommen im deutschsprachigen Raum solche exotischen Generatorsprachen wie DELTA und SWT. Die Besitzer solcher Systeme werden kaum für sie geeignete Konversionswerkzeuge auf dem Weltmarkt finden. Für sie bleibt ein objektorientiertes Reengineering wohl ausgeschlossen. Sie können bestenfalls ihre Altlasten hinter einer Kapselungsschale verstecken.

Am Ende bleiben nur zwei Schienen zur Transformation prozeduraler Programme in eine objektorientierte Architektur: Cobol und PL/I über C.

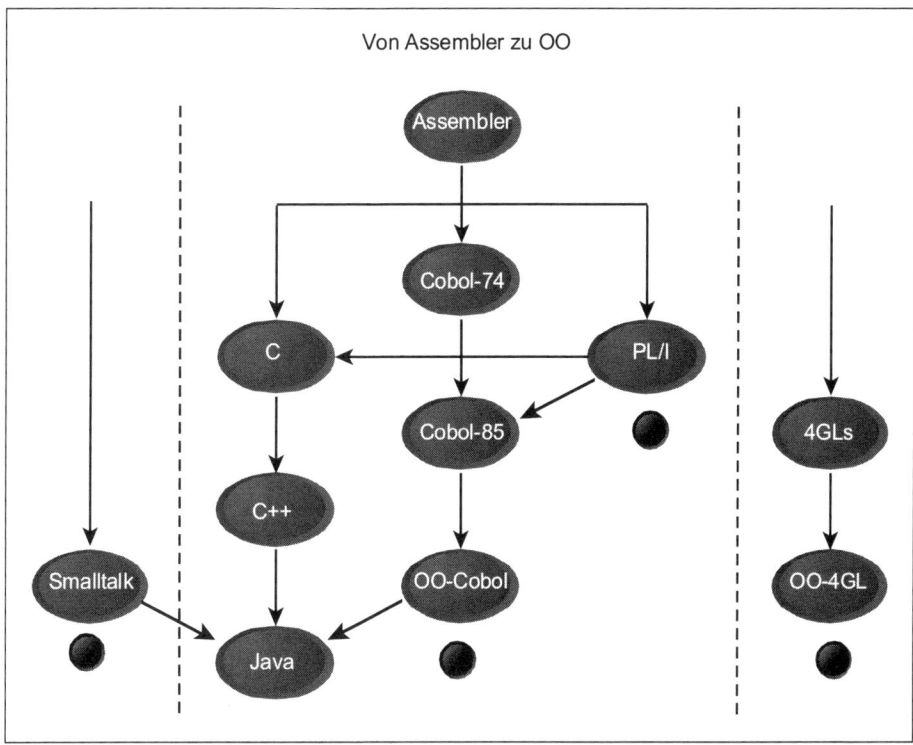

Abbildung 7-1 Sprachmigrationspfade

7.2   Der Stand der Forschung

Es ist nicht immer möglich, eine scharfe Grenze zwischen der Forschung und dem Markt zu ziehen. Einige kommerzielle Produkte, wie z.B. CobolT von CAI, sind aus Forschungsprojekten hervorgegangen. Das ROCOCO-Projekt, in dem CobolT entstanden ist, wurde vom Bundesministerium für Forschung und Technologie (BMFT) gefördert [8]. Das Produkt Cobtrans vom Autor hat seine Wurzel in einem von der europäischen Kommission geförderten Esprit-Forschungsprojekt [9]. Hier geht es um Forschungsergebnisse, aus denen noch keine marktreifen Produkte hervorgegangen sind. Von besonderem Interesse an diesem Zusammenhang sind die Verfahren, die die Forscher entwickelt haben, um eine objektorientierte Transformation zu bewerkstelligen.

7.2.1   Der Redo-Transformationsansatz

Das Redo-Projekt wurde im Kapitel 5 bereits erwähnt. Redo benutzt zwei zusätzliche semantische Ebenen zwischen dem ursprünglichen Cobol-Programm und dem endgültigen Object-Cobol-Programm – Uniform und Z++. Als erstes wird die Cobol-Syntax in eine Uniform-Syntax transformiert, die aufgrund ihrer strengen Formalität eine weitere Verarbeitung erleichtert.

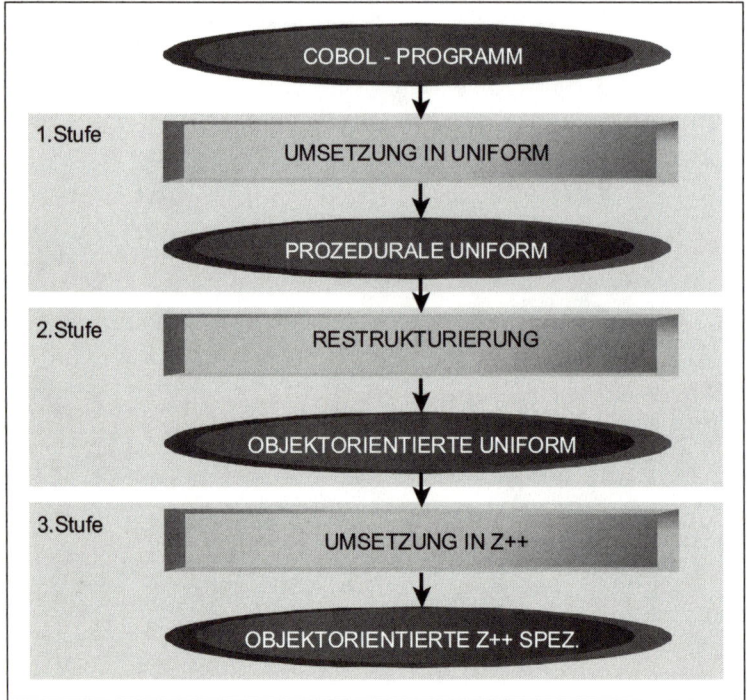

Abbildung 7-2 Redo-Transformationsverfahren

Die Objekte selbst werden aus der Uniform-Sprache extrahiert, und zwar für jede Datei und jede Datengruppe. Durch eine Datenflußanalyse werden alle Einwärts-flüsse in die Objekte erkannt und in Methoden umgewandelt. Die Spezifikation der Objekte und deren Methoden wird in Z++ vorgenommen. Wenn die Z++-Syntax einmal steht, hat der Human Reengineer immer noch die Möglichkeit, die Klassen zu optimieren, ehe aus ihnen Object-Cobol-Klassen generiert werden. Zu vermerken an dem Redo-Ansatz ist, daß die Klassen der neuen Programme aus den Sätzen, Tabellen und Datengruppen der alten Programme hervorgehen [10]. Der Ansatz ist also datenorientiert. Dadurch entsteht eine Vielzahl winziger Methoden für jedes Objekt. Daran ist der Ansatz auch in der Praxis gescheitert.

```
ENVIRONMENT DIVISION.              PROCEDURE DIVISION.
    INPUT-OUTPUT SECTION.              a SECTION.
        FILE-CONTROL.                      b.
            SELECT extf ASSIGN TO file         OPEN I-O file.
                ORGANISATION IS RELATIVE       READ file AT END MOVE true TO eof.
                ACCESS MODE IS DYNAMIC         PERFORM filter UNTIL eof.
                RELATIVE KEY IS ptr            CLOSE file.
                FILE STATUS IS status.         STOP RUN.
                                           filter.
DATA DIVISION.                                 IF (weight > 250) DELETE file.
    FILE SECTION.                              ADD 1 TO ptr.
    FD file LABEL RECORDS OMITTED.             READ file AT END MOVE ture TO eof.
    01 frec..
        02 height PIC 9 (3).
        02 weight PIC 9 (3).
    WORKING-STORAGE SECTION.
    01 ptr PIC 9 (5).

INITIALITY:  eof = false
INVARIANT: frec = string (height,weight)
           file = extf
EQUATIONS:
b(file,frec,ptr,eof)        = (file,frec,1,true)      if atend (file)
                            = loop (file,file(1),1,eof)   otherwise.

loop (file,frec,ptr,eof)    = (file,frec,ptr,eof)
                                if eof
                            = loop (DELETE file (ptr),frec,ptr+1,true)
                                if weight > 250 ^ atend (DELETE file (ptr))
                            = loop (DELETE file(ptr),DELETE file (ptr)(ptr+1),ptr+1,eof)
                                if weight > 250
                            = loop (file,frec,ptr+1,true)
                                If atend (file)
                            = loop (file,file(ptr+1),ptr+1,eof)
                                otherwise.
```

Abbildung 7-3 Redo-Transformationsergebnis

7.2.2 Der Reorg-Transformationsansatz

Eine ähnliche Erfahrung machte der Autor mit seinem Reorg-Ansatz. Das Reorg-Verfahren ist aus einem Reengineering-Projekt in einer Schweizer Großbank hervorgegangen. Dort wurde unlängst entschieden, sich in Richtung der objekt-orientierten Methoden zu bewegen. Diese Bank hat aber sehr früh mit der Automatisierung der Bankgeschäfte begonnen und hat einen großen Bestand an konventionellen Cobol-Anwendungssystemen, zum Teil Batch, zum Teil Dialog. Es stellte sich heraus, daß es mehrere hundert Mannjahre beanspruchen würde, diesen Bestand neu zuentwickeln, auch dann, wenn moderne CASE-Werkzeuge die

Entwicklung unterstützen. Die Bank suchte daher einen Weg, diesen gewaltigen Migrationsaufwand zu reduzieren. Schon eine Reduktion von 10-20% würde viel ausmachen. In diesem Zusammenhang wurde der Verfasser damit beauftragt, Reverse- und Reengineering-Techniken für die Migration von prozeduralorientierten zu objektorientierten Software-Architekturen zu testen. Das Reorg-Verfahren ist durch diesen Test entstanden [11].

Nach dem Reorg-Verfahren werden Cobol-Programme in zehn Schritten transformiert:

- Statische Analyse des Quellcodes,

- Inverstransformation in ein Spezifikationsrepository,

- Identifizierung der Objekttypen,

- Analyse der Zugriffspfade,

- Analyse der Datenverwendung,

- Zuordnung der Anweisungen zu den Objekten,

- Analyse des Datenflusses,

- Markierung der vererbbaren Attribute,

- Identifizierung der Nachrichten und

- Generierung eines Programmrahmens in objektorientiertem Cobol.

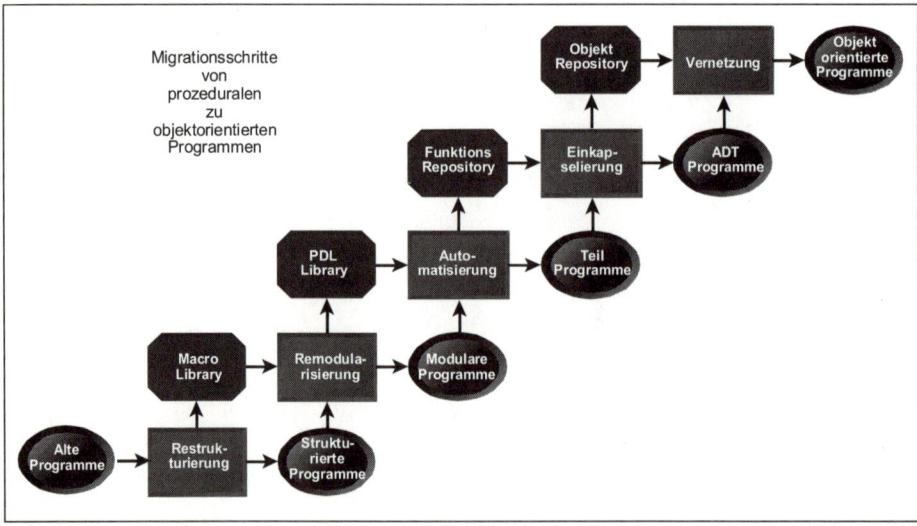

Abbildung 7-4 Reorg-Transformationsverfahren

Im 1. Schritt wird der ursprüngliche Sourcecode analysiert, zerlegt und in mehrfachen Tabellen dargestellt. Es werden Tabellen für die Datenstrukturen, die Datenverweise, die Konstanten, die Datenschnittstellen, die Programmschnittstellen, die Prozedurstrukturen und die prozeduralen Anweisungen gebildet.

Im 2. Schritt werden die Inhalte der Tabellen über eine Batch-Schnittstellensprache in ein Spezifikationsrepository geladen. Aus den Datenstrukturen werden Attributenbäume und Data-Dictionary-Einträge. Aus den Konstanten werden invariante Assertionen. Aus den Datenschnittstellen werden Nachrichten. Aus den Programmschnittstellen werden Programm-zu-Programm-Beziehungen bzw. CALL-Hierarchien. Aus den Prozedurstrukturen werden Funktionsbäume nach Jackson, und aus der Anweisungstabelle werden elementare Operationen in einem Function Dictionary. Schließlich werden aus den Datenverweisen Funktion/Daten-Beziehungen mit den Typen SET, USE, QUERY usw. [12].

Im 3. Schritt werden die Objekte aus den Datenstrukturen herauskristallisiert. Aus den lokalen Arbeitsdaten werden Objekte vom Typ WORK gewonnen. Aus den globalen Arbeitsdaten werden Objekte vom Typ COMMON gewonnen. Aus den File-Beschreibungen werden Objekte vom Typ FILE gewonnen. Aus den Datenbanksichten werden Objekte vom Typ VIEW gewonnen. Aus den Masken- und Listenstrukturen werden Objekte vom Typ INTERFACE gewonnen. Aus den Linkage-Daten werden Nachrichten gewonnen. Am Ende dieses Schrittes existiert ein Katalog der Objekte mit Zeiger auf deren Attribute.

Im 4. Schritt werden die Zugriffe auf Dateien und Datenbanken analysiert. Dadurch werden zum einen die Zugriffsoperationen auf ein Datenbankobjekt wie SELECT, UPDATE, DELETE und INSERT gesammelt und zum anderen die Beziehungen zwischen Datenbankobjekten erkannt. Wenn z.B. ein Zugriff auf einen Auftrag von n Zugriffen auf Auftragsposten folgt, ist anzunehmen, daß Auftrag eine 1:N-Beziehung zu Auftragsposten hat. Wenn ein Zugriff auf einen Auftrag immer mit einem Zugriff auf einen Kunden gepaart ist, ist eine 1:1-Beziehung anzunehmen. Die Objektbeziehungen und die Zugriffsoperationen werden dem jeweils betroffenen Objekt angehängt. Am Ende dieses Schrittes hat jedes Datenbankobjekt neben seinem Attributenbaum auch eine Beziehungstabelle mit Verweisen zu anderen Datenbankobjekten und eine Reihe Zugriffsoperationen einschließlich deren Auslöser.

Im 5. Schritt wird die Verwendung jedes einzelnen Datenelements quer durch alle Programme untersucht. Sämtliche Verweise auf das Datenelement, ob als SET, USE, ALTER oder QUERY, werden aus den Querverweistabellen gesammelt und dem Dictionary-Eintrag für Datenelemente angehängt.

Im 6. Schritt werden die Anweisungen der Elementaroperationen den einzelnen Datenelementen zugeordnet. Falls eine Anweisung mehrere Datenelemente betrifft, wie z.B.

```
MOVE ZERO TO X,Y,Z
```

wird sie für jedes Zielelement dupliziert. Außerdem werden die Prädikate der Elementaroperationen aus den Jackson-Bäumen gewonnen und mit den Zuweisungen als Pfadausdruck gekoppelt, z. B.

```
PAYMENT.
   PERFORM  UNTIL  (I > N)  AND  NOT  EOF
        IF  (BRANCH  =  EUROPE)
             EVALUATE  LANGUAGE
                  WHEN  GERMAN
                        ADD  VAT  TO  PAYMENT
```

Payment ist hier das Zielattribut. Natürlich hat jedes Zielattribut eine Reihe solcher Pfadausdrucke, einen pro SET-Verweis.

Im 7. Schritt wird der Datenfluß zwischen Objekten verfolgt. Hier geht es darum, zu erkennen, aus welchen anderen Objekten ein Objekt gespeist wird bzw. von welchen anderen Objekten es Werte übernimmt. Wenn der Datenfluß nur in eine Richtung geht, z. B. das Objekt PROTOKOLL empfängt nur Werte aus dem Objekt KUNDE, zeigt dies, daß PROTOKOLL vom KUNDEN Daten erbt. Es kann auch sein, daß PROTOKOLL auch Werte aus dem Objekt AUFTRAG empfängt. In diesem Falle erbt PROTOKOLL sowohl vom KUNDEN als auch vom AUFTRAG. Dies ist ein Fall von Mehrfachvererbung. Wenn der Datenfluß in beide Richtungen geht, z. B. das Objekt AUFTRAG Werte vom Objekt ARTIKEL und das Objekt ARTIKEL umgekehrt Werte vom Objekt AUFTRAG bezieht, deutet dies auf eine Kollaboration zwischen diesen beiden Objekten. Am Ende dieses Schrittes haben einige Objekte ERBT-VON- und KOLLABORIERT-MIT-Beziehungen, die in Form von Tabellen dem Objekt-Dictionary-Eintrag zugeordnet sind.

Im 8. Schritt werden alle Attribute markiert, die von einem Objekt an das andere vererbt werden, das sind die USE-Variablen oder Sendefelder, aus denen Werte bezogen sind, z. B. in der Anweisung.

    COMPUTE KONTOSTAND = KONTOSTAND – ABBUCHUNG

wird das Attribut ABBUCHUNG im Objekt KONTOBEWEGUNG markiert, denn es wird an das Objekt KONTO vererbt. KONTOSTAND gehört dagegen zum Objekt KONTO.

Im 9. Schritt werden alle Attribute markiert, die zwar als Eingabe oder Prädikat benutzt, aber nicht vererbt werden. Diese Attribute müssen in Nachrichten verpackt vom Quellobjekt ans Zielobjekt versandt werden. Dadurch werden die Nachrichtenstrukturen gebildet. Eine Nachricht enthält alle Attribute, die aus Objekt A vom Objekt B benutzt (USE) oder abgefragt (QUERY) werden, insofern sie nicht vererbbar sind, d.h. fremde Attribute. Dieser Schritt endet mit der Generierung der Nachrichten und Import/Export-Schnittstellen.

Im 10. und letzten Schritt werden Cobol-Quellprogramme nach dem CODASYL-Vorschlag für objektorientiertes Cobol generiert. Jede Cobol-Klasse verweist auf die übergeordneten Klassen, aus denen es Attribute erbt. Attribute, die sie selbst vererbt, sind in PUBLIC-STORAGE deklariert. Nachrichten, die sie empfängt und die sie sendet, sind in der LINKAGE-SECTION deklariert. Attribute des eigenen Objektes, die nicht vererbt werden, sind in PRIVATE-STORAGE deklariert.

Die Procedure Division enthält eine METHOD-SECTION für jede Zugriffsoperation auf das Objekt. Dazu gehört CREATE, DELETE, SELECT, UPDATE, STORE usw. sowie eine METHOD-SECTION für jedes Attribut des Objektes, das verändert wird. In der SECTION sind alle Anweisungen, die das Attribut ändern, zusammen mit ihren Prädikaten. Gesteuert wird die Auslösung der Elementaroperationen über einen Ereignis-Indikator, der als Runtime-Parameter der Klasse zur Verfügung gestellt wird.

```
                PROCEDURE DIVISION.
         ***********************************************************
RESTR1 *                        F U N K T I O N E N T E I L        *
         ***********************************************************
RESTR1 S-INITIALIZATION SECTION.
RESTR1 A-INITIALIZATION.
COB92           ENTRY ''ARTICLE-INITIALIZATION'' USING XNET-LABEL
COB92                           X-ARTICLE-RECORD.
COB92           MOVE X-ARTICLE-RECORD TO ARTICLE-RECORD
RESTR1          PERFORM IO-3
COB92           EXIT.
RESTR1 X-INITIALIZATION.
COB92           MOVE ARTICLE-RECORD TO X-ARTICLE-RECORD
COB92           EXIT PROGRAM.
         ***********************************************************
RESTR1 S-PROCESS-ORDER SECTION.
RESTR1 A-PROCESS-ORDER.
COB92           ENTRY ''ARTICLE-PROCESS-ORDER'' USING XNEXT-LABEL
COB92                           X-ARTICLE-RECORD
COB92                           ERROR-TYPE
COB92                           ORDER-RECORD
COB92                           POS.
COB92           MOVE X-ARTICLE-RECORD TO ARTICLE-RECORD
RESTR1          PERFORM IO-10
RESTR1          IF       XNEXT-LABEL = L-REPORT-ERROR
RESTR1                   GO TO X-PROCESS-ORDER.
                IF       ITEM-QUAN IN ORDER-RECORD (POS)  >
                         ART-QUAN IN ARTICLE-RECORD
                         MOVE N-3 TO ERROR-TYPE
     *                   GO TO WRITE-OPEN-POSITIONS
RESTR1                   MOVE L-WRITE-OPEN-POSITIONS TO XNEXT-LABEL
RESTR1                   GO TO X-PROCESS-ORDER
                ELSE
                         SUBTRACT ITEM-QUAN IN ORDER-RECORD (POS) FROM
                                     ART-QUAN IN ARTICLE-RECORD
RESTR1          PERFORM IO-11
RESTR1          MOVE L-WRITE-DISPATCH TO XNEXT-LABEL
RESTR1          GO TO X-PROCESS-ORDER
COB92           EXIT.
RESTR1 X-PROCESS-ORDER.
COB92           MOVE ARTICLE-RECORD TO X-ARTICLE-RECORD
COB92           EXIT PROGRAM.
         ***********************************************************
RESTR1 S-TERMINATION-SECTION
RESTR1 A-TERMINATION.
COB92           ENTRY ''ARTICLE-TERMINATION'' USING XNEXT-LABEL
COB92                           X-ARTICLE-RECORD.
COB92           MOVE X-ARTICLE-RECORD TO ARTICLE-RECORD
RESTR1          PERFORM IO-27
COB92           EXIT.
RESTR1 X-TERMINATION.
COB92           MOVE ARTICLE-RECORD TO X-ARTICLE-RECORD
COB92           EXIT PROGRAM.
RESTR1***********************************************************
R E 1 * E  /  A    A N W E I S U N G E N
RESTR1***********************************************************
***
```

Abbildung 7-5 Reorg-Transformationsergebnis

Es versteht sich, daß die generierten OO-Cobol-Programme nicht lauffähig sind, auch wenn es schon einen OO-Cobol-Compiler gäbe. Sie dienen jedoch als Entwurf für die zukünftigen Programme in der Zielsprache selbst. Die Datenstrukturen sind da und die Operationen ebenfalls. Außerdem sind die Vererbungspfade und die Import/Export-Schnittstellen vorgegeben. Es obliegt dem Entwickler, sie in eine optimierte, lauffähige Form umzugestalten. Die automatische Generierung solcher Klassenschablonen aus der alten Code-Masse verspricht jedenfalls eine große Ersparnis an manuellem Migrationsaufwand.

Das Reorg-Verfahren ist ein klassisches Beispiel für einen datenbezogenen Transformationsprozeß. Er produziert nur dann ein brauchbares Ergebnis, wenn die Ursprungsprogramme auch datenorientiert sind, d.h. nach Jacksons strukturierter Programmierung strukturiert sind [13]. Dies war zwar der Fall in der Schweizer Bank, wo SoftReorg entstanden ist, aber leider erfüllen die wenigsten alten Cobol-Programme dieses Kriterium.

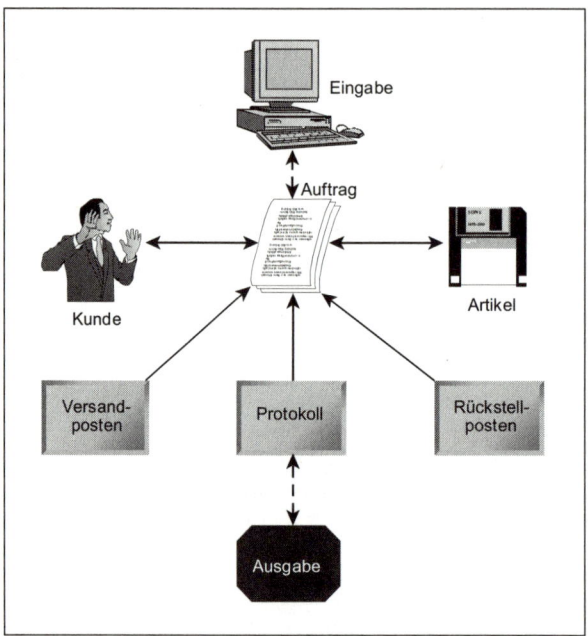

Abbildung 7-6 Datenbezogene Objektbildung

7.2.3 Der Ottowa-Transformationsansatz

In einer neueren Forschung an der Universität Ottawa in Kanada hat Nicolas Anquetil einen anderen Weg eingeschlagen. Ihm ist schon aufgefallen, daß der datenbezogene Ansatz, den er als Seed-Methode (Seed bedeutet in diesem Zusammenhang »Keimung«) bezeichnet, für große Programme nicht geeignet ist. Er schreibt »the common practice of creating classes from procedural programs is to choose a seed, which is a data structure, and then clustering around it the instructions or routinies that use this seed. The cluster forms a class where the routines are the methods of the class. This process is repeated as long as there are seeds available. Unfortunately, the method does not scale up« [14].

Anquetil hat einen anderen Ansatz gewählt, der auf den CALL-Aufrufen basiert. In seiner Untersuchung von PASCAL-Programmen eines großen Telefonvermittlungssystems ist er zum Schluß gekommen, daß die aufgerufenen Subroutinen genausogut als Klassen dienen können. »While doing our research on class hierarchy design, we discovered that routine calls often carry a semantic meaning. Clustering routines on routine calls would often return semantically coherent clusters. A routine calls another one to delegate a part of its job and this delegation corresponds to responsibility driven class design ...«

Anquetil bezieht sich auf das Verantwortlichkeitsprinzip von Rebecca Wirfs-Brock [15]. Danach werden Klassen nicht nach den darin enthaltenen Daten, sondern nach deren enthaltenen Dienstleistungen gebildet. Eine Gruppe Routinen, die dazu dienen, eine gemeinsame Dienstleistung zu erbringen bzw. die ein gemeinsames Ergebnis erzeugen, bilden eine Klasse. Anquetil behauptet, diese Art Klassenbildung sei besser geeignet, um prozedurale Programme zu konvertieren, denn so wird die Versplitterung des Codes vermieden.

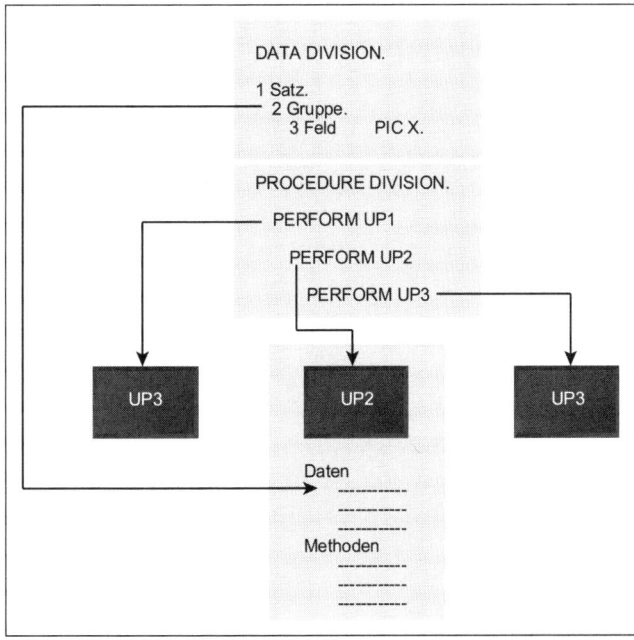

Abbildung 7-7 Prozedurbezogene Objektbildung

7.2.4 Der Restruc-Transformationsansatz

Einen anderen Ansatz verfolgt die Forschungsgruppe an der DeMontfort Universität in England. Sie leiten eine Klassenhierarchie nach Funktionalität ab, in der alle gemeinsam benutzten Daten in der übergeordneten Basisklasse – der Gottklasse bzw. im Datenhimmel – gesammelt sind, von wo aus sie an die untergeordneten Klassen vererbt werden. Dadurch landet natürlich der größte Teil der alten Steuerungslogik in der Basisklasse. Lediglich die lokale Verarbeitung und die Zugriffsoperationen werden in die Unterklassen verlagert. Dieser Ansatz wurde bisher nur für C-Programme angewendet [16].

7.2.5 Der Progress-Transformationsansatz

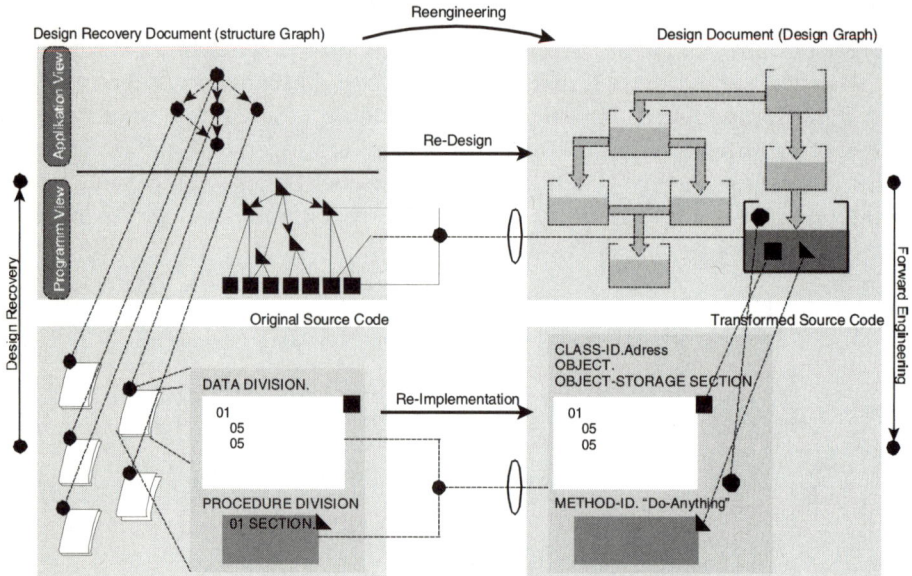

Abbildung 7-8 PROGRESS-Transformationsmethode

Ein besonders interessanter Ansatz für Cobol-Anwender wurde an der Universität Aachen entwickelt, wo das Bundesministerium für Forschung und Technologie ein Projekt fördert, um aus alten Cobol-Programmen, Corba-kompatible, wiederverwendbare Object-Cobol-Bausteine zu gewinnen. Zunächst wird aus der Cobol-85-Quelle ein PERFORM-Baum der Codeabschnitte gewonnen. Dieser Baum ist Teil einer umfassenden graphischen Darstellung des alten Programmes. Für das Programm in seiner Gesamtheit wird ein Klassenrahmen kreiert mit Invokationen der Methoden. Die Knoten des Baumes bzw. die Cobol-Sections, werden mit einer Parameter-Schnittstelle versorgt und in Methoden umgewandelt. Die neuen Cobol-Methoden haben einen eigenen Datenbereich und sind voneinander unabhängig. Da ihre Parameter-Schnittstellen in Corba-IDL umgesetzt werden, sind sie auch von fremden Objekten her aufrufbar. Zum Schluß werden sie in den Cobol-Klassenrahmen eingebettet. Durch die Interaktion mit dem Anwender über die Spezifikationssprache TXL können einzelne Bausteine weggelassen oder adaptiert werden. Damit hat der Migrationsingenieur einen gewissen Einfluß auf den Transformationsprozeß [17].

Das Verfahren mit der Bezeichnung »Progress« wird zur Zeit in zwei Anwenderfirmen in Deutschland erprobt.

7.2.6 Die Schlüsse aus der Forschung

Auffallend ist, daß die Forschungsansätze im wesentlichen von der Art des Forschungsobjektes geprägt werden. Der Redo-Ansatz wurde durch Cobol-Programme geprägt, die Daten lesen und Berichte schreiben. In diesem Fall ist es klar, daß die Dateien und Berichte geeignete Kandidaten für die Objektbildung sind. Der Reorg-Ansatz orientiert sich auf Online-Transaktionsprogramme, die auf eine relationale Datenbank zugreifen. Hier bieten sich die Bildschirmmasken und die Datenbanksichten als Objekte an, da sie meistens getrennt voneinander verarbeitet werden. Der CALL-Ansatz von Anquetil wurde durch ein breit verteiltes Switching-System mit vielen kleinen Subroutinen geprägt. Jede Subroutine verfügte über eigene interne Daten und bezog ihre externen Daten über eine Parameterschnittstelle. Es versteht sich, daß aus den Subroutinen Klassen gebildet werden können. Im Falle der Restruct-Forschung ging es um ein Prozeßsteuerungssystem in C mit einem großen globalen Datenbereich. Es lag nahe, diesen Bereich in einer Basisklasse zu kapseln und die Daten von dort aus zu vererben. Der Aachener Ansatz geht schließlich von einer Baumstruktur der betroffenen Cobol-Programme aus und versucht, die Baumknoten zu separieren und adaptieren.

Aus dieser Betrachtung läßt sich schließen, daß es kein universales Rezept gibt. Die Ableitung von Objekten aus bestehenden Programmen hängt im wesentlichen von der Machart des Programmes ab. Nur ein Ansatz, der einer bestimmten Programmart gerecht wird, kann Erfolg versprechen, d.h. die Methode der Objektbildung muß der Programmart angepaßt sein. Eine allgemeingültige Lösung für alle Programmarten in allen Umgebungen wird es wohl nie geben. Das Problem ist, wie Peter Chen bei der Definition von Entitäten behauptet, kontext abhängig [18].

7.3 Programmarten in konventionellen Informationssystemen

In diesem Buch geht es in erster Linie um die Migration konventioneller Mainframe-Informationssysteme, die in einer 3GL-Sprache geschrieben sind und die ein Datenbanksystem bedienen. Zwecks der vereinfachten Erläuterung werden wir davon ausgehen, daß es sich um Cobol-Programme handelt.

Konventionelle, kommerzielle Cobol-Programme teilen sich in drei Klassen:

- Batch-Programme,

- Dialogprogramme und

- Unterprogramme [19].

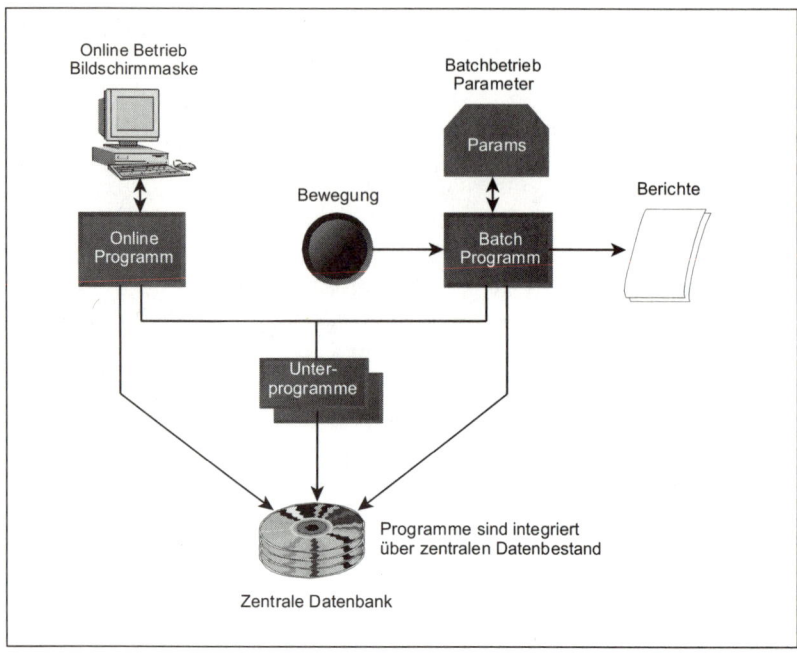

Abbildung 7-9 Programmklassen in der kommerziellen Datenverarbeitung

7.3.1 Batch-Programme

Cobol-Batch-Programme dienen in der Regel entweder der Fortschreibung einer Datenbank bzw. einer Stammdatei oder der Erstellung von Berichten. Fortschreibungsprogramme lesen eine oder mehrere Bewegungsdateien und bilden daraus eine Datenbanktransaktion. Die Zusammenführung der Bewegungen ist oft durch einen komplexen Mischalgorithmus geregelt. Auf der anderen Seite werden ein oder mehrere Datenbankzugriffe ausgelöst, um Stammdaten zu ändern, zu löschen oder einzufügen (UPDATE, DELETE, INSERT). Zwischen diesen beiden Algorithmen – der Eingabe und Auswahl und der Datenbankaktualisierung – werden verschiedene Manipulationen der Stammdaten unter Verwendung der Bewegungsdaten durchgeführt. Parallel dazu werden die Bewegungen protokolliert. Da Batch-Programme sich leicht wieder anlaufen lassen, brauchen sie keine komplizierte Restart- und Recovery-Logik, allenfalls ein Logging und ein COMMIT nach jeder Bewegungsgruppe.

Die Logik eines Fortschreibungsprogrammes ist die einer verschachtelten Schleifenstruktur mit Vorlauf, Schleife und Nachlauf. Die große externe Schleife kann mehrere kleine interne Schleifen beinhalten. Dies führt oft zu einer tiefen und komplexen Verschachtelung mit zahlreichen GOTO-Verzweigungen bzw. PERFORM-Aufrufen.

Die Größe der Fortschreibungsprogramme richtet sich nach der Anzahl Bewegungsdateien sowie der Anzahl der Datenbankzugriffe. Das Lesen der Bewegungsdateien, die Zugriffe auf die Datenbank, die Verarbeitung der Daten und die Aufbereitung der Protokolle sind alle in einer PROCEDURE DIVISION zusammengefaßt. Die Beschreibungen sämtlicher Bewegungssatzarten und Datenbanksichten sind in der DATA DIVISION zu finden. Daher sind solche Programme eher monolithisch und nur selten in getrennt kompilierbare Module aufgeteilt. Außerdem enthalten sie oft überflüssige Daten und Funktionen, vor allem, wenn sie mehrfach geändert wurden.

Die zweite Hauptart vom Batch-Programm ist das Berichtsprogramm. Solche Programme lesen eine oder mehrere Datenbanken, um Informationen für Berichte zusammenzutragen. Der Hauptalgorithmus ist ein Datenbanknavigationsverfahren, wobei die Daten in einer bestimmten, verschachtelten Reihenfolge geholt werden. Die gewonnenen Daten werden in Zwischenspeicherbereichen zusammengeführt und dort verarbeitet, ehe sie in die Berichtsformate übertragen werden.

Die Logik der Berichtsprogramme richtet sich in der Regel nach dem Format der Berichte. Für jeden Bericht gibt es eine Hauptschleife mit einer Unterschleife für jede Berichtsgruppe. In jeder Schleife werden eine Reihe Datenbankzugriffe betätigt und die Stammdaten entsprechend aufbereitet. Am Anfang und am Ende jeder Gruppe findet eine eigene Gruppenverarbeitung statt – am Anfang als Prolog und am Ende als Epilog.

Die Größe der Berichtsprogramme richtet sich nach der Anzahl der Berichte und der Anzahl der Gruppen – Hauptgruppen und Untergruppen – in jedem Bericht. Die Verschachtelungstiefe der Verarbeitungslogik wird durch die Berichtsuntergliederung sowie durch die Verschachtelung der Zugriffslogik bestimmt. Solche Batch-Programme sind in der Regel auch ohne Modularisierung implementiert, weil die diversen Datenstrukturen so miteinander verquickt sind.

Im allgemeinen ist festzuhalten, daß Cobol-Batch-Programme große, komplexe, monolithische Gebilde mit zahlreichen Ein-/Ausgabe-Schnittstellen sind, die mehrere Objekte mit mehreren hundert Attributen ansprechen. Sie kennen keine Trennung zwischen Benutzeroberfläche – hier in Form des Berichtes –, Datenbankzugriffen und Verarbeitungslogik.

7.3.2 Dialog-Programme

Cobol-Dialogprogramme sind in der Regel transaktionsorientiert. Sie empfangen eine Nachricht vom Datenendgerät, prüfen den Inhalt der Nachricht, greifen auf eine Datenbank zu und senden eine Nachricht zurück an das Datenendgerät.Abfrageprogramme lesen nur aus der Datenbank und stellen eine Antwort auf die Abfrage zusammen. Update-Programme verändern die Datenbank und müssen deshalb entsprechende Fehlerbehandlungs- und Recovery-Routinen haben. Die Veränderung der Datenbank wird durch entsprechende COMMIT-Funktionen ordnungsgemäß abgeschlossen oder wieder in den Urzustand zurückgesetzt.

Ein Großteil der Dialogprogramme ist der internen Transaktionsverarbeitung gewidmet, d.h. der technische Teil überwiegt. Viele Anwender sind dazu übergegangen, diesen Teil in einen vorgefertigten, wiederverwendbaren Rahmen zu verpakken. Der anwendungsbezogene Teil des Programms besteht hauptsächlich aus Plausibilitätsprüfungen und Maskenformatierungsoperationen. Die Veränderung der Stammdaten ist ein eher trivialer Teil.

Cobol-Dialogprogramme haben selten Unterprogramme. Sie sind monolithisch und aus Performanz-Gründen meistens unstrukturiert. Dies ist eine Folge der Einschränkungen früherer TP-Monitoren. CICS-Programme wurden lange Zeit über Handle Aids mit PF-Tasten gesteuert. Darum sind die Programmabschnitte meistens über GOTO-Anweisungen miteinander querverbunden. Die Datenkommunikationsoperationen, z.B. in Form von CICS-Makros, sind durch den Cobol-Code verstreut. Die Datenbankzugriffe, z.B. in Form von SQL- oder DL/I-Anweisungen, sind ebenfalls durch den Code verstreut, je nachdem, wo sie prozedural vorkommen. Ein typisches Cobol-Dialogprogramm ist eine Zusammensetzung aus Cobol-, CICS- und SQL-, DLI- oder DML-Anweisungen.

Kurzum, die ganze Programmlogik ist um die Abarbeitungsfolge der Transaktion vom Empfang der Eingabe-Nachricht bis zur Sendung der Ausgabe-Nachricht herum strukturiert. Die großen Datenmengen, die im Arbeitsspeicher ein- und ausgeladen werden, werden kreuz und quer je nach Bedarf angesprochen. Lokalität der Referenzierung ist so gut wie nie anzutreffen. Dies erschwert die Wartung und macht die Programme fehleranfällig, vor allem wenn kein Standardrahmen existiert.

7.3.3 Unterprogramme

Cobol-Unterprogramme werden geschrieben, um speziell ausgelagerte Funktionen mit einer isolierbaren Datenschnittstelle zu realisieren. Sie übernehmen in der Regel eine Menge logisch zusammengehöriger Daten in einer Parameterliste, verändern die Daten und geben sie zurück. Solche Subroutinen sind die besten Kandidaten für die Kapselung. Andere Cobol-Unterprogramme dienen als Zugriffsroutinen. Sie erhalten einen Funktionscode und eine Eingabe und führen vorbestimmte Funktionen auf einer Datei oder Datenbank aus. Nachher reichen sie einen Returncode und eine Ausgabe zurück. So betrachtet kommen die Unterprogramme aus der Cobol-Praxis den Idealen der Objektorientierung am nächsten. Sie haben eine beschränkte Datenverfügbarkeit und erfüllen eine begrenzte Anzahl Funktionen auf eine begrenzte Datenmenge. Sie sind sogar im Regelfall wiederverwendbar, d.h. sie können von verschiedenen Hauptprogrammen benutzt werden. Je mehr Unterprogramme eine Cobol-Anwendung enthält, desto leichter wird es, diese Anwendung in eine objektorientierte Architektur zu überführen.

7.4 Die objektorientierte Transformation von Cobol-Programmen durch Cobtrans

7.4.1 Die Vorgeschichte

Ein Ansatz, der allen drei der obengenannten Programmarten gerecht wird, ist der COBTrans-Ansatz vom Autor. Der Autor dieses Buches hat sich als erster in Deutschland mit der OO-Cobol-Sprache auseinandergesetzt, die ersten deutschsprachigen Artikel darüber geschrieben und die ersten deutschsprachigen Seminare im Jahre 1992 angeboten [20]. Auch in der internationalen Forschungsgemeinde gehörte der Autor neben den Redo-Projektteilnehmern zu den Pionieren der OO-Transformation von Legacy-Programmen. Seine erste englische Veröffentlichung zu diesem Thema erschien in den Proceedings der internationalen Maintenance-Konferenz in Orlando, Florida im November 1992 [21]. Kurz danach griff das IBM Toronto-Labor das Thema auf und begann mit der Entwicklung der eigenen Werkzeuge, um Cobol-Programme in OO-Cobol zu transformieren.

Seit jenem Anfang haben immer mehr junge Informatikforscher in Kanada, den USA, Großbritannien, Italien, Japan, Österreich und Deutschland sich mit diesem schwierigen Problem befaßt. Alle haben wichtige Beiträge zu deren Lösung geleistet, aber nur wenige haben Resonanz in der Praxis gefunden. Inzwischen hat der Autor seine eigene Forschungsarbeit fortgesetzt und bereits zwei verschiedene Werkzeuge für die Transformation entwickelt. Das erste Prototyp-Werkzeug wurde auf der IEEE Reengineering-Konferenz in Monterey, Kalifornien im Jahre 1996 vorgestellt [23]. Die von diesem Werkzeug untersuchte Methode basierte auf einer Datenflußanalyse. Im ersten Schritt wurden alle Ausgaben eines Programmes ermittelt bzw. alle Felder, die vom Programm gesetzt oder errechnet wurden. Daraus erfolgte ein Verzeichnis aller Ausgabedaten mit Verweisen auf die Operationen, die sie produzierten. Im zweiten Schritt wurden die Bedingungen, die zur Ausführung dieser Operationen bzw. ihre Pfadausdrücke ermittelt. Danach bildete jede Operation, die einen Ausgabewert in einer externen Schnittstelle erzeugte, zusammen mit den Bedingungen, die zu seiner Ausführung führten, eine

Methode. Im dritten Schritt wurden die Methoden nach Datengruppen geordnet, wobei die Datengruppe einer Datenstruktur – bzw. Satz, Segment, Tabelle oder Sicht – entspricht. Es könnte auch eine Maske oder eine Berichtszeile sein. Diese Datengruppen ergaben jedenfalls die Objekte.

Die auf diese Weise ermittelten Objekte bildeten den Kern der abstrakten Datentypmodule. Jedes solche Modul hat für jede Methode einen ENTRY oder sekundären Eingang mit einer Parameterliste. Die Parameter sind alle Daten, die abgefragt oder benutzt werden, um Werte des Objektes zu verändern, die jedoch nicht zum Objekt gehören. Falls das Objekt eine Datenbankentität ist, werden die entsprechenden IO-Operationen hinzugefügt. Am Ende besteht das abstrakte Datentypmodell (ADT) aus der Datenstrukturbeschreibung, den lokalen Arbeitsvariablen, den Zugriffsoperationen und den Zuweisungsoperationen, die bedingt oder unbedingt sein könnten.

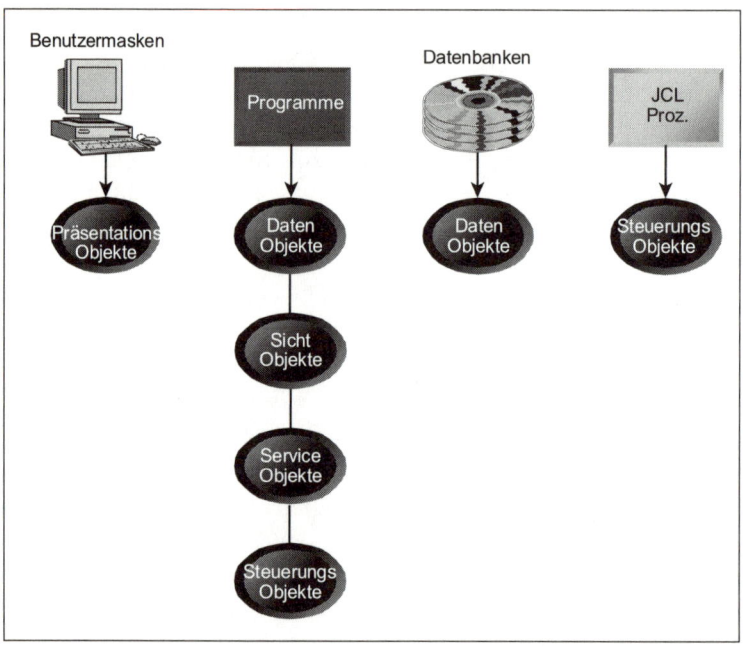

Abbildung 7-10 Ableitung der Objekte aus Prozeduralen Systemen

Das Problem mit diesem Seeding-Ansatz liegt an der hohen Anzahl winziger Methoden, die dadurch zustande kommen. Außerdem benutzen industrielle Anwendungsprogramme viel zu viele interne Datengruppen – Arbeitsdaten –, um Zwischenergebnisse zu halten. Wenn diese auch als Objekte behandelt werden, steigt die Anzahl der Objekte ins Unermeßliche. Demzufolge wurde dieser rein objektorientierte Ansatz zugunsten eines hybriden Ansatzes aufgegeben. Der hybride Ansatz wurde in das Tool COBTrans eingebaut.

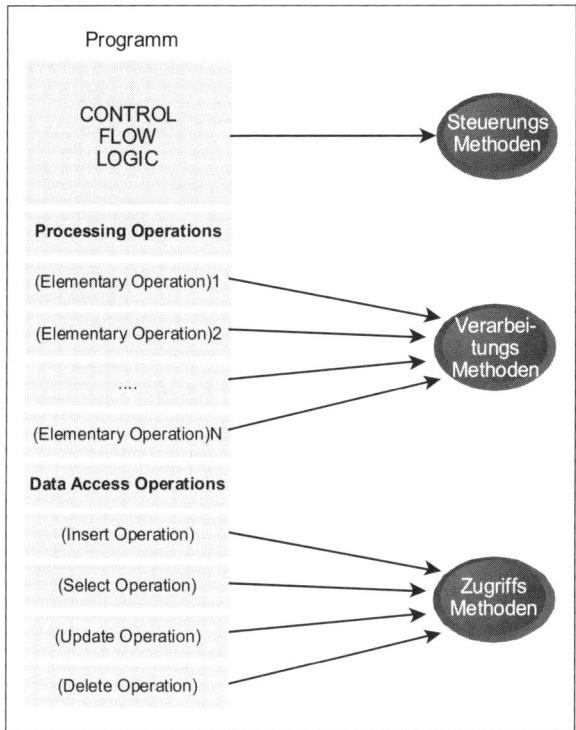

Abbildung 7-11 Ableitung der Methoden

7.4.2 Der COBTrans-Transformationsansatz

COBTrans setzt voraus, daß die zu transformierenden Programme bereits durch COBRecon verstrukturiert worden sind. Sie haben eine zentrale Steuerung, von wo aus jedem Absatz der PERFORM aufgerufen wird. Die Absätze sind alle voneinander entkoppelt – keine GOTO-Verzweigungen – und haben einen Eingang und einen Ausgang. Schließlich sind alle IO-Operationen und DB-Zugriffe in einem eigenen IO-Abschnitt enthalten. Das Cobol-Programm hat neben der Data Division, in der alle Variablen deklariert sind, eine Steuerungsschicht, eine Verarbeitungsschicht und eine Zugriffsschicht.

COBTrans unterscheidet zwischen internen und externen Daten. Externe Daten sind alle Daten, die zu einer Datei oder Datenbank gehören oder die in einer Bildschirmmaske sind. Diese Daten werden mit den Operationen in der Zugriffsschicht vereinigt, d.h. alle, Datei, Datenbank und Maskenstrukturen, werden aus dem Hauptprogramm in Unterprogramme verlagert – ein Unterprogramm pro externes Datenobjekt. In jedem Unterprogramm sind neben der Beschreibung der Daten die Grundoperationen zur Eröffnung und Schließung der Datei bzw. Datenbank sowie zur Selektion, Insertierung, Veränderung und Löschung der Sätze bzw. Segmente. In den Maskenmodulen sind neben der Maskenbeschreibung alle Operationen auf der Maske. Dazu gehört das Empfangen, Prüfen, Initialisieren, Formatieren und Senden der Maske.

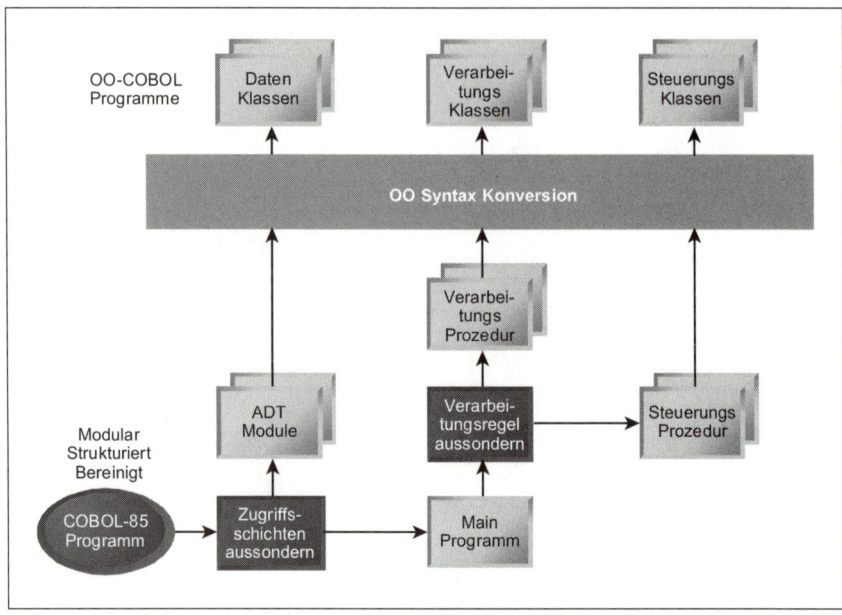

Abbildung 7-12 COBTrans-Transformationsverfahren

Der Rest des Programmes, das sind alle Daten, die nicht zu einem externen Objekt gehören, die zentrale Steuerung und Verarbeitungsbausteine, werden zu einer einzigen großen Klasse zusammengefaßt. Die internen Datenfelder bilden das Objekt der Klasse. Der Steuerungsabschnitt bildet das Hauptprogramm, das per IN-VOKE die Verarbeitungsmethoden aufruft. Die Verarbeitungsabsätze bzw. Sections und Paragraphen bilden die Einzelmethoden. Die Einzelmethoden haben keine eigenen Daten. Alle ihre Daten sind in deren Linkage Section enthalten, d.h. sie werden nur indirekt über ihre Adressen angesprochen. Die Parameter werden über die INVOKE-Anwendungen in der Hauptmethode bereitgestellt. Die IO-Operationen in den ausgelagerten Objektklassen werden von den Verarbeitungsmethoden aus mit einer Standardschnittstelle aufgerufen, in der der Funktionscode, der Fehlercode und das Objekt selbst übergeben werden [24].

7.4.3 Das Ergebnis der Transformation

Zum Schluß der COBTrans-Transformation steht ein OO-Cobol Programm mit einer großen Hauptklasse und einer Unterklasse für jedes externe Objekt. Die Programmsteuerung ist in ein Hauptprogramm ausgelagert. In der Hauptklasse gibt es eine Reihe Verarbeitungsmethoden, die alle über eine Parameterschnittstelle auf die gekapselten Arbeitsdaten zugreifen und über eine IO-Schnittstelle zu den externen Objekten finden. Natürlich werden die Schnittstellen der Einzelmethoden in Corba-IDL umgesetzt, so daß jede einzelne Methode von fremden Objekten in anderen Sprachen, wie z. B. Java, aufrufbar ist. Diese hybride Lösung verbindet den datenbezogenen Ansatz – die Seed-Methode – mit dem funktionsbezogenen Ansatz bzw. der Delegation der Verarbeitung. Ein ähnlicher Ansatz wird auch von Frank Coyle in den USA propagiert [25].

```
*------------------------------------------------------
INDENTIFICATION DIVISION.
CLASS-ID. ARTICLE IS PERSISTENT,
        INHERITS FROM COBOLD.
CLASS-CONTROL.
    ARTICLE IS CLASS "ARTICLE".
OBJECT.
WORKING-STORAGE SECTION.
01 ARTICLE-RECORD.
    02 REC-TYPE        PIC XX.
    02 ART-NO          PIC 9(8) COMP.
    02 ART-TYPE        PIC X(4).
    02 ART-QUAN        PIC S9(5) USAGE COMP.
    02 ART-PRICE       PIC S999V99 COMP-3.
    02 ART-NAME        PIC X(40).
    COPY COBOLD.con.
    COPY COBOLD.lit.
*------------------------------------------------------
METHOD-ID. "PROCESS-ORDER".
* READ ARTICLE DATA WITH KEY = ART-NO
* CHECK IF QUANTITY IS SUFFICIENT AND DEDUCT ORDER FROM STOCK
DATA DIVISION.
LINKAGE SECTION.
77 ERROR-TYPE          PIC 99.
77 POS                 PIC 99 USAGE COMP.
01 ORDER-RECORD.
    02 REC-TYPE        PIC XX.
    02 ORDER-NO        PIC 9(8) COMP.
    02 CUST-NO         PIC 9(8) COMP.
    02 ORDER-ITEMS.
        03 ORDER-ITEM      OCCURS 9 TIMES.
            04 ITEM-NO     PIC 9(3).
            04 ART-NO      PIC 9(8) COMP.
            04 ART-TYPE    PIC X(4).
            04 ITEM-QUAN   PIC 9(5) USAGE COMP.
77 X-NEXT-LABEL PIC X(30).
*------------------------------------------------------
PROCEDURE DIVISION USING ERROR-TYPE,
                POS,
                ORDER-RECORD,
                X-NEXT-LABEL.
    MOVE SPACES TO X-NEXT-LABEL.
    MOVE ZERO TO ERROR-TYPE.
    ADD 1 TO POS.
    IF POS > XCON9
        OR ITEM-NO IN ORDER-RECORD (POS) = XCON9
        SUBTRACT 1 FROM POS
*            GO TO PRINT-SUMMARY
        MOVE "PRINT-SUMMARY" TO X-NEXT-LABEL
    END-IF
    IF X-NEXT-LABEL = SPACES
        PERFORM X-READ-010
        IF RETURN-CODE NOT = ZEROS
            MOVE XCON2 TO ERROR-TYPE
*                GO TO REPORT-ERROR
            MOVE "REPORT-ERROR" TO X-NEXT-LABEL
        END-IF
    END-IF
    IF X-NEXT-LABEL = SPACES
        IF ITEM-QUAN IN ORDER-RECORD (POS) >
            ART-QUAN IN ARTICLE-RECORD
            MOVE XCON3 TO ERROR-TYPE
*                GO TO WRITE-OPEN-POSITIONS
            MOVE "WRITE-OPEN-POSITIONS" TO X-NEXT-LABEL
        END-IF
    END-IF
    IF X-NEXT-LABEL = SPACES
        SUBTRACT ITEM-QUAN IN ORDER-RECORD (POS) FROM
        ART-QUAN IN ARTICLE-RECORD
        PERFORM X-REWR-011
*                GO TO WRITE-DISPATCH
        MOVE "WRITE-DISPATCH" TO X-NEXT-LABEL
    END-IF
    IF X-NEXT-LABEL = SPACES
        MOVE "WRITE-OPEN-POSITIONS" TO X-NEXT-LABEL
    END-IF.
END METHOD "PROCESS-ORDER".
*------------------------------------------------------
```

Abbildung 7-13 Beispiel eines transformierten Cobol-Programmes

7.5 Die objektorientierte Transformation von PL/I-Programmen durch PLITRANS

Für die Sprache PL/I gibt es weltweit kaum Forschungsarbeiten, die darauf zielen, die prozedurale Sprache in eine objektorientierte Form zu versetzen. Alles konzentriert sich entweder auf Cobol oder C. Für die Sprache C gibt es mehrere Ansätze, sie in C++ umzuwandeln, wobei der Grad der Objektorientierung sehr unterschiedlich ist. Das Herausschneiden sinnvoller Objekte und der Aufbau einer Vererbungshierarchie aus bestehenden C-Funktionen ist keineswegs einfach. Dennoch ist es machbar. Es liegt also nahe, da PL/I eine ähnliche Syntax hat, PL/I in C umzuwandeln, und dies ist genau der Ansatz in dem vom Autor entwickelten PLITrans-Werkzeug.

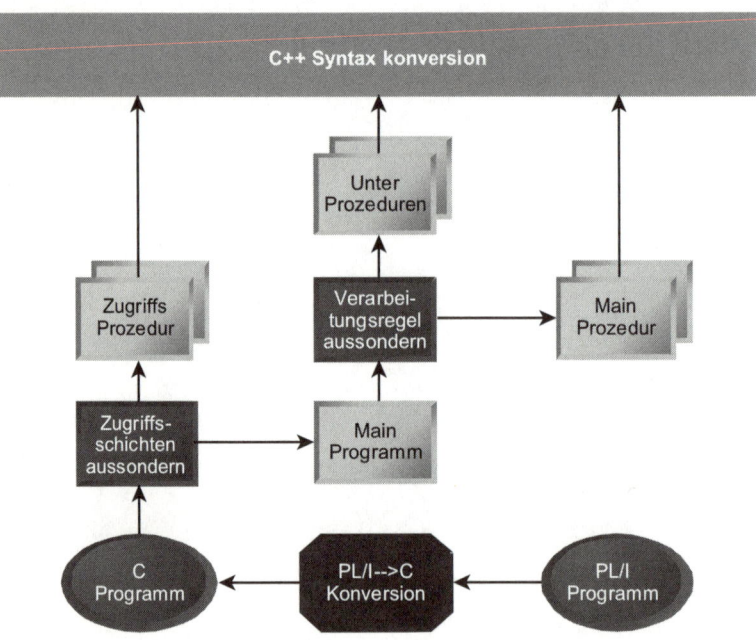

Abbildung 7-14 PLITRANS-Transformationsverfahren

Im ersten Schritt in PLITrans werden die PL/I-Anweisungen 1:1 in äquivalente C-Anweisungen umgesetzt. PL/I-Anweisungen, wie Stringkonkatenierungen und Built-in-Funktionen, die keine äquivalenten C-Konstrukte haben, werden als Kommentare in die C-Syntax übertragen. Solche Anweisungen müssen nach dem ersten Schritt manuell umgesetzt werden.

Im zweiten Schritt werden die gleichen Umstrukturierungsmaßnahmen vorgenommen wie bei Cobol. Vorausgesetzt wird natürlich, daß das PL/I-Programm durch PLIRecon vorstrukturiert wurde. Dennoch findet PLITrans ein C-Programm mit drei Schichten vor

- eine Steuerungsschicht,

- eine Verarbeitungsschicht und

- eine Zugriffsschicht.

Die Transformation von C in C++ erfolgt auf die gleiche Art und Weise, wie die Transformation von Cobol in OO-Cobol. Es entsteht eine Hauptklasse mit n Unterklassen, die alle ihre Daten aus der Hauptklasse erben. Die Unterklassen sorgen für die Interaktion mit der Außenwelt, d.h. mit dem TP-Monitor, dem Datenbanksystem und den Dateien. Die Programmsteuerung ist in das Hauptprogramm ausgelagert. Die Hauptklasse beinhaltet so viele Verarbeitungsmethoden, wie es interne Prozeduren und Beginn-Blöcke in dem ursprünglichen PL/I-Programm gegeben hat. Der Unterschied zu Cobol liegt darin, daß die Methoden eigene lokale Daten haben können – die Automatik-Daten in PL/I – und daß die Methoden wie die PL/I-Prozeduren verschachtelt sein können. Sie können sogar rekursiv sein.

Das Ergebnis ist ein objektbasiertes Programm mit einer C-Syntax und einer C++-Struktur. Allerdings wird nur ein kleiner Teil der C++-Möglichkeiten in Anspruch genommen. Es obliegt dem Programmierer, das Ergebnis in Richtung reiner Objektorientierung weiter zu verfeinern.

7.6 Die unvollendete Transformation

Nirgends auf der Welt ist ein Wunderwerkzeug – eine sogenannte *Miraculous Reengineering Machine* oder gar die vielgepriesene Jungfraumühle – zu finden, die aus alten prozeduralen Programmen reine objektorientierte Programme mit einer Klassenhierarchie, Vererbung und Datenkapselung erzeugt. Dies wird es wahrscheinlich auch nie geben, denn Objekte zu partitionieren und Methoden zu allokieren ist eine subjektive Tätigkeit, die menschliche Intelligenz verlangt. Ein Werkzeug könnte höchstens für jede geschlossene Datengruppe in dem alten Programm eine Klasse schaffen, aber da die Anweisungen, die die Objekte verarbeiten, querbeet durch die alte Ablauflogik verstreut liegen, wird es nie gelingen, auf diese Weise vernünftige Methoden zu schaffen. Letztlich wird es fast so viele Methoden geben, wie es Anweisungen gegeben hat, mit dem Unterschied, daß sie alle auseinandergerissen und auf hunderte von Objekten verteilt sind. Außerdem werden sie alle einzeln aufgerufen, das heißt, für jede Anweisung wird es eine INVOKE-Anweisung geben. Dies ist kaum im Sinne der Wartbarkeit, geschweige denn im Sinne der Performanz.

```
/*--------------------------------------------------------------*/
#include <Pliold.h>
class Article {
  private:
   struc ARTICLE_RECORD   /* 1  ARTICLE_RECORD,          */
   {
     char REC_TYPE[2];    /* 2  REC_TYPE CHAR(2)        */
     long ART_NO;         /* 2  ART_NO  FIXED(31)BIN    */
     char ART_TYPE[4];    /* 2  ART_TYPE CHAR(4)        */
     short ART_QUAN;      /* 2  ART_QUAN FIXED(15)BIN    */
     long ART_PRICE;      /* 2  ART_PRICE DECIMAL(8)      */
     char ART_NAME[40];   /* 2  ART_NAME CHAR(40)        */
   }
   enum Article_States {ARTICLE_OK, NO_ARTICLE, ARTICLE_TOO_LOW};
   long Get_Art_Num ();
   void Free_Art_Num (long);
   int Read_Article (int, *struc);
   void Rewrite_Article (*struc);
/*--------------------------------------------------------------*/
// Konstruktor Methode
Article::Article (char* Type, int Quan, long Price, char* Name);

{
  strcpy (REC_TYPE,"AR");
  ART_NO = Get_Art_Num();
  strncpy (ART_TYPE,Type,4);
  ART_QUAN = Quan;
  ART_PRICE = Price;
  strncpy (ART_NAME,Name,40);
}
// Destruktor  Methode
Article::~Article()

{
  Free_Art_Num (ART_NO);
}
// Process Order -------------------------------------------
int Article::Process-Order (int Error_Type,
                 int Order_Pos,
                 int Order_Item_No,
                 long Order_Art_No
                 char* Order_Art_Type,
                 int Order_Item_Quan)

{
  Error_Type = 0;
  Order_Pos = Order_Pos + 1;
  if (Order_Pos > XCON_9 !!
     Order_Item_No = XCON_9)
  {
    Order_Pos = Order_Pos - 1;
    Error_Type = XCON_2;
    Return (NO_ARTICLE);
  }
  else
  {
    if (Read_Article (Order_Art_No, *ARTICLE_RECORD) == 0)
    {
      if (Order_Item_Quan < ART_QUAN)
      {
        ART_QUAN = ART_QUAN - Order_Item_Quan;
        Rewrite_Article (*ARTICLE_RECORD);
        Return (ARTICLE_OK);
      }
      else
      {
        Error_Type = XCON_3;
        Return (ARTICLE_TOO_LOW);
      }
    }
  }
}
// End of Process Order ---------------------------------
/*--------------------------------------------------------------*/
```

Abbildung 7-15 Beispiel eines transformierten PL/I-Programmes

Deshalb ist der hier vorgestellte hybride Ansatz wohl der bestmögliche unter Berücksichtigung aller Randbedingungen. Der Anwender bekommt ein Programm mit Klassen und Methoden in OO-Cobol oder C++-Syntax mit etwas Vererbung. Es wird aber vom Ideal der reinen Objektorientierung einen mehr oder weniger großen Abstand haben. Nur ein gut ausgebildeter OO-Programmierer kann diese verbleibende Kluft schließen und den letzten Schliff geben. Daraus folgt, die objektorientierte Transformation wird sich immer in zwei Schritten vollziehen: ein maschineller fürs Grobe und ein manueller fürs Feine

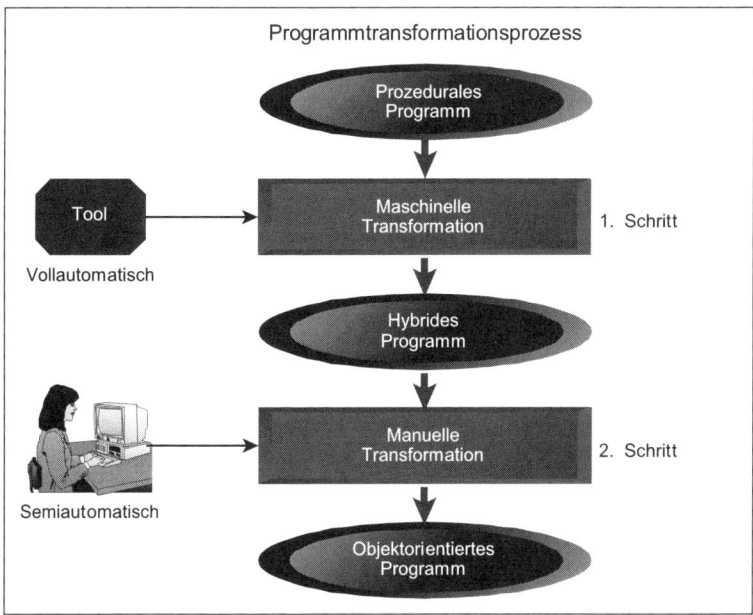

Abbildung 7-16 Programmtransformation in zwei Schritten

Mit einem großen manuellen Schritt wird die Sache aber teuer. Es fragt sich also hier, wieviel der Anwender zu investieren bereit ist, um die Ziele der Objektorientierung zu erfüllen. Mit dem vollautomatisierten Ansatz von Softrans bekommt er eine lauffähige, funktional äquivalente Lösung zu einem sehr günstigen Preis, die jedoch nicht rein objektorientiert ist. Um darüber hinaus zu kommen, muß er das Zwei- bis Vierfache investieren. Die Frage ist, ob sich dies lohnt.

7.7   Literaturhinweise

[1]   Computerwoche Verlag: »Von Cobol nach Java und C++« in Computerwoche Nr. 4, München, Jan 1998

[2]   Computerwoche Verlag: »Cobol zu Java Umsetzung« in Computerwoche Nr. 46, München, Nov 1997

[3]   Computerwoche Verlag: »IBM will Cobol mit OO beleben« in Computerwoche Nr. 50, München, Dez. 1994

[4]   Computerwoche Verlag: »Werkzeug erzeugt Objekt-Cobol« in Computerwoche Nr. 7, München, Feb. 1998

[5]   Behrens, B./Levary, R.: »Practical Legal Aspects of Software Reverse Engineering« in Comm. of ACM, Band 41, Nr. 2, Feb. 1998, S. 27

[6]   Yourdan, E.: »Language Wars« in Application Development Strategies, Band 9, Nr. 8, Cutter Info. Corp., Arlington, MA, August 1997

[7]   Ovum Ltd.: »Report on the Status of Programming Languages in Europe«, Ovum Report, London, 1997

[8]   GMD: »Das Projekt ROCOCO«, Bericht des GMD-Forschungszentrums Informationstechnik GmbH, Sankt Augustin, Juli 1997

[9]   Layzell, P./Freeman, M./Benedusi,P.: »Improving Reverse Engineering through the use of multiple knowledge sources« in Journal of Software Maintenance, Band 7, Nr. 4, Juli 1995, S. 279

[10] Lano, K./Breuer, P. Haughton, H.: »Reverse Engineering Cobol via Formal Methods« in Journal of Software Maintenance, Band 5, Nr.1, März 1993, S. 13

[11] Sneed, H.: »Reverse Engineering as a Bridge to CASE« in Proc. of 2nd Working Conference on Reverse Engineering, IEEE Press, Toronto, Juli, 1995, S. 300

[12] Sneed, H./Jandrasics, G.: »Inverse Transformation of Code into Specifications« in Proc. of 4th Int. Conference on Software Maintenance, Phoenix, Okt. 1988, S. 102

[13] Wedekind, H.: Structured Database Programming, Hanser Verlag, München, 1977

[14] Anquetil, N.: »Extracting classes from Routine Calls in Legacy Software«, Technical Report, University of Ottawa, Jan. 1998

[15] Wirts-Brock, R./Wilkerson, B/Wiener, L.: Designing object-oriented Software, Prentice-Hall, Englewood Cliffs, N.Y., 1990

[16] Pidaparthi, S/Luker, P. /Zedan, H.: »Conceptial Foundations for the Design Transformation of Procedural Software to object-oriented Architecture« in Proc. of 6th Workshop on Program Comprehension, IEEE Press, Ischia, Italien, Juni 1998

[17] Cremer, K.: »A Tool for supporting the Redesign of Legacy Applications« in Proc. of 2nd European Conference on Software Maintenance and Reengineering, IEEE Press, Florenz, Italien, März, 1998, S. 142

[18] Chen, P.: »The entity-Relationship model – toward a unified view of data« in ACM Trans. on DB, Band 1, Nr. 1, März 1976, S. 9-37

[19] Sneed, H./Ritsch, H.: »Report on the Status of Commercial Programs« Esprit Project 1258 DOCKET Report SES-2, München, Mai 1991

[20] Sneed, H.: »Migration prozeduralorientierter Anwendungssysteme in eine objektorientierte Architektur«, DECollege Symposium Objektorientierte Entwicklung, München, Mai 1992

[21] Sneed, H.: »Migration of procedurally oriented Cobol Programs in an objectoriented Architecture« in Proc. of Int. Conf. on Software Maintenance, IEEE Press, Orlando, Nov. 1992, S. 105

[22] Tomic, M.: »A Possible Approach to OO-Reengineering of Cobol Programs«, in ACM Software Eng. Notes, Band 19, Nr. 2, April 1994, S. 29

[23] Sneed, H.: »Object-oriented Cobol Recycling« in Proc. of 3rd Working Conference on Reverse Engineering« IEEE Press, Monterey, Nov. 1996, S. 169

[24] Sneed, H.: »Objektorientiertes Cobol Reengineering – zwei Wege zum selben Ziel« in Cobol Newsletter Ausgabe 1/1996, Veryda-Verlag, München, 1996, S. 16

[25] Coyle, F.: »OO-Cobol and Legacy Migration« in The Cobol Report, Band 1, Nr. 2, Dallas, Sept. 1996, S. 6

8 Software-Kapselung

8.1 Zweck der Software-Kapselung

Software-Kapselung ist die Alternative zur Software-Konvertierung und Neuentwicklung. Sie bietet die Möglichkeit, die Software in ihrer Urumgebung wiederzuverwenden, und zwar ohne eine aufwendige Transformation. Eine gewisse Anpassung läßt sich nicht vermeiden, aber sie bleibt gering im Verhältnis zu der großen Umwälzung, die mit einer Konversion verbunden ist. Die Illusion, alte Software unverändert in einem neuen Zusammenhang wiederzuverwenden, bleibt eben eine Illusion. Um unverändert wiederverwendet zu werden, müßte die Software von Anfang an dazu konzipiert sein [1].

Ein häufiger Anlaß für Kapselung ergibt sich dann, wenn ein Anwendungssystem mit dynamischen Verbindungen zu anderen Nachbarsystemen verteilt wird. Eine dynamische Verbindung ist gegeben, wenn ein Programm in einer Anwendung ein Programm in einer anderen Anwendung aufruft oder wenn ein Programm in einer Anwendung direkt auf die Daten der anderen Anwendung zugreift. Bei einer Vorverlagerung des aufrufenden Systems wird aus dem Aufruf ein entfernter Prozeduraufruf (RPC) bzw. eine entfernte Methodeninvokation (RMI) [2]. Aus dem direkten Datenzugriff wird ein Aufruf zu einer entfernten Datenzugriffsschicht. In allen Fällen handelt es sich um eine Datenfernübertragung zwischen Systemen in unterschiedlichen Umgebungen.

Zu diesem Zweck wurde die Common Object Request Broker Architecture (Corba) von der Object Management Group (OMG) spezifiziert. Diese Spezifikation einer verteilten Systemarchitektur mit einer eigenen umfassenden Schnittstellensprache (IDL) wurde bereits schon mehrfach erweitert bzw. ergänzt und hat inzwischen eine normative Auswirkung auf die Industrie [3]. Sie ist zwar keine zwingende Voraussetzung für eine Software-Kapselung, es gäbe auch andere Möglichkeiten, entfernte Programme miteinander zu verbinden, z.B. DCOM von Microsoft oder MQ-Series von IBM, dennoch, wer nach einer allgemein gültigen Lösung sucht, ist gut beraten, sich nach der Corba-Norm zu richten. Sie wird inzwischen von einer ganzen Reihe verfügbarer Produkte unterstützt.

8.2 Stand der Kapselungstechnologie

Der Begriff Wrapper wurde schon im Jahre 1988 auf einer OO-Tagung in den USA von dem IBM-Mitarbeiter Thomas Dietrich geprägt im Zusammenhang mit der Einbindung bestehender Software in neue OO-Systeme [4]. Seitdem wird zu diesem Thema immer mehr und immer häufiger geschrieben, vor allem in den einschlägigen OO-Fachzeitschriften [5]. Es könnte leicht der Eindruck entstehen, als

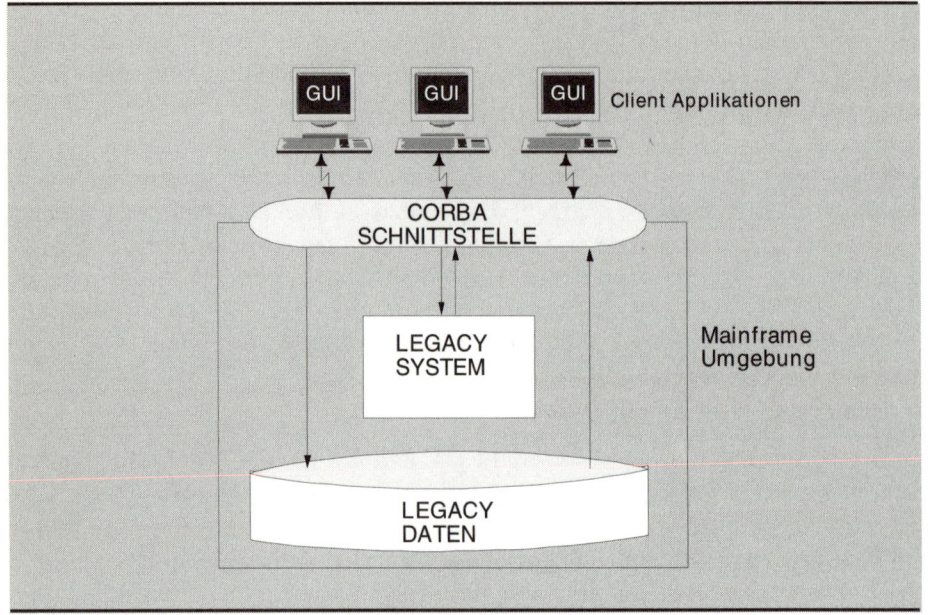

Abbildung 8-1 Verbindung der neuen und alten DV-Welt

wäre Wrapping die Lösung für das Legacy-Problem schlechthin. Eine ausführliche Diskussion der Kapselungsmöglichkeiten ist bei Mowbray und Zahavi in ihrem Buch *The Essential Corba* zu finden. Dort heißt es »An object wrapper provides access to a legacy system through an encapsulation layer. The encapsulation exposes only those attributes and operation definitions desired by the software architect« [6]. Die Autoren nennen sieben Anwendungsarten für einen Wrapper:

• Layering bzw. Schichtenbildung,

• Datenmigration,

• System Reengineering,

• Middleware-Entwicklung,

• Kapselung,

• Implementierung einer Objektarchitektur und

• Objektauftragsvermittlung.

Schichtenbildung ist gegeben, wenn Schnittstellen aufeinander gelagert werden, z.B. wenn über eine C-API- eine Corba-IDL-Schnittstelle gelegt wird, um eine andere Sicht auf die darunterliegende Schnittstelle zu erhalten. Die Details der internen Schnittstelle werden von der oberen verborgen.

Datenmigration kann über eine Datenzugriffsschicht implementiert werden, welche die Struktur der vorhandenen Daten hinter der Zugriffsschnittstelle verbirgt. Das neue System bekommt die Daten in einer völlig anderen Form als die, in der sie gespeichert sind, z. B. als relationale Sichten.

System Reengineering kann ebenfalls über eine Modulzugriffsschicht implementiert werden, welche die Struktur der vorhandenen Programme hinter der Zugriffsschnittstelle verbirgt. Das neue System benutzt die Systemfunktionen in einer anderen Weise als die ursprüngliche, z. B. als Methoden für ein Geschäftsobjekt.

Middleware umfaßt alle Dienstprogramme, die weder zur Basissoftware noch zur Anwendungssoftware gehören. Oftmals dient die Middleware dazu, Anwendungsprogramme miteinander zu verbinden und gewisse gewöhnliche Dienstfunktionen für sie auszuführen. Auch diese Programme kann man hinter einer eigenen Schnittstelle verbergen. Dazu wird ein Wrapper benötigt.

Kapselung ist die allgemeinste Form des Objekt-Wrappings. Sie trennt die Implementierung von der Schnittstelle. Das beste Beispiel hierfür liefert die Corba-Schnittstellenspezifikation, die unabhängig von den aufgerufenen Prozeduren ist. Sie stellt die reinste Form des Wrappings dar.

Die Implementierung einer Objektarchitektur setzt Wrapping voraus. Das »Einwickeln« der Komponenten einer Architektur ermöglicht erst den Grad der Flexibilität, der erforderlich ist, um die Mehrfachverwendbarkeit und Anpassungsfähigkeit eines Software-Systems zu gewährleisten. Durch Wrapping werden die internen Komponenten vor den externen Veränderungen geschützt.

Objektauftragsvermittlung bietet eine Vielzahl einzelner Dienstleistungen an, darunter auch den Zugriff auf entfernte Objekte oder Funktionen. Wichtig dabei ist, daß der Auftraggeber nicht merkt bzw. nicht zu wissen braucht, wo und wie seine Aufträge erledigt werden. Alles passiert hinter einem geschlossenen Vorhang. Dieser Vorhang bildet sozusagen die Verpackung der angebotenen Dienstleistung, z. B. die Datenkonversion.

Mowbay und Zahavi gehen weiter und beschreiben mehrere Möglichkeiten einen Wrapper zu implementieren:

- Wrapping über entfernte Prozeduraufrufe (RPCs),

- Wrapping durch Dateiübergaben,

- Wrapping mit Sockets bzw. Andockungsanschlüssen (APIs),

- Wrapping über eine Anwendungsprogrammschnittstelle,

- Wrapping mit Skriptprozeduren,

- Wrapping mittels Makrotechnik und

- Wrapping durch gemeinsame Header-Dateien.

Diese Techniken können einzeln oder in Kombination miteinander eingesetzt werden. Welche Technik angewendet wird, hängt zum einen von den Anforderungen und zum anderen von der Umgebung ab. Sie haben alle ihre Vor- und Nachteile. Wichtig ist, daß die Entwickler der Wrapping-Software mit ihnen vertraut sind.

In seinem Buch *Migrating to Object Technology* geht auch Ian Graham auf das Thema Object Wrapping ein [7]. Er beschreibt einen Wrapper als eine Software-Schicht, die eine Interaktion zwischen konventionellen und objektorientierten Programmen zuläßt. In seinem SOMA-Modell spielt das Wrapping als Bindeglied zwischen den Systemkomponenten eine besondere Rolle. Allerdings räumt Graham ein, daß »implementing wrappers is not as easy as it may sound«. Die Wrapper-Software muß den Eigenarten der gekapselten Programme oder Datenbanken gerecht werden, und dies kann sich im Detail als äußerst schwierig, wenn nicht gar unmöglich erweisen.

Eine kurze, aber aufschlußreiche Behandlung des Themas Object Wrapping veröffentlichte Sanjiv Gossain in der Zeitschrift *Object Expert* [8]. Gossain beschreibt fünf Alternativen, wie auf vorhandene Hostapplikationen zugegriffen werden kann:

- entfernte Prozeduraufrufe,

- Applikationsprogrammschnittstellen,

- CICS-Transaktionen,

- Dateiübergaben und

- Datentabellen.

Gossain unterscheidet weiter in einzelne Wrapperklassen ohne semantischen Inhalt und in mehrfache Wrapperklassen mit semantischen Inhalt. Für die Verbindung zu den Legacy-Systemen empfiehlt er das Brückenmuster von Gamma [9]. Auch Gossain weist auf die Schwierigkeiten hin, die bei der Implementierung eines Wrappers auftreten können, vor allem in puncto Performanz. Die Datenübertragung zwischen dem Vorrechner und dem Host bleibt seiner Auffassung nach ein potentieller Engpaß. In anderer Literatur werden vier Arten von Wrappern erwähnt:

- Datenbank-Wrapper,

- Service-Wrapper,

- Applikations-Wrapper und

- Funktions-Wrapper [10].

Ein Datenbank-Wrapper ist eine Zugriffsschicht zu bestehenden Datenbeständen. Er macht es Clientapplikationen möglich, auf alte Daten zuzugreifen:- sie zu schreiben, lesen, ändern und löschen.

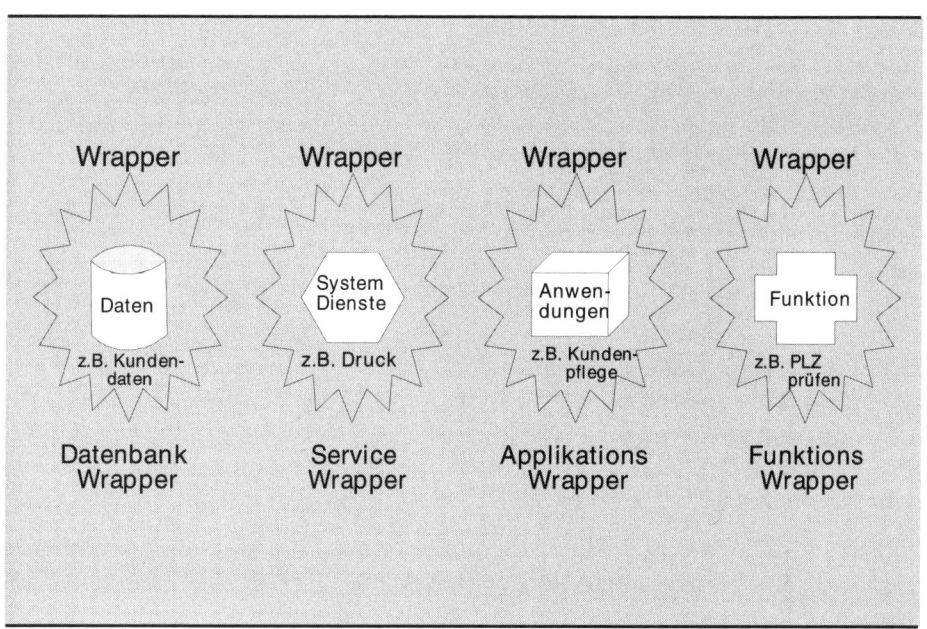

Abbildung 8-2 Vier Software-Wrapper Arten

Ein Service-Wrapper kapselt Systemdienste wie Drucken, Datenfernübertragung, E-Mail und Speicherverwaltung. Damit können Applikationen diese Dienste in Anspruch nehmen, ohne auf alle internen Eigenschaften eingehen zu müssen.

Ein Applikations-Wrapper ist eine Softwareschicht, über die Batchläufe, Online-Transaktionen und Programme eines bestehenden Anwendungssystems ausgeführt werden können, ohne sie zu verändern. Der Anwender bzw. Client kann die alten Jobs, Transaktionen und Programme als Objekte in die eigene Anwendung einbinden. Der Wrapper stellt die Verbindung her.

Ein Funktions-Wrapper ist ein Schnittstellenumsetzer für den Aufruf einzelner Funktionen in bestehenden Programmen. Die alten Programme werden als Objekte, deren Funktionen als Methoden benutzt. In der Regel müssen die Programme zu diesem Zweck angepaßt werden.

Der Wrapper befindet sich in der Regel dort, wo die Altsoftware residiert. Entweder ist er statisch gelinkt, oder er bindet die aufgerufenen Module zur Laufzeit. Zwischen dem Wrapper und der verteilten Neusoftware werden Nachrichten hin und her geschickt. Um die Nachrichten zu vermitteln, wird ein RPC-Mechanismus oder ein Object Request Broker (ORB) benötigt. In den letzten Jahren haben sich ORBs als das bevorzugte Instrument zur Erledigung dieser Aufgabe durchgesetzt. Insofern ist Wrapping immer mehr in Verbindung mit einem ORB zu sehen. Der ORB verbindet die verteilten Client-Applikationen mit dem zentralen Server, auf dem der Wrapper mit der Altsoftware läuft [11].

8.3   Stufen der Software-Kapselung

Eine Kapselungsstufe entspricht einer Granularitätsebene in der Hierarchie eines Software-Systems. Je höher die Stufe, umso größer ist das eingewickelte Software-System und umso umfangreicher die Funktionalität. Im Prinzip können auch ganze Systeme gekapselt werden.

Innerhalb eines betrieblichen Informationssystems gibt es Batchprozesse und Dialogprozessee. Batchprozesse beinhalten einen oder mehrere Prozeßschritte. Hinter jedem Prozeßschritt steht ein Dienstprogramm oder ein Anwenderprogramm. Ein Batchprozeß ist also eine Kette einzelner Programme, die im Stapelmodus ausgeführt werden. Dialogprozesse bestehen wiederum aus einer Kette von Transaktionsprogrammen. Eine Transaktion ist die Verarbeitung einer Nachricht vom Endanwender im Online-Betrieb. Das Transaktionsprogramm erhält die Nachricht und führt eine oder mehrere Funktionen aus, bis es zum Schluß die Kontrolle an den Bildschirm bzw. den Bildschirmbediener zurückgibt.

Programme, ob Batch oder Online, bestehen aus einem Hauptprogramm und einer Menge Unterprogrammen, wobei diese Menge allzuoft eine Leermenge ist. Die getrennt kompilierbaren Unterprogramme werden als Module bezeichnet. Sie erhalten ihre Eingaben über eine Parameterschnittstelle und geben ihre Ausgaben über die gleiche Schnittstelle wieder zurück.

Hauptprogramme und deren Module setzten sich aus einzelnen Prozeduren zusammen. Eine Prozedur ist ein Stück zusammenhängender Code mit einem Eingang und einem gemeinsamen Rückkehrpunkt. Sie wird programmintern aufgerufen. Im Gegensatz zu Modulen sind Prozeduren nicht getrennt kompilierbar, und in den meisten bisherigen Sprachen haben sie keinen eigenen Datenbereich. Was eine Prozedur genau ist, wird von der jeweiligen Programmiersprache bestimmt. In Assembler sind es CSECTs oder Codeblöcke. In PL/I sind es die internen Prozeduren. In Cobol können sie sowohl Sections als auch Paragraphen sein.

Für jede Stufe der Software-Granularität bietet sich eine Kapselung an. Demzufolge gibt es fünf Stufen der Software-Kapselung:

- Prozeßkapselung,

- Transaktionskapselung,

- Programmkapselung,

- Modulkapselung und

- Prozedurkapselung [12].

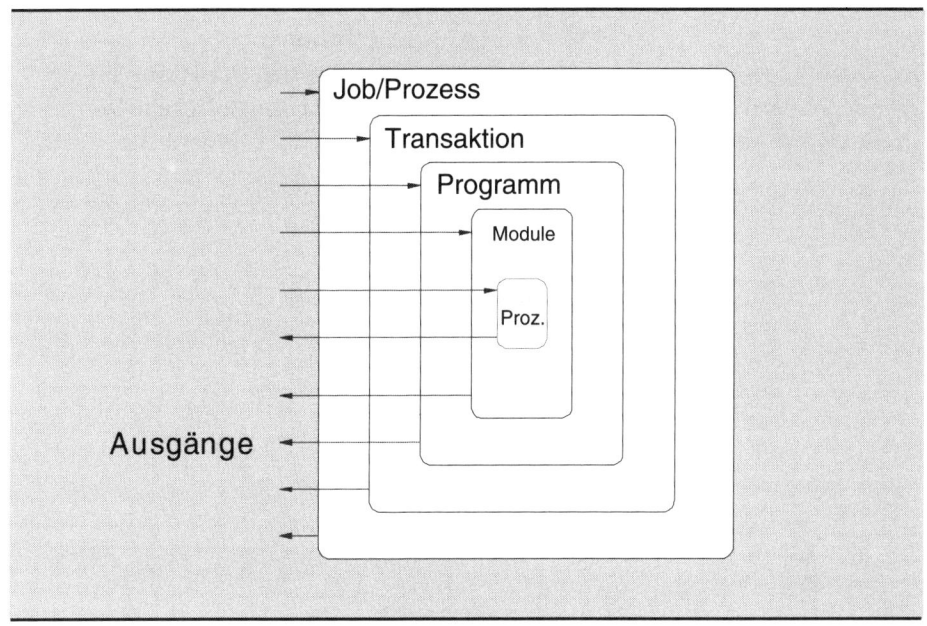

Abbildung 8-3 Stufen der Software-Kapselung

Auf der Prozeßstufe wird ein Batchjob vom Client aus gestartet. Der Batchjob verarbeitet eine oder mehrere Eingabedateien, schreibt eine oder mehrere Stammdateien bzw. Datenbanken fort und hinterläßt eine oder mehrere Ausgabedateien. Angestoßen wird sie über eine Kommandoprozedur bzw. eine Job-Control-Prozedur, die aus der Ferne angestoßen wird. Die Eingabedateien können von einer entfernten Stelle bezogen und die Ausgabedateien an eine entfernte Stelle versandt werden.

Auf der Transaktionsstufe wird ein Dialogschritt von der Ferne ausgelöst. Die auslösende Nachricht kommt aber nicht vom Host-Terminalsystem, sondern von einem entfernten Client-Arbeitsplatz. Dennoch werden die gleichen Funktionen ausgeführt wie im normalen Online-Betrieb. Am Ende der Verarbeitung wird die Ausgabenachricht oder -nachrichten an den Auftraggeber zurückgeschickt.

Auf der Programmstufe wird ein Hauptprogramm von einem entfernten Client-programm aus angestoßen. Das Programm verarbeitet seine Eingaben in der Regel in einer Schleife, bis alle Eingaben abgearbeitet sind. Es produziert seine Ausgaben, solange es noch Eingaben gibt und gibt die Kontrolle am Ende zurück. Die Eingaben können von einem fremden System stammen, z.B. von dem Clientprogramm, und die Ausgaben können an ein fremdes System wieder versandt werden, z.B. an das Client-Programm.

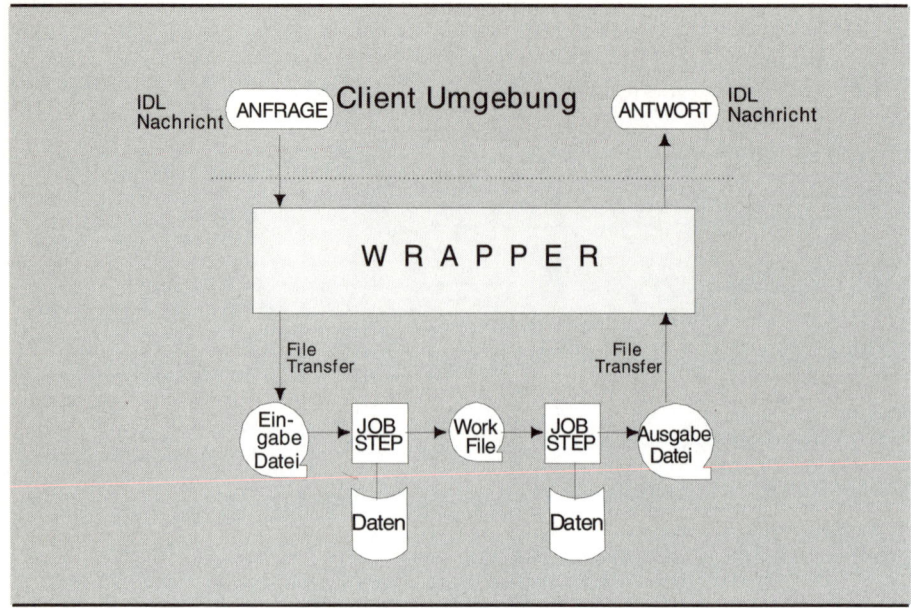

Abbildung 8-4 Prozeßkapselung

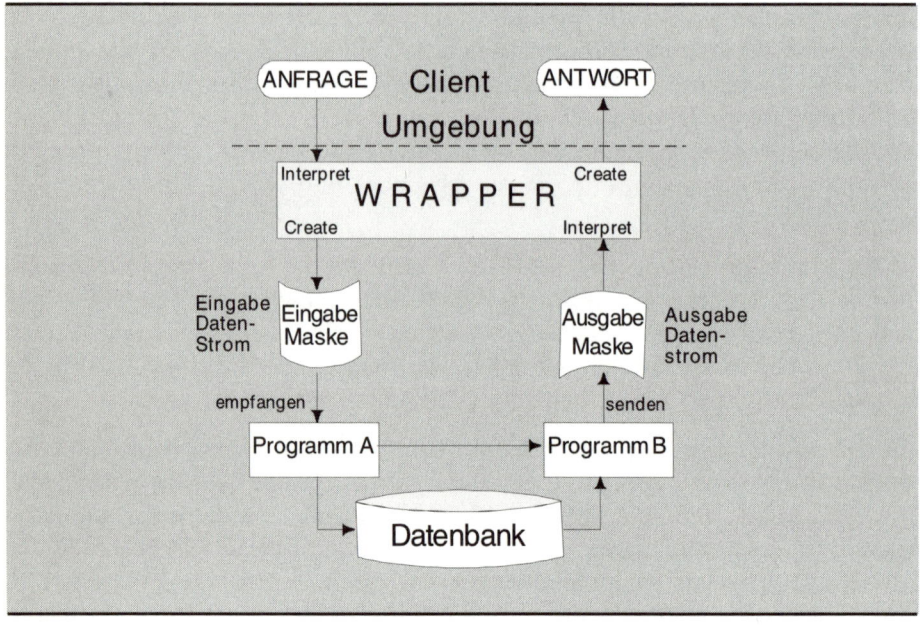

Abbildung 8-5 Transaktionskapselung

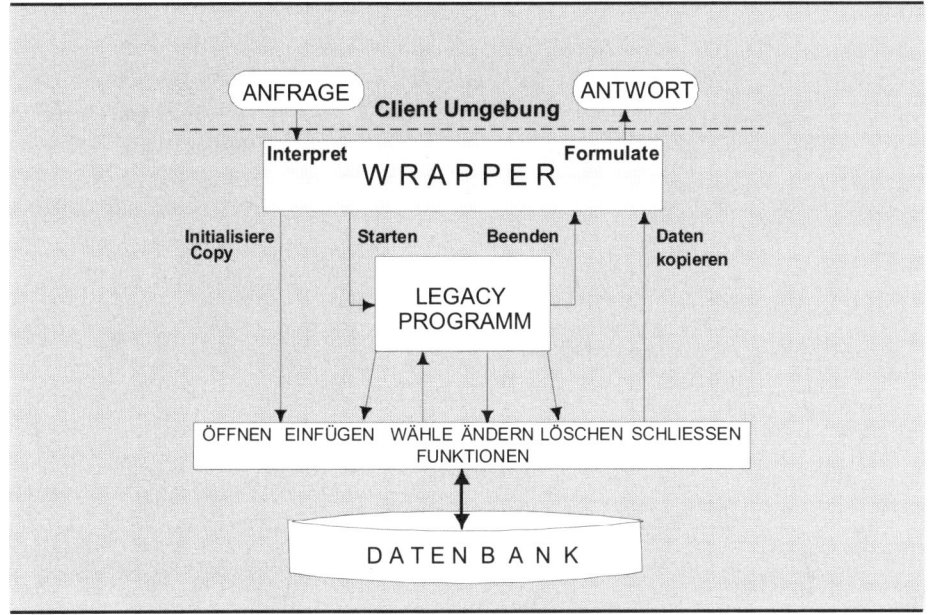

Abbildung 8-6 Programmkapselung

Auf der Modulstufe wird ein Unterprogramm aufgerufen. Der einzige Unterschied hier ist, daß der Aufruf aus der Ferne kommt. Die Parameter sind nicht im gleichen Adreßraum wie das Modul selbst, sondern stammen von einem Clientprogramm in einer anderen Umgebung. Sie müssen in der Hostumgebung von der Wrapper-Software bereitgestellt bzw. weitergeleitet werden.

Auf der Prozedurstufe wird nur ein bestimmter Abschnitt eines Programmes angesteuert. Der Rest bleibt nicht betroffen. Es wird nämlich nur an gewissen Stellen im Programm, den sekundären Eingängen, eingestiegen und am Ende der jeweiligen Prozedur wieder ausgestiegen. Zu diesem Zweck müssen die Daten der Prozedur von außen als Parameter bereitgestellt werden. Prozeduren entsprechen Methoden in objektorientierten Programmen und lassen sich leicht von verteilten Objekten per Remote Method Invocation aufrufen.

Auf allen Kapselungsstufen wird eine Steuerungssoftware benötigt, welche die Verbindung zwischen dem Auftraggeber, dem Client und dem gekapselten Objekt, dem Server, herstellt. Dies wird als Wrapper bezeichnet. Es ist die Aufgabe des Wrappers, die Eingangsnachrichten zu erhalten und zu verwalten, sie in die Dateien, Masken oder Schnittstellen der Zielsoftware umzusetzen, die Zielsoftware anzustoßen, die Ergebnisse der Zielsoftware zu sammeln, sie in Ausgangsnachrichten umzusetzen und diese an den Auftraggeber in der Ferne zurückzuleiten [13].

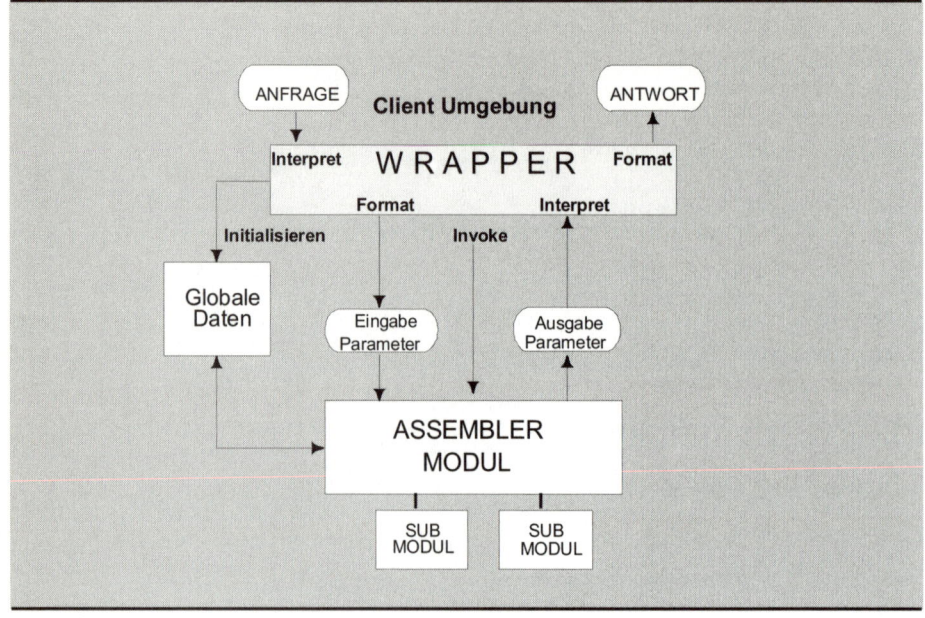

Abbildung 8-7 Modulkapselung

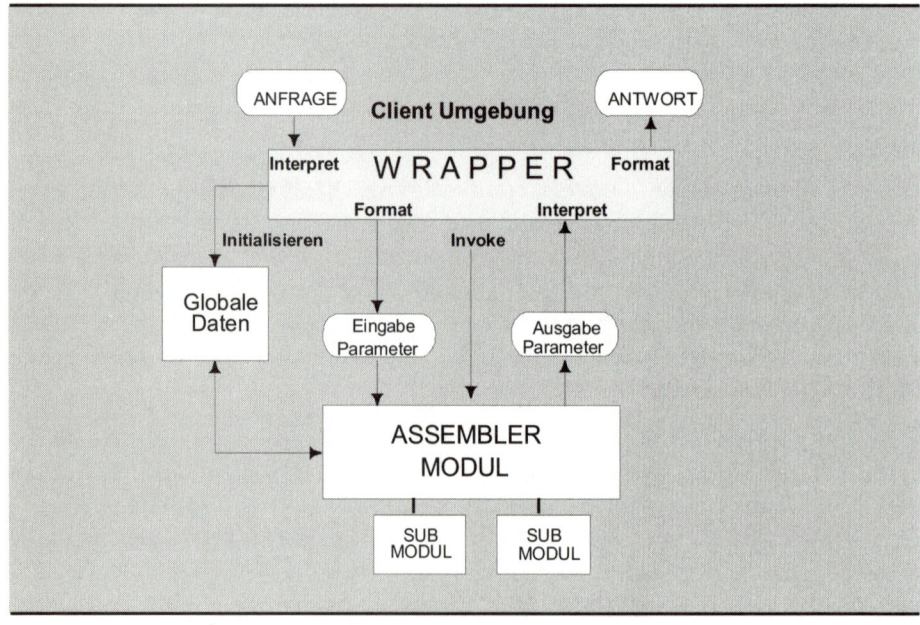

Abbildung 8-8 Prozedurkapselung

8.4 Methodik der Software-Kapselung

8.4.1 Jobkapselung

Um einen Batchprozeß von außen zu starten, muß eine Kopie der ursprünglichen JCL-Prozedur abgezogen werden. In der JCL-Prozedur sind Datenbestände dem Job als Ressourcen zugewiesen. Darunter sind neben den Datenbanken, z.B. IMS oder DB-2 und Stammdateien, z.B. ISAM oder VSAM, auch Bewegungsdateien, die in der Regel sequentiell organisiert sind.

Mit einem Editor ist die gewünschte JCL-Prozedur dem Benutzer anzuzeigen. Der Benutzer soll dann jene Data-Set-Allokationen markieren, die er vom entfernten Server erhalten und die er, nach Abschluß des Jobs, an den entfernten Server übertragen möchte. Anhand dieser Markierungen wird eine zweite JCL-Prozedur generiert bzw. aus der ersten abgeleitet. Diese zweite Prozedur startet zunächst einen File Transfer, um die Eingabedateien vom entfernten Server in die Zielbibliothek auf dem Host herüberzuziehen. Anschließend läuft der Prozeß wie gewöhnlich ab. Nach dem erfolgreichen Abschluß des Jobs, der anhand des Condition-Codes festgestellt wird, wird das File Transfer Utility nochmals angestoßen, diesmal, um die Ausgabedateien von der Hostbibliothek an den Server zu übertragen. Danach wird der Prozeß beendet und der Job abgemeldet. Die Prozeßergebnisse bzw. die Ausgabedateien befinden sich jetzt auf dem Server und können dort vom verteilten System weiterverarbeitet werden.

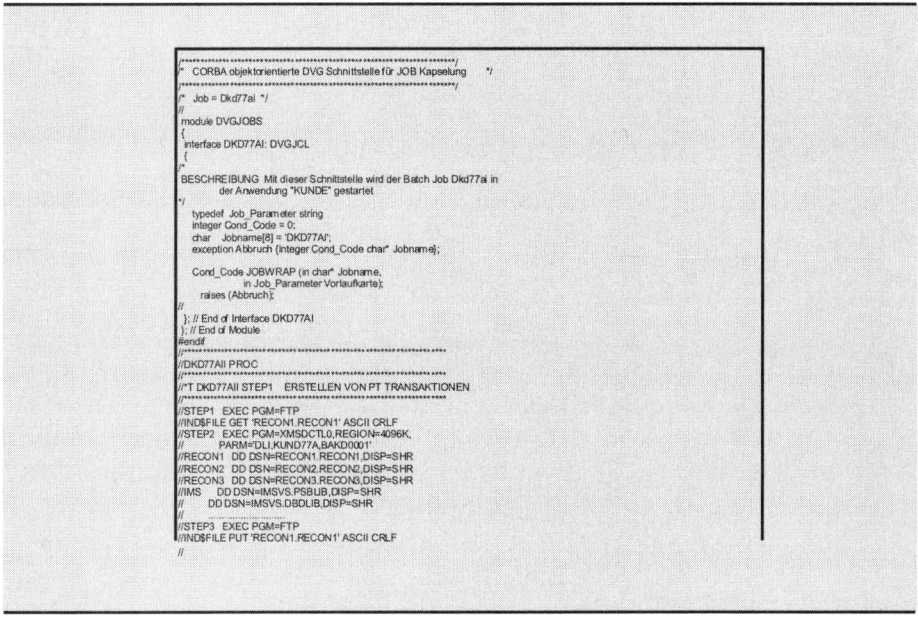

Abbildung 8-9 Gekapselte JCL-Prozedur

8.4.2 Transaktionskapselung

Für die Kapselung einer Online-Transaktion wird eine Kopie des Online-Programmes, z.B. IMS-DC oder CICS, erstellt. Diese Kopie wird automatisch von einem Tool auf Terminalinteraktionen hin analysiert. In CICS-Programmen sind es die EXEC SEND- und RECEIVE-Makroanweisungen. In IMS-DC-Programmen sind es die GET UNIQUE- (GU) und INSERT (ISRT)-Operationen auf den IO-PCB (Program Control Block).

Nachdem die Terminaloperationen erkannt sind, werden sie in Kommentare gesetzt, und an ihrer Stelle wird ein vordefinierter Aufruf zu der entsprechenden Wrapper-Prozedur, z.B. XTPINP oder XTPOUT, eingebaut. Diese LINK-Anweisung bewirkt, daß die Steuerung nicht an den TP-Monitor, sondern an den Wrapper übergeben wird, um den IO-Auftrag zu erfüllen.

```
               RE-100.
       WRAP *  EXEC CICS RECEIVE MAP   ('DBRIM7F')
       WRAP *              MAPSET ('DBRIS7')
       WRAP *              INTO  (DBRIM7DI)
       WRAP *  END-EXEC.
       WRAP    MOVE 'RC' TO X-CICS-FUNCTION
       WRAP    MOVE DBRIM7DI TO X-CICS-MAP
       WRAP    EXEC CICS LINK PROGRAM ('XTPINP')
       WRAP            COMMAREA (X-CICS-PARAM)
       WRAP            LENGTH (X-CICS-PARAM-LNG)
       WRAP    END-EXEC.
       WRAP    MOVE X-CICS-RETCODE TO EIBRESP
       WRAP    EVALUATE TRUE
       WRAP        WHEN X-MAPFAIL
       WRAP        GO TO VV-860
       WRAP        WHEN X-PF1
       WRAP        GO TO VV-710
       WRAP        WHEN X-PF2
       WRAP        GO TO VV-720
       WRAP        WHEN X-PF3
       WRAP        GO TO VV-730
       WRAP        WHEN X-PF10
       WRAP        GO TO VV-800
       WRAP        WHEN X-PF11
       WRAP        GO TO VV-810
       WRAP        WHEN X-PF12
       WRAP        GO TO VV-820
       WRAP        WHEN X-CLEAR
       WRAP        GO TO VV-840
       WRAP        WHEN X-ANYKEY
       WRAP        GO TO VV-850
       WRAP    END-EVALUATE.
```

Abbildung 8-10 Gekapselte CICS-Transaktion

Bei CICS-Programmen müssen außerdem noch die Handle Aid und Fehlerbedingungen abgefangen werden, weil die alten Mainframe-Terminals mit Funktionstasten arbeiten und diese Tasten auch den Programmablauf steuern. Deshalb müssen sie in der Schnittstelle eingebaut sein, d.h.

- der CICS-Response-Code,

- die CICS-Funktion und

- die CICS-Funktionstaste

müssen vom Wrapper belegt werden. Dafür benötigt der Wrapper wiederum eine Information vom Anwender. Dies gehört zum Inhalt der Eingangsnachricht. In dem gekapselten CICS-Programm wird also nach jedem simulierten RECEIVE die simulierte Funktionstaste abgefragt und entsprechend im Programm verzweigt

Im Falle von IMS wird die Standard-Parameterliste mit den Angaben

- Funktion,

- Status,

- PCB,

- IO-Area und

- Format

benutzt. Hier gibt es keine besondere Bearbeitung.

Ein weiteres Problem ist die Maskengestaltung. In CICS und IMS kann zu jedem Feld in einer Maske die Feldlänge und das Feldattribut, z.B. Farbe, Unterstrich, Helligkeit usw., vom Programm gesetzt werden. Diese Angaben dienen der Datenanzeige. Im Falle einer Kapselung haben sie keine Bedeutung für die Anzeige an dem Client-Arbeitsplatz, da dieser nur die Daten braucht. Sie sollten daher bei einer Maskenausgabe vom Wrapper entfernt werden. Dadurch wird auch der zu übertragende Datenstrom wesentlich verkürzt. Andererseits werden diese Angaben in der Eingabemaske vom Programm abgefragt. Deshalb müssen sie bei einer Maskeneingabe vom Wrapper mit Standardwerten belegt werden. Welche Werte hierfür geeignet sind hängt vom Terminalbedienungssystem ab:

- CICS Basic Map Service oder

- IMS Message Format Service.

8.4.3 Programmkapselung

Die Kapselung eines Batchprogrammes zielt darauf ab, einzelne ausgewählte Eingaben vom Clientprogramm aus zu empfangen und ausgewählte Ausgaben an das Clientprogramm zu senden. Die Eingaben eines Batchprogrammes sind Dateien, die Ausgaben sind Sätze.

Zuerst muß der Benutzer bestimmen, welche Ein- und Ausgaben umzuleiten sind. Zu diesem Zweck wird der Sourcecode des Zielprogrammes angezeigt, damit der Benutzer die gewünschten Eingabedateien und Ausgabesätze markieren kann. Anschließend wird das Programm so geändert, daß die READ- und WRITE-Anweisungen durch CALL-Aufrufe ersetzt werden. Bei READ-Anweisungen sind die Parameter der zu lesende Satz und ein Return-Code.

Nach der Anweisung wird der Return-Code auf Ende geprüft und die erforderlichen Endeverarbeitungen angestoßen.

Bei WRITE-Anweisungen ist der einzige Parameter der zu schreibende Satz.

Aufgerufen wird eine Prozedur im Wrapper, die entweder den nächsten Satz aus der Eingabequeue dem Programm bereitstellt oder den Satz vom Programm abholt und an das Client-Programm weiterleitet.

```
                    MOVE 1 TO PAGE-COUNT.
                    MOVE PAGE-COUNT TO PAGE-COUNT-NO.
                    MOVE HEADER-PRT-LINE TO PRT-LINE.
          WRAP      CALL "XFILOUT" USING PRT-LINE.
          WRAP *    WRITE PRT-LINE AFTER ADVANCING PAGE.
                 *
                    ***************************************************************
                  * READ ORDERS UNTIL END OF ORDER-FILE
                    READ-ORDERS.
          WRAP      CALL "XFILINP" USING ORDER-FILE X-RET-CODE.
          WRAP      IF X-RET-CODE NOT = ZERO
          WRAP         GO TO TERMINATION.
          WRAP *    READ ORDER-FILE
          WRAP *       AT END GO TO TERMINATION.
                    ***************************************************************
                  * READ CUSTOMER-DATA WITH KEY = CUST-NO
                    READ-CUSTOMER.
                  * ERROR CORRECTED, ERROR-TYPE INITIALIZED
                      MOVE ZERO TO ERROR-TYPE.
                      MOVE CUST-NO IN ORDER-RECORD TO CUST-KEY.
                    READ CUSTOMER-FILE
                      INVALID KEY MOVE 1 TO ERROR-TYPE
                         GO TO REPORT-ERROR.
```

Abbildung 8-11 Gekapseltes Batch-Programm

8.4.4 Modulkapselung

Module sind selbständig kompilierbare Unterprogramme. In der Regel beinhalten sie ausgegliederte Funktionen und werden zur Ausführung ihrer Funktionen von einem Hauptprogramm – Batch oder Online – aufgerufen. Insofern haben sie schon eine Parameterschnittstelle bzw. eine Linkage Section. Allerdings sind ihre Parameter oft verstreute Adressen. Um einen entfernten Aufruf zu erleichtern, werden die Parameter durch ein Tool in einer einzigen Datenstruktur zusammengefaßt. Über den Wrapper werden die Eingangsparameter aus der Nachricht vom Client zugewiesen und das Modul aufgerufen. Beim Ausgang aus dem Modul werden die Ausgangsparameter wieder zusammengefaßt und über den Wrapper an den entfernten Client weitergeleitet [14]. Ansonsten laufen Module im gekapselten Modus genauso wie im normalen Betrieb. Diese Kapselungstechnik ist deshalb einfach und mit dem höchsten Grad an Wiederverwendbarkeit zu realisieren.

```
WRAP  *LINKAGE SECTION.
         01  P1.
             02 P1-TT    PIC 99.
             02 FILLER   PIC X.
             02 P1-MM    PIC 99.
             02 FILLER   PIC X.
             02 P1-JJ    PIC 99.
             02 FILLER   PIC X.
         01  P2.
             02 LANG-CODE PIC 9.
         01  P3.
             02 DIRECTION PIC X.
         01  P4.
             02 DAY-NAME  PIC X(10).
WRAP         COPY XM016-PARAMETER.
WRAP  LINKAGE SECTION.
WRAP         COPY xm059-PARAMETER.
WRAP  PROCEDURE DIVISION USING xm059-PARAMETER.
WRAP  xm059-WRAP-ENTRY.
WRAP         MOVE xm059-P1 TO P1.
WRAP         MOVE xm059-P2 TO P2.
WRAP         MOVE xm059-P3 TO P3.
WRAP         MOVE xm059-P4 TO P4.
             MOVE P1-TT TO DD
             MOVE P1-MM TO MM
             MOVE P1-JJ TO YY
             MOVE LANG-CODE TO SPC
             MOVE DIRECTION TO LRS
             MOVE '0' TO P16
WRAP  ********* Wrapped Module Call ********
WRAP         MOVE DDMMYY TO XM016-DDMMYY
WRAP         MOVE P16 TO XM016-P16
WRAP         CALL "XM016" USING XM016-PARAMETER
WRAP         MOVE XM016-DDMMYY TO DDMMYY
WRAP         MOVE XM016-P16 TO P16
WRAP  ********* Wrapped Module Call ********
             IF P16 NOT = '0'
             MOVE ALL '?' TO DAY-NAME
WRAP         MOVE P1 TO xm059-P1
WRAP         MOVE P2 TO xm059-P2
WRAP         MOVE P3 TO xm059-P3
WRAP         MOVE P4 TO xm059-P4
             GOBACK
             END-IF.
```

Abbildung 8-12 Gekapseltes Cobol-Modul

8.4.5 Prozedurkapselung

Die Prozedurkapselung hingegen ist die schwierigste Art der Kapselung. Dafür ist sie die feinste Stufe der Granularität und die mit der höchsten Wahrscheinlichkeit, in das neue Objektmodell hineinzupassen. Das versteht sich, weil einzelne Codeabschnitte dem Methodengedanken am nächsten kommen [15].

Für die Methodenauswahl wird hier der prozedurale Teil des Zielprogrammes angezeigt. Der Anwender markiert die Code-Abschnitte, die er als Methoden benötigt, wobei er jeder Methode einen eigenen Namen gibt. In Cobol können hierfür SECTIONS oder PARAGRAPHEN, in PL/I Prozeduren und in Assembler CSECTS oder Code-Blöcke verwendet werden. Die ausgewählten Abschnitte dürfen jedoch nur einen einzigen Eingang und nur einen Ausgang besitzen. Somit sind GOTO-Verzweigungen verboten, d. h. das Programm muß strukturiert sein.

Nach der Auswahl der Methoden wird der Sourcecode von einem Tool verändert. Zu Beginn eines jeden Abschnittes wird eine ENTRY-Anweisung mit Parameterliste eingefügt. Die Parameter sind die Datenstrukturen, die von diesem Abschnitt angesprochen werden, sowohl Eingaben als auch Ausgaben. Am Ende des Abschnittes wird eine RETURN-Anweisung eingefügt. Alle nicht referenzierten Datenstrukturen werden auskommentiert. Die referenzierten Daten werden in Cobol in die Linkage Section verlagert, in PL/I als Parameter und in Assembler als Dummy Sections deklariert. Dadurch kommen alle Daten, die eine Methode ver-

arbeiten, von außen und werden als Referenzen übergeben – CALL BY REFE-
RENCE. Tatsächlich befinden sie sich im Adreßraum des Wrappers. Der Wrapper
baut sie aus den Nachrichten vom Client auf.

```
                        * READ ORDERS UNTIL END OF ORDER-FILE
                        READ-ORDERS.
                            READ ORDER-FILE
                                AT END GO TO TERMINATION.
                        *********************************************************
                        * READ CUSTOMER-DATA WITH KEY = CUST-NO
                        READ-CUSTOMER.
INPUT                   ENTRY "COBOLD1" USING ORDER-RECORD,
OUTPUT                                      CUST-KEY,
OUTPUT                                      ERROR-TYPE,
OUTPUT                                      POS,
OUTPUT                                      TOTAL-ITEMS-FULFILLED,
OUTPUT                                      TOTAL-CUST-PRICE.
                        * ERROR CORRECTED, ERROR-TYPE INITIALIZED
                            MOVE ZERO TO ERROR-TYPE.
                            MOVE CUST-NO IN ORDER-RECORD TO CUST-KEY.
                            READ CUSTOMER-FILE
                                INVALID KEY MOVE 1 TO ERROR-TYPE
                                PERFORM REPORT-ERROR.
                            MOVE 0 TO POS.
                            MOVE ZERO TO TOTAL-ITEMS-FULFILLED
                            MOVE ZERO TO TOTAL-CUST-PRICE.
WRAP        GOBACK.
WRAP        *************************************************************
                        PROCESS-ORDER.
INOUT                   ENTRY "COBOLD2" USING POS,
INOUT                                      ORDER-RECORD,
OUTPUT                                      ERROR-TYPE,
INOUT                                      ARTICLE-RECORD.
                            MOVE ZERO TO ERROR-TYPE.
                            ADD 1 TO POS.
                            IF POS > 9
                                OR ITEM-NO IN ORDER-RECORD (POS) = 9
                                SUBTRACT 1 FROM POS
                                PERFORM PRINT-SUMMARY.
```

Abbildung 8-13 Gekapselte Cobol-Prozeduren

8.5   Konstruktion der Kapselungsschale

Die Kapselungsschale Wrapper ist eine Verbindungsschicht zwischen dem Kommunikationssystem und dem Zielobjekt bzw. dem Job, Programm, Modul oder
Codeabschnitt. Sie übermittelt die Nachrichten zwischen dem Vorrechner und
dem Hostrechner, setzt die Daten vom einen Format ins andere um, ruft das gekapselte Programm auf und fängt die IO-Operationen ab [16]. Demzufolge
besteht das Wrapper-Programm selbst aus mehreren Prozeduren – einer Hauptprozedur und mehreren Unterprozeduren. Die Hauptprozedur wird vom Kommunikationssystem aus gestartet. Die Unterprozeduren werden vom Zielprogramm
angesprungen. Es existiert in dem Wrapper eine Schnittstelle nach außen zum
Kommunikationssystem und eine Schnittstelle nach innen zum gekapselten Objekt. Insgesamt setzt sich das Wrapper-Programm aus folgenden Komponenten
zusammen:

- einer externen öffentlichen Schnittstelle,

- einer internen privaten Schnittstelle,

- einer Nachrichtenverwaltungskomponente,

- einer Datenumsetzungskomponente und

- einer I/O-Simulationskomponente.

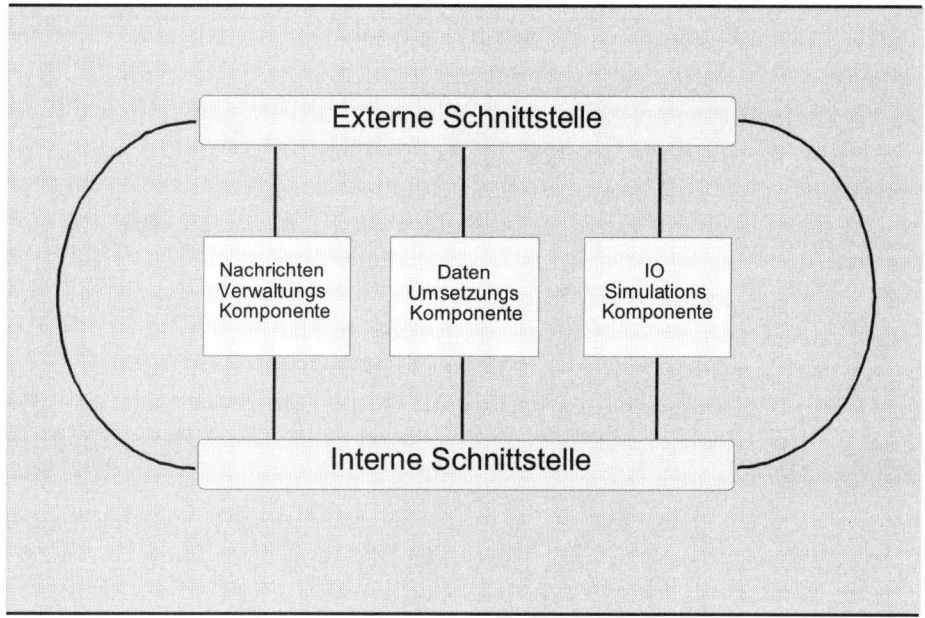

Abbildung 8-14 Architektur einer Kapselungsschale

8.5.1 Die Schnittstelle nach außen

Die externe, öffentliche Schnittstelle ist von allgemeiner Natur. Sie enthält einen fest formatierten Kopfteil und einen variablen Rumpfteil. Der Kopfteil enthält Angaben wie:

- die Benutzerkennung vom Auftraggeber,

- das Arbeitsplatzkennzeichen des Auftraggebers,

- das Transaktionskennzeichen,

- Datum und Uhrzeit,

- den Funktionscode,

- die Funktionstaste,

- den Fehlercode,

- die Methodenbezeichnung,

- die Anzahl der Eingabefelder und

- den Nachrichtentyp und die Nachrichtenlänge.

Der Rumpfteil ist eine Zeichenfolge variabler Länge mit Standard-ASCII-Zeichen. Binäre, Bit, gepackte und andere besondere Datendarstellungsformen sind, wenn möglich, zu vermeiden. Auch numerische Werte sollten als Ziffer im Zeichenformat übermittelt werden. Dies erleichtert die Umsetzung. Einzelne Felder sind durch ein Trennungszeichen abzugrenzen, das sonst nicht vorkommt, z. B. einen Backslash (\).

Der Kopfteil ist für die Kapselungssteuerung gedacht. Im Kopfteil identifiziert das Transaktionskennzeichen, welcher Job bzw. welche Transaktion oder welches Programm auszuführen ist. Die Methodenbezeichnung enthält den betreffenden Modul- oder Prozedurnamen. Die Funktionstaste ist für Dialogtransaktionen erforderlich. Der Funktionscode dient der Funktionsauswahl. Andere feste Angaben, die dem Wrapper dienen, gehören ebenfalls in den Kopfteil. Der Rumpfteil enthält die eigentlichen Ein- und Ausgabedaten. Er ist für das gekapselte Objekt gedacht.

Als allgemeine Darstellungsform empfiehlt es sich, die externe Schnittstelle in der Corba-IDL-Sprache zu beschreiben, auch dann, wenn sie in einer anderen Sprache wie C oder Cobol realisiert wird. Diese Form eignet sich immer als Spezifikation.

```
#ifndef SIZSS_IDL
#define SIZSS_IDL
  module SIZSS
  {
   interface SIZ_Interface: SOM_Objects
   {
  struct User_Message
  {
  struct Message_Header    // FESTFORMATIERTER KOPF
  {
      long      Message_Id; // NACHRICHTENKENNZEICHEN
      long      Message_Lng; // NACHRICHTENLAENGE
      char      Message_Type; // NACHRICHTENTYP
      char   Terminal_Type; // TERMINALTYP
      char      Message_Time[6]; // NACHRICHTENZEIT (HHMMSS)
      char      Message_Date[8]; // NACHRICHTENDATUM (JJJJMMTT)
      char      Terminal_Id[8]; // TERMINALKENNZEICHEN
      char      User_Id[8]; // NACHRICHTENSENDER
      char      Tran_Code[8]; // TRANSAKTION-/PROGRAMMNAME
      char      Method-Id[32]; // METHODENKENNZEICHEN
      char      Func_Code[4]; // FUNKTIONSTYP (CICS/IMS)
      char      Func_Key[2]; // FUNKTIONSTASTE (CICS)
      char      Ret_Code[2]; // FUNKTIONSSTATUS (CICS/IMS)
      short     Feld_Nr; // FELDANZAHL
      char      User_Bytes[8]; // RESERVIERT FÜR ANWENDER
  }; // End of Message_Header
      struct Message_Body  // FREIFORMATIERTER RUMPF
      {
      long      String_Lng; // ZEICHENFOLGELAENGE
      string    User_Data[String_Lng]; // ZEICHENFOLGE
      //        string   :=   {<Feldkz> = <Feldwert> \}
      //                                (Feldanzahl)
      //        Feldkz   :=   char[*]
      //        Feldwert  :=   'String' / Decimal Value
      }; // End of Message_Body
  }; // End of User_Message

  }; // End of Interface SIZ_Interface
  } // End of Module SIZSS
#endif
```

Abbildung 8-15 Externe Schnittstelle

8.5.2 Die Schnittstelle nach innen

Die interne, private Schnittstelle ist von spezifischer Natur. Als solche hängt sie völlig vom gekapselten Objekt ab. Im Falle einer Jobkapselung wird sie eine Kommandoprozedur sein. Im Falle einer Transaktionskapselung wird sie eine Terminalnachricht bzw. eine Bildschirmmaske sein. Im Falle einer Programmkapselung wird sie ein Datensatz bzw. ein Datenstrom sein. Im Falle einer Modul- oder Prozedurkapselung wird sie eine Parameterliste sein.

Das Format der internen Schnittstelle hängt von den Datentypen in der Zielprogrammiersprache oder der Maskensprache ab. So haben Assembler und PL/I andere Datenstrukturen als Cobol oder NATURAL. CICS-BMS-Masken haben auch eine andere Gestalt als IMS-MFS-Masken. Daraus folgt, daß die interne Schnittstelle fast immer maßgeschneidert oder, was anzustreben wäre, aus dem Quelltext des Zielprogrammes heraus generiert wird.

```
WRAP *********** Generated Copy Member ************
WRAP 01 xm059-PARAMETER.
WRAP    02 xm059-P1.
WRAP       03 xm059-P1-TT PIC 99.
WRAP       03 xm059-FILLER PIC X.
WRAP       03 xm059-P1-MM PIC 99.
WRAP       03 xm059-FILLER PIC X.
WRAP       03 xm059-P1-JJ PIC 99.
WRAP       03 xm059-FILLER PIC X.
WRAP    02 xm059-P2.
WRAP       03 xm059-LANG-CODE PIC 9.
WRAP    02 xm059-P3.
WRAP       03 xm059-DIRECTION PIC X.
WRAP    02 xm059-P4.
WRAP       03 xm059-DAY-NAME PIC X(10).
WRAP ***** End of Generated Copy Member ************
```

Abbildung 8-16 Interne Schnittstelle

8.5.3 Die Nachrichtenverwaltungskomponente

Die Verwaltung der Ein- und Ausgangsnachrichten wird wichtig, wenn das gekapselte Objekt eine sequentielle Datei oder einen kontinuierlichen Datenstrom von der Client-Applikation verarbeitet. Der Rumpfteil der externen Schnittstelle ist in diesem Falle nicht eine einzige Zeichenfolge, sondern eine Reihe von Teilfolgen, die laufend eine nach der anderen vom Auftraggeber eintreffen. Der Wrapper muß sie in einen Warteschlangenpuffer ablegen, so daß sie hinten angereiht werden, während die vordersten Nachrichten bzw. Sätze dem gekapselten Programm zugeführt werden. Sobald ein Satz gelesen wird, rücken die anderen Sätze in der Warteschlange nach.

Was für die Eingangsnachrichten gilt, gilt ebenso für die Ausgangsnachrichten, nur umgekehrt. Die Ausgabesätze, die aus dem gekapselten Programm herauskommen, müssen so lange zwischengepuffert werden, bis sie an den Auftraggeber über die Datenfernübertragung gesendet werden können. In der Regel wird das Programm Ausgaben schneller erzeugen, als sie das Kommunikationsprogramm übermitteln kann. Deshalb muß es möglich sein, die Ausgabepuffer in eine Zwischendatei auslagern zu können. Die beiden Verwaltungsroutinen – die eine für die Ausgabenachrichten, die andere für die Eingangsnachrichten – laufen im asynchronen Modus nebeneinander und dürfen sich gegenseitig nicht behindern. Ihre Zeitanteile müssen so gut wie möglich balanciert werden.

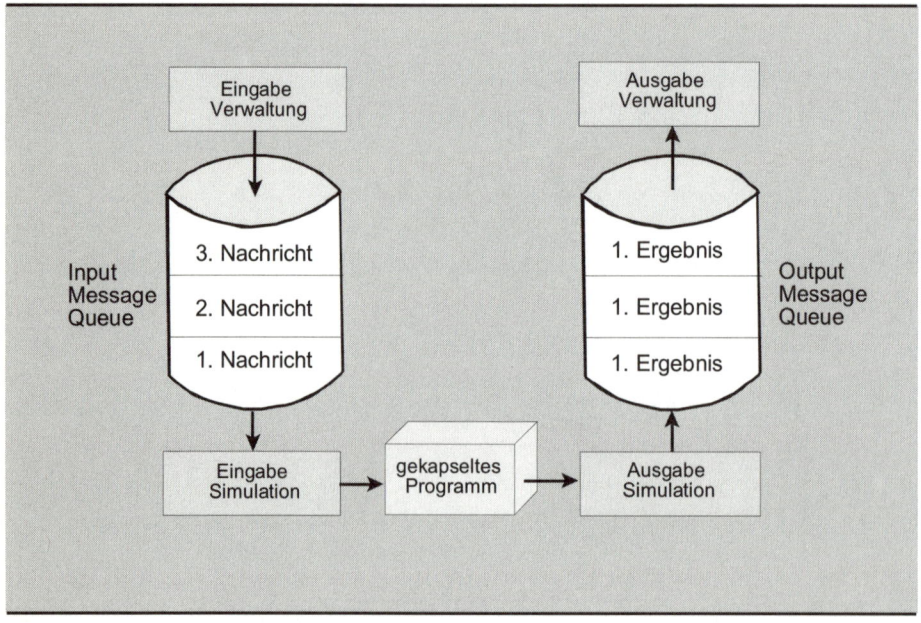

Abbildung 8-17 Nachrichtenverwaltungskomponente

8.5.4 Die Datenumsetzungskomponente

Die Prozeduren der Umsetzungskomponente erfüllen die Funktion, die Eingabedaten aus der externen Schnittstelle in die interne Schnittstelle umzusetzen und die Ausgabedaten aus der internen Schnittstelle in die externe Schnittstelle zu verwandeln. Bei der Umsetzung der Eingaben wird die ASCII-Zeichenfolge zerlegt, um die einzelnen alphanumerischen Werte herauszuholen. Danach werden sie in das interne Format konvertiert, z. B. binär oder gepackt. Da nicht alle internen Parameterdaten aus der externen Schnittstelle ableitbar sind, wird die Umsetzungsroutine die Lücke ausfüllen müssen – so wie bei den Attributbytes in den Masken.

Bei der Umsetzung der Ausgaben werden die Daten in der internen Schnittstelle von ihrem internen Datenformat in das externe Zeichenformat übersetzt und in einer Zeichenfolge zusammengefaßt. Zwischen den Werten werden Trennungszeichen eingefügt, damit der Empfänger sie unterscheiden kann. Null und Leerwerte können hier verdichtet werden, um die Länge der Nachricht zu kürzen.

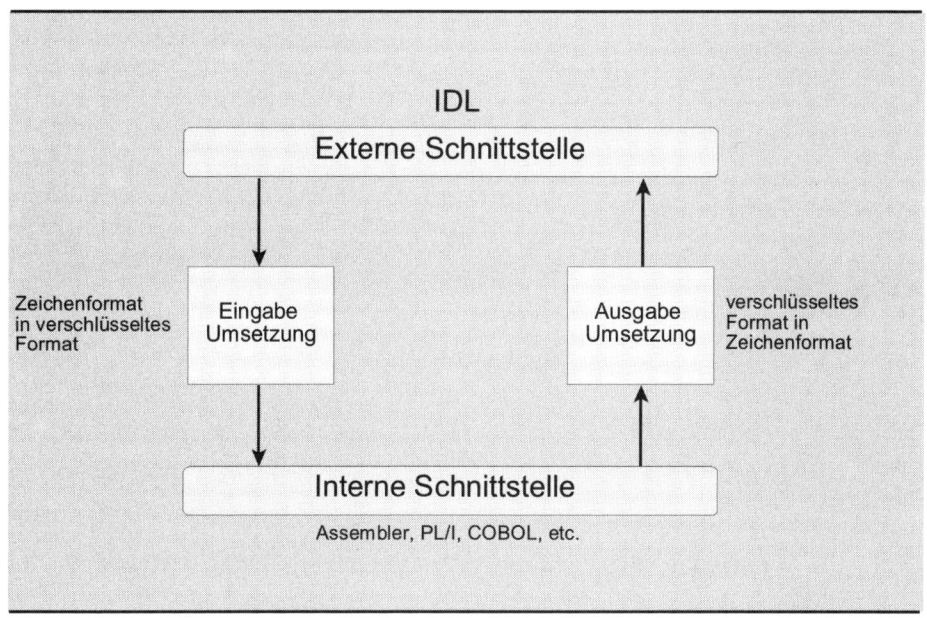

Abbildung 8-18 Datenumsetzungskomponente

8.5.5 Die IO-Simulationskomponente

Die Funktion der Simulationskomponente ist, die Ein- und Ausgabeoperationen des simulierten Bildschirmsteuerungs- oder Dateiverwaltungssystems durch eigene Ein/Ausgabe-Operationen zu ersetzen. Für jede zu simulierende Eingabe/Ausgabe-Operation ist eine Simulationsprozedur – ein Stub – erforderlich. Die Eingabesimulation nimmt den nächsten Satz bzw. die nächste Maske aus der Eingabeschlange und kopiert ihn in den Eingabebereich des Zielprogrammes. Manchmal genügt es, lediglich einen Zeiger zu setzen, der auf den nächsten Satz hinweist. Er wird immer um die Satzlänge erhöht.

Die Ausgabesimulation kopiert die Daten aus dem Ausgabebereich des gekapselten Objektes in die Ausgabewarteschlange. Hier genügt es nicht, einen Zeiger zu setzen. Die Daten müssen physisch bewegt werden, um nicht von der nächsten

Ausgabeoperation überschrieben zu werden, d.h. der Wrapper muß die Ausgaben sichern und im Ausgabepuffer so lange aufbewahren, bis er sie über das Kommunikationsnetz an den Auftraggeber absenden kann.

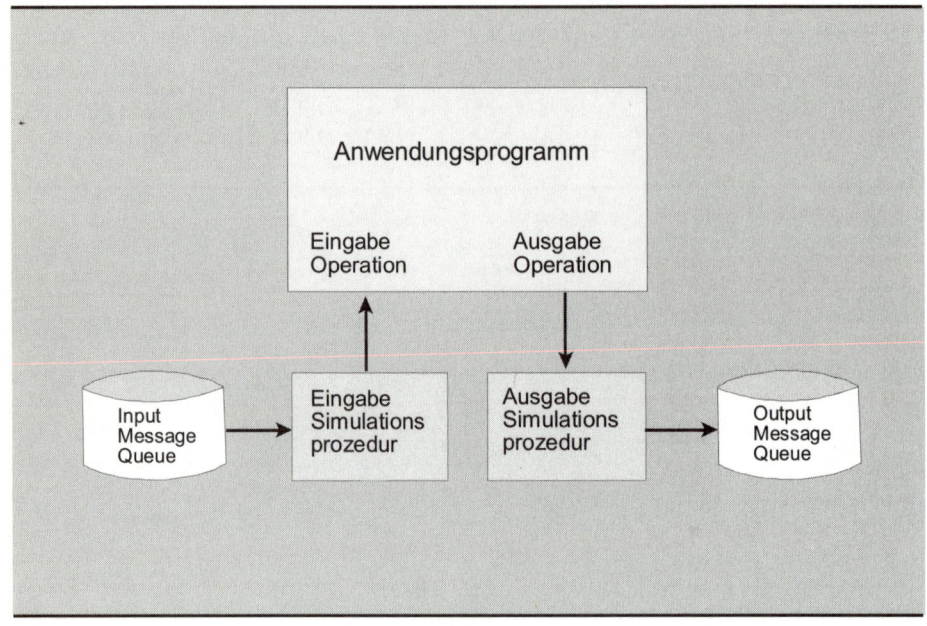

Abbildung 8-19 IO-Simulationskomponente

8.6   SoftWrap – ein Werkzeug für die Aufbereitung der zu kapselnden Programme

Bei der Kapselung vorhandener Anwendungsprogramme ist zwischen zwei Vorgängen zu unterscheiden. Im einen Vorgang wird die Anwendersoftware verändert, um den gewünschten Zugriff überhaupt zuzulassen. Im anderen Vorgang wird die Wrapper-Software erstellt, um den Zugriff durchzuführen. Für die beiden Vorgänge werden völlig unterschiedliche Werkzeuge benötigt.

Ein Werkzeug für die Anpassung der Zielprogramme ist das Tool SoftWrap. SoftWrap bietet vier der fünf Kapselungsstufen an:

• Transaktionskapselung,

• Programmkapselung,

• Modulkapselung und

• Prozedurkapselung

und zwar für die drei Programmiersprachen

*   Assembler,

*   PL/I und

*   Cobol [17].

Bei der Transaktionskapselung kapselt SoftWrap sowohl IMS-DLI als auch CICS-BMS-Operationen und leitet sie an die betreffende Wrapper-Prozedur um. Bei der Programmkapselung kapselt SoftWrap alle sequentiellen Dateioperationen – Eingabe und Ausgabe –, die vom Anwender bestimmt werden. Bei der Modulkapselung optimiert SoftWrap die Parameterschnittstellen, damit sie von außen leichter zu behandeln sind. Bei der Prozedurkapselung baut SoftWrap Eingangsmasken mit Parameterlisten in den vom Anwender ausgewählten Codeabschnitten ein, so daß sie von außen aufrufbar werden.

Das Wesentliche, was SoftWrap leistet, ist, eine Kopie des ursprünglichen Programmes vollautomatisch aus dem Original abzuleiten. Auf diese Weise ist es möglich, nach jeder Programmänderung eine neue Kopie für die Kapselung ohne zusätzlichen Aufwand zu generieren. Die Alternative wären tiefgreifende, manuelle Änderungen zum Code, die eine neue Fehlerquelle eröffnen. Es steht deshalb außer Frage, eine computergestützte Lösung wie SoftWrap ist fast unentbehrlich.

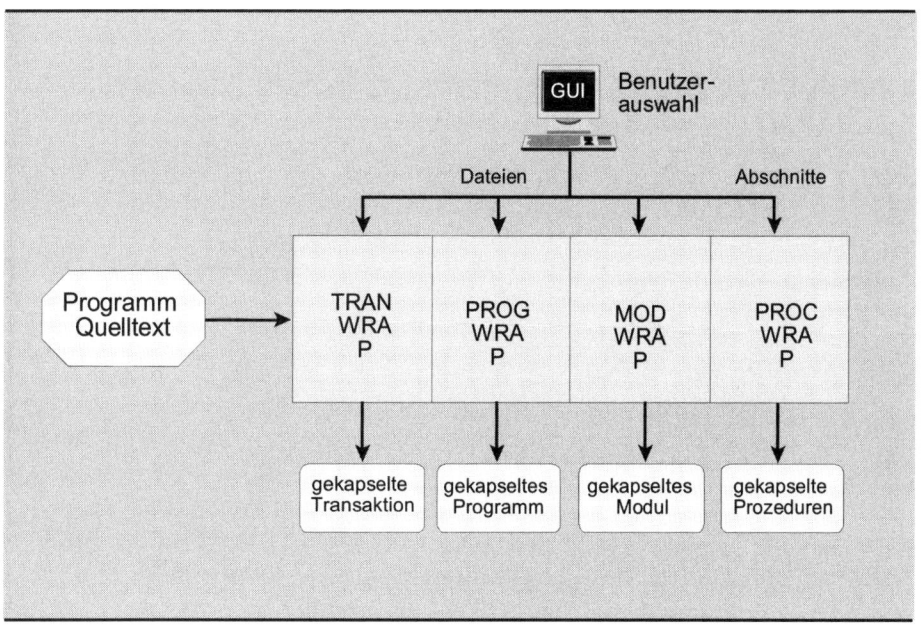

Abbildung 8-20 Softwrap-Werkzeugkonfiguration

8.7 ObjectWrap – ein Framework für die Kapselung von Legacy-Funktionen auf dem Host

Es wurde schon darauf hingewiesen, daß der Wrapper selbst keine generelle Lösung sein kann. Zu groß sind die Unterschiede zwischen den Benutzerumgebungen und den Benutzeranforderungen. Dennoch lassen sich einzelne Komponenten der Wrapper-Software sehr wohl standardisieren, so daß ein Wrapper Framework möglich ist. Dies ist der Gedanke hinter dem Produkt ObjectWrap.

In ObjectWrap werden die Komponenten für

• die Nachrichtenverwaltung und

• die IO-Simulation

sowie die Wrappersteuerung als schlüsselfertige C-Prozeduren bereitgestellt. Außerdem ist die externe Schnittstelle fest definiert und als Corba-IDL-Schnittstelle spezifiziert.

Offen bleibt die interne Schnittstelle und die Datenumsetzungskomponente. Die interne Schnittstelle wird aus dem gekapselten Sourcecode generiert. Zunächst ist sie in der Sprache des Zielprogrammes z.B. in Assembler, PL/I oder Cobol enthalten. Anschließend wird sie per Tool in eine C-Schnittstelle umgewandelt. Mit Assembler können hier einige Probleme auftreten, mit PL/I und Cobol ist es relativ problemlos.

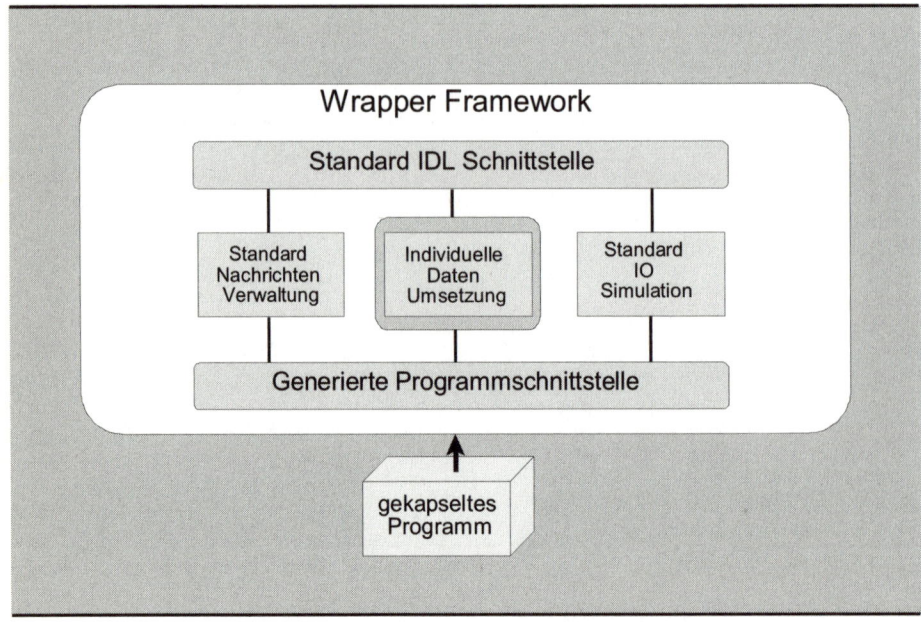

Abbildung 8-21 ObjectWrap Framework

Übrig bleibt die Datenumsetzungskomponente. Es obliegt dem Anwender, diese C-Prozeduren zu schreiben. Sie sind von den anderen Komponenten weitgehend entkoppelt, ihre Schnittstellen – die externe und die interne – sind in Header-Dateien bereits kodiert, so daß es nur noch nötig ist, den Umsetzungscode zu schreiben. Für einfache Parameterlisten, die der Modul- und Prozedurkapselung dienen, können sogar diese Umsetzungsprozeduren aus den beiden Schnittstellen generiert werden. Dadurch deckt ObjectWrap mindestens 75% der Wrapping-Funktionalität ab und läßt sich dennoch von Fall zu Fall anpassen. Es ist ein klassisches Beispiel für die Anwendung der Framework-Technologie [18].

8.8 PMS – ein Produkt für die Kapselung bestehender Prozesse

Kapselung als Migrationstechnik ist nicht unbedingt mit der Objekttechnologie verbunden. Es geht auch ohne. Den Beweis dafür liefert das Produkt PMS – Process Management System [19].

Mit PMS ist es möglich, von einem verteilten Prozeß aus auf Programme, Transaktionen, Module und Prozeduren auf dem Hostrechner zuzugreifen. Der Anwender braucht lediglich die Schnittstellen des Zielprogrammes im Clientprogramm aufzubauen und über einen entfernten Proceduraufruf an PMS zu übergeben. PMS lädt das Zielprogramm und startet es an der gewünschten Einstiegsstelle. Auch sekundäre Eingangsstellen können über PMS angesteuert werden, so daß eine Kapselung einzelner Prozeduren durchaus möglich ist.

Die Datenübertragung erfolgt über einen globalen Datenpuffer mit zwei Speicherbereichen

- ein langlebiger Speicherbereich für jene Daten, die für die Dauer der Sitzung gelten (Open Dialog bis Close Dialog),

- ein kurzlebiger Speicherbereich für jene Daten, die nur für die Dauer einer Transaktion gelten (Open Transaction bis Close Transaction).

Es ist die Aufgabe von PMS, den Speicher für diese Bereiche zuzuweisen und sie mit den Eingangsparametern des Clientprogrammes zu belegen. Im globalen Speicherbereich werden die IMS- und CICS-Kontrollblöcke aufgebaut. Auf diese Weise befindet sich das auszuführende Zielprogramm in seiner gewohnten Umgebung und läuft ab, als ob es direkt unter IMS oder CICS laufen würde. In dieser Hinsicht erfüllt PMS alle wesentlichen Funktionen eines Wrappers. Es empfängt Aufträge als Nachrichten von den Client-Applikationen, es kapselt die Kundendaten in den eigenen Speicherbereichen, es steuert die gewünschten Legacy-Funktionen an und übermittelt ihre Ergebnisse zurück an den Auftraggeber.

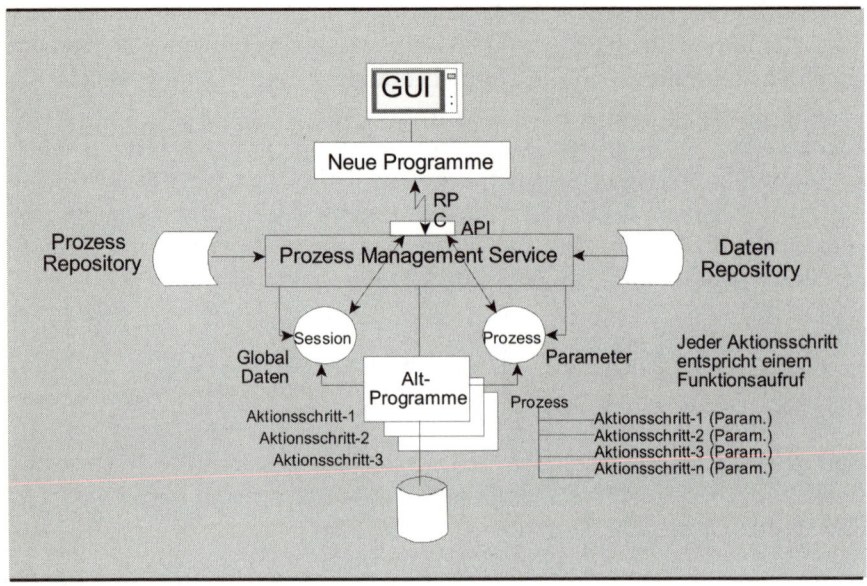

Abbildung 8-22 PMS Prozeßorientierter Wrapper

8.9   Weitere Wrapper-Produkte

8.9.1   Softbench von HP

Softbench ist eine objektorientierte Entwicklungsumgebung von Hewlett-Packard für C++-Programme. Es unterstützt primär die Entwicklung der Client-Applikationen, aber es kann auch den Zugriff auf vorhandene Legacy-Produkte ermöglichen. Die neuen OO-Anwendungen werden mit existierenden Legacy-Anwendungen dadurch integriert, daß eine Schnittstelle oder Wrapper um die Altsoftware herum gebaut wird. Dies ermöglicht es, Legacy-Programme bzw. Module auf einem Hostrechner aufzurufen. HP empfiehlt folgende dreistufige Vorgehensweise für eine Ist-Aufnahme:

Als erstes sollte der Anwender eine Bestandsaufnahme der existierenden Software durchführen. Dies entspricht einer Ist-Aufnahme, um festzustellen, welche Funktionen und Daten in die neuen objektorientierten Systeme aufgenommen werden sollten. Dafür benötigt der Anwender Reverse Engineering Tools.

Als zweites sollte der Anwender eine Reihe neuer verteilter Applikationen mit GUI und lokaler Verarbeitungslogik entwickeln. Dabei soll er darauf achten, daß die alten Programme und Datenbestände nach Möglichkeit eingebunden werden. Die alten Funktionen werden über einen objektorientierten Wrapper aufgerufen, bzw. es werden die alten Daten über eine ähnliche Schnittstelle wiedergewonnen und fortgeschrieben. Es gilt hier, eine möglichst hohe Wiederverwendungsrate zu erreichen.

Als drittes sollte der Anwender die Applikationen im Unternehmensnetz verteilen. Es ist eine 3-Schichten-Architektur anzustreben mit Vermittlungsrechner zwischen dem Zentralrechner und den Endgeräten.

HP bietet einen Object-Wrapper namens OO-DCE an, der DCE-Funktionen als C++-Objekte anbietet. Ein weiteres Produkt ist Odapter, das eine objektorientierte Sicht auf SQL-relationale Datenbanken bietet. Aus einer OSQL-Sprache werden C++- oder Smalltalk-Klassen generiert, die zur Laufzeit Objekte aus Oracle 7- und ALLBASE-Datenbanken kreieren. Da es sich hier um eine umfangreiche Unternehmung mit zahlreichen Risiken handelt, bietet HP einen Migrationsdienst durch ihr Object-Oriented Solutions Center [20].

8.9.2 Object Broker von BEA

Object Broker wurde ursprünglich von DEC entwickelt, um die Corba-Norm zu erfüllen. Inzwischen hat die Firma BEA das Produkt übernommen und mit dem TP-Monitor TUXEDO integriert. Er wurde vor allem im Hinblick auf die Kapselung alter Anwendungen konzipiert, weshalb er hier als Wrapping-Produkt eingestuft wird. Der Object Broker bietet drei Mechanismen, um alte Programme und Daten zu kapseln, ohne in den Code eingreifen zu müssen.

- eine Skriptsprache für die Erstellung benutzerspezifischer Wrapperprozeduren,

- einen Corba-konformen Servertreiber, um alte Programme auszuführen,

- eingebaute Clientstubs, um die Verbindung zum Server herzustellen.

Mit der Skriptsprache werden Applikationsprogrammschnittstellen (APIs) geschaffen, die alte Programme als Methodensammlungen behandeln lassen. Die Skriptsprache ähnelt einem Kommandozeilenprogramm wie UNIX-Shellskript und VMS- JCL-Prozeduren. Es invokiert eine gekapselte Funktion mittels eines Betriebssystem-EXEC-Kommandos und fängt die Ausgaben der Funktion ab.

Object Broker generiert ein Serverskelett, das die dahinterliegenden Legacy-Funktionen über eine API aufruft. Das Skelett wird wiederum von einem Clientauftrag angestoßen. Somit dient es als Nachrichtenvermittler zwischen neuen Clientprogrammen und alten Serverprogrammen. Die im Clientprogramm eingebaute Serverstellvertreter- bzw. Stubroutine ermöglicht es, die Server-Software als EXEC-Modul, als statisches Linkmodul oder als dynamisches Linkmodul bzw. als DLL zu implementieren. Damit kann die Laufzeit besser beeinflußt werden. Allerdings unterstützt das Produkt nur eine C++-Anbindung und benutzt die OLE-Automation, um auf Server-Objekte zuzugreifen [21].

8.9.3 Parts von Digitalk

Parts ist ein objektorientiertes visuelles Tool für die Entwicklung von Wrapper-Software für Smalltalk-Anwendungen. Sie läuft unter OS/2 und stellt dort eine Verbindung zu CICS her. Über OS2/CICS werden Nachrichten an das MVS/CICS gesendet, um dort Transaktionen zu starten.

Parts ist in Amerika der verbreitetste Wrapper für Klientenapplikationen, die in Smalltalk geschieben sind. Es unterstützt nicht nur Programmaufrufe von Hostprogrammen, sondern auch Zugriffe auf Hostdatenbanken. Für die Smalltalk-Welt ist Parts der logische Wrapperansatz mit den meisten Funktionen. Mittlerweile besitzt es auch eine OMG-IDL-Schnittstelle [22].

8.9.4 ObjectStar von der Antares Alliance Group

ObjectStar ist ein objektorientierter Wrapper, der die Verbindung zwischen verteilten Objekten in einem Client/Server-Netz mit Hostprogrammen verbindet. Es bedient Frontend-Applikationen, die unter UNIX und Windows NT laufen. Es stellt eine Verbindung zu MVS-Applikationen auf dem Host her. Dabei werden die Nachrichten über ein ORB – ORBIX oder SOM – vermittelt und umgesetzt. Object-Star unterstützt auch den Zugriff auf VSAM-Dateien sowie IMS- und DB-2-Datenbanken. Allerdings muß das System vor Ort an die Zielumgebung und die zu kapselnden Software-Bausteine angepaßt werden. Das Produkt wurde bereits mehrfach in den USA eingesetzt, um Hostsysteme in eine Client-Server-Welt zu integrieren [23].

8.9.5 SOMobjects bzw. Component Broker von IBM

SOMobjects ist die derzeitige Corba-Implementierung von IBM. Es benutzt die OMG-IDL, ergänzt durch SOM Macros, um Smalltalk-, C++- und OO-Cobol-Objekte miteinander zu verbinden. Von den *Object Services* deckt SOM 3.0 lediglich den Namensdienst (*Naming Service*) ab.

Die Weiterentwicklung von SOM 3.0 erfolgt im Rahmen des Component Brokers (CB). Eine erste Version des Component Brokers hat IBM bereits freigegeben. Der Component Broker besteht aus den zwei Subsystemen

* CB Connector und

* CB Toolkit.

Der CB Connector, auch mit SOM 4.0 bezeichnet, wird – laut Angabe von IBM – eine vollständige Corba-Implementierung sein, die eine Vielzahl der *Object Services* unterstützt, wie z.B. den Transaction und Security Service. Darüber hinaus ist der CB Connector ausgelegt, alte Hostapplikationen, die unter den TP-Monitoren CICS bzw. Encina mit den Datenbanksystemen DB-2 oder IMS ablaufen, einzubinden.

Das CB Toolkit unterstützt die Entwicklung von verteilten Clientapplikationen in C++, Smalltalk und OO-Cobol auf der Basis von Visual Age. Für die Migration der alten Cobol-Programme in OO-Cobol bzw. Cobol für MVS, bietet IBM unter Visual Age Konvertierungswerkzeuge, die eine Einbindung mit CB-Connector ermöglichen. In dieser Richtung ist von der IBM in den kommenden Jahren noch mehr zu erwarten, denn die Software-Kapselungstechnologie steht erst am Anfang [24].

8.10 Kapselung bestehender Anwendungen in der Praxis

Aus fachlicher Sicht kommt es darauf an, die bestehenden Anwendungen zu kennen und zu wissen, welche Software-Bausteine und Datenbestände in die neue objektorientierte Architektur überhaupt hineinpassen. Diese werden markiert und für die Kapselung aufbereitet. Die Aufbereitung wird immer eine andere sein, abhängig vom Gegenstand der Kapselung – Prozeß, Transaktion, Programm oder Prozedur.

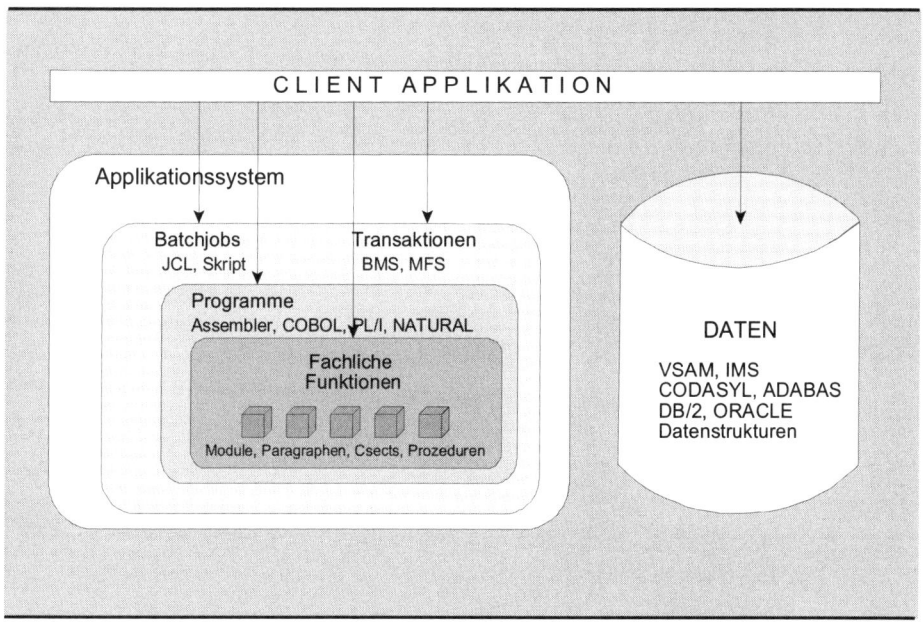

Abbildung 8-23 Kapselungsmöglichkeiten aus fachlicher Sicht

Auf den höheren semantischen Ebenen sind die Bausteine größer und deshalb schwieriger zu kapseln. Große Bausteine haben in der Regel komplexe Schnittstellen, die nur aufwendig zu bedienen sind, d.h. auf der Seite des Client-Programmes muß mehr geschehen. Eventuell müssen die Clientklassen um den vorhandenen Baustein herumgebaut werden. Vor allem bei Online-Transaktionen ist es schwierig, alle Vorzustände herzustellen, damit die Transaktion korrekt verarbeitet wird. Falls die alte Anwendung in einer benutzerspezifischen Umgebung läuft, muß diese Umgebung zuvor für die verteilte Verarbeitung angepaßt werden. Dies allein kann ein eigenes Projekt sein.

Auf den unteren semantischen Ebenen sind die Bausteine kleiner und leichter zu kapseln. Ihre Schnittstellen haben nur einen begrenzten Datenumfang. Somit sind sie leichter aufzubauen. Problematisch hier ist der Zugang zu den Code-Abschnitten, die oft tief im Inneren der Programme liegen. Um sie in die neue Anwendung einzubinden, muß der Anwender genau wissen, was sie leisten. Dazu muß er sich mit dem alten Programm im Detail auseinandersetzen. Wenn die Abschnitte allzuklein sind, wird es sich kaum lohnen, sie zu kapseln. Der Aufwand, sie über das Netz aufzurufen, steht dann in keinem Verhältnis zum Funktionsumfang. In diesem Fall empfiehlt es sich, sie neu zu schreiben. Dies ist ein allgemeines Problem der Software-Wiederverwendung [25].

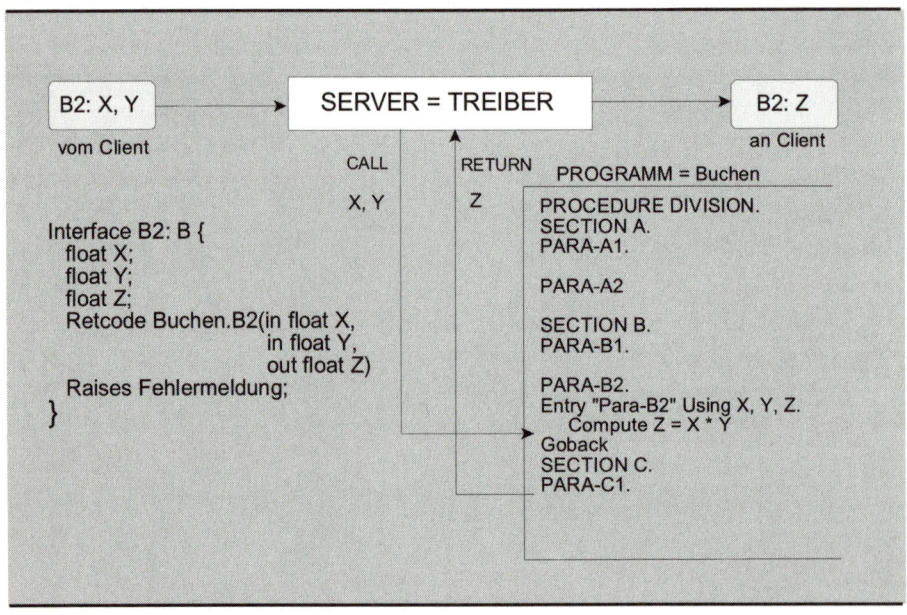

Abbildung 8-24 Einbindung bestehender Funktionen in einen neuen Workflow

In der Praxis soll der Anwender von Fall zu Fall entscheiden, was und wie gekapselt wird. Ein Patentrezept gibt es nicht. Neben den Performanz-Kriterien sind der Aufwand für die Kapselung und der Umfang des Eingriffs in die bestehende Produktionsumgebung zu berücksichtigen. Diese Kosten sind gegen die Ersparnis durch die Wiederverwendung der Altsoftware abzuwägen [26].

8.11 Literaturhinweise

[1] Taylor, D.: Business Engineering with Object Technology, John Wiley & Sons, New York, N.Y., 1995

[2] Jacobson, I. u.a: Object-Oriented Software Engineering, Addison-Wesley, Reading, 1992

[3] Mattison, R.: The Object-Oriented Enterprise, McGraw-Hill, New York, N.Y., 1994

[4] Sneed, H.: »Einbindung alter Host-Software in eine Client/Server Architektur« in Objekt-Spektrum, Nr. 4, Juli,1996

[5] Redlich, J.-P.: Corba 2.0 – Praktische Einführung für C++ und Java, Addison-Wesley, Bonn, 1996

[6] Dietrich, W.C. u.a.: »Saving a legacy with Objects« in OOPSLA-90 ACM Proceedings, Addison-Wesley, Reading, l989

[7] Yourdon, E.: »Distributed Computing« in American Programmer, Band 10, Nr. 12, Dez. 1997

[8] Mowbray, T./Zahavi, R.: The Essential Corba, John Wiley & Sons, New York, N.Y., 1994

[9] Graham, I.: Migrating to Object Technology, Addison-Wesley, Workingham, 1995

[10] Gossain, S.: »Accessing Legacy Systems«, in ObjectExpert, London, März,1997

[11] Gamma, E. u.a.: Design Patterns, Addison-Wesley, Reading, 1995

[12] Orfali, R./Harkey, D./Edwards, J.: The Essential Distributed Objects Survival Guide, John Wiley & Sons, New York, N.Y., 1996

[13] Brodie, M./Stonebraker, M.: Migrating Legacy Systems, Morgan Kaufman Pub., San Francisco, Ca., 1995

[14] Bertold, N./Brem, R./Obermair, H.: MicroFocus Object Cobol, Thomson Pub., Bonn, 1995

[15] Crownhart, B.: IBM's Workstation CICS, McGraw-Hill, New York, N.Y., 1992, S. 17

[16] Winsberg, P.: »Legacy Code – Don't bag it, Wrap it« in Datamation, Mai, 1995

[17] Buschmann, F. u.a.: Pattern-oriented Software Architecture – A System for Patterns, John Wiley & Sons, New York, N.Y., 1996

[18] Siegel, J.: Corba- Fundamentals and Programming, John Wiley & Sons, New York, N.Y., 1996

[19] Sneed, H.: »SoftWrap – ein Tool für die Kapselung vorhandener Assembler, PLI und Cobol Programme« in HMD Heft Nr. 194, Stuttgart, 1997

[20] Dießelmann/Heuer-Hasenpatt: »KOOP-Schnittstelle der dvg« dvg, Hannover, 1996

[21] Claaßen/Sneed: »PMS – ein System für die Einbindung bestehender Host-Prozesse« BWS, Münster, 1997

[22] Aberdeen Group: »Hewlett-Packard's C++ SoftBench 5.0«, Aberdeen Group Report, Boston, Mass., 1995

[23] Parodi, J.: »Building Wrappers for Legacy Software Applications«, Digital Equipment Corp., Boston, Mass., 1996

[24] Antares Inc.: »ObjectStar – a Product for wrapping legacy Databases« Antares Alliance Group, Dallas, Texas, 1996

[25] Sneed, H.: »Encapsulating Legacy Software for Reuse in Client/Server Systems« in Proc. of WCRE-96, IEEE Press, Monterey, Ca., 1996

[26] Jacobson, I./Lindstrom, F.: »Reengineering of old Systems to an object-oriented Architecture« in OOPSLA-91 ACM Proc., ACM-Press, New York, N.Y., N.Y., 1991

9 Regressionstest migrierter objektorientierter Software

In der Literatur über objektorientierte Migration kommt das Thema Testen immer zu kurz. Nur Ivar Jacobson hat ganze 27 Seiten diesem immens wichtigen Thema gewidmet [1]. Das ist um so erstaunlicher, da Testen nachweislich rund 50% des Aufwands bei einer Migration ausmacht [2]. Aus allen bisher veröffentlichten Fallstudien über Software-Migration und -Reengineering geht hervor, daß der Aufwand für Test den größten Anteil ausmacht und daß er fast immer unterschätzt wird [3]. Es ist so, als ob die Erfinder der Migrationsmethoden nicht wahr haben wollen, daß ihre Methoden auch fehlerhafte Ergebnisse produzieren könnten.

Es ist abwegig, so überzeugt zu sein. Eine zu 100% korrekte Methode gibt es nicht, ebensowenig das perfekte Werkzeug. Die Automatisierung der Konversion und Kapselung kann die Anzahl Fehler erheblich reduzieren, um 80 bis 90%. Aber auch wenn nur ein Fehler pro 1000 Anweisungen vorkommt, müssen diese Fehler entfernt werden, und der Testaufwand ist nicht von der Anzahl Fehler, sondern von der Größe und Komplexität des Testobjektes abhängig. Natürlich dauert der Test länger, wenn man viele Fehler korrigieren muß. Der gleiche Test wird ständig wiederholt. Dennoch ist der Aufwand für die Testwiederholung gering im Verhältnis zum Aufwand für den Aufbau des Tests. Der Hauptaufwand beim Testen steckt in der Spezifikation der Testfälle und der Generierung der Testprozeduren. Die eigentliche Testausführung nimmt nur wenig Aufwand in Anspruch – vorausgesetzt, sie ist automatisiert. Ein manueller Test mit Bildschirmbedienung kann äußerst aufwendig sein, aber sogar dieser Aufwand ist klein im Verhältnis zum Aufwand, den man betreiben muß, um den Test vorzubereiten – ein Aufwand, der immer größer wird, je komplexer die Umgebung ist.

Man kann es also drehen, wie man will, der Test bleibt der Hauptaufwand. Auch dann, wenn kein einziger Fehler gefunden wird, bleibt der Test aufwendig, denn diesen fehlerfreien Zustand kennt man erst, wenn der letzte Test durchgeführt wurde. Wie Dijkstra es einmal so treffend formuliert hat: »testing can only prove the presence of bugs but never their absence« [4]. Deshalb wäre jede Abhandlung über Software-Migration unvollständig, ohne näher auf den Test einzugehen. Genausowenig wie jeder Wissenschaftler eine Hypothese in die Welt setzen darf, ohne einen Beweis dafür zu liefern, darf ein Software-Methodiker eine Methode vorschlagen, ohne dafür eine entsprechende Testmethode anzubieten.

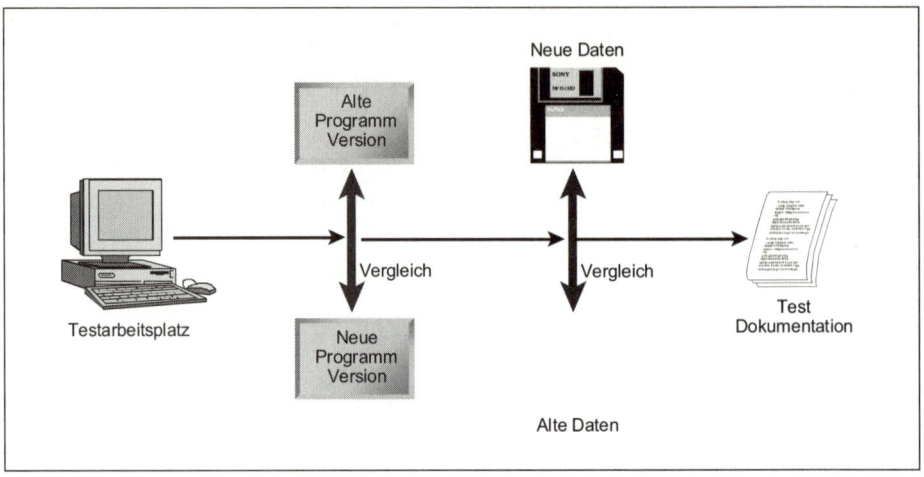

Abbildung 9-1 Regressionstestkonzept

9.1   Regressionstestmethodik

Der Begriff Regressionstest wurde zum ersten Mal in einem Beitrag von Scherr auf der ersten Software-Test-Konferenz an der Universität North Carolina im Juni 1972 geprägt [5]. In der IEEE Standard Glossary of Software Engineering Terminologie wird der Begriff wie folgt erklärt: »selective testing to verify that modifications have not caused unintended adverse side effects or to verify that a modified system still meets it's requirements« [6]. Die Eigenschaft *modifiziert* könnte durch die Eigenschaften *saniert* und *konvertiert* erweitert werden.

Seit Anfang der 70er Jahre wurde viel geforscht, um vor allem den Aufwand für den Regressionstest zu reduzieren. Ursprünglich, wenn ein Programm geändert wurde, galt es als notwendig, alle bisherigen Testfälle plus die neuen Testfälle für die letzte Änderung zu testen. Das Ziel war, das ganze Programm neu zu überdekken. Dadurch wird der Regressionstest genauso aufwendig oder sogar noch aufwendiger als der ursprüngliche Entwicklungstest. Regressionstestforschung zielt darauf, diesen Aufwand zu reduzieren, indem nur die Änderungen getestet werden.

In der Forschung werden grundsätzlich zwei Zielrichtungen verfolgt. Die eine stammt von einem Beitrag von Fischer auf der COMPSAC-Konferenz im Jahr 1977. Fischer hat damals eine Methode der Pfadanalogie entwickelt, um jene Pfade zu erkennen, die sich von den bisherigen Pfaden unterscheiden. Er schlug vor, den Regressionstest auf den Test aller neuen oder geänderten Ablaufpfade zu reduzieren [7]. Yau und Kishimoto erweiterten das Konzept von Fischer, um den Eingabebereich einzubeziehen. Ihnen galt es, die geänderten und neuen Eingabevariablen zu berücksichtigen. Zu diesem Ende haben sie Ursache/Wirkungsgraphen, symbolische Ausführungsbäume und Testdatentabellen verwendet, um die neuen Testfälle zu unterscheiden [8]. Leung und White führten das Konzept der »impacted slices« ein, um Ablaufpfade aufzuzeigen, die durch die Änderung betroffen sind [9]. Hartmann und Robsen haben die These von Fischer auf Modulgruppen erweitert, indem sie die Ablaufpfade über Modulgrenzen hinweg verfolgen und alle betroffenen Scheiben aus allen betroffenen Modulen identifizieren [10]. Benedusi, Cimitile und DeCarlina haben die Forschung in dieser Richtung mit einer ausführlichen Arbeit über Pfadänderungsanalyse abgerundet. Diese Arbeit führt zur automatischen Generierung der Regressionstestfälle aufgrund der Pfadanalyse [11].

Die zweite Zielrichtung wurde erst Anfang der 90er Jahre durch ein Paper von Leung und White über Datenflußanalyse ausgelöst [12]. Sie setzten auf der Testforschung von Weiser, Ntafos, Weyuker, Karel und Laski auf, bei der der Datenfluß im Mittelpunkt steht. Datenflußbezogenes Testen geht entweder rückwärts von den Datenergebnissen oder vorwärts von den Dateneingaben aus, um den Datenfluß durch ein oder mehrere Module zu verfolgen. Jeder Datenflußpfad beginnt mit einer oder mehreren Variablen im Eingabebereich und führt über eine Kette von Zwischenergebnissen zu einem Endergebnis im Ausgabebereich. Durch die Programmänderung entstehen neue Datenflußpfade, oder es verändern sich bestehende Datenflußpfade. Ein Data slicing Tool ist in der Lage, diese veränderten Datenströme zu erkennen und aufzuzeigen. Daraus ergeben sich datenflußbezogene Testfälle [13].

Für den Regressionstest reengineerter bzw. konvertierter Programme sind diese herkömmlichen Testansätze zwar hilfreich, aber nicht ausreichend. Sie müssen durch weitere Testansätze ergänzt werden, Ansätze, die auf den Nachweis der funktionalen Äquivalenz zielen. Sneed hat schon 1992 die diversen Forschungsrichtungen auf diesem Gebiet im Hinblick auf ihre Nutzung bei Reengineering-Projekten untersucht und daraus fünf verschiedene Ansätze speziell für den Regressionstest in reengineerten Programmen abgeleitet [14]. Sie sind alle Abgleichmethoden, die die Eigenschaften der neuen Programme gegen die der alten Programme abgleichen. Sie sind

• der Abgleich der Eingabe/Ausgabe-Bereiche,

• der Abgleich der Datenverwendungen,

• der Abgleich der Geschäftsregeln,

• der Abgleich der Ein/Ausgabe-Pfade und

• der Abgleich der Datenausgaben [15].

9.1.1 Abgleich der Eingabe/Ausgabe-Bereiche

Nach diesem Ansatz wird mittels einer statischen Analyse der Name und Typ aller Eingabedaten sowie der Name und Typ aller Ausgabedaten der beiden Programmversionen ermittelt und in zwei entgegengesetzten Verzeichnissen registriert. Anschließend werden sie alphabetisch nach Namen geordnet und miteinander verglichen. Sie sollten in Anzahl, Namen und Typ übereinstimmen. Wenn nicht, sind die Programme nicht äquivalent.

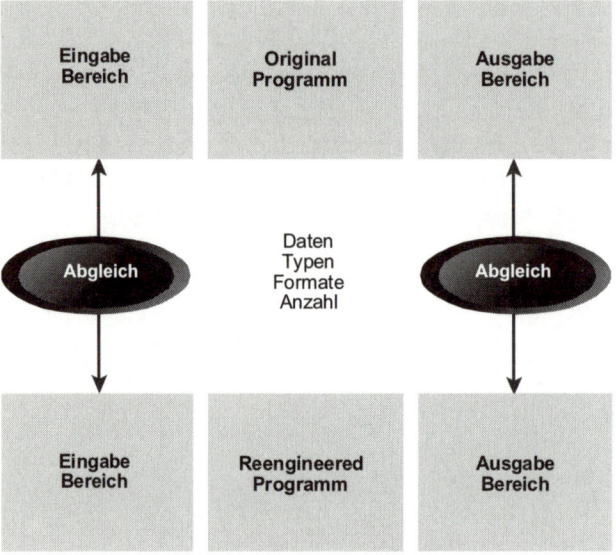

Abbildung 9-2 Abgleich der Eingabe/Ausgabe-Bereiche

9.1.2 Abgleich der Datenverwendungen

Nach diesem zweiten Ansatz werden ebenfalls mittels einer statischen Analyse alle Ausgabedaten bzw. Ergebnisse identifiziert. Danach werden sämtliche Operationen auf diese Variablen aus dem Sourcecode gewonnen und den Zielvariablen zugeordnet. Somit entsteht für jede Ausgabe ein Verwendungsprofil. Wenn das Verwendungsprofil der Ergebnisse des konvertierten Programmes mit dem der Ergebnisse des ursprünglichen Programmes nicht übereinstimmt, ist dies ein Beweis dafür, daß die zwei Programmversionen nicht äquivalent sind.

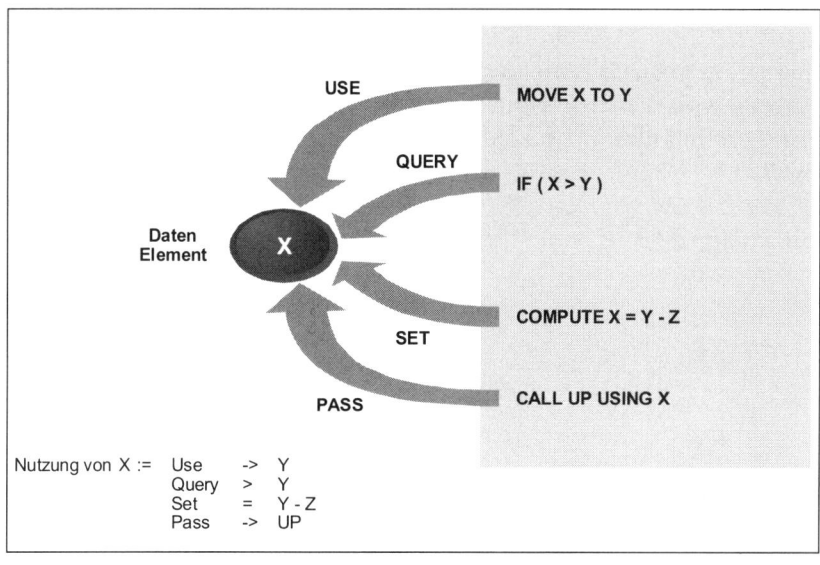

Abbildung 9-3 Abgleich der Datenverwendung

9.1.3 Abgleich der Geschäftsregeln

Nach diesem Ansatz werden durch die statische Analyse Pfadausdrücke aus den beiden Programmen gewonnen. Ein Pfadausdruck ist eine Programmscheibe bzw. ein Ausschnitt aus dem Programm, der zu einem bestimmten Ergebnis führt. Dazu gehören die Zuweisung des Endergebnisses, die Zuweisung der Zwischenergebnisse, die in das Endergebnis einfließen, sowie alle Bedingungen, die die Ausführung dieser Zuweisungen bestimmen. Es werden einzelne derartige Pfadausdrücke aus beiden Programmversionen abgezogen und miteinander verglichen. Falls sie nicht übereinstimmen, ist dies der Beweis dafür, daß die Programmversionen nicht äquivalent sind.

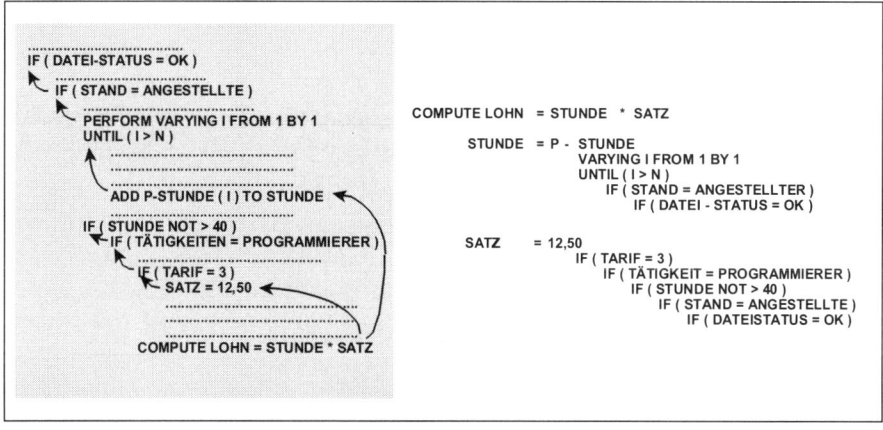

Abbildung 9-4 Abgleich der Geschäftsregel

9.1.4 Abgleich der Eingabe/Ausgabe-Pfade

Der Abgleich der Eingabe/Ausgabe-Pfade setzt eine dynamische Analyse beider Programmversionen voraus. Die Reihenfolge der Ein- und Ausgabe-Operationen sowie der Datenbankzugriffe wird verfolgt und aufgezeichnet. Nach dem Test werden die beiden Eingabe/Ausgabe-Pfade abgeglichen. Wenn sie übereinstimmen, sind die Programmversionen funktional äquivalent. Gerade dieser Ansatz spielt eine Hauptrolle bei der Verifikation sanierter und konvertierter Programme.

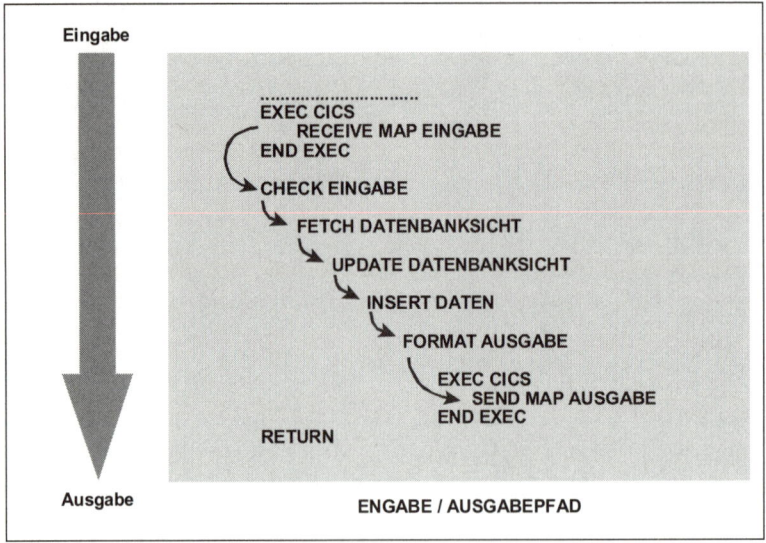

Abbildung 9-5 Abgleich der Eingabe/Ausgabe-Pfade

9.1.5 Abgleich der Ausgabedaten

Dieser Ansatz kommt in der Praxis am häufigsten vor. Beide Programme werden mit den gleichen Eingabedaten getestet und erzeugen angeblich die gleichen Ausgaben. Um dies zu bestätigen, werden sowohl die veränderten Datenbankzustände als auch die erzeugten Ausgabedateien abgeglichen. Vorher müssen die Daten natürlich in das gleiche Format gebracht werden, um feldweise verglichen zu werden. Wenn alle Feldinhalte übereinstimmen, gelten die beiden Programmversionen als funktional äquivalent.

Für diesen Ansatz gibt es die meisten Werkzeuge auf dem Markt – File Comparators, Datenbank Comparators und Map Comparators. Alle funktionieren nach dem gleichen Prinzip, und alle dienen dem gleichen Ziel, nämlich dem Nachweis der funktionalen Äquivalenz. Sie demonstrieren, daß zwei Programme mit den gleichen Eingaben auch die gleichen Ausgaben produzieren. Dies klingt relativ einfach, wird aber sehr schwierig, wenn das eine Programm auf dem Host mit einem 3270-Bildschirm und das andere auf einem PC-Server mit einer Windows-Oberfläche läuft.

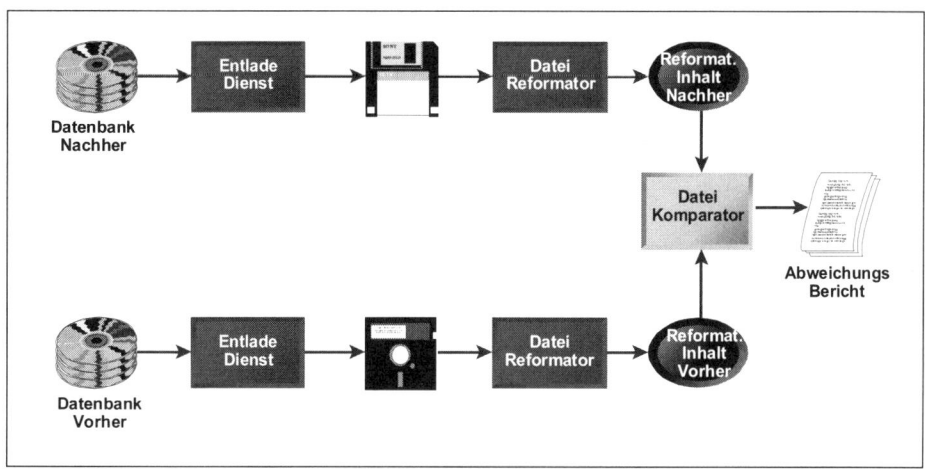

Abbildung 9-6 Datenbankabgleich

9.2 Regressionstestphasen

Unter den Migrationsautoren ist Ian Graham der einzige, der auf das Thema Test eingeht. In seinem Buch *Migrating to Object Technology* unterscheidet er beim Test zwischen Validation – has one produced the right thing – und Verifikation – has one produced it right [16]. Bei der Validation geht es darum, zu prüfen, ob die neue Software in der neuen Umgebung zur Zufriedenheit des Anwenders läuft. Bei der Verifikation geht es darum, zu prüfen, ob die neue Software funktional äquivalent zur alten Software ist. Für ersteres braucht man die neue Umgebung, z.B. das Client/Server-Netz, und Produktionsbedingungen. Für das zweite genügt ein Testrahmen auf irgendeinem Computer. Diese Unterscheidung ist von großer Bedeutung, denn daraus folgt, daß wir zuerst die einzeln konvertierten oder ge-kapselten Programme in einer eigenen Testumgebung verifizieren – der Unittest – und das ganze System nachher in der Zielumgebung validieren – der Systemtest. Dazwischen findet eine Aktivität statt, die als Integrationstest bezeichnet wird und die Verifikation mit Validation verbindet. Damit kommen wir Dijkstras Grundsatz von *Separation of Concerns* entgegen [17], indem wir drei Testphasen definieren:

- einen Unittest für die Verifikation bzw. für den Beweis der funktionalen Äqui-valenz

- einen Integrationstest für den Test der Interaktion zwischen Komponenten

- einen Systemtest für die Validation eines Systems in seiner Gesamtheit [18].

Der Unittest wird in der Testliteratur auch White-Box-Test genannt, weil man hier die Implementierungsstruktur durchleuchtet und kennen muß. Der System-test wird als Black-Box-Test bezeichnet, weil man hier nur die externen Schnitt-stellen kennen muß. Der Integrationstest gilt als Grey-Box-Test, weil man hier zwar den Inhalt der Komponenten nicht kennen muß, wohl aber die internen Schnittstellen zwischen ihnen.

9.3 Der Unittest bzw. White-Box-Test

Der Unittest bzw. Programmtest soll nachweisen, daß das konvertierte bzw. ge-kapselte Programm sich genauso verhält wie das ursprüngliche. Der Unittest wird auch nach der Sanierung durchgeführt, um nachzuweisen, was keiner vorher wis-sen kann, daß die sanierte Version eines Programmes funktional äquivalent zur ursprünglichen Version ist. Daraus folgen drei Arten von Unittests bei der Migra-tion

- der Unittest sanierter Programme,

- der Unittest konvertierter Programme und

- der Unittest gekapselter Programme.

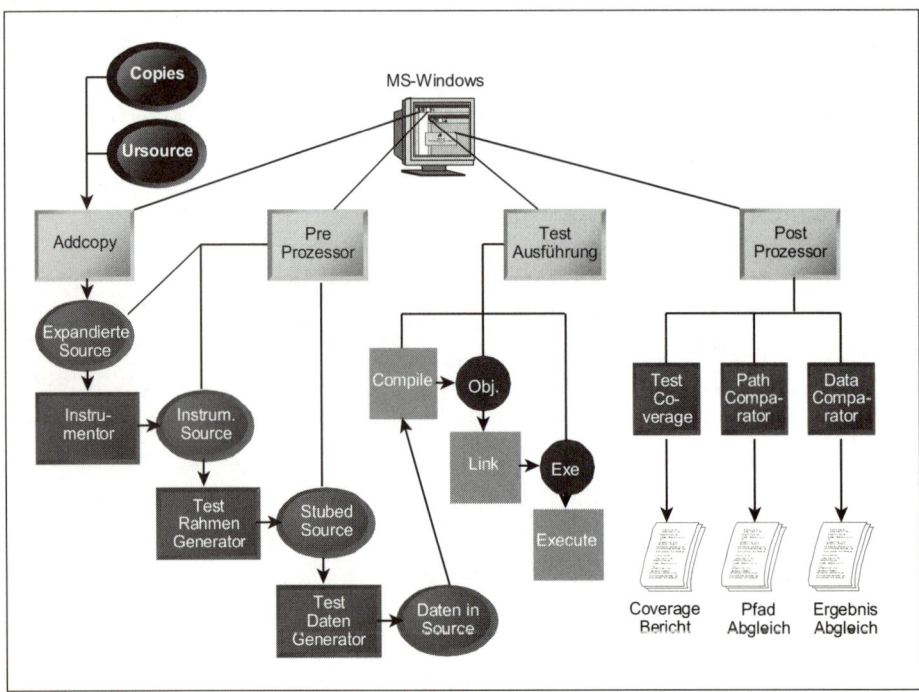

Abbildung 9-7 Unittest sanierter Programme

Allen Unittests gemeinsam ist die Notwendigkeit eines Testrahmens mit Testtreiber und Teststubs bzw. Schnittstellensimulatoren. Auch gemeinsam ist die Technik der Testüberdeckungsmessung, wobei die Ausführung der Methoden und deren Ablaufzweige registriert werden. Unterschiedlich ist die Art der Testdatengenerierung und der Testergebnis-Validation.

9.3.1 Unittest sanierter Programme

Im Falle der Sanierung sind beide Programmversionen – die ursprüngliche und die sanierte – immer noch in der gleichen Sprache. Sie benutzen das gleiche Datenbanksystem, und sie unterliegen dem gleichen TP-Monitor. Es hat sich also nichts geändert außer der technischen Implementierung. Damit wird die Sache leichter. Die Testdaten können aus der ursprünglichen Quelle automatisch generiert werden. Die Testergebnisse müssen sowieso identisch sein. Auch die Ablauffolge der elementaren Operationen muß für beide Versionen die gleiche sein.

Der erste Schritt hier ist die Instrumentierung der beiden Programmversionen, d.h., in jedem Ablaufzweig wird ein Durchlaufzähler eingebaut. Der Zähler trägt den Namen des Paragraphen bzw. der Prozedur plus einer laufenden Nummer. Z.B. hat der dritte Zweig in dem Paragraphen PRUEFE-PLZ die Bezeichnung PRUEFE-PLZ-03. Natürlich wird diese Instrumentierung und Generierung einer Ablaufzweigtabelle automatisch mit einem Instrumentierwerkzeug durchgeführt.

Im zweiten Schritt wird aus dem ursprünglichen Programm ein Testrahmen generiert, der die Schnittstellen simuliert, Eingabedaten zuweist und Ausgabedaten ablegt. Der Testrahmen wird aus dem alten Code maschinell abgeleitet, so daß er alle Pfade im alten Code durch die Erfüllung von deren Vorbedingungen ansteuern kann.

Im dritten Schritt wird das ursprüngliche Programm kompiliert, mit dem Testrahmen gebunden und mit den künstlich erzeugten Daten ausgeführt. Dabei werden die Ablaufpfade und Ausgabedaten festgehalten und die Testüberdeckung protokolliert. Damit wird ein Bezugspunkt bzw. eine Referenz erstellt.

Im vierten Schritt wird das sanierte Programm kompiliert, mit dem gleichen Testrahmen gebunden und mit den gleichen künstlich erzeugten Daten ausgeführt. Auch seine Ablaufpfade und Ausgaben werden registriert und gespeichert, und seine Testüberdeckung wird registriert.

Im letzten Schritt werden die Testergebnisse miteinander verglichen: die Ablaufpfade, die Ausgabedaten und der Testüberdeckungsgrad. Auch wenn die neue Version total anders strukturiert ist, müssen deren elementare Operationen, sprich Ablaufzweige, in der gleichen Reihenfolge wie die der alten Version ausgeführt sein, d.h. die Ablaufpfade müssen übereinstimmen. Die Datenausgaben müssen Feld für Feld übereinstimmen, und der Testdeckungsgrad muß für beide Versionen gleich sein. Wenn alle drei Kriterien erfüllt sind, ist die sanierte Version funktional äquivalent zur ursprünglichen Version. Das bedeutet, sie ist korrekt.

Der Vorteil an diesem Verfahren ist der Automatisierungsgrad. Jeder Schritt ist voll automatisierbar, so daß der Tester die Schritte nur anstoßen muß. Große Programme mit mehreren tausend Anweisungen lassen sich in Minuten austesten [19].

Cob-Retest Berichte

Test Coverage Report

Zweige	Zeile	Treffer	Nicht
1	200	8	
2	210	6	
3	220	5	
4	230	3	
5	240	0	*
6	250	2	
7	260	1	
8	270	0	*

% Überdeckung

Path Comparison Report

Zweigausführungsfolgen		
Alt	=	1,3,5,7,9
Neu	=	1,3,5,7,9
Alt	=	1,2,4,6,8
Neu	=	1,2,4,6,9
Alt	=	1,6,8,9
Neu	=	1,4,6,9
Alt	=	1,7,9
Neu	=	1,7,9 *

% Überdeckung

Data Comparison Report

Ausgabe Kunde	Feld	PIC	Inhalt
Neu	Kundennr	9	4711
Alt	Kundennr	9	4811
Neu	Bonität	X	schlecht
Alt	Bonität	X	gut
Neu	Alter	9	21
Alt	Alter	9	20

% Überdeckung

Abbildung 9-8 Ergebnisse eines Unittests

9.3.2 Unittest konvertierter Programme

Konvertierte Programme sind nicht so einfach zu testen. Die Ablaufstruktur ist nicht mehr identisch. Einige Ablaufzweige sind weggefallen, andere sind hinzugekommen. Es ist also nicht mehr möglich, beide Programme zu instrumentieren und ihre Ablaufpfade miteinander abzugleichen. Nur das alte Programm darf auf der prozeduralen Ebene der Paragraphen bzw. Prozeduren vor der Konvertierung in die objektorientierte Form instrumentiert werden. Dadurch wird jede potentielle Methode markiert.

Die Testdaten werden ebenfalls aus der alten prozeduralen Programmversion generiert und in Tabellen für den Testrahmen abgelegt. Danach wird das prozedurale Programm in dem Testrahmen so lange ausgeführt, bis alle Paragraphen bzw. Prozeduren durchlaufen worden sind. Sämtliche Ausgaben werden in Tabellen zum späteren Abgleich aufbewahrt. All dies passiert vor der eigentlichen Konversion. Jetzt wird der instrumentierte prozedurale Sourcecode in eine objektorientierte Form transformiert, einschließlich Durchlaufzähler. Aus den Paragraphen oder Prozeduren werden Methoden. Einige Methoden werden dabei in Unterklassen ausgelagert.

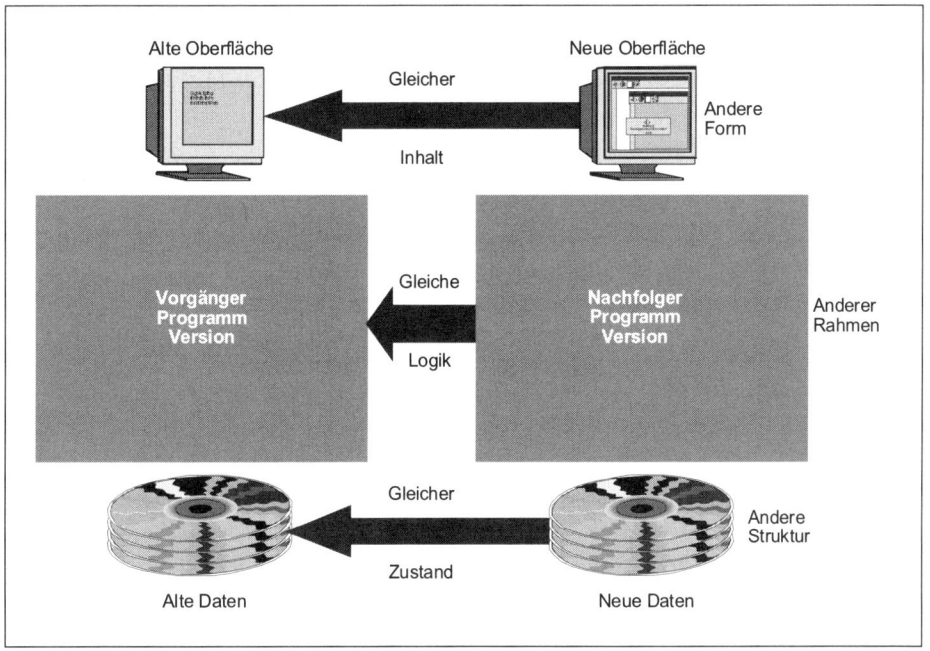

Abbildung 9-9 Unittest konvertierter Programme

Nach der Konversion wird das konvertierte Programm in dem gleichen Testrahmen wie das alte Programm ausgeführt, d.h. gegen die Eingabedaten der vorherigen Version getestet. Die Ausführungsfolge der Methoden wird festgehalten. Die Ausgabedaten werden in Tabellen gesichert. Auch hier wird so lange getestet, bis alle Methoden durchlaufen worden sind.

Am Ende wird die Ablauffolge der Methoden mit der der alten Paragraphen oder Prozeduren abgeglichen. Die neuen Klassen werden natürlich gewisse technische Methoden haben wie Konstruktoren und Destruktoren, die das alte prozedurale Programm nicht hat, aber sie sind auch nicht instrumentiert. In den Tracetabellen werden nur jene Methoden erscheinen, die aus dem alten Programm abgeleitet worden sind, und sie müssen in der Reihenfolge ihrer dynamischen Ausführung mit den alten Programmen übereinstimmen. Außerdem muß der Inhalt der externen Schnittstellen – die Grundwerte – mit den alten Ausgabewerten identisch sein. Um das nachzuweisen, werden die Ausgabetabellen aus dem Test des prozeduralen Programmes mit denen aus dem Test des objektorientierten Programmes feldweise abgeglichen. Das Abgleichsprotokoll wird zeigen, ob die beiden Versionen die gleichen Ergebnisse produzieren.

Eine Konversion gilt als korrekt vollzogen, wenn

- die Ablauffolge der konvertierten Methoden mit der der ursprünglichen Paragraphen übereinstimmt,

- die Ausgabewerte der neuen Klassen mit denen des alten Programmes identisch sind und

- alle Methoden mindestens einmal ausgeführt wurden [20].

9.3.3 Unittest gekapselter Programme

Gekapselte Programme müssen nur dann einem Unittest unterzogen werden, wenn sie auf der prozeduralen Ebene gekapselt worden sind. Bei der Kapselung auf der Transaktions-, Programm- und Modulebene ist ein Unittest der gekapselten Komponenten nicht erforderlich, weil sie sich inhaltlich nicht geändert haben. Nur ihre Schnittstellen haben sich geändert, und dies zu testen ist Sache des Integrationstests.

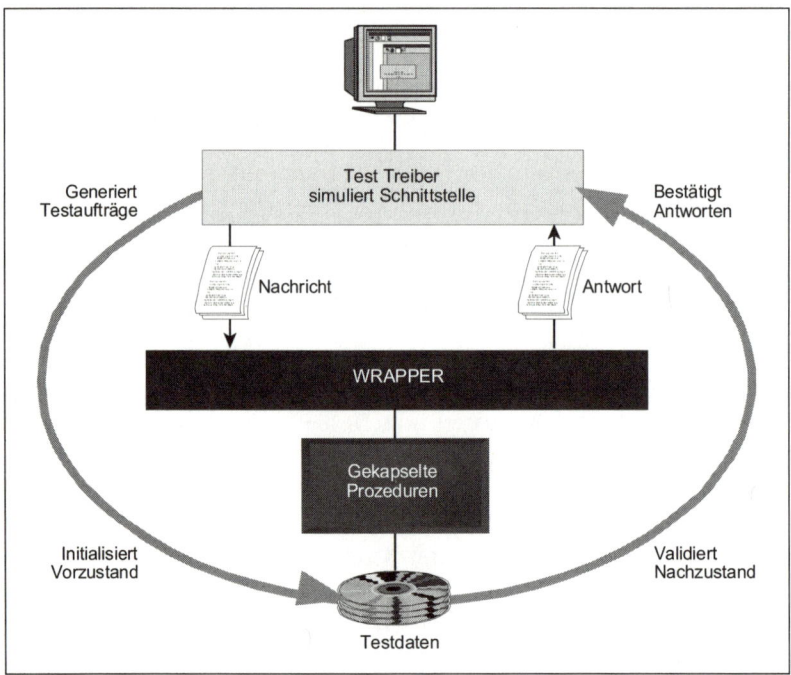

Abbildung 9-10 Unittest gekapselter Prozeduren

Im Falle der Prozedurkapselung sollten die gekapselten Prozeduren sehr wohl durch einen Unittest in ihrer neuen Form bestätigt werden. Dazu ist ein Testtreiber für jede einzelne Prozedur notwendig. Diese Testtreiber lassen sich aus der Schnittstelle der einzelnen Prozeduren automatisch generieren. Hier werden den

Eingabeparametern typenbezogene Zufallswerte zugewiesen. Bei Eingaben, die zur Steuerung der Prozedurabläufe abgefragt werden, werden aus Zufallswerten repräsentative Werte für Äquivalenzklassen produziert, damit alle Bedingungen erfüllt sind. Schließlich werden die Ausgabewerte angezeigt, damit der Tester sie visuell bestätigen kann.

Auf diese Weise wird jeder Prozedurbaustein, der später als Methode in einem neuen entfernten Objekt dienen soll, in seiner Funktionalität über seine Parameterschnittstelle bestätigt. Die Verfasser der neuen Klassen wissen demnach, was sie von den wiederverwendeten Prozeduren zu erwarten haben. Es ist durch den Unittest der Prozeduren dokumentiert worden.

9.4 Der Integrationstest bzw. Grey-Box-Test

Der Zweck des Integrationstests ist, die Interaktion zwischen den Einzelkomponenten zu bestätigen bzw. die Schnittstellen zu testen [21]. Im Falle verteilter Systeme kommt diesem Test eine besondere Bedeutung zu, denn solche Systeme haben bekanntlich viele und auch komplexe interne Schnittstellen, die oft durch Middleware implementiert sind. Bei konvertierter Software gibt es neue Verbindungen zwischen den alten Bausteinen sowie Verbindungen zwischen alten und neuen Bausteinen. Bei gekapselter Software gibt es die Verbindungen zwischen den alten gekapselten Komponenten und den neuen Objekten, die sie verwenden. Auch nach dem Unittest der alten Komponenten und der neuen Klassen durch den Klassentest müssen sämtliche Interaktionen zwischen den Komponenten erprobt und bestätigt werden. Der Aufwand hierfür ist nicht gering, denn jetzt wird die Middleware in den Test einbezogen. Außerdem wird im Netz getestet, so daß der Testaufbau aufwendiger wird.

Mittlerweile haben wir eine beträchtliche Literatur zum Thema Objektorientiertes Integrationstesten. Jüttner hat drei Stufen des Integrationstests identifiziert:

- Klassenintegration
- Komponentenintegration und
- Systemintegration [22].

Der Fokus des Integrationstests liegt nach Jüttner auf der Methodeninteraktion und Objektkommunikation. Objekte müssen eins nach dem anderen verknüpft und getestet werden, wobei fehlende Objekte durch Stubs bzw. Platzhalter simuliert werden. Eine schrittweise Strategie sei deshalb unabdingbar.

Zwei Integrationsteststrategien kommen in Frage:

- Objektintegration und
- Objektkommunikation.

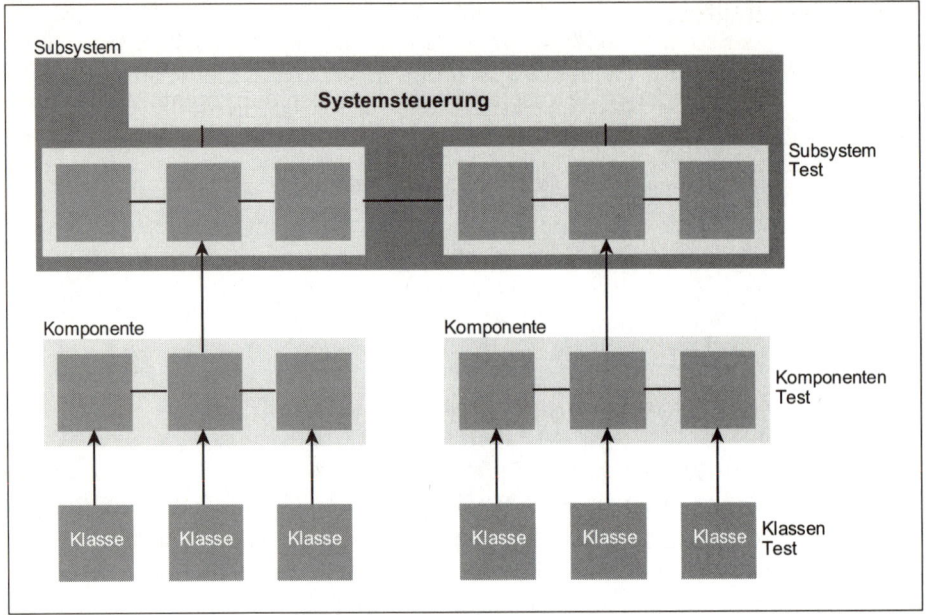

Abbildung 9-11 Integrationstestkonzept

Objektintegration bedeutet Test der Methodeninvokationen in der Reihenfolge, wie sie vorkommen. Dazu ist es erforderlich, den Code zu analysieren und die Methodenaufrufe zu verfolgen. Die Objekte werden über die Nutzung ihrer Methoden getestet. Dies ist eine Bottom-Up-Teststrategie. Objektkommunikation bedeutet Test der im Objektmodell spezifizierten Objektbeziehungen. Ausgehend von einem Eingangsobjekt werden die Objektinteraktionen im Objektmodell der Reihe nach ausprobiert und bestätigt. Dazu ist es erforderlich, ein sehr detailliertes Objektmodell zu haben, in dem alle Beziehungen zwischen Objekttypen dokumentiert sind. Dies ist die Top-Down-Teststrategie.

Binder hat in der einschlägigen Testliteratur insgesamt sieben verschiedene Integrationstestmethoden entdeckt. Sie sind:

- Nutzfallbezogener Test,

- Architekturstufentest,

- Inkrementeller Test,

- Propagierungsmustertest,

- Reverse Engineering-Test,

- Endlicher Automatentest und

- Komponententest [23].

9.4.1 Nutzfalltest

Der nutzfallbezogene Test gehört zur Nutzfallspezifikation von Jacobson, der schreibt: »...integrate one use case at a time ... the requirements model forms again a powerful tool here; as we test each use case, we check that objects communicate correctly and the interfaces are valid ... the requirements model is verified by the testing of the use cases« [24].

Integrationstesten über die Nutzfälle wird auch von Firesmith [25], Graham [26] und Winter [27] empfohlen. Diese Art, Komponenten über ihre Nutzung zu testen, ist ein praktikabler Ansatz, setzt aber voraus, daß das Nutzungsprofil vollständig spezifiziert ist.

9.4.2 Architekturstufentest

Der Test der Architekturstufen wird von Thuy propagiert [28]. Er geht davon aus, daß das Anwendungssystem aus einer Hierarchie von Klassenschichten besteht. Nach seiner Testmethode werden alle Objekte auf der gleichen Hierarchiestufe zunächst integriert und die darunterliegende Objektschicht simuliert. Wenn die Korrektheit ihrer Kollaboration bestätigt ist, wird die nächste Schicht herangezogen. Die ideale Integrationsteststrategie ist nach Thuy der Bottom-Up-Ansatz, d.h. man beginnt mit der untersten Schicht. Dazu schreibt Thay:

»... it is difficult and costly to test a component really independently of the components it depends on. That implies replacing those components by stubs, for which the reliability is not guaranteed and for which the costs and delays are very high. It is on the other hand possible and acceptable to test a component when those it depends on have themselves been tested ...«

9.4.3 Inkrementeller Integrationstest

Der inkrementelle Integrationstest stammt von Overbeck [29]. Er schlägt vor, die Objekte in der Reihenfolge ihrer Interaktionen zu testen. Ausgehend von den untersten Serverobjekten werden die Aufträge an diese Objekte durch Testtreiber simuliert, bis sie alle bestätigt sind. Dann wird der Testtreiber durch das echte Clientobjekt ersetzt. Dieser Test wird so lange wiederholt, bis die endgültigen Ausgangsobjekte erreicht sind. Overbeck schreibt » ...if we self-test every class in the system, contract-test every client-server relationship between one client and one server, and contract-test every client-server relationship between multiple clients of a single server, we know that the complete system works correctly«. Der inkrementelle Integrationstestansatz setzt also auf das Prinzip *Design by Contract* von Bertrand Meyers und bestätigt die Erfüllung der vereinbarten Verträge [30].

9.4.4 Propagierungsmustertest

Der Test der Propagierungsmuster wurde von Lieberherr und Xiao vorgeschlagen [31]. Er setzt Class Dictionary Graphs voraus, um die Klassenabhängigkeiten – Vererbung, Aggregation und Assoziation zu dokumentieren. Ein Propagierungsmuster definiert die Verantwortlichkeiten der einzelnen Objekte. Es wird hier also auf die Dienste abgestellt. Jeder Dienst wird der Reihe nach zusammen mit allen seinen Zulieferdiensten getestet. Lieberherr und Xiao schreiben » ... We want to test a component incrementally, initially with very simple inputs from other objects which are part of or used by the classes under test by exercising only a part of the propagation patterns. Then we make integration test more complex until all the propagation patterns have been sufficiently exercised ...«.

9.4.5 Reverse-Engineering-Test

Der Reverse-Engineering-Testansatz ist auf eine Arbeit von Kung zurückzuführen [32]. Hier stellt sich die Frage nach den betroffenen Klassen, wenn eine bestimmte Klasse getestet wird. Um diese Frage zu beantworten, werden die Klassenbeziehungen aus einem Object-Relation-Diagramm entnommen. Diese Programme werden wiederum aus dem Klassenquellcode gewonnen. Die Knoten im Diagramm sind die Klassen. Die Kanten sind die Klassenbeziehungen – Vererbung, Aggregation und Assoziation. Für jede Beziehung werden aus der Schnittstelle n Testfälle generiert, die benutzt werden, um diese Beziehung zu testen. Dies entspricht auch dem Schnittstellentest von Sneed [33].

9.4.6 Zustandsübergangstest

Den Zustandsübergangstest hat Binder selbst erfunden [34]. Er basiert auf den Zustandsübergangsdiagrammen in der OMT-Spezifikation. Für jede Objektzustandsänderung wird ein Test definiert, um von einem fremden Objekt aus jene Zustandsänderung zu bewirken. Ein Testpfad ist eine Folge von bestimmten Zustandsänderungen, die zu einem erwarteten Nachzustand aller betroffenen Objekte führt. Ein Integrationstest entspricht danach einem Pfad durch die Zustandsübergangsdiagramme. Binder bezeichnet diese als *Event/Response Threads*. Ein ähnlicher Testansatz wurde von Posten vorgeschlagen, der Testfälle aus der OMT-Objektzustandsspezifikation ableitet [35].

9.4.7 Komponententest

Der Komponententestansatz von Siegel verlangt nur, daß die zu testenden Objekte in immer größeren Zusammensetzungen getestet werden [36]. Angefangen wird mit der Klasse, dann bilden mehrere Klassen ein Cluster, mehrere Cluster eine Komponente und mehrere Komponenten ein Subsystem. Jede Gruppe wird von der kleinsten bis zur größten Einheit der Reihe nach getestet, indem die externen Schnittstellen der Einheit simuliert werden.

9.4.8 Integrationstest konvertierter Komponenten

Für den Integrationstest konvertierter Programme empfiehlt sich der inkrementelle Testansatz. Nachdem jede konvertierte Klasse gegen das ursprüngliche Programm getestet wurde, werden die konvertierten Klassen eine nach der anderen miteinander dynamisch verbunden und ihre Interaktion getestet. Die Testfälle sind aus den Schnittstellen der Klassen und Komponenten abzuleiten. Für jede Nutzung einer Komponente sind die Eingangsdaten zu ermitteln und daraus Testnachrichten zu generieren. Diese Testnachrichten werden von einem Testtreiber aus gebildet und gesendet.

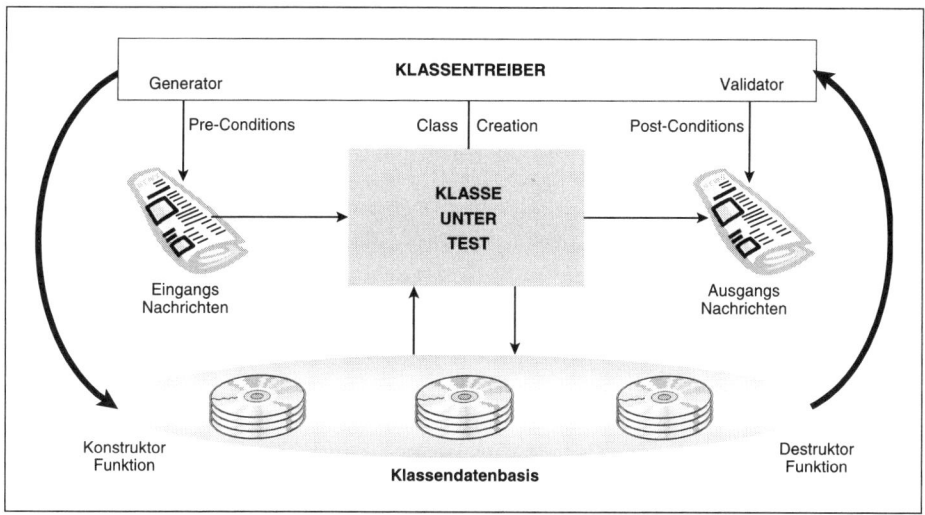

Abbildung 9-12 Integrationstest konvertierter Komponenten

Der Testtreiber empfängt auch die Ausgangsnachrichten und prüft deren Inhalt gegen die Soll-Ausgaben. Somit gehört zu jedem Testfall bzw. Nutzungsfall eine Reihe Precondition-Assertions für die Definition der Eingangsnachricht und eine Reihe Postcondition-Assertions für die Validation der Ausgangsnachricht. Diese Assertions können in der Schnittstellendefinition z.B. in deren IDL-Code eingebaut werden. Außerdem müssen die Zustände der veränderten Objekte bestätigt werden. Dazu ist eine Reihe Object-State-Assertions erforderlich. Sie werden von einem Objektvalidator herangezogen, um den Nochzustand eines jeden erzeugten oder veränderten Objektes gegen den Soll-Zustand zu prüfen. Diese Assertions können wiederum in den jeweiligen Klassendefinitionen als eigenständige Prüfmethoden eingebaut werden. Das Ziel hier ist, nachzuweisen, daß die neuen konvertierten Komponenten so miteinander kollaborieren, wie es im Objektmodell vorgesehen ist. Dazu muß man den Datenaustausch kontrollieren und das externe Verhalten bestätigen.

9.4.9 Integrationstest gekapselter Komponenten

Für den Integrationstest gekapselter Programme empfiehlt sich der Architektur-stufentest. In der Regel werden hier mindestens sechs Architekturstufen vorkommen:

- die Clientsoftware am PC-Arbeitsplatz, z. B. Java Applets

- die Middleware zwischen den Clients und dem Server, z. B. ein Object Request Broker

- die Serversoftware am Unix-Server, z. B. C++-Klassen

- die Middleware zwischen dem Server und dem Host, z. B. der Component Broker

- die Wrappersoftware und

- die gekapselten Programme bzw. Prozeduren.

Der erste Schritt wäre es, die Schnittstelle zwischen dem Wrapper und den gekapselten Programmen zu testen. Dies müßte für jede Transaktion, jedes Programm und jede gekapselte Prozedur wiederholt werden. Um diesen Test durchzuführen, muß der Wrapper in einen Testtreiber umgewandelt werden. Es sollte möglich sein, die externe Schnittstelle des Wrappers zu bedienen, Parameter zu setzen und Aufrufe der gekapselten Objekte zu bewirken. Anschließend werden die zurückge-reichten Ergebnisse protokolliert, damit sie auch visuell bestätigt werden können. Dieser Schritt ist erst beendet, wenn alle möglichen Aufrufe aller gekapselten Objekte bestätigt worden sind.

Der zweite Schritt wäre der Test der Middleware zwischen Server und Host. Dazu muß ein Testtreiber für den Unix-Server geschrieben werden, der Nachrichten generiert und an den Host sendet. Die Middleware gibt sie weiter an den Wrapper, und der Wrapper ruft ein gekapseltes Objekt auf. Der Testtreiber wartet auf eine Antwort. Wenn sie ankommt, wird der Inhalt der Ausgangsnachricht protokolliert zwecks Kontrolle durch den Tester. Es kann aber vorkommen, daß keine Antwort zurückkommt. Dann muß die Ursache auf dem Host oder in der Middleware gesucht werden.

Der dritte Schritt ist der Test der Serverklassen. Dafür kann die *Endlicher Automat*-Testmethode von Poston verwendet werden. Hier kommt es darauf an, sämtliche praktisch relevanten Zustände zu simulieren und dabei alle Invokationen aller gekapselten Hostmethoden auszuführen. Die Nachzustände der Serverobjekte müssen zwecks Validation aufbewahrt werden. Die Invokationen gekapselter Methoden werden in einem Traceprotokoll notiert. Hier wird also neben den Endzuständen der Objekte auch die Ablauffolge der Methoden kontrolliert.

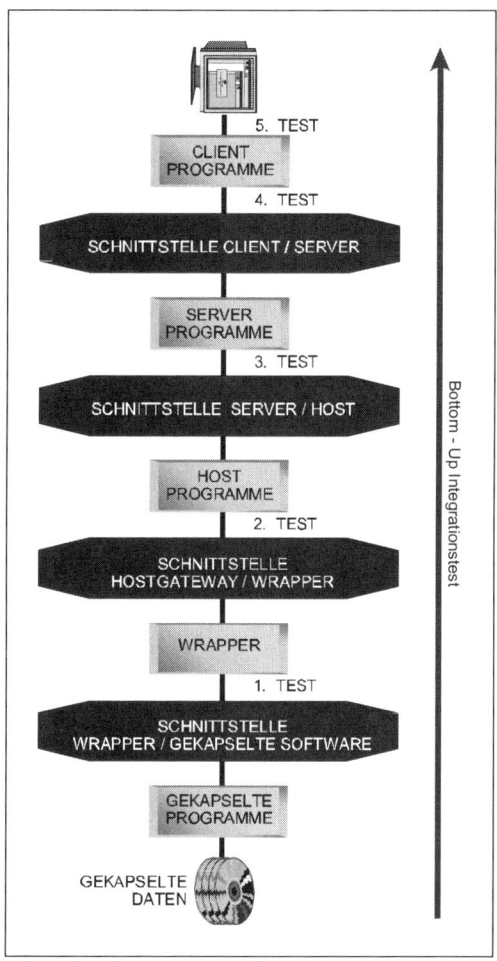

Abbildung 9-13 Integrationstest gekapselter Prozeduren

Der vierte Schritt wäre der Test der Middleware zwischen Clients und Server bzw. der Test des ORBs. Dafür ist ein Testtreiber auf einem Clientarbeitsplatz erforderlich, der ORB-Aufträge in IDL für den Server abschickt, die gekapselte Methodenaufrufe bewirken. Der Testtreiber prüft zum einen, ob eine Antwort überhaupt zurückkommt, und zum anderen, ob die Antwort korrekt ist.

Der fünfte und letzte Schritt ist der endgültige Test über die Benutzeroberfläche. Der Oberflächentest ist aber eher eine Problematik für den Systemtest, und dies wird im nächsten Abschnitt behandelt.

Aus dem oben genannten Testprozeß folgt, daß der Integrationstest nicht nur aufwendig, sondern auch langwierig ist. Je mehr Komponenten es zu integrieren gibt, desto länger wird es dauern, ihr Zusammenwirken zu bestätigen. Das ganze kann sich über mehrere Monate hinziehen. Um die Zeit zu verkürzen, müssen die Testressourcen – Hardware, Software und Personal – rechtzeitig bestellt, die Werkzeuge bzw. Testtreiber und Validatoren bereitstehen und die Integrationsschritte alle sorgfältig geplant werden. Gerade bei Kapselungsprojekten wird der Aufwand für den Test den Aufwand für die Kapselung selbst bei weitem überschreiten, d. h., wenn die Kapselung zwei Monate dauert, muß man mit mindestens vier Monaten für den Test rechnen.

9.5   Der Systemtest bzw. Black-Box-Test

Ein hybrides System besteht aus gekapselten und/oder konvertierten und neuentwickelten Komponenten. Die neuentwickelten Komponenten müßten rein objektorientiert sein, die konvertierten sind nur partiell objektorientiert, und die gekapselten sind es überhaupt nicht. Für den Systemtest hybrider Systeme gilt, was für den Systemtest komplexer, verteilter Systeme im allgemeinen gilt. Sie werden als Black-Box einem Funktionstest unterzogen, d. h., von der Benutzeroberfläche aus werden die bekannten Funktionen getestet. Boris Beizer nennt fünf Ansätze zum Funktionstest:

- der Datenflußtest,

- der Funktionsflußtest,

- der Bereichstest,

- der Syntaxtest und

- der Zustandstest [37].

9.5.1 Datenflußtest

Der Datenflußtest geht von den Systemeingaben und -ausgaben aus. Die Systemeingaben sind hier die Eingabefelder in der Benutzeroberfläche, die vom Benutzer gesetzt werden. Die Systemausgaben sind die Ausgabefelder sowie die Berichte. Für jede stellvertretende Ausgabemaske wird eine Kombination von Eingabewerten eingegeben, die zu diesem Ergebnis führt. Im Falle von periodischen oder Ad-hoc-Berichten muß das Ereignis produziert werden, das zur Generierung des Berichts führt. Dazu müssen auch stellvertretende Parameterwerte eingegeben werden. Im Prinzip geht dieser Test von der Oberfläche aus und benutzt die Bedienungsanleitung als Grundlage.

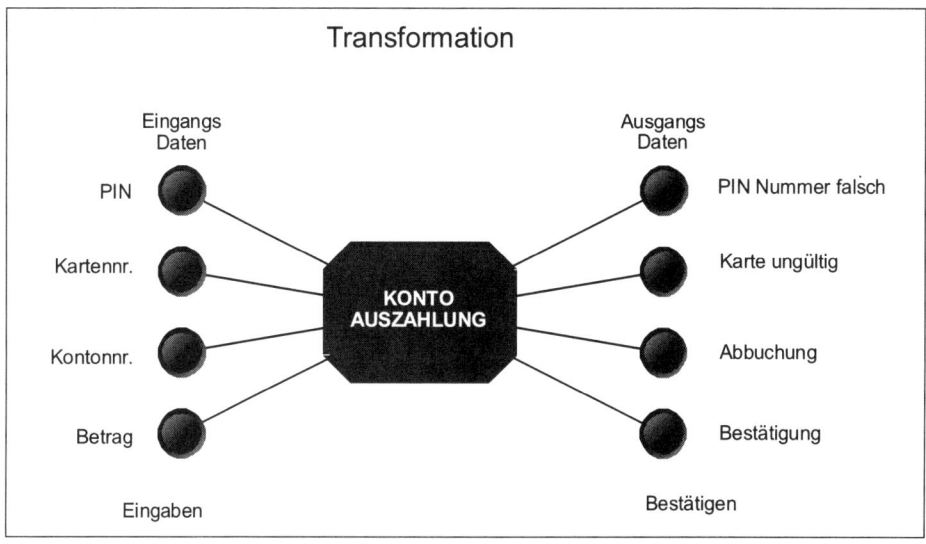

Abbildung 9-14 Datenflußtest

9.5.2 Funktionsflußtest

Der Funktionsflußtest geht von den Nutzfällen aus. Für jeden spezifizierten Nutzfall wird die Oberflächenausprägung erzeugt, die zur Ausführung des Nutzfalls führt. Auf der Ausgabenseite wird die von der Funktion hergestellte Ausgabemaske abgefangen und bestätigt. Nach diesem Ansatz gilt es, jeden Nutzfall in jeder praktisch relevanten Variation zu testen.

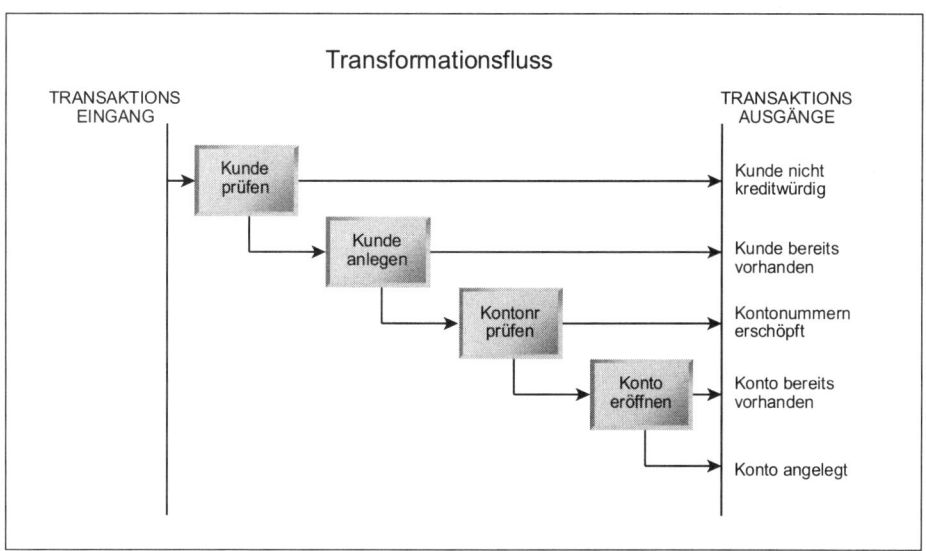

Abbildung 9-15 Funktionsflußtest

9.5.3 Bereichstest

Beim Bereichstest werden an der Eingabeoberfläche Grenzwerte und Falschwerte eingegeben, um die Fehlertolerierung des Systems zu prüfen. Im Falle numerischer Werte werden die unteren und oberen Grenzwerte erprobt. Im Falle von Texten werden falsche und leere Zeichenfolgen eingegeben. Außerdem werden sowohl zulässige als auch unzulässige Tastenkombinationen und Mausklicks erprobt. Hier wird also bestätigt, ob das System auf alle stellvertretenden Impulse richtig reagiert.

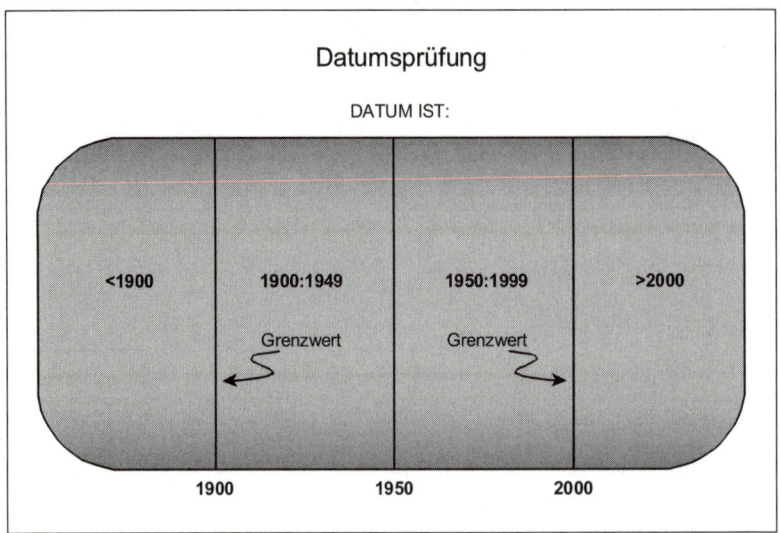

Abbildung 9-16 Datenbereichstest

9.5.4 Syntaxtest

Im Syntaxtest werden alle Arten von Kommandozeilen erprobt, wobei immer andere Syntaxfehler produziert werden – mal ein falsches Trennungszeichen, mal ein fehlendes Wort, mal eine falsche Wortfolge. Es wird also hier kontrolliert, ob die Syntax richtig interpretiert wird und ob bei Syntaxfehlern die korrekte Fehlermeldung erscheint.

9.5.5 Zustandstest

Der Zustandstest zielt letztlich auf die Erprobung aller spezifizierten Systemzustände. Dazu werden die OMT-Zustandsdiagramme verwendet, um die Testfälle an der Oberfläche zu definieren und den Endzustand an der Ausgabeoberfläche zu validieren. Es empfiehlt sich eine Tabelle sämtlicher anwendungsrelevanter Zustände zu bilden und als Basis für die Verifikation der Objektzustände zu benutzen.

DOS Copy Anweisung

(1) (2)(3) (4) (5)(6) (7) (8) (9)
<drive>:\ [{<directory>\}] [File[.ext]]

(10) (11) (12)(13) (14) (15)(16) (17) (18) (19)
[,<drive>:\ [{<directory>\}] [File[.ext]]]

(1)	drive fehlt	(11)	drive fehlt
(2)	: fehlt	(12)	: fehlt
(3)	\ fehlt	(13)	\ fehlt
(4)	directory	(14)	directory
(5)	\ fehlt	(15)	\ fehlt
(6)	n directories	(16)	n directories
(7)	File fehlt	(17)	File fehlt
(8)	ext fehlt	(18)	ext fehlt
(9)	Ziel fehlt	(19)	Quelle fehlt
(10)	, fehlt		

Abbildung 9-17 Syntaxtest

Zustandsübergangstabelle

ZUSTAND	Staub	Kind	ledig	verheiratet	geschieden	verwitwet
Staub		X				
Kind	X		X			
ledig	X			X		
verheiratet	X				X	X
geschieden	X			X		
verwitwet	X			X		

Abbildung 9-18 Zustandstest

9.5.6 Destruktiver Test

Zu diesen konstruktiven Testansätzen kommen noch weitere destruktive dazu. Es soll z. B. versucht werden, das Netz auszuschalten, die Speicherkapazität auszulasten und die Leitung zu überlasten. Diese Streß- bzw. Belastungstests dienen dazu, die Robustheit des Systems auf die Probe zu stellen. Das Ausmaß dieses Tests hängt von den Sicherheitsanforderungen ab. Ein hoher Grad an Sicherheit erfordert einen langwierigen Test aller Abbruchmöglichkeiten.

9.5.7 Testvoraussetzungen

Bei allen hier vorgetragenen Testansätzen geht der Test von der Benutzeroberfläche aus. Daher kann man vom Benutzertest sprechen. Zu welchem Grad der Benutzer wirklich beteiligt ist, ist eine Frage der Testorganisation. Auf jeden Fall müssen die Stammdatenbestände vor dem Test generiert und nach dem Test validiert werden. Dafür sind Testdatengeneratoren und Testergebnisvalidatoren erforderlich. Für den Test der Oberfläche empfiehlt sich ein Capture/Replay-System, das die Eingabemasken aufzeichnet und später wieder zurückspielt. Zusätzlich wird ein Oberflächenabfangwerkzeug gebraucht, um die vielen Ausgabemasken abzufangen und zwecks Kontrolle zu protokollieren. Es muß schließlich jemand bestätigen, ob das System sich richtig verhält, und dazu braucht er Protokolle der Systemausgaben [38].

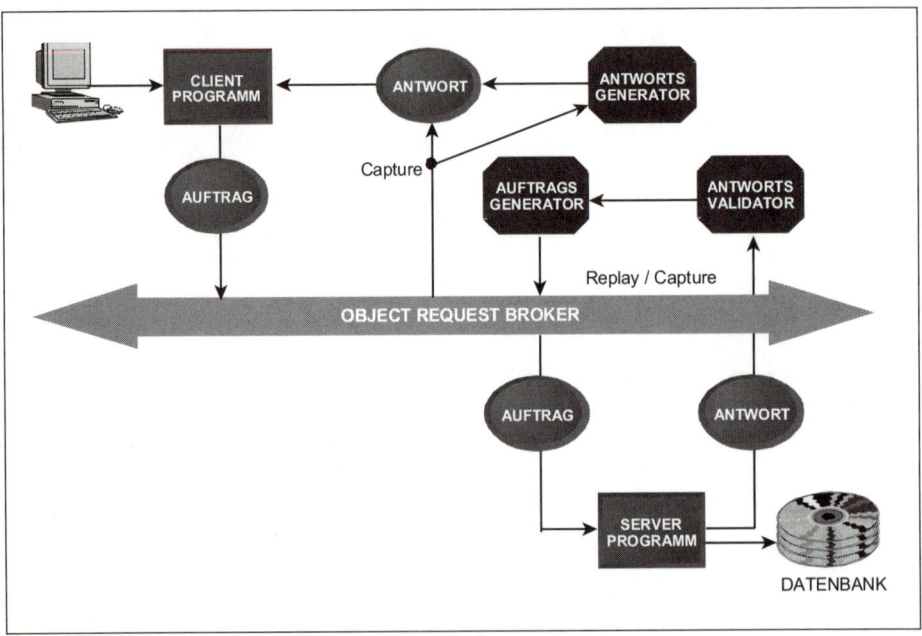

Abbildung 9-19 Capture/Replay-Systeme in einer verteilten Umgebung

Außer dem Capture/Replay-System für die Validation der Frontend bzw. der Benutzersicht des Systems braucht der Anwender ein Datenbankabgleichssystem für die Validation der Backend bzw. der Stammdaten. Gerade weil diese nicht so sichtbar sind, ist es umso wichtiger, ihre Korrektheit zu überprüfen. Hier geht es darum, den Inhalt der Datenbanken semantisch abzugleichen. Ein Abweichungsprotokoll verweist auf die Unterschiede zwischen Soll und Ist [39].

Testen ist ein weites Feld, und der Test als solcher wird nie vollendet sein. Umso wichtiger ist es, Testendekriterien zu haben, die einem sagen, wann man aufhören sollte. Solche Kriterien reichen von der abgelaufenen Zeit bis hin zu Testüberdeckungsmaßen, wie allen Kombinationen aller möglichen Nutzfälle. Je nachdem, wieviel der Benutzer zu zahlen bereit ist, wird ein Kriterium mit ihm vereinbart, das für sein Budget ein Maximum an Qualität gewährleistet [40].

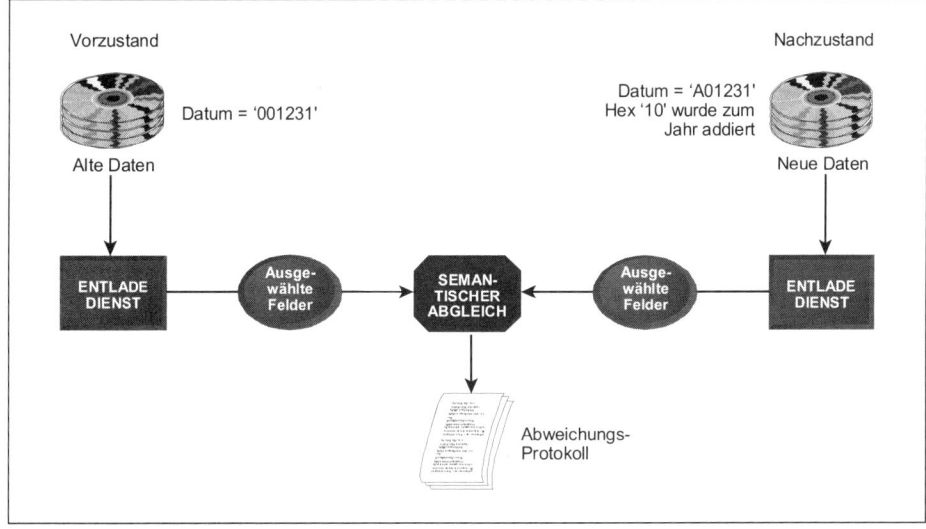

Abbildung 9-20 Semantischer Abgleich der Datenbestände

9.6   Literaturhinweise

[1] Jacobson, I. u.a.: Object-oriented Software Engineering, Addison-Wesley, Wokingham, G.B., 1992, S. 313

[2] Gogha, P.: Testing Client/Server Applications, QED Publishing, Boston, Mass., 1993, S. 26

[3] Sager, W.: »Von zentraler IV zur Client/Server-Architektur«, Wirtschaftsinformatik, Nr. 37, 1995, S. 294

[4] Dijkstra, E.: »Structured Programming«, in Software Engineering Techniques, Ed. Buxton/Randell, NATO Science Affairs Division, Brüssel, Belgien, 1970, S. 84

[5] Scherr, A.: »Developing and Testing a Large Programming System«, in Program Test, Methods, Ed. W. Hetzel, Prentice-Hall, Englewood Cliffs, N.Y., 1973, S. 165

[6] ANSI/IEEE: »Glossary of Software Engineering Terminology« in Software Engineering Standards, IEEE Press, N.Y., 1987, S. 7

[7] Fischer, K.: »A Test Case Selection Method for the Validation of Software Maintenance Modifications«, IEEE COMPSAC-77 Proc., IEEE Press, Chicago, 1977, S. 421

[8] Yau, S./Kishimoto, M.: »A Method for Revalidating modified Programs in the Maintenance Phase«, IEEE COMPSAC-87 Proc., IEEE Press, Chicago, 1987, S. 272

[9] Leung, N./White, L.: »Insights into Regression Testing«, in Proc. of IEEE Int. Conf. on Software Maintenance, IEEE Press, Miami, 1989, S. 60

[10] Hartmann, J./Robson, D.: »Techniques for Selective Revalidation«, IEEE Software Magazine, Jan. 1990, S. 31

[11] Benedusi, P./Cimitile, A./De Carliwa: »Post Maintenance Testing Based on Path Change Analysis« in Proc. of IEEE Int. Conf. on Software Maintenance, IEEE Press, Phoenix, Ariz., 1988, S. 392

[12] Leung, N./White, L.: »A Cost Model to Compare Regression Test Strategies« in Proc. of IEEE Int. Conf. on Software Maintenance, IEEE Press, Sorrento, Italien, 1991, S. 201

[13] Weyuker, E.: »The Cost of Data Flow Testing – An empirical Study«, IEEE Trans. on S.E., Band 16, Nr. 2, Feb. 1990, S. 121

[14] Sneed, H.: »Regression Testing in Reengineering Projects« in Proc. of 9th Int. Conf. on Testing Computer Software, STAR, Washington, D.C., 1992, S. 219

[15] Sneed, H.: »Reverse Engineering Programs via dynamic Analysis« in Proc of 2nd, IEEE WCRE-93, IEEE Press, Baltimore, Md., 1993, S. 192

[16] Graham, I.: Migrating to Object Technology, Addison-Wesley, Wokingham, G.B., 1995, S. 415

[17] Dijkstra, E.: »The Structure of the 'THE'Multiprogramming System«, Comm. of ACM, Band 11, Nr. 5, 1968, S. 341

[18] Myers, G.: The Art of Software Testing, John Wiley & Sons, New York, N.Y., 1979, S. 108

[19] Sneed, H.: »Validating Functional Equivalence of Reengineered Programs via Control Path, Result and Data Flow Comparison«, in Software Testing, Verification & Reliability, Band 4, Nr. 1, März 1994, S. 33

[20] Sneed, H.: »Objektorientiertes Testen«, Informatik Spektrum, Band 18, Nr. 1, Feb. 1995, S. 6

[21] Beizer, B.: Software System Testing and Quality Assurance, Van Nostrand Reinhold, New York, N.Y., 1984, S. 141

[22] Juttner, P./Kolb, S./Zimmerer, P.: »Integrating and Testing of Object-oriented Software«, in Proc. of EUROSTAR-94, Brüssel, Belgien, 1994, S. 13

[23] Binder, R.: »Testing Object-oriented Software – A Surrey«, Software Testing Verification & Reliability«, Band 6, Nr. 3, Sept. 1996, S. 125

[24] Jacobson, I. u.a.: Object-oriented Software Engineering, Addison-Wesley, Reading, Mass., 1992, S. 327

[25] Firesmith, D.: »Testing Object-oriented Software«, in Proc. of 11th OOPSLA Conf. Prentice-Hall, Englewood Cliffs, N.Y., 1993, S. 407

[26] Graham, I.: Object-oriented Methods, Addison-Wesley, Wokingham, G.B., 1994, S. 21

[27] Winter, M.: »Systemtesten mit Use Cases«, Arbeitsbericht der GI Fachgruppe 2.1.7, Fern-Universität, Hagen, Jan. 1998

[28] Thuy, N.: Design for Quality in large Object-oriented Software«, in Proc. of 6th Int. SW Quality Week, SRI, San Francisco, Ca., Mai 1993

[29] Overbedk, J.: »Test Activities for Object-oriented Software Development«, in Informatik Aktuell – Testen, Analysieren und Verifizieren von Software, Springer Verlag, Berlin, 1992, S. 168

[30] Meyer, B.: »Applying Design by Contract«, IEEE Computer, Nr. 25, Okt. 1992, S. 40

[31] Lieberherr, K./Xiao, C. »Object-oriented Software Evolution«, IEEE Trans, on S. E., Band 19, Nr. 4, 1992, S. 313

[32] Kung, D./Gao, J./Hsia, P.: »Design Recovery for Software Testing of Object-oriented Programs«, in Proc. of 2nd IEEE WCRE, IEEE Press, Baltimore, 1993, S. 202

[33] Sneed, H.: »Ein objektorientiertes Testverfahren«, Test, Analyse und Vertifi-
kation von Software, GMD-Bericht Nr. 260, Oldenbourg Verlag, München,
1996, S. 25

[34] Binder, R.: »Design for Testability with Object-oriented Systems«, Comm. of
ACM, Band 37, Nr. 9, Sept. 1994, S. 87

[35] Poston, R.: »Automated Testing from Object Models«, Comm. of ACM, Band
37, Nr. 9, Sept. 1994, S. 48

[36] Siegel, S.: Object-oriented Software Testing, John Wiley & Sons, New York,
N.Y., 1996, S. 235

[37] Beizer, B.: Black-Box Testing – Techniques for Functional Testing, John Wiley
& Sons, New York, N.Y., 1995, S. 86-227

[38] Bourne, K.: Testing Client/Server Systems, McGraw-Hill, New York, N.Y.,
1997, S. 307

[39] Tayi, G./Ballou, D.: »Examing Data Quality«, Comm. of ACM, Band 41, Nr. 2,
Feb. 1998, S. 54

[40] Sneed, H.: »Data Coverage Measurement«, in Proc. of ACM Workshop on
Software Testing, ACM Press, Banff, Kanada, Juli 1986, S. 34

10 Integration hybrider Anwendungssysteme

Das Ergebnis einer objektorientierten Migration ist ein hybrides Anwendungssystem, bestehend aus gekapselten, konvertierten, neuentwickelten und vielleicht auch hinzugekauften Komponenten. Das Gegenstück dazu wäre ein rein objektorientiertes Anwendungssystem, in dem alle Komponenten von Grund auf nach den Prinzipien der Objektorientierung konzipiert und implementiert worden sind. Letzteres ist natürlich das Ideal aus der Sicht der reinen Lehre, denn damit würden alle Bausteine nahtlos zusammenpassen. Sie wären als Teil eines Ganzen entworfen worden [1]. Das erstere – das hybride System – ist ein Kompromiß mit der Vergangenheit. Manche OO-Puristen würden behaupten, ein Kompromiß mit dem Teufel, denn mit dieser Lösung werden Bausteine vereinigt, die vom Konzept her nicht zusammenpassen. Einige Teile, z.B. Datenbestände bleiben in ihrer ursprünglichen alten Form, als hierarchische oder netzartige Datenbanken. Andere Teile, z.B. alte, gekapselte Programme, sind nur geringfügig geändert worden – sie bleiben prozedural. Andere Teile, z.B. konvertierte Programme, sind zwar in einer objektorientierten Sprache, sind aber nicht rein objektorientiert. Schließlich sind die restlichen Teile, z.B. die Frontend-Programme in einer rein objektorientierten Form, in einer objektorientierten Sprache wie Java. Man spricht also auch von einem heterogenen System [2].

Die Frage, die sich hier stellt, ist, wie können die verschiedenartigen Bausteine zusammenwirken, um einen gewünschten Effekt zu erzeugen, ohne Beeinträchtigung der Dienstleistung. Denn das Ganze ist bekanntlich mehr als die Summe aller Einzelteile, es ist die Summe der Einzelteile plus die Summe aller Beziehungen zwischen den Einzelteilen plus die Funktionalität, die durch das Zusammenwirken der Einzelteile entsteht [3].

Wenn das aber so ist, wie ist die angestrebte Funktionalität bei so vielen Beziehungen zwischen so vielen andersartigen Einzelteilen zu erreichen, Teilen, die aus völlig verschiedenen Zielsetzungen stammen? Die Antwort trägt den Namen Middleware. Middleware ist der Kleber, der alles zusammenhält. Sie verbindet die verteilten, heterogenen Bausteine zu einem Ganzen.

10.1   Die Bedeutung der Middleware

Middleware ist eine Vermittlungsschicht zwischen kooperierenden Knoten in einem verteilten System. Sie ist als Bündel von Protokollen, Schnittstellen und Programmen zu verstehen, die dafür sorgen, daß Anwendungen, Daten und Menschen in einem heterogenen Netz miteinander kommunizieren können. Für migrierte Systeme spielt sie eine besonders wichtige Rolle, weil solche Systeme sich oft aus sehr unterschiedlich implementierten Komponenten zusammensetzen [4].

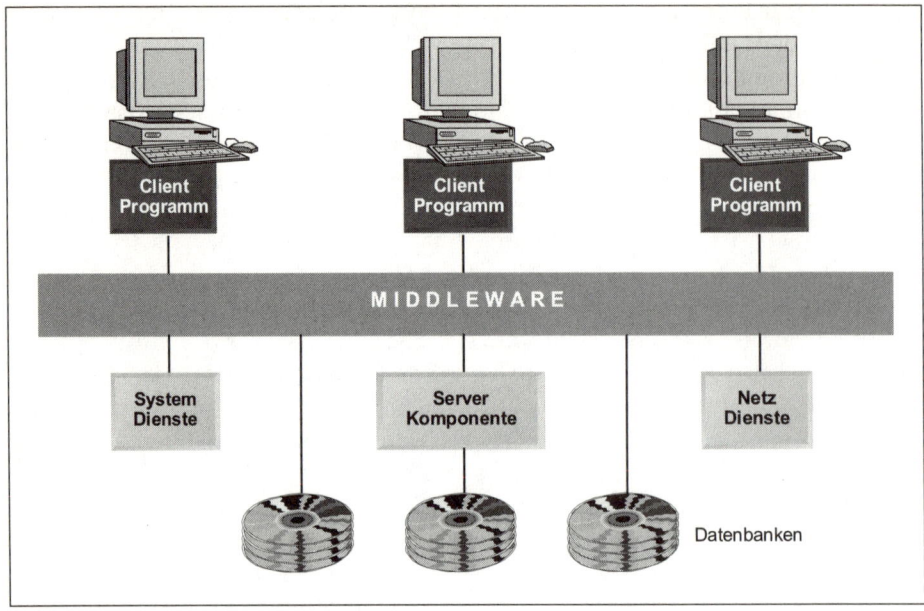

Abbildung 10-1 Die Rolle der Middleware als Bindeglied

Eine Middleware, die Mensch-zu-Mensch-Kommunikation unterstützt, ist E-Mail. Diese Technik ist seit ihrer Einführung immer wieder erweitert worden, um den Austausch von Information zwischen entfernten Menschen zu fördern. Heute werden Texte durch Bilder, Dokumente und sogar Programme ergänzt. E-Mail ist die Voraussetzung für Telearbeit, Groupware und Workflow-Systeme [5].

In der Kommunikation zwischen Software-Komponenten sind ablauforientierte Middleware-Produkte, wie Transaktionsmonitore und nachrichtenorientierte Produkte, wie Request Broker zu unterscheiden. Bei letzterem tauschen verteilte Komponenten nach dem Vorbild von E-Mail Nachrichten aus, die indirekt Funktionen auslösen können, statt die Funktionen direkt aufzurufen. Zu dieser Kategorie gehören alle Middleware-Produkte, die auf entfernten Prozeduraufrufen (RPC) bzw. entfernten Methodeninvokationen (RMI) beruhen, sowie alle Objekttechnologien. Eine Randgruppe bilden die Bildschirm-Emulationen bzw. die Scratching-Technik, wobei Client-Arbeitsplätze als Mainframe-Terminals eingesetzt werden [6].

Ein Beispiel für ein Programm zur Datenbank-Kommunikation ist Open Database Connectivity (ODBC) von Microsoft, das eine Verbindung zwischen einem Clientprogramm und einem Datenbankserver herstellt. Diese Lösung basiert auf einem offenen ANSI-Standard. In diesem Fall ist die SQL-Sprache die Schnittstelle zwischen dem Auftraggeber auf der einen Seite und dem Auftragnehmer auf der anderen Seite. Der eine formuliert seine Datenanforderungen in der Schnittstelle, der andere interpretiert und erfüllt sie [7].

Ein Beispiel für Programm-zu-Programm-Kommunikation ist der Object Request Broker von der Object-Management-Gruppe, der eine Verbindung zwischen einem Clientprogramm und einem Serverprogramm herstellt. Diese Lösung basiert auf dem Corba-Standard. In diesem Fall ist die IDL-Sprache die Schnittstelle zwischen Auftraggeber und Auftragnehmer. Der eine formuliert seine funktionalen Anforderungen in der IDL-Schnittstelle, der andere interpretiert und erfüllt sie [8].

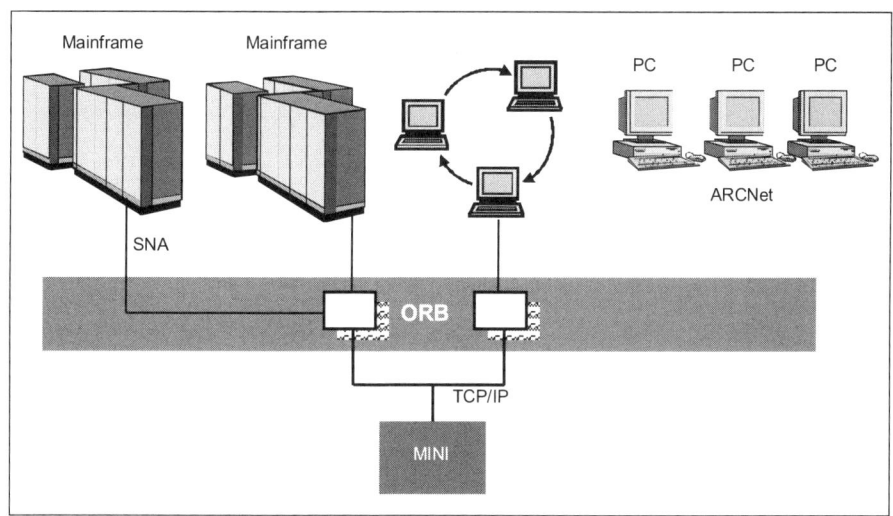

Abbildung 10-2 Middleware verbindet verteilte Komponenten

Daraus läßt sich schließen, daß Middleware eine Art Postdienst leistet. Sie sammelt die Sendungen der verteilten Clienten, sortiert sie und sorgt dafür, daß sie beim richtigen Empfänger ankommen. Dabei wird gewährleistet, daß die Nachrichten geheim bleiben, daß sie unversehrt bleiben und daß sie nicht verlorengehen. Der Inhalt der Sendungen ist eine Frage der Sprachnormierung. Die Nachricht muß in einer Sprache verfaßt sein, die gleichermaßen vom Sender und Empfänger verstanden wird. Im Falle der Programm/Datenbank-Kommunikation ist dies SQL. Im Falle der Programm/Programm-Kommunikation ist das IDL. Im Falle der Mensch/ Mensch-Kommunikation ist dies im zunehmenden Maße Englisch.

Von anderen bisherigen Programmverbindungstechniken, wie CALL-Aufrufen mit Adreßübergabe, unterscheidet sich Middleware durch ihre Anlehnung an die Netzwerktechnik. Entsprechend der dort üblichen Funktionseinteilung nach dem OSI-Modell konzentriert sie sich auf die vier oberen Protokollschichten und insbesondere auf die Ebenen sechs und sieben für Darstellung und Anwendung. Natürlich werden dabei die tieferen Schichten vorausgesetzt. Dafür ist ihre eigene Kommunikationsschicht zuständig. Insofern bauen Middleware-Systeme auf existierenden DCE-Normen für die Kommunikation zwischen vernetzten Rechnern auf [9].

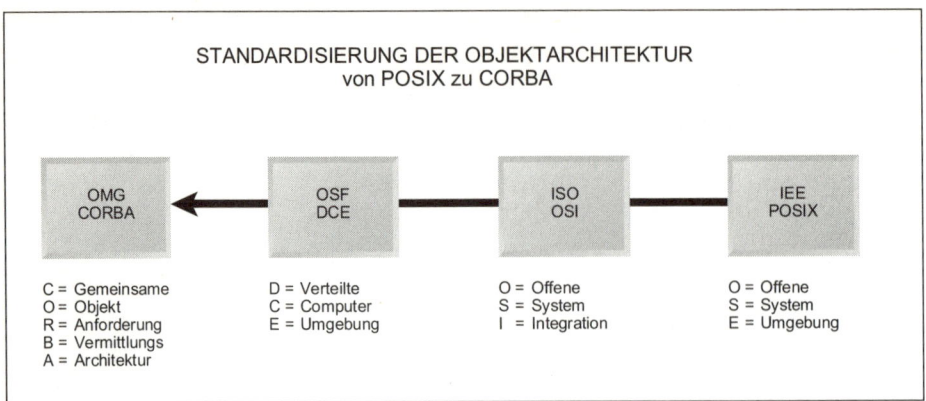

Abbildung 10-3 Kommunikationsschichten

Middleware ist also auf jeden Fall eine unerläßliche Voraussetzung offener, verteilter Systeme. Es ist zwar möglich, Programme direkt miteinander zu verbinden, z.B. durch eigene Remote Procedure Calls. Damit schafft man eine Punkt-zu-Punkt-Verbindung, aber zu viele solche Verbindungen erhöhen die Komplexität und erschweren die Wartung des Systems. Migrierte Systeme haben zwangsläufig viele Verbindungen zwischen alten und neuen Komponenten sowie zwischen neuen Programmen und alten Datenbeständen. Es wäre abwegig, alle diese Verbindungen als Punkt-zu-Punkt-Verbindungen zu realisieren. Damit wäre das neue System schwer belastet.

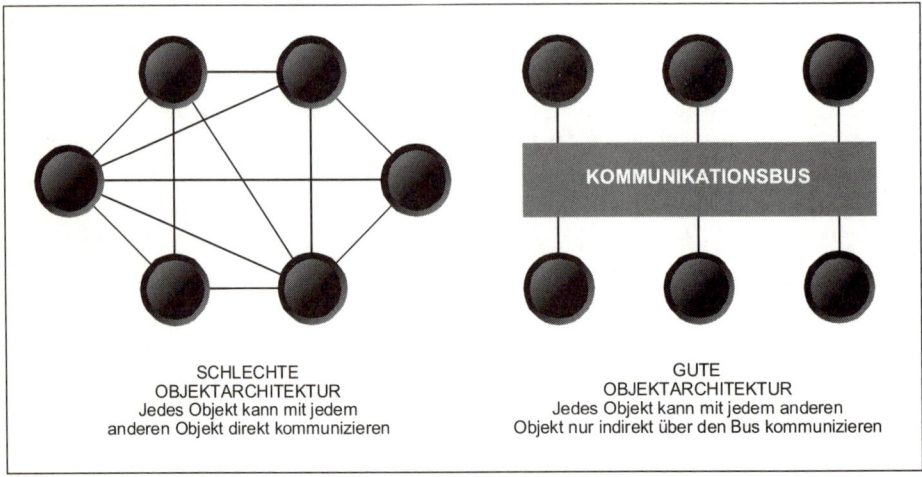

Abbildung 10-4 Zentrale vs. Punkt-zu-Punkt-Verbindung

Deshalb ist es gerade bei migrierten, objektorientierten Systemen so wichtig, eine geeignete Middleware zur Integration der diversen Systembausteine einzusetzen. Zum einen wird Middleware für den Nachrichtenaustausch zwischen Objekten in der gleichen Umgebung gebraucht, zum zweiten wird Middleware für die Verbindung zwischen Frontend- und Backend-Komponenten benötigt. Zum dritten wird Middleware für den Zugriff sowohl auf alte als auch auf neue Datenbestände gebraucht. Ohne geeignete Middleware läuft nichts in einer verteilten, objektorientierten Umgebung [10].

In den folgenden Abschnitten werden Middleware-Lösungen für alle drei oben genannten Integrationsaufgaben erläutert. Sie sind

- DCOM für die Integration der Frontend-Programme untereinander

- Corba für die Integration der Frontend- und Backend-Programme sowie der Backend-Programme untereinander

- ODBC/JDBC für den Zugriff auf bestehende Datenbestände

10.2 Distributed Component Object Model (DCOM)

Das Distributed Component Object Model wurde von Microsoft entwickelt, um die Kommunikation zwischen verteilten Programmen in der gleichen Umgebung, nämlich Windows NT, zu ermöglichen. Inzwischen wurde es von der deutschen Software-AG auf andere Plattformen portiert, aber zur Zeit ist es immer noch in erster Linie ein System für die Verbindung von Komponenten in einer Umgebung [11].

Der Vorgänger von DCOM war das Object Linking and Embedding System (OLE). OLE diente ursprünglich nur der Kommunikation zwischen Windows-Programmen auf einem Rechner. Mit DCOM wurde diese Funktionalität auf Windows-Netze ausgeweitet. Jetzt bietet DCOM auch fremden Systemen Zugriff auf Windows-Anwendungen. Umgekehrt geht es dennoch nicht. Somit bleibt DCOM zunächst ein Programmintegrationssystem für die Windows-Welt. OLE hat bereits Funktionen wie

- logische Speicherplatzverwaltung,

- Aufruf fremder Anwendungen über symbolische Namen (Monikers) und

- einheitliche Datenübertragung über vordefinierte Schnittstellen

angeboten, die jedoch alle von der graphischen Oberfläche ausgelöst wurden. Anders als sein Vorgänger ist DCOM unabhängig von der Oberfläche und kann seine Dienste beliebigen Programmen bereitstellen. Zudem ist DCOM auch unabhängig von den Programmiersprachen der Komponenten, die es verbindet. Entfernte Programme werden über Microsoft Remote Procedure Call (MRPC) aufgerufen. Dadurch ist jedes Programm im gleichen Netz erreichbar, vorausgesetzt, es handelt sich um ein Windows-Netz. Mittlerweile ist die DCOM-Technik durch die Active-X-Normierung zur Norm erhoben worden. Die DCOM-Steuerung heißt

Active-X-Controls, die zu integrierenden Komponenten heißen Active-X-Components. Das übergreifende Integrationskonzept heißt Windows Distributed Internet Architecture [12].

Im Mittelpunkt der DCOM-Technologie steht die Vererbung von Methoden über die Komponentengrenzen hinweg, d.h., die Koponenten auf dem Clientrechner können auf Funktionen in Komponenten auf dem Serverrechner zugreifen, auch dann, wenn sie in anderen Programmiersprachen implementiert sind. Im Falle migrierter Anwendungen bedeutet dies, daß die alten konvertierten und gekapselten Komponenten ihre Funktionalität auf die neuen Komponenten vererben können. Wesentlich ist hier die Unabhängigkeit von dem Compiler. Zu diesem Zweck verbindet DCOM binäre Komponenten, unabhängig von der Programmiersprache, mit der sie erstellt wurden.

Die Technik der Funktionsvermittlung heißt Delegation. Delegation findet statt, wenn eine getrennt kompilierte und gelinkte Komponente Funktionalität in einer anderen, bereits existierenden Komponente benötigt. Die erste Komponente muß lediglich eine Schnittstelle zur zweiten definieren und an DCOM delegieren. An der Serverkomponente muß nichts geändert werden. DCOM leitet den Funktionsaufruf an die richtige Stelle und stellt die Ergebnisse der aufrufenden Komponente zur Verfügung. Durch diese binäre Verbindung bietet DCOM einen entscheidenden Vorteil für den kommenden Komponentenmarkt.

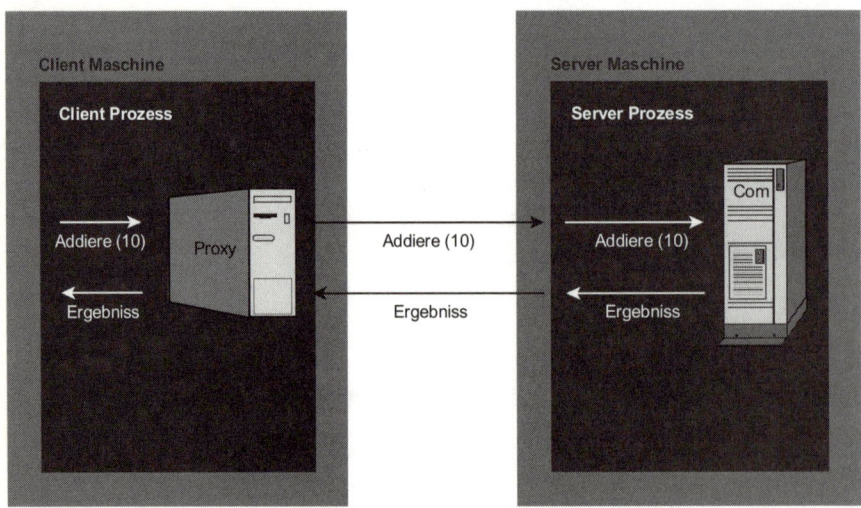

Abbildung 10-5 DCOM-Architektur

Ein weiterer Vorteil von DCOM ist die direkte Kommunikation zwischen Programmen. Nachrichten zwischen Programmen in einer Corba-Architektur laufen immer über einen Vermittler, den Object Request Broker, auch wenn sie im gleichen Adreßraum sind. Mit DCOM können Aufträge direkt vom Clientprogramm zum Serverprogramm geleitet werden. Für Komponenten im gleichen Adreßraum ist dies ein großer Performanz-Gewinn. Hinzu kommt, daß DCOM keine so umständliche Schnittstellenbeschreibungssprache hat, so daß sie leichter erlernbar ist.

Der Hauptnachteil von DCOM ist die Beschränkung auf die Windows-Welt und die Tatsache, daß sie eine proprietäre Lösung ist. Es ist auch zu bemängeln, daß sie sich keiner normierten Sprache bedient, um die Schnittstellen zwischen den Komponenten formal zu spezifizieren. Die binäre Verbindung zwischen den Programmen mag einfach und effizient sein, ist aber sicherlich nicht im Sinne eines späteren Reverse- oder Reengineering. Dies wird unweigerlich folgen, denn auch das Microsoft-Reich ist vergänglich. Es wird eines Tages genauso zerfallen wie einst das IBM-Reich, und Anwender werden fragen, wie es mit ihrem Microsoft-Legacy-System weitergeht. Spätestens dann werden sich die kurzfristigen Entscheidungen zugunsten der Effizienz und Einfachheit bitter rächen.

10.3 Common Object-oriented Request Broker Architecture (Corba)

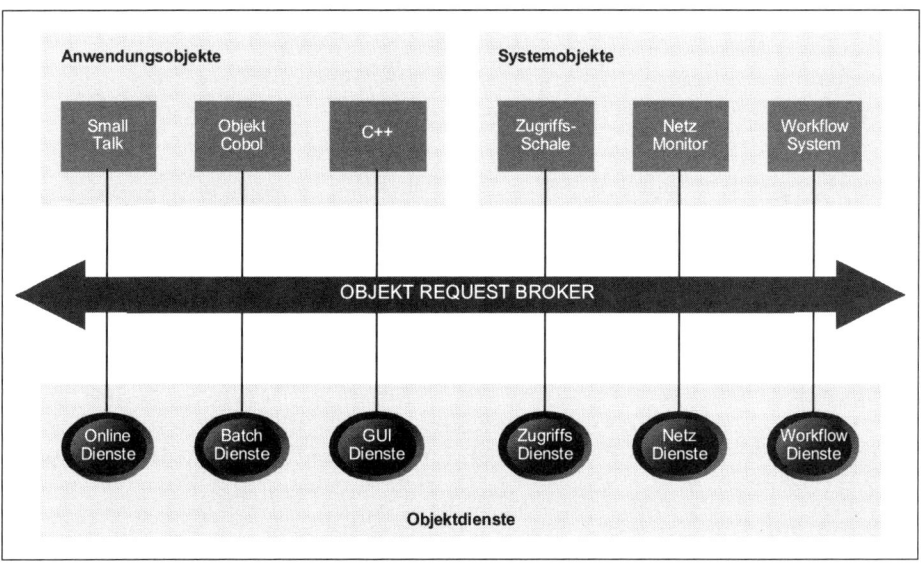

Abbildung 10-6 Corba-Architektur

Die Common Object-oriented Request Broker Architecture ist ein Konzept der Object-Management-Gruppe (OMG), einem gemeinnützigen Verein zur Förderung der Objekttechnologie mit mehr als 700 Mitgliederfirmen, darunter führende Hersteller wie IBM, SUN, DEC, HP und Microsoft. Er ist Bestandteil einer noch umfassenderen Norm – die Object Management Architecture, die den konzeptionellen Rahmen für eine umfassende Komponentenlandschaft abstecken soll. Das Corba-Konzept schreibt vor, wie entfernte Objekte bzw. Komponenten miteinander zu verbinden sind. Nebst der Objektvermittlungsfunktionen wird eine Sprache zur Definition von Software-Schnittstellen-IDL und eine Reihe Standard Kommunikations- und Objektverwaltungsdienste spezifiziert. Die letzte Version der Spezifikation ist 2.1 vom August 1997 [13].

Im Gegensatz zu DCOM ist Corba kein Produkt, sondern eine Anleitung zur Entwicklung von Produkten. Die Produkte selbst werden von diversen Software-Herstellerfirmen bereitgestellt. Führende ORB-Produkte sind ORBIX von IONA Technologies, VISI Broker von Visigenics, Object Broker von BEA, JOE von SUN und SOM von IBM. Um als Corba-konform zu gelten, muß ein Produkt von der OMG zertifiziert werden, und dazu muß es der Corba-Spezifikation, oder zumindest einer Untermenge davon, gerecht werden.

Die Mindestuntermenge umfaßt die Objektkommunikationsdienste und die Schnittstellensprache. Die restlichen Dienste sind wahlfrei, und hier gibt es auch erhebliche Unterschiede zwischen den Produkten. Gerade bei migrierten Systemen kommt es darauf an, zusätzliche Dienste wie den Transaktionsdienst, den Objektaufbewahrungsdienst und den Lebenszyklusdienst in Anspruch zu nehmen. Deshalb empfiehlt es sich, für die objektorientierte Migration ein ORB-Produkt mit möglichst vielen Diensten einzusetzen. Außerdem soll es eine Einbindung von Objekten auf dem Mainframe unterstützen. Damit wird die Produktauswahl erheblich eingeschränkt. Der Kern von Corba ist die Technik zur Verbindung zweier entfernter Objekte. Zwei Verbindungsmöglichkeiten stehen zur Wahl:

- statische Verbindung und

- dynamische Verbindung.

Nach der ersten Möglichkeit wird für das Senderobjekt ein Stub generiert und dazu gebunden. Zur Laufzeit fängt der Stub die Objektinvokation auf, setzt die Nachricht um und leitet sie an die richtige Adresse weiter. Für jedes Empfangsobjekt wird eine Zugriffsschale bzw. ein Skelett erzeugt, das die eintreffenden Nachrichten empfängt und in die interne Schnittstelle des Zielobjektes umsetzt. Dazu wird das Zielobjekt durch den Objektadapter aufbereitet. Die statische Schnittstelle wird mit der Interface Definition Language IDL im Source-Format spezifiziert. Daraus werden die entsprechenden Stubs und Skelette generiert.

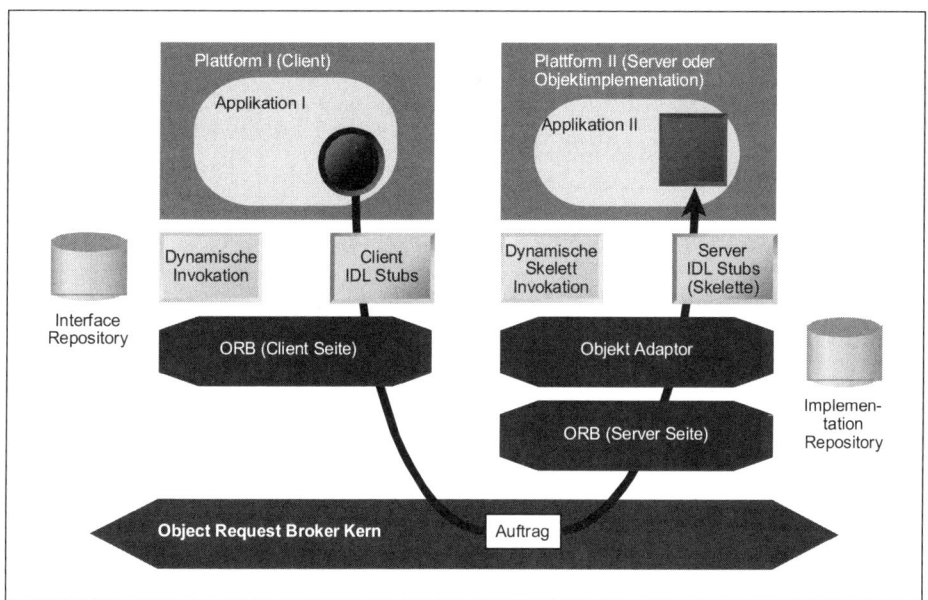

Abbildung 10-7 Statische Objektinvokation mit Corba

Nach der zweiten Möglichkeit wird ein Auftrag an ein unbekanntes Zielobjekt ab-
gesandt. Es ist nur die Funktion bekannt. In diesem Fall landet der Auftrag bei
dem Dynamic-Invocation-Dienst. Dieser schaut in der Schnittstellen-Repository
nach, welches Objekt diese Funktion am besten erfüllen kann, und leitet die
Nachricht an dieses. Auf der Empfängerseite wird die Nachricht vom Objektadapter abgefangen, das Zielobjekt geladen und die gemischte Funktion angestoßen.
Diese Möglichkeit ist zwar etwas aufwendiger, dafür aber flexibler – so wie die dynamischen Aufrufe von Modulen in der konventionellen Transaktionsverarbeitung.

Die Schlüsselrolle in beiden Verbindungstechniken kommt der IDL-Sprache zu. Es
ist die Sprache der Integrationsingenieure. Damit können sie nicht nur die aufzu-
rufenden Fremdmethoden samt Parametern und Fehlerbehandlung, sondern
auch das Methodenangebot eines jeden Zielobjektes unabhängig vom Objekt
selbst spezifizieren [14].

Diese Schnittstellenspezifikationen sind sowohl für die Generierung der Stubs
und Zugriffsschalen als auch für die Konsistenzhaltung der Nachrichtenformate
erforderlich. Außerdem sind die IDL-Quelltexte eine unerläßliche Dokumentation der Schnittstellen, etwas, das bei binären Schnittstellen fehlt. IDL ist für die
Welt der verteilten Objekte das, was SQL für die Welt der verteilten Datenbanken
ist.

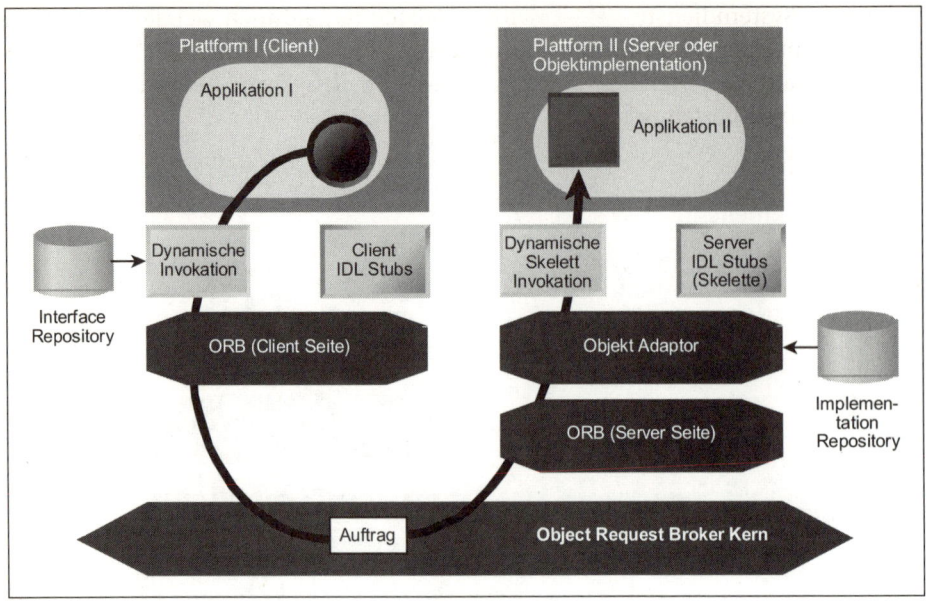

Abbildung 10-8 Dynamische Objektinvokation mit Corba

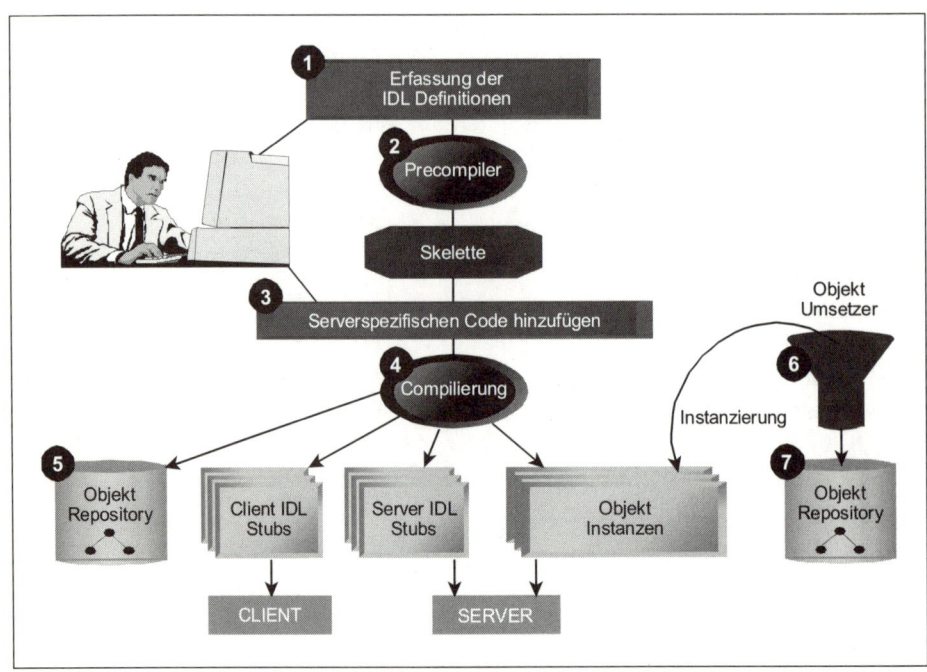

Abbildung 10-9 Entstehung einer IDL-Schnittstelle

Die vielen Systemdienste, die ein ORB zu leisten hat, können viel dazu beitragen, den Programmieraufwand bei der Integration verteilter Systeme auf einem Minimum zu halten. Sie reichen von der Objektnamensvergabe bis hin zur Verwaltung der Objektbeziehungen.

Die wesentlichsten Corba-Dienste sind:

- der Objektbenennungsdienst,

- der Objektvermittlungsdienst,

- der Objektlebenszyklusdienst,

- der Ereignisdienst,

- der Transaktionsdienst,

- der Synchronisierungsdienst,

- der Objektaufbewahrungsdienst,

- der Objektabfragedienst,

- der Objektsammlungsdienst,

- der Objektbeziehungsdienst,

- der Objektexternalisierungsdienst,

- der Objektlizenzierungsdienst,

- der Objekteigenschaftsdienst und

- der Objektsicherheitsdienst. [15]

Mit dem Objektbenennungsdienst werden Namen für erzeugte Objekte vergeben. Mit dem Objektvermittlungsdienst werden Objekte im Netz lokalisiert und eine Verbindung mit ihnen hergestellt. Mit dem Objektlebenszyklusdienst werden die möglichen Zustände der Objekte und deren Übergänge dokumentiert. Mit dem Ereignisdienst werden Ereignisse im Netz erkannt und die spezifizierten Relationen eingeleitet. Mit dem Transaktionsdienst werden Transaktionen im Netz gesteuert, überwacht und notfalls zurückgesetzt. Mit dem Synchronisierungsdienst werden parallellaufende Transaktionen bzw. multiple threads miteinander abgestimmt. Mit dem Objektaufbewahrungsdienst werden persistente Objekte in die Objektdatenbank abgelegt und nach Bedarf wieder hergeholt. Mit dem Objektabfragedienst können abgelegte Objekte nach bestimmten Attributen ausgewählt werden. Mit dem Objektsammlungsdienst können diverse Einzelobjekte zu einem Sammelobjekt zusammengefaßt werden. Mit dem Objektbeziehungsdienst können die Beziehungen zwischen Objekttypen spezifiziert und aktualisiert werden. Mit dem Objektexternalisierungsdienst werden die Ein- und Ausgabedatenströme von und zu den Objekten normalisiert. Mit dem Objektlizenzierungsdienst wird die Nutzung von Objekten geregelt. Mit dem Objekteigenschaftsdienst werden die Eigenschaften den Objekten zugewiesen und fortgeschrieben. Mit dem Objektsicherheitsdienst werden Objekte im Netz vor unerlaubtem Zugriff geschützt und gegen Verlust und Verzerrung gesichert.

Jeder dieser Dienste leistet eine wichtige Funktion für die Implementierung und Verwaltung verteilter, objektorientierter Systeme. Die meisten erleichtern die Integration migrierter Software-Komponenten und einige, wie der Transaktionsdienst und der Objektvermittlungsdienst, sind gar unentbehrlich. Deshalb ist die Corba-Architektur für eine objektorientierte Migration das, was die Datenbankarchitektur für frühere prozedurale Migrationen war – das Rückgrat [16].

10.4   Datenzugriffsschalen (ODBC/JDBC)

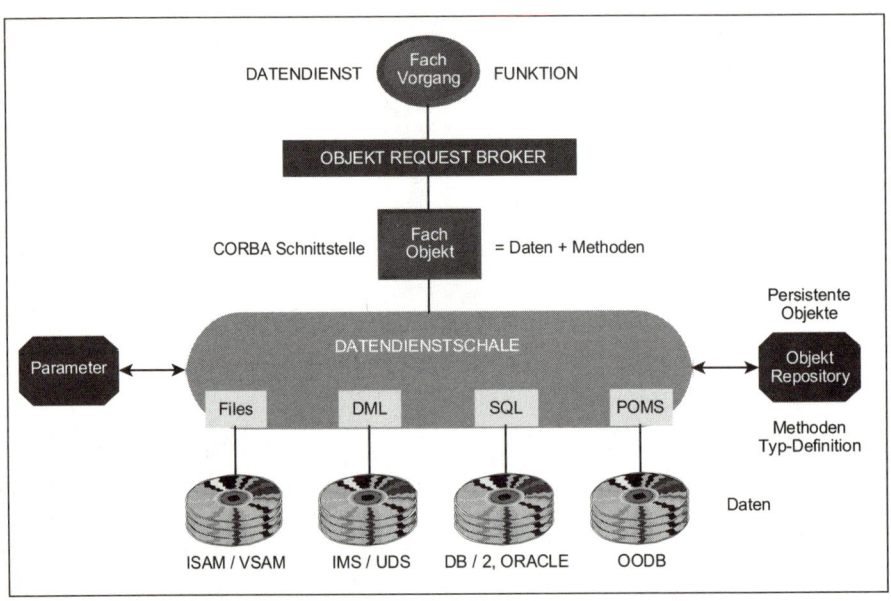

Abbildung 10-10 Architektur einer Datenzugriffsschale

Prinzipiell ist es möglich, die alten Datenbestände zu migrieren. Mit Hilfe generierter Datenkonversionsprogramme können die bestehenden Daten aus ihren jeweiligen Datenhaltungssystemen entladen, umgesetzt und in die Zieldatenbanken geladen werden. Für die Generierung der Konversionsprogramme werden lediglich die alten und neuen Datenstrukturbeschreibungen bzw. Datenbankschemen benötigt. Nach diesem einmaligen Umsetzungsvorgang, können die neuen Programme gleich auf die neuen Datenbanken zugreifen. Leider ist dies nur selten möglich, weil die alten Datenbanken von den noch nicht migrierten Anwendungen noch lange gebraucht werden. Solange die Daten noch in ihrer alten Form benötigt werden, müssen die Datenbestände doppelt bleiben. Daß diese Redundanz nicht unproblematisch ist, liegt auf der Hand. Es wird schwierig, wenn gar unmöglich, die doppelt geführten Datenbestände konsistent zu halten [17].

Darum bietet es sich an, die alten Datenbestände hinter einer Zugriffsschale zu kapseln, die die Daten auch für die neuen Anwendungen zugänglich macht [18]. In diesem Falle werden die Daten zur Laufzeit in die gewünschte Form dynamisch eingesetzt, d.h., aus ihnen werden Datenobjekte gebildet. Die Datenobjekte sind im günstigsten Fall identisch mit den alten Datensätzen oder Segmenten. Im ungünstigen Falle werden sie aus Feldinhalten unterschiedlicher Sätze oder Segmente zusammengesetzt. Hierfür braucht die Zugriffssoftware eine Zuordnungstabelle, die sagt, in welchen Sätzen bzw. Segmenten welche Felder, an welcher Stelle zu finden sind. Demnach werden die Sätze oder Segmente gelesen und die entsprechenden Feldinhalte herausgeholt.

Beim Abspeichern wird jener Vorgang invertiert. Die alten Feldinhalte werden durch die in den dynamisch gebildeten Objekten ersetzt und die Sätze bzw. Segmente zurückgeschrieben. Um die Datenbank nicht lahmzulegen, werden die betroffenen Zugriffseinheiten vor dem Überschreiben nochmals zurückgelesen. Falls sie sich in der Zwischenzeit verändert haben, muß die Transaktion in der neuen Applikation zurückgesetzt werden. Wenn solche persistenten Objekte lange verarbeitet werden, kann diese Art optimistischen Änderungsdienstes zu häufigen Abbrüchen führen. Dann werden die alten Zugriffseinheiten wohl gesperrt werden müssen, so daß die alten Applikationen nicht mehr dran kommen. Es wäre die Aufgabe der Systemintegratoren, einen optimalen Kompromiß zu finden. [19].

ODBC und JDBC (ODBL = Open Database Connection, JDBC = Java Database Connection) sind Standardprodukte, die mit den Clientprogrammen gebunden werden, um ihnen den Zugriff auf unterschiedlichen Server-Datenbanken zu gewähren. Dabei werden die Clientdatenbankaufträge in das Format des Zieldatenbanksystems zur Laufzeit transformiert. Ähnlich wie bei den IDL-Schnittstellen, müssen die Zugriffsoperationen nur einmal mit den entsprechenden Funktionsaufrufen kodiert werden. Die Umsetzung der Parameter übernimmt der entsprechende Datenbanktreiber.

Datenbanktreiber gibt es für alle führenden, relationalen Datenbanken – Oracle, Sybase und DB-2. IBM bietet einen Treiber für IMS an. Auch IDMS und ADABAS haben inzwischen eigene ODBC-Umsetzer. ODBC und JDBC basieren auf einem Call Level Interface, das 1992 von der X/OPEN- und der SQL-Access-Gruppe definiert wurde [20]. Sie existieren also zusätzlich zur Standard-SQL-Schnittstelle, decken diese aber weitestgehend ab. Entscheidend für die Implementierung einer Zugriffsschale ist, daß ODBC eine Reihe von C-Funktionsaufrufen und JDBC eine Reihe von Java-Funktionsaufrufen beinhalten, die sich in die Zugriffsklassen einbauen lassen. Sie werden an der Stelle von SQL-Anweisungen benutzt.

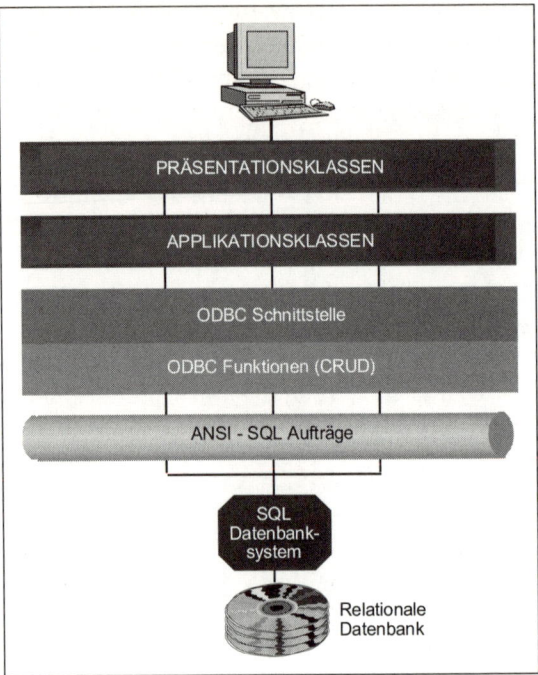

Abbildung 10-11 ODBC/JDBC als Datenbank-Gateway

Ein Nachteil von ODBC/JDBC ist, daß nicht alle Funktionen des Zieldatenbanksystems ansprechbar sind. Dies könnte beim Zugriff auf manche alten Datenbestände mit komplexen Datenstrukturen ein Hindernis darstellen [21].

Im Zuge einer objektorientierten Migration wird eine Datenzugriffsschale in den alten Datenbeständen kaum umgänglich sein. Um Probleme bei der Integration der alten und neuen Systeme zu vermeiden, ist es daher ratsam, möglichst zu Beginn der Migration mit der Implementierung zu beginnen. Sie ist ein strategisch wichtiges Middleware-Produkt.

10.5   Intranet-Anschlüsse

Keine Abhandlung objektorientierter Migration wäre ohne Berücksichtigung des Internets vollständig. Es ist die dominierende Form der elektronischen Kommunikation zwischen örtlich entfernten Menschen und Software-Komponenten. Die Aufgabe, die sich hier stellt, ist die Anbindung der bestehenden Anwendungssysteme an dem betrieblichen Intranet. Drei Möglichkeiten bieten sich dafür an:

- Datenbankanbindung,

- Terminalanbindung und

- Programmanbindung.

Bei allen drei Alternativen ist ein Gateway erforderlich. Für eine Datenbankanbindung wird die Intranetnachricht vom Web-Server an den Datenbanktreiber umgeleitet. Dieser interpretiert die Abfrage in der HTML-Seite und generiert daraus einen Suchauftrag. Die abgefragten Daten werden in das HTML-Format umgesetzt und die Antwortseite zurückgeschickt. Auf diese Weise kann ein entfernter Benutzer seine Daten über das Intranet wiedergewinnen. Natürlich wird seine Zugriffsberechtigung geprüft und die Daten gegen Korruption gesichert. Zur Zeit existieren solche Intranetanschlüsse nur für den Abfragemodus.

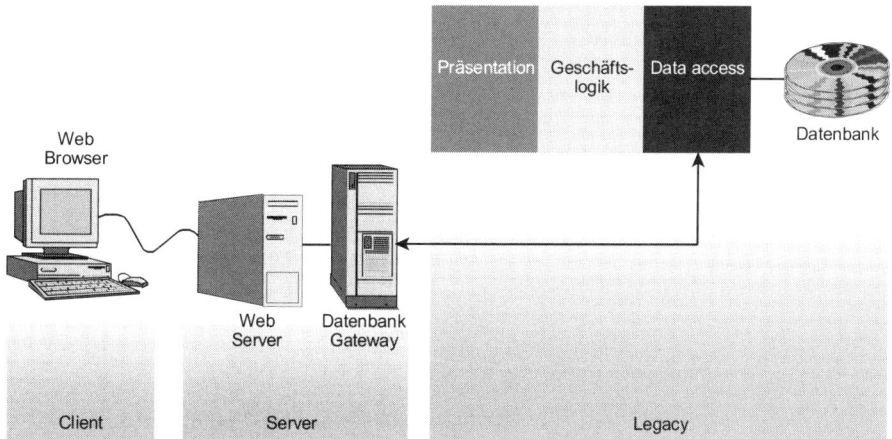

Abbildung 10-12 Datenbankanbindung im Internet

Für eine Terminalanbindung wird die 3270-Terminalmaske durch eine Webseite ersetzt. Der Datenstrom, der vom TP-Monitor kommt, wird vom der BMS- oder MFS-Format durch eine Terminalgateway-Software in das HTML-Format übersetzt. Umgekehrt wird die HTML-Seite, die der Benutzer ausfüllt, in einen BMS-oder MFS-Datenstrom für die CICS- bzw. IMS-Transaktion versetzt. Das Terminalgateway-Produkt der IBM ist die CICS Internet Connection. Ein weiteres Produkt ist Web3270 von Information Builders. Beide Produkte arbeiten an der Nahtstelle zwischen Datenstrom und Datenendgerät.

Für eine Programmanbindung wird die Webnachricht von einem Clientprogramm, z.B. ein Java Applet, an einen Programmwrapper geleitet [22]. Es obliegt dem Wrapper, den HTML-Code in die interne Schnittstelle des Zielprogrammes, z.B. eine Cobol-Parameterliste umzusetzen und die gewünschte Funktion bzw. Methode aufzurufen. Die Ergebnisse, die über die interne Schnittstelle zurückkommen, werden wiederum vom Wrapper abgefangen und daraus eine HTML-Antwortseite erzeugt. Somit können Webbenutzer einzelne gekapselte Funktionen in ihren Arbeitsfluß einbinden. In dieser Hinsicht wird ein Intranetauftrag genauso wie andere Clientaufträge erledigt. Der einzige Unterschied liegt in der Formatierung der externen Schnittstelle.

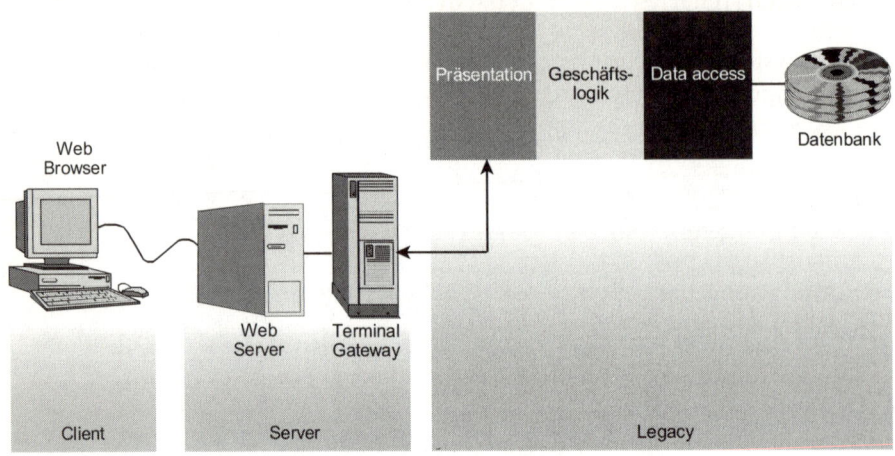

Abbildung 10-13 Terminalanbindung im Internet

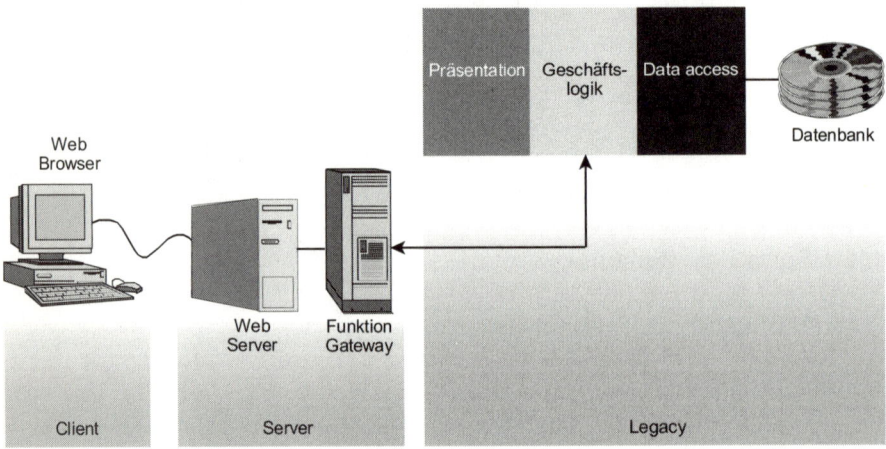

Abbildung 10-14 Programmanbindung im Internet

In Zukunft ist zu erwarten, daß das Intranet eine immer größere Rolle bei der Integration entfernter Software-Komponenten spielen wird. Es ist deshalb schon bei der Planung der Migration zu überlegen, welche Verbindungen wie zu realisieren sind. Am Ende werden die Verbindungen entscheiden, ob das System als Ganzes funktionsfähig ist [23].

10.6 Komponententechnologie

Migrierte Systeme sind hybride Systeme, und hybride Systeme setzen sich aus diversen Komponenten zusammen. Wer alte Applikationen in eine moderne, verteilte Welt überträgt, muß sich zwangsläufig mit der Komponententechnik auseinandersetzen. Zu unterscheiden sind die Frontend- oder Client-Komponenten, die Server-Komponenten und die Backend- oder Host-Komponenten. Die Frontend-Komponenten werden in der Regel neu entwickelt, um die Vorteile moderner Arbeitsplatzrechner in Anspruch zu nehmen. Hierfür empfehlen sich solche Entwicklungsumgebungen wie Visual Basic, Java Beans oder Powerbuilder. Dies ist eindeutig das Tummelfeld der Turnschuhinformatiker.

Die Server-Komponenten werden unter Unix oder Windows NT auf einem mittelgroßen Rechner laufen. Sie steuern die Applikationen, führen globale Funktionen aus und verwalten die lokalen Objekte. Sie werden mit C++ oder Object-Cobol implementiert sein, d.h., hier befinden sich auch ehemalige Hostprogramme, die aus PL/I oder Cobol transformiert wurden, um Serveraufgaben wahrzunehmen. Jetzt sind diese Komponenten aber objektorientiert und verwalten die Objekte, die von den Client-Komponenten angesprochen werden. Der Serverbereich ist eine Mischwelt mit alten und jungen Entwicklungen.

Die Host-Komponenten sind dagegen immer noch prozedurale Bausteine, die von den vorgelagerten Komponenten als gekapselte Methoden verwendet werden. Sie gewähren den Zugriff zu den zentralen Datenbeständen und nehmen die Querschnittsfunktionen wahr. Außerdem führen sie nach wie vor die konventionelle Batchverarbeitung durch. Implementiert sind sie in Assembler, Cobol oder PL/I mit CICS oder IMS, vielleicht auch DB-2. Dies ist eindeutig die Domain der Dinosaurier.

Daß es in einer einzigen Applikation so viele verschiedenartige Komponenten geben kann ist eine große Errungenschaft der Komponententechnologie. Solange die einzelnen Komponenten nach außen die gleiche normierte Import/Export-Schnittstelle haben, ist es eigentlich egal, wie immer sie konstruiert sind. Die Middleware, ob DCOM, Corba oder Intranet, verbindet sie. Bisher war die Einbindung der Host-Komponente eher nur theoretisch möglich, aber seit der Ankündigung des Component Brokers von IBM ist sie auch praktisch möglich geworden [24]. Dieses Produkt baut auf der Corba-Norm auf und benutzt IBMs eigene Lösungen, wie den bewährten TP-Monitor CICS und die neue Datenübertragungs-Software MQ-Series. Mit Component Broker wird die Kapselung und Einbindung von Host-Programmen viel einfacher und dadurch auch kostengünstiger. Endlich können alle Welten miteinander kommunizieren, sogar die Turnschuhgeneration mit der Cobol-Generation.

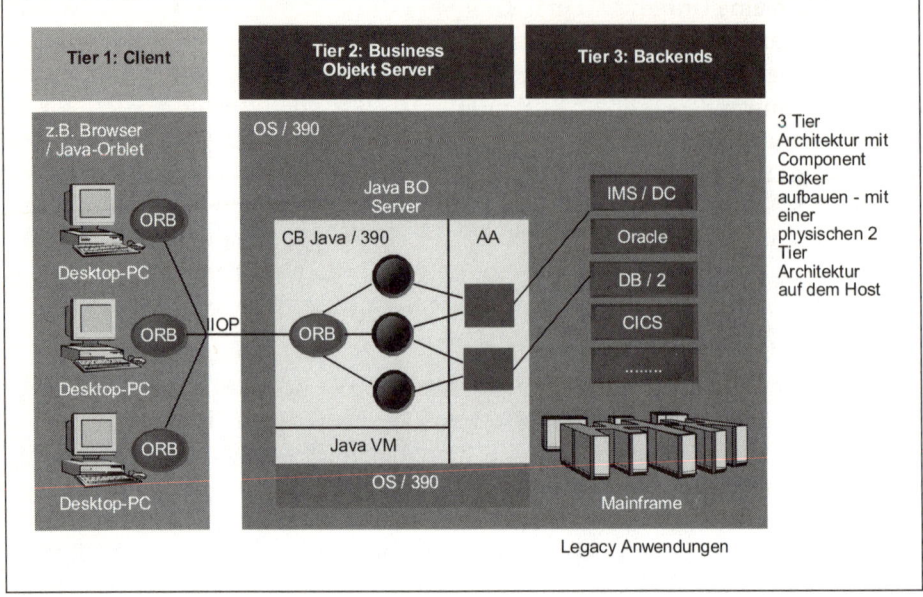

Abbildung 10-15 Component-Broker-Architektur

Abbildung 10-16 Zwei Welten treffen sich

Für die Integration der Host-Komponenten mit den anderen wird der Component Broker zumindest in der IBM-Welt das Hauptinstrument der Integration sein. Er vereinigt die Corba-Technologien, die Datenbankgateways und das Intranet zu einem einzigen allumfassenden Komponentennetz. Die Anwenderkomponenten sind lediglich eine Untermenge der Knoten neben den anderen Standard-Knoten. Es ist zu erwarten, daß der Anteil der Standard-Knoten immer größer wird – beispielsweise das San Francisco Project. Zum Schluß könnte es so kommen, daß es kaum noch anwenderspezifische Komponenten gibt, sondern nur eine Riesenauswahl an Standard-Komponenten. Metaprogrammierung ist das Stichwort für die Montierung maßgeschneiderter Anwendungssysteme aus vorgefertigten Software-Komponenten [25].

10.7   Zusammenfassung

An diesem Punkt sind wir dort wieder angelangt, wo wir angefangen haben – der Gegenwart, als Übergang zwischen gestern und morgen. Migrationen sind Übergangslösungen. Es versteht sich, daß eine völlige Neuentwicklung von Grund auf mit der allerletzten Technologie besser ist als die Beschäftigung mit alter Software in einer längst vergangenen Technologie. Demnach ist alles vergänglich, auch die allerletzte Technologie. Die Neuentwicklungen von heute sind die Altlasten von morgen.

Allem Anschein nach gehört die nächste Zukunft der Komponententechnologie. Der Anteil der Individual-Software wird zugunsten der Standardbausteine immer weiter zurückgehen. Warum denn alles neu implementieren, wenn vieles morgen vom Regal zu kaufen ist. Um die Lücke zwischen gestern und morgen auszufüllen, genügt es, die alten Individuallösungen zu sanieren und neu zu verpacken, entweder als konvertierte Klassen oder als gekapselte Methoden. Eine vollständige Neuentwicklung mit der Objekttechnologie würde sich nur dort lohnen, wo auch eine völlig neue Funktionalität entsteht. Dort wo die Funktionalität noch ausreicht ist eine objektorientierte Migration der geeignete Weg, um sich von Altlasten zu befreien. Sie erlaubt einem, die alte Funktionalität in eine neue Verpackung zu schnüren. Da in der heutigen virtuellen Welt die Verpackung von Dienstleistungen immer wichtiger wird – der Schein ist mehr als das Sein – können damit unzufriedene Anwender erstmals zufriedengestellt werden. Sie bekommen ihre graphische Java-Oberfläche und dürfen dabei ihre alten, gewohnten Funktionen behalten. Gleichzeitig werden die Systeme in eine offene Architektur versetzt, wo sie mit anderen neuen Systemen leichter zu verbinden sind. Schließlich gibt es die Anwendungssoftware in einer zumindest objektbasierten Form, die als Ausgangslage für die nächste Migration wesentlich günstiger ist als die alte, prozedurale Form.

Deshalb lohnt es, sich mit objektorientierten Migrationstechniken zu befassen. Sie versprechen eine tragbare Zwischenlösung bis zum nächsten großen Technologiesprung. Da alles in der Informatik nur von vorübergehender Natur ist, ist eine solche Zwischenlösung völlig ausreichend – wenigstens bis morgen. Wie Scarlett O'Hara es am Ende von *Gone With the Wind* so treffend sagte: »Tomorrow is another day«.

10.8   Literaturhinweise

[1] McGregor, J./Sykes, D.: Object-oriented Software-Development – Engineering Software for Reuse, Van Nostrand Reinhold, New York, N.Y., 1992, S. 38

[2] Brodie, M./Stonebraker, M.: Migrating Legacy Systems, Morgan Kaufmann Pub., San Francisco, Ca., 1995, S. 14

[3] Allen, P./Frost, S.: Component-Based Development for Enterprise Systems, Cambridge University Press, Cambridge, G.B., 1998, S. 55

[4] Orfali, R./Harkey, D./Edwards, J.: Essential Client/Server Survival Guide, John Wiley & Sons, New York, N.Y., 1994, S. 101

[5] Jayachandra, Y.: Re-Engineering the Networked Enterprise, McGraw-Hill, New York, N.Y., S. 197

[6] Crownhart, B.: IBM's Workstation CICS, McGraw-Hill, New York, N.Y., 1992, S. 17

[7] Hall, C.: Technical Foundations of Client/Server Systems, John Wiley & Sons, New York, N.Y., 1994, S. 57

[8] Siegel, J.: Corba-Fundamentals and Programming, OMG, John Wiley & Sons, New York, N.Y., 1996, S. 31

[9] Lockhart, H.: OSF-DCE Guide to Developing Distributed Applications, McGraw-Hill, New York, N.Y., 1974, S. 47

[10] Orfali, R./Harkey, D./Edwards, J.: The Essential Distributed Objects Survival Guide, John Wiley & Sons, New York, N.Y., 1996, S. 67

[11] Harmon, P.: »Corba and COM«, American Programmer, Band 10, Nr. 12, Dez. 1997, S. 8

[12] Sessions, R.: COM and DCOM-Microsoft's Vision for Distributed Objects, John Wiley & Sons, New York, N.Y., 1998, S. 45

[13] Redlich, J.-P.: Corba 2.0 – Praktische Einführung für C++ und Java, Addison-Wesley, Bonn, 1996, S. 52

[14] Mowbray, T./Zahavi, R.: The Essential Corba, OMG, John Wiley & Sons, New York, N.Y., 1995, S. 37

[15] OMG: Corba-Architecture and Specification, OMG, John Wiley & Sons, New York, N.Y., August, 1995

[16] Graham, I.: Migrating to Object Technology, Addison-Wesley, Wokingham, G.B., 1995, S. 146

[17] Melor, A./Dippold, R.: »Migration und Koexistenz heterogener Datenbanken«, Informatik Spektrum, Nr. 15, 1992, S. 157

[18] Hahn, W./Toenniessen, F./Wittkowski, A.: »Eine objektorientierte Zugriffsschicht zu relationalen Datenbanken«, Informatik Spektrum, Nr. 18, 1995, S. 143

[19] Simenson, N.: The Architect-Roles and Responsibilities«, American Programmer, Band 10, Nr. 7, Juli, 1997, S. 14

[20] Signore, R./Creamer, J./Stegman, M.: The ODBC Solution, McGraw-Hill, New York, N.Y., 1995, S. 7

[21] Cleal, D.: »Optimizing relational database access«, Object Expert, März, 1996, S. 11

[22] Orfali, R./Harkey, D.: Client/Server Programming with Java and Corba, John Wiley & Sons, New York, N.Y., 1997, S. 87

[23] Tibbetts, J./Bernstein, B.: »Legacy Applications on the Web«, American Programmer, Band 9, Nr. 12, Dez. 1996, S. 19

[24] Kiely, D.: »Are Components the Future of Software«, IEEE Computer, Feb. 1998, S. 10

[25] Yourdon, E.: »Distributed Components in the Age of Religious Wars«, American Programmer, Band 10, Nr. 12, Dez. 1997, S. 24

Stichwortverzeichnis

Objektorientiertes Programmieren in C++

Von der Klasse zur Klassenbibliothek

Nicolai Josuttis

Alle Sprachmittel von C++ werden erstmalig in einem integrierten Konzept erklärt. Dabei steht die Idee im Vordergrund, die Konzepte von C++ von vornherein unter dem Aspekt der objektorientierten Programmierung kennenzulernen, um so die neuen Sprachmittel optimal einzusetzen. Auf die Probleme bei der praktischen Umsetzung der Konzepte wird eingegangen. Sprachkenntnisse in C werden vorausgesetzt.

576 S., 1996, geb.
DEM 79,90, ATS 583, CHF 73,00
ISBN 3-89319-637-4

Objektorientierte Analyse und Design

Mit praktischen Anwendungsbeispielen

Grady Booch

Dieses Buch ist die grundlegende Referenz für alle, die bereits mit objektorientierten Methoden Software entwickeln oder sie kennenlernen wollen. Anhand zahlreicher Beispiele erläutert Booch die grundlegenden Konzepte und Methoden. Aus dem Inhalt: Darstellung der neuen, vereinheitlichten Notation, die die besten Ideen der Booch-Notation mit anderen weit verbreiteten Methoden verbindet; zahlreiche neue Beispiele aus realen Projekten; Unterscheidungskriterien für gute und schlechte objektorientierte Analyse und Design und für den Umgang mit komplexen Programmstrukturen.

693 Seiten, 1994, 89,90 DM, ISBN 3-89319-673-0
Amerikan. Originalausgabe: 2nd ed., ISBN 0-8053-5340-2

ADDISON-WESLEY

Objektorientierte Datenbanken

Konzepte, Modelle, Standards und Systeme

Andreas Heuer

In diesem Buch werden Konzepte objekt-orientierter Datenbankmodelle, -sprachen und -systeme unter Verwendung einheitlicher Kriterien vorgestellt. In dieser überarbeiteten und erweiterten Neuauflage werden insbesondere der Quasi-Standard ODMG-93 und seine geplante Erweiterung ODMG-9X sowie die dazugehörigen Sprachen ODL und OQL eingeführt. Bei den Systemen werden auch neuere objekt-relationale Systeme wie Illustra und UniSQL behandelt. Das Buch richtet sich an alle Studenten der Informatik im Hauptstudium, aber auch an Datenbankadministratoren und -anwender, die sich über diesen sehr aktuellen Zweig der Datenbanktechnologie informieren wollen.

700 S., 2. Auflage 1997, 79,90 DM
ISBN 3-89319-800-8

ADDISON-WESLEY

Entwurfsmuster

Elemente wiederverwendbarer objektorientierter Software

Erich Gamma, Richard Helm, Ralph Johnson, John Vlissides

Die Autoren formulieren in diesem Buch 23 Entwurfsmuster, benennen und beschreiben sie und erläutern ihre Verwendung. Diese Entwurfsmuster bieten dem Programmierer einfache und prägnante Lösungen für sich häufig stellende Programmieraufgaben. Sie erlauben die Wiederverwendung bewährter Lösungsstrategien und ermöglichen die Verständigung über die eigene Arbeit.

Übersetzung aus dem Amerikanischen von Dirk Riehle.

448 S., 1996, geb., 79,90 DEM
ISBN 3-89319-950-0

ADDISON-WESLEY

Die »Edition SAP«

Die **Edition SAP** verfolgt das Ziel, das Thema 'SAP und R/3' einer breiten Leserschaft in ganzheitlicher Weise zugänglich zu machen. Fachleute der SAP AG sowie unabhängige Experten stellen technische und betriebswirtschaftliche Themen aus dem R/3-Umfeld in aktueller und fundierter Form dar. Damit ist die **Edition SAP** die geeignete Buchreihe für alle Leser, zu deren Aufgaben die Beschaffung, Einführung oder Nutzung betriebswirtschaftlicher Anwendungslösungen gehört.

SAP R/3 auf Windows NT
Stefan Huth, Robert Kolbinger, Hanns-Martin Meyer
ca. 300 S., 1997, ca. 79,90 DM, mit CD, ISBN 3-8273-1216-7

SAP R/3 im Internet
Thomas Hantusch, Bernd Matzke, Mario Pérez
288 S., 1997, 79,90 DM, mit CD, ISBN 3-8273-1215-9

SAP R/3 prozeßorientiert anwenden
Gerhard Keller, Thomas Teufel
888 S., 1997, 99,90 DM, mit CD, ISBN 3-8273-1258-2

Enterprise Controlling mit SAP R/3
Jürgen H. Daum
ca. 300 S., 1998, 79,90 DM, mit CD, ISBN 3-8273-1244-2

Administration des SAP-Systems R/3
Liane Will, Christiane Hienger, Frank Straßenburg, Rocco Himmer
456 S., 2., aktualisierte Auflage zum Release 3.x
89,90 DM, geb., mit Diskette, ISBN 3-8273-1136-5

ABAP/4
Bernd Matzke
489 S., 1996, 89,90 DM, ISBN 3-89319-949-7

Die Client-Server-Technologie des SAP-Systems R/3
Rüdiger Buck-Emden, Jürgen Galimow
293 S., 3., aktual. u. erw. Aufl. 1996, 79,90 DM, ISBN 3-8273-1021-0

ADDISON-WESLEY